Reinhold Roski (Hrsg.)

Zielgruppengerechte Gesundheitskommunikation

Reinhold Roski (Hrsg.)

Zielgruppengerechte Gesundheits-kommunikation

Akteure – Audience Segmentation –
Anwendungsfelder

VS VERLAG FÜR SOZIALWISSENSCHAFTEN

Bibliografische Information der Deutschen Nationalbibliothek
Die Deutsche Nationalbibliothek verzeichnet diese Publikation in der
Deutschen Nationalbibliografie; detaillierte bibliografische Daten sind im Internet über
<http://dnb.d-nb.de> abrufbar.

1. Auflage 2009

Alle Rechte vorbehalten
© VS Verlag für Sozialwissenschaften | GWV Fachverlage GmbH, Wiesbaden 2009

Lektorat: Katrin Emmerich / Marianne Schultheis

VS Verlag für Sozialwissenschaften ist Teil der Fachverlagsgruppe
Springer Science+Business Media.
www.vs-verlag.de

Umschlaggestaltung: KünkelLopka Medienentwicklung, Heidelberg
Druck und buchbinderische Verarbeitung: Krips b.v., Meppel
Gedruckt auf säurefreiem und chlorfrei gebleichtem Papier
Printed in the Netherlands

ISBN 978-3-531-15907-2

Vorwort

Das Gesundheitssystem befindet sich praktisch im Umbruch und konzeptionell in einem Paradigmenwechsel. Alterung der Gesellschaft, steigende Morbidität, wachsende Kosten der medizinischen Versorgung und die aktuellen wirtschaftlichen Rahmenbedingungen erhöhen den Druck auf alle Akteure: Effizienz, Effektivität und Qualität des Gesundheitssystems müssen signifikant verbessert werden. Gleichzeitig gewinnt Gesundheit eine immer größere Bedeutung für die Lebensführung und ist ein stark wachsender Markt.

In der Umorientierung des Gesundheitssystems hin zu mehr Markt und Wettbewerb nehmen Versicherte und Patienten die zentrale Stellung ein. Sie sollen als mündige Partner an ihrer Gesundheit mitwirken, eigenverantwortlich die besten Angebote sowie das beste Preis-Leistungs-Verhältnis erkennen und auswählen. Es wird erwartet, dass sie durch ihre Nachfrage die Angebote und die Qualität der Gesundheitsversorgung steuern. Dazu brauchen sie die relevanten Informationen, sie müssen sich mit ihnen auseinandersetzen, sie verstehen, Entscheidungen für ihre Gesundheit treffen und ihr Verhalten nachhaltig danach ausrichten. Gefragt ist der aufgeklärte und in Gesundheitsfragen kompetente Mensch.

Das ist ein Anspruch, dem verschiedene Gruppen von Versicherten und Patienten unterschiedlich gut entsprechen können und entsprechen wollen. Aber alle brauchen eine Gesundheitskommunikation, die ihren jeweiligen Bedürfnissen, Einstellungen und Präferenzen, ihren Voraussetzungen, Erwartungen und Ansprüchen, ihren Vorstellungen, Gewohnheiten und ihrem Verhalten gerecht wird. Nur dann kann das Empowerment der Versicherten und Patienten gelingen.

Die Idee, die Kommunikation für unterschiedliche Segmente von Zielpersonen anzupassen, ist im Gesundheitswesen noch nicht sehr weit verbreitet, obwohl sie in vielen Veröffentlichungen thematisiert wird. Üblich ist meist eine Einteilung nach medizinischen Indikationen, die - so wird angenommen - Bedarf und Nachfrage nach Informationen hauptsächlich bestimmen. Das ist jedoch offensichtlich nicht richtig. Kommunikation wird mit höherer Wahrscheinlichkeit als relevant wahrgenommen, wenn sie den speziellen Bedürfnissen, Lebenserfahrungen und Prädispositionen der Zielpersonen entspricht. Erfolgreich, effizient und effektiv kann Gesundheitskommunikation darum nur sein, wenn sie zielgruppengerecht ist. Ansonsten entstehen hohe Streuverluste, weil die Informationen nicht ihr Ziel erreichen und die Wirkung der Kommunikation nicht zustande kommt, weil sie nicht wahrgenommen und nicht verstanden wird und darum nicht zu den richtigen Entscheidungen und Verhaltensänderungen führen kann.

Alle, die Gesundheitskommunikation betreiben, sollten ihre Angebote daher für unterschiedliche Gruppen jeweils passgenau gestalten, unterschiedliche Botschaften, Ansprachen, Kommunikationskanäle und -medien wählen. Dabei müssen sie die jeweiligen Bedürfnisse und Gewohnheiten der Zielsegmente genau im Blick haben. Konzepte, Werkzeuge und Erfahrungen aus dem Marketing sind hierbei sehr nützlich. Im Marketing ist Zielgruppensegmentierung eine herausragend wichtige Strategie, da die meisten Vermarktungsfragen nicht übergreifend, sondern nur segmentspezifisch überzeugend zu beantworten sind. In Bezug auf Kommunikation spricht man von der Segmentierung des Zielpublikums oder von Audience Segmentation.

Gesundheitskommunikation wird häufig dem Social Marketing zugeordnet. Das greift jedoch zu kurz. Zum Thema Gesundheit ist eine Vielzahl von Akteuren des Gesundheitssystems, Medien, Unternehmen und Organisationen aktiv. Deren Ziele sind sehr unterschiedlich. Häufig wirken Geschäftsinteressen und gesundheitsorientierte Ziele gleichzeitig. Dann kommt es zu Konflikten oder zu Mischungen von Zielen, zu Antagonismen oder zu Verbindungen von Business und Social Marketing.

Dieses Buch entwickelt einen konzeptionellen Rahmen für zielgruppengerechte Gesundheitskommunikation und präsentiert empirische Ergebnisse zum Informations- und Medienverhalten von Versicherten und Patienten in Bezug auf Gesundheitsthemen. Wissenschaftler und Verantwortliche aus Unternehmen und Organisationen stellen Konzeptionen und Beispiele von Gesundheitskommunikation vor und präsentieren Strategien und Maßnahmen für verschiedene Anwendungsfelder.

Im ersten Teil *Grundlagen* der Gesundheitskommunikation gibt *Roski* einen Überblick über die verschiedenen Akteure des Gesundheitswesens, ihre unterschiedlichen Ziele und ihre vielfältigen Stakeholder. Er analysiert Business Marketing und Social Marketing mit ihren Überschneidungen sowie mögliche Methoden der Zielgruppensegmentierung. *Schnabel* untersucht die Kommunikation im Gesundheitswesen mit ihren Problemfeldern und Chancen. Er beschreibt, was in diesem Zusammenhang unter Kommunikation und speziell unter Gesundheitskommunikation zu verstehen ist, beschäftigt sich mit ihren Erscheinungsformen, Problemen und Optimierungsmöglichkeiten sowie mit dem Verhältnis von Gesundheitskommunikation und Gesundheitsmarketing.

Im zweiten Teil *Empirische Ergebnisse* zur Gesundheitskommunikation präsentieren *Borch* und *Wagner* theoretische Überlegungen und empirische Befunde zur Suche nach Gesundheitsinformationen anhand des telefonischen Gesundheitssurveys des Robert Koch Instituts. *Schweitzer* und *Bock* erläutern die Marktsegmentierung und ihre Chancen für die zielgruppengerichtete Kommunikation einer Krankenkasse auf der Grundlage einer Gesundheitstypologie. *Roski* und *Schikorra* präsentieren die Ergebnisse einer Befragung von Barmer Versicherten zur Mediennutzung und zu den Einstellungen zu Gesundheit (Health Locus of Control). Sie ermitteln und beschreiben vier Cluster von Versicherten und Patienten in Bezug auf ihr Kommunikations- und Medienverhalten zu Gesundheitsthemen und ihre gesundheitlichen Kontrollüberzeugungen.

Im dritten Teil *Akteure*, die Gesundheitskommunikation betreiben, präsentieren unterschiedliche Akteure des Gesundheitswesens ihre Kommunikation und ihre Vorgehensweisen für eine zielgruppengerechte Ansprache. *Felder* stellt das Zielgruppen-Marketing der AOK Berlin vor und erläutert zielgruppenorientierte Gesundheitskommunikation in der Prävention, Ethnomarketing und die Kommunikation in Disease Management Programmen für chronisch Kranke. *Scholl* untersucht Segmentierung als Methode der Komplexitätsreduktion für das Marketing von Pharmaunternehmen. *Räbiger* beschreibt die Kommunikation von integrierten Versorgungsformen und deren Anforderungen an neue Kommunikationsstrukturen. *Bastian*, *Bühler* und *Sawicki* präsentieren die evidenzbasierten Gesundheitsinformation des IQWiG für Bürger und Patienten. *Pott* erläutert das Social Marketing und die Präventions- und Aufklärungskampagnen der Bundeszentrale für gesundheitliche Aufklärung mit ihren Zielen und Zielgruppen. *Braun-Grüneberg* und *Wagner* analysieren das Informationsverhalten und die Entscheidungsfindung von Patienten bei der Auswahl von Kliniken. *Meyer* beschreibt die Wandlung von Pflegebedürftigen zu Kunden, den nötigen erweiterten Kundenbegriff in der Pflege und dessen Konsequenzen für Qualität, Marketing und Kommunikation von Pflegeeinrichtungen.

Im vierten Teil *Anwendungsfelder* von Gesundheitskommunikation beschreiben *Ecker*, *Preuß* und *Roski* evidenzbasiertes Marketing als neues Paradigma für Pharmaunternehmen, das durch die Entwicklung der medizinischen Wissenschaft und das Redesign der Prozesse im Gesundheitswesen notwendig wird. *Norgall* analysiert die Qualitätsberichte von Krankenhäusern mit ihrem Anspruch an Transparenz und Verständlichkeit in ihrer internen und externen Funktion. *Dierks* und *Seidel* beschreiben die Patientenuniversität an der Medizinischen Hochschule Hannover als beispielhafte Initiative für Empowerment durch Gesundheitsbildung. *Femers* analysiert aktuelle Darstellungen von Alter in der Werbung als Beispiel für unterschiedliche Alters- und Rollenbilder und für die Schwierigkeiten einer zielgruppengerechten Ansprache.

Allen, die an der Entstehung dieses Buches mitgewirkt und es unterstützt haben, möchte ich herzlich danken. Der erste Dank gebührt natürlich den Autorinnen

und Autoren, die das Thema aus unterschiedlichen wissenschaftlichen und praktischen Perspektiven differenziert beleuchten.

Großer Dank gebührt der Barmer Ersatzkasse, die die Befragung ihrer Versicherten möglich gemacht hat. Weiterer Dank geht an meine Hochschule, die das
Projekt vielfach unterstützt hat.

Persönlich danke ich besonders meinen Forschungsassistenten *Susan Borch* und
Stephan Schikorra für ihre tatkräftige Unterstützung bei Recherche, Fragebogen-
entwicklung und Befragungsauswertung. Herzlicher Dank geht an *Denise Grabner*
und *Liliana Kissimov*, für die Übernahme der umfangreichen Satz- und Layout-
arbeiten. Ihre Sorgfalt und Geduld waren eine große Hilfe für Herausgeber und
Autoren. Verbliebene Fehler gehen zu Lasten des Herausgebers.

Die wissenschaftliche Bearbeitung eines solchen interdisziplinären Themas lebt
wesentlich von Auseinandersetzung und Diskussion. Möge dieses Buch einen
intensiven Austausch über Problemstellungen der zielgruppengerechten Gesundheitskommunikation in Wissenschaft und Praxis anregen.

Berlin, Oktober 2008

Reinhold Roski

Inhalt

I. Grundlagen

Akteure, Ziele und Stakeholder im Gesundheitswesen – Business Marketing, Social Marketing und Zielgruppensegmentierung

Reinhold Roski

1. Marketing und Kommunikation im Gesundheitswesen

Das Gesundheitswesen ist ein komplexes soziales System im Schnittpunkt von Sozialwesen/Medizin, Wirtschaft und Politik. Die Akteure im Gesundheitswesen sind mit den verschiedenen Zielen und Funktionsweisen dieser drei Bereiche konfrontiert. Daraus ergibt sich eine Vielzahl von Besonderheiten. Dazu gehören viele Widersprüche zwischen den verschiedenartigen Zielen.

Aus den unterschiedlichen Zielen ergeben sich auch unterschiedliche Stoßrichtungen des Marketings. So lassen sich kommerzielles Marketing (Business Marketing), das wirtschaftlich relevante Ziele erreichen soll, und Sozialmarketing (Social Marketing), das sozial relevante Ziele anstrebt, unterscheiden. Zwischen diesen Arten des Marketings gibt es oft Konflikte, da viele Akteure im Gesundheitswesen beide Arten von Zielen gleichzeitig anstreben. Krankenkassen oder Krankenhäuser verfolgen z.B. soziale Ziele unter gleichzeitiger Beachtung von wirtschaftlichen Zielen. Das ist in der Regel nicht ohne Widersprüche möglich. Solche Zielkonflikte werden in der Literatur zum Social Marketing jedoch kaum thematisiert.

Die Kommunikation im Gesundheitswesen richtet sich in der Regel nicht nur an eine Gruppe, z.B. Versicherte oder Patienten, sondern an eine Reihe von unterschiedlichen Gruppen, die Beziehungen mit den Akteuren haben (Stakeholder). Die Kommunikation mit diesen Stakeholdern muss die besonderen Ansprüche und Spielregeln dieser Gruppen berücksichtigen. Die Stakeholder-Gruppen bestehen wieder aus verschiedenen Untergruppen, die es zu identifizieren und unterschiedlich zu behandeln gilt. Dies macht die Kommunikation im Gesundheitswesen zu einem komplexen, oft mehrstufigen Vorgang, der sich nicht auf Kommunikation im Rahmen des Social Marketing reduzieren lässt.

Zielgruppensegmentierung ist eine der grundlegenden Strategien im Business Marketing. Sie beruht auf der allgemeinen Erfahrung, dass Gesamtmärkte sich in der Regel aus heterogenen Gruppen mit unterschiedlichen Wünschen, Erwartungen, Bedürfnissen und Gewohnheiten zusammensetzen und dass es für die Markterfassung und -bearbeitung besser ist, den heterogenen Gesamtmarkt in homogene Teilmärkte zu segmentieren. Die homogenen Teilzielgruppen lassen sich dann in der Regel wirkungsvoller (effektiver, „doing the right things") und zielgenauer (effizienter, „doing things right") bedienen (vgl. Freter 2008, 29 ff.; Mellewigt/Decker 2006, 54 ff.). Zielgruppensegmentierung wird im Social Marketing zwar häufig in Bezug auf Gesundheitsbotschaften thematisiert, jedoch kaum grundlegend behandelt. Diesem Thema ist dieses Buch gewidmet.

2. Akteure, Ziele und Stakeholder

2.1 Akteure und Ziele

Das Gesundheitswesen ist ein Teil des Sozialsystems, gleichzeitig aber auch ein Wirtschaftszweig, eine Branche der Volkswirtschaft mit betriebswirtschaftlich arbeitenden Akteuren. Aus dieser Situation im Schnittpunkt vieler Ansprüche und unterschiedlicher Arten von „Spielregeln" ergeben sich zahlreiche Besonderheiten.

Im Gesundheitsmarkt werden medizinisch-gesundheitliche Ziele, soziale Ziele, ökonomische Ziele, politische Ziele gleichzeitig verfolgt (vgl. Harms 2006). Dadurch sind Zielkonflikte unvermeidlich. Gleichzeitig gibt es die Einstellung etlicher Akteure, dass nur ihre Ziele relevant seien, während andere Ziele in den Hintergrund zu treten hätten. Dies behindert häufig das Zusammenwirken im Gesundheitssystem.

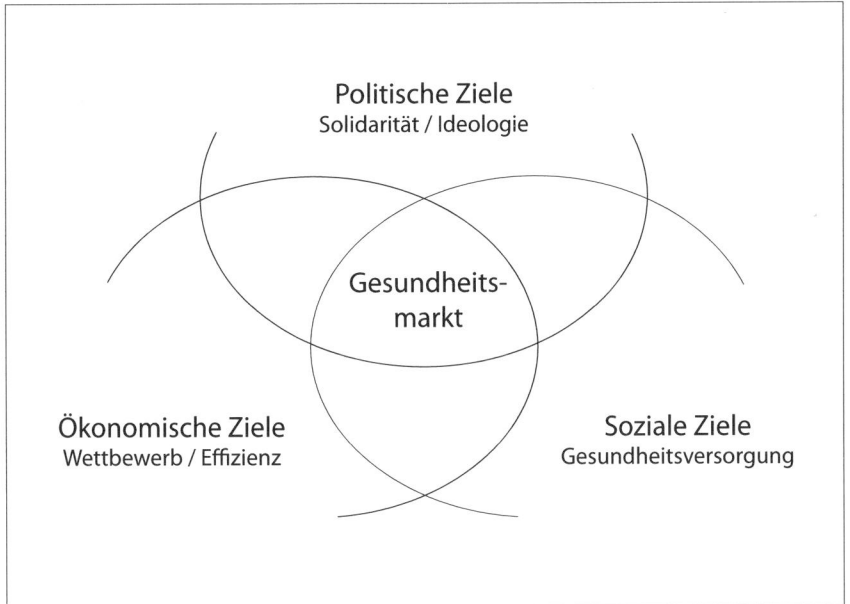

Abb. 1: Ziele im Gesundheitswesen (Quelle: Harms 2006)

- Die Weltgesundheitsorganisation nennt folgende Ziele von Gesundheitssystemen (vgl. World Health Organization 2000, 8; 21 ff.):
  - die Gesundheit der Bevölkerung fördern,
  - auf die Erwartungen der Bevölkerung (auch die nicht medizinischen, z.b. Würde, Selbstbestimmung, Datenschutz, Kundenorientierung) reagieren,
  - die Kosten des Gesundheitssystems gerecht verteilen.

- Die Europäische Gemeinschaft hat folgende langfristigen Ziele für das Gesundheitswesen festgelegt, die parallel verwirklicht werden sollen (vgl. EU 2001):
  - Zugang (Accessability) für alle, auch zu neuen Produkten und neuen Therapien mit höheren Kosten,
  - hohe Qualität (Quality) (Ziele der öffentlichen Gesundheit bei gleichzeitiger Herbeiführung eines Gleichgewichts zwischen dem gesundheitlichen Nutzen und den Kosten von Arzneimitteln und Therapien) und
  - langfristige Finanzierbarkeit (Sustainability).

- Eine Gegenüberstellung von Zielen von Medizin und Ökonomie liefert Brunner (vgl. Brunner 2006, 13):
  - Ziele der Medizin:
    - Die Versorgung des einzelnen Patienten hat höchste Priorität.
    - Qualität und Erfolg der Behandlung stehen im Vordergrund.
    - Verwirklichung hippokratischer Wertvorstellungen (Ethik).
  - Ziele der Ökonomie:
    - Sinnvolle Zuordnung (Allokation) der knappen Mittel (Ressourcen). Ökonomische Ethik.
    - Zielgruppen:
      a) die gesamte Bevölkerung (Volkswirtschaft),
      b) Mitarbeiter eines Unternehmens,
      c) Gruppen von Patienten und Versicherten.
    - Verwirklichung ökonomischer Ethik.
    - Der Arzt als Nutzer knapper Ressourcen.
    - Das Behandlungsergebnis wird mit den entstandenen Kosten bewertet. Die Verwendung von Medizin-bezogenen Mitteln für andere Verwendungen wird in die Überlegungen einbezogen, Opportunitätskosten.

Dabei betont Brunner: „Da es keine prinzipiellen Unterschiede zwischen ärztlicher und ökonomischer Ethik gibt, muss bei der Ärzteschaft die Akzeptanz für Medizinische Ökonomie vertieft werden." (Brunner 2006, 13) Dieser Satz ist wohl als Forderung zu verstehen. Tatsächlich kann es sicherlich Konflikte zwischen diesen Zielsetzungen geben, jedenfalls in den Augen der Beteiligten. Die Forderung bezieht sich auf eine einvernehmliche Lösung dieser Zielkonflikte.

- Die Ziele des Gesundheitswesens lassen sich auch in einem sogenannten magischen Fünfeck gesundheitspolitischer Zielsetzungen analog zum magischen Viereck wirtschaftspolitischer Zielsetzungen beschreiben (vgl. Oggier 2001, 8):

  - Chancengleichheit (Zugang zu Gesundheitsleistungen),
  - Leistungsfähigkeit (schnelle und wirksame Behandlung),
  - Bedarfsgerechtigkeit (Problem der Beeinflussung der Nachfrage durch die Anbieter),
  - Wirtschaftlichkeit (Verhältnis von Kosten und Nutzen),
  - Finanzierbarkeit (Preisbildung und Inanspruchnahme von Leistungen).

Die Ziele in diesem Quintett sollen in einem ausgewogenen Gleichgewicht erreicht werden. Die bisher genannten Ziele sind allerdings für das Gesundheitswesen als Ganzes formuliert. Sie betreffen das gesamte System und richten sich in der wirtschaftlichen Sphäre an die volkswirtschaftliche Ebene.

Die einzelnen Akteure[1] im Gesundheitswesen sind mit dieser Mischung aus gesundheitlich-medizinischen, sozialen, ökonomischen und politischen Zielsetzungen konfrontiert, die aus unterschiedlichen Einflusssystemen stammen. Sie bewegen sich immer gleichzeitig im System dieser Sphären[2] und interagieren darin mit ihren Mit-Akteuren. Die Sphären bestimmen zusammen die Umwelt oder das Um-System jedes Akteurs.

Die Ziele der einzelnen Akteure sind abhängig von ihrer jeweiligen Art. Krankenhäuser oder Krankenversicherungen arbeiten zum guten Teil so wie andere Dienstleistungsunternehmen auch. Demgemäß gibt es spezielle Betriebswirtschaftslehren, z.B. Krankenhausbetriebslehre oder Versicherungsbetriebslehre[3], die sich mit diesen betriebswirtschaftlichen Organisationen beschäftigen. Die Ziele bestimmen sich dabei nach ihrer Aufgabenstellung und ihrer Organisationsform.

---

1   Der Begriff Akteur wird verwendet, weil die Überlegungen sowohl auf Unternehmen als auch auf Non-Profit-Organisationen zutreffen.
2   Diese Sphären sind Strukturierungshilfen zur Identifikation erfolgskritischer Einflüsse. Sie lassen sich in der Regel nicht strikt voneinander trennen. Es mag je nach dem Ziel der Analyse nützlich sein, die Sphären anders zu fassen und mehr oder weniger Teilsysteme zu unterscheiden.
3   Zur Betriebswirtschaftslehre für Gesetzliche Krankenkassen und deren Zielen vgl. z.B. Fröck 2004, 35 ff.; zur Krankenhausbetriebslehre vgl. Fleßa 2007.

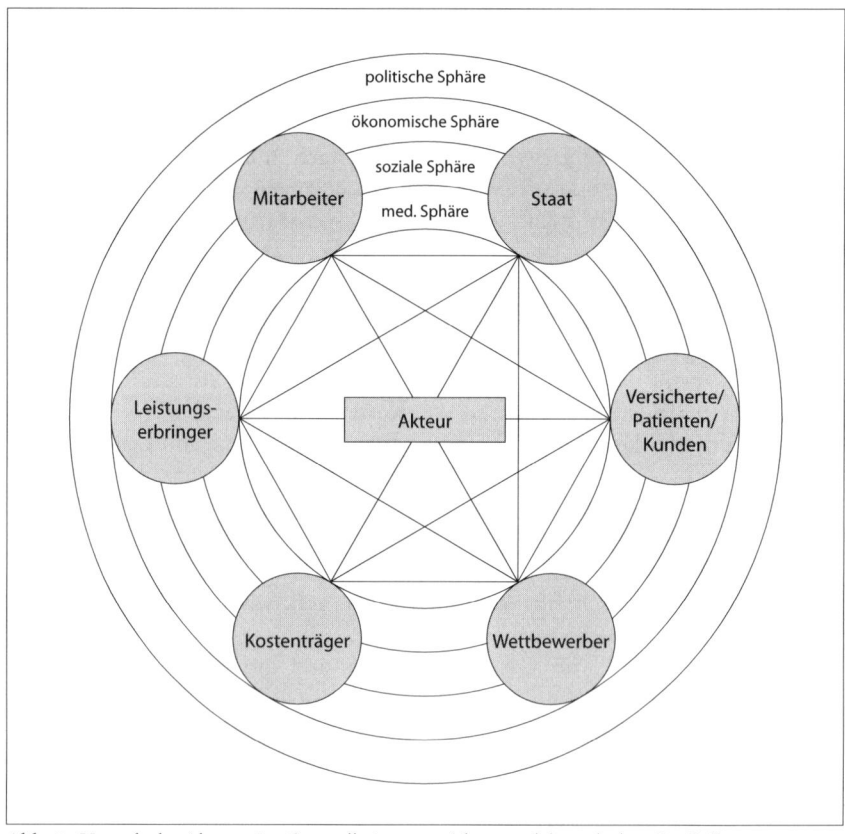

Abb. 2: Umwelt der Akteure im Gesundheitswesen (abgewandelt nach dem St. Galler
Management-Modell, vgl. z.B. bei Thommen/Achleitner 2006, 50 ff.)

Aufgabe eines Krankenhauses ist es z.B., kranken, leidenden und hilfesuchen-
den Menschen Diagnostik, Therapie und Pflege zum Zwecke der medizinischen
Rehabilitation anzubieten. Die Organisationsform (öffentlich, gemeinnützig,
privat, Sonderform) bestimmt darüber, welche wirtschaftlichen Zielsetzungen
das Krankenhaus dabei zu erreichen hat. Ein privates Krankenhaus strebt wie
andere Unternehmen nach Gewinn und Rentabilität. Bei anders organisierten
Krankenhäusern geht es um die Aufgabenerfüllung unter der Nebenbedingung
der Wirtschaftlichkeit. Denn auch Non-Profit-Organisationen müssen wirtschaftlich handeln.

Krankenkassen als zweites Beispiel haben laut Sozialgesetzbuch V die Aufgabe, „die Gesundheit der Versicherten zu erhalten, wiederherzustellen oder ihren Gesundheitszustand zu bessern. Die Versicherten sind für ihre Gesundheit mitverantwortlich. ... Die Krankenkassen haben den Versicherten dabei durch Aufklärung, Beratung und Leistungen zu helfen und auf gesunde Lebensverhältnisse hinzuwirken." (vgl. SGB V § 1) Bei der Erfüllung dieser Aufgabe gilt das Wirtschaftlichkeitsgebot: „Die Leistungen müssen ausreichend, zweckmäßig und wirtschaftlich sein; sie dürfen das Maß des Notwendigen nicht überschreiten. Leistungen, die nicht notwendig oder unwirtschaftlich sind, können Versicherte nicht beanspruchen, dürfen die Leistungserbringer nicht bewirken und die Krankenkassen nicht bewilligen." (vgl. SGB V § 12 (1)) Dies ist der typische Fall einer sozialen Zielsetzung unter der Nebenbedingung der Wirtschaftlichkeit. Hier sind Konflikte und Widersprüche programmiert. Sie werden aber in der strategischen und operativen Planung von Krankenkassen kaum offen thematisiert, sondern meist als sozialer Vorwurf, als konfliktlos, als gelöst oder als nicht wesentlich angesehen. Das ist oft nicht sachgerecht und weiterführend.

Ein besonders interessanter Fall in diesem Zusammenhang ist das Gesundheitsmanagement in Unternehmen. Hier geht es um Maßnahmen von Unternehmen als Arbeitgeber, die die Gesundheit und Arbeitsfähigkeit ihrer Mitarbeiter positiv beeinflussen (für einen Überblick vgl. z.B. Ulich/Wülser 2006; zur Erweiterung der Verantwortung für Gesundheit vgl. Kickbusch 2006, 51 ff.). Für die Arbeitgeber stellen Erkrankungen der Arbeitnehmer einen erheblichen Kostenfaktor dar. Entsprechende Maßnahmen dienen also zum einen der Reduktion von finanziellem Aufwand und der Erhöhung von Produktivität, zum anderen wird auf diese Weise jedoch auch menschliches Leid vermieden und die Gesundheit der Bevölkerung positiv beeinflusst. Hier hat man es mit einer besonders interessanten Mischung von Zielen (ökonomisch und sozial, Arbeitgeber-Ziele und Arbeitnehmer-Ziele) zu tun. Klarheit und Einvernehmen über die gemeinsam verfolgten Ziele ist eine unbedingte Voraussetzung für Vertrauen zueinander und den Erfolg des betrieblichen Gesundheitsmanagements.

Es wird deutlich, dass Akteure im Gesundheitswesen eine Reihe von verschiedenartigen Zielsetzungen verfolgen. Daher ist eine weiterführende Zielanalyse angebracht. In der Betriebswirtschaftslehre werden Ziele in Sach- und Formalziele unterschieden. Zu den Sachzielen gehören Leistungs-, Finanz-, Führungs- und Organisations- sowie soziale und weitere Ziele (z.B. politische Ziele). Die Sachziele beschreiben inhaltliche Ziele des Akteurs. So gehören zu den Leistungszielen von Unternehmen Zielsetzungen in Bezug auf Produkte und Märkte, z.B. das Entwickeln innovativer Produkte, das Anstreben von Marktführerschaft oder das Tätigwerden auf einem bestimmten Markt. Die Finanzziele umfassen z.B. Liquidität und

Kapitalbeschaffung. Zu den Führungszielen gehört das Anstreben eines bestimmten Führungsstils und einer Unternehmenskultur, zu den Organisationszielen gehört etwa das Streben nach einem Arbeiten in Kooperationen oder integrierten Netzwerken. Die sozialen Ziele (z.b. Mitwirkung an der Gesundheitsversorgung der Bevölkerung) sind bei Akteuren im Gesundheitswesen häufig besonders ausgeprägt, da sie in der Regel zu ihrer Aufgabenstellung gehören.

Die Formalziele sind demgegenüber eher die Messinstrumente, mit denen der Erfolg der Zielerreichung festgestellt wird. Zu den Formalzielen gehören alle Arten von Produktivitäten, Wirtschaftlichkeit sowie Gewinn und Rentabilität. Hier tut sich der ganze Werkzeugkasten des Controllings auf. Als besonders geeigneter ganzheitlicher Strategieansatz von Formalzielen gilt die Balanced Scorecard (vgl. Weber/Schäffer 2000).

Im Gesundheitswesen ist eine solche Unterscheidung und genauere Analyse der verschiedenen Zielsetzungen und ihrer Beziehungen bisher kaum üblich. An den aufgeführten komplexen Zielvorstellungen für das Gesundheitswesen erkennt man aber, dass eine Systematisierung der Zielvorstellungen für die genaue Beschreibung und Analyse und Steuerung durchaus nützlich sein kann. Überlegungen zu Komplementarität, Konkurrenz und Indifferenz sowie zu Haupt- und Nebenzielen können eine weitere Struktur in die Zielvorstellungen bringen, die die globalen Ziele für eine operative Steuerung der Aktivitäten der Akteure in geeignete Formen übersetzt, so dass sachlich über die Erreichung verschiedener Ziele abgewogen werden kann. Dadurch können die Beziehungen zwischen den Zielen geklärt werden und viele Auseinandersetzungen, die sich auf unterschiedliche Zielebenen beziehen, könnten klarer geführt werden.

2.2 Stakeholder

Die Akteure sind mit verschiedenen Gruppen konfrontiert, mit denen sie Beziehungen haben, die Ansprüche an sie haben und mit denen sie deshalb kommunizieren müssen. Diese Stakeholder oder Anspruchsgruppen lassen sich unterteilen in die internen Stakeholder (Eigentümer, Management, Mitarbeiter) und externe Stakeholder (Fremdkapitalgeber, Lieferanten, Kunden, Wettbewerber), Staat (lokale, nationale und internationale Ämter, Behörden und Organisationen) und Gesellschaft (Verbände und Interessengruppen, Betroffenengruppen, politische Parteien, allgemeine Öffentlichkeit). Diese unterschiedlichen Gruppen verfolgen sehr unterschiedliche Interessen und Ziele.

Tab. 1: Stakeholder/Anspruchsgruppen eines Akteurs im Gesundheitssystem und deren Interessen/ Ziele (vgl. für Unternehmen: Thommen/Achleitner 2006, 50 ff.; Ulrich/Fluri 1995, 79, Hermann 2005, 105 ff.; vgl. im Gesundheitswesen: Harms/Gänshirt/Lonsert 2005, 19)

Stakeholder / Anspruchsgruppen	Interessen / Ziele
intern — Eigentümer	· Unternehmenswert, Einfluss · Rendite, Gewinn · Erhaltung, Verzinsung und Wertsteigerung des investierten Kapitals · Existenzsicherung des Unternehmens/der Organisation · Selbstständigkeit/Entscheidungsautonomie · Kontrolle, Macht, Einfluss, Prestige · Entfaltung eigener Ideen und Fähigkeiten
(Top-)Management	· Berufliche Erfüllung · Erfolg · Macht/sozialer Status · Einkommen · Selbstverwirklichung · Dividende/Kursgewinne
Mitarbeiter	· Lebensqualität · Einkommen, Arbeitsplatzsicherung, Existenzsicherung · Soziale Sicherheit, Mitbestimmung · Sinnvolle Betätigung, Entfaltung der eigenen Fähigkeiten, Selbstverwirklichung · Zwischenmenschliche Kontakte (Gruppenzugehörigkeit) · Status, Anerkennung, Prestige
extern — Kontrollorgane	· Funktionierende Unternehmensführung · Erreichung des Unternehmens-/Organisationszwecks · Kontrolle/Macht · Delegation · Information
Kunden (aktuelle/potentielle Versicherte und Patienten)	· Bedürfnisbefriedigung · Produktqualität, Preiswürdigkeit, Produktsicherheit · Zusätzliche Leistung · Identifikation mit den Produkten
Lieferanten	· Dauerhafte Lieferbeziehungen · Günstige Konditionen · Zahlungsfähigkeit der Abnehmer
Wettbewerber	· Eigene Unternehmenswertsteigerung · Marktmacht · Einhaltung fairer Grundsätze und Spielregeln der Marktkonkurrenz · Kooperation auf branchenpolitischer Ebene
…	

Stakeholder / Anspruchsgruppen	Interessen / Ziele
...	
Politik-, Wissenschafts- und Gesellschaftssystem	
Politik	· Machtausübung · Gesellschaftliche Wohlfahrt · Wirtschaftswachstum · Verteilungsgerechtigkeit · Konjunkturelle Stabilität · Aufgabenerfüllung · Einhaltung von Rechtsvorschriften/Normen
Behörden	· Einhaltung von Rechtsvorschriften/Normen · Niedriger Verwaltungsaufwand · Information · Kontrolle
Gemeinden/Kreise/Bezirke	· Wohlfahrt der Einwohner · Unternehmensinvestitionen · Gewerbesteuereinnahmen
Interessengruppen (z.b. Ärzteverbände, Patientengruppen, Verbände der Pharmabranche)	· Mitglieder-Interessenvertretung · Wirtschaftliche Teilziele · Soziale Teilziele · Politische Teilziele
Arbeitgeber der Kunden (der aktuellen/potentiellen Versicherten und Patienten)	· Produktivität der Mitarbeiter · Geringer Krankenstand · Motivation der Mitarbeiter/Konzentration auf die Arbeit · Soziale Leistungen als Teil des Arbeitgeber-Marketing (Employer Marketing)
Wissenschaft (z.B. Medizin, Versorgungsforschung, Volks- und Betriebswirtschaftslehre, Management und Marketing)	· Fachliche Qualität · Hohe Input-, Prozess- und Outputqualität · Reputation · Hohe Ausbildungs- und Forschungsqualität · Nachfrage nach Absolventen · Fort- und Weiterbildung · Kooperationen/Förderung/Sponsoring
Kirchen, Religionsgemeinschaften, Philosophie/Ethik	· Ethische Forderungen · Gerechtigkeit · Soziale Verantwortung · Religiöse Forderungen in Einzelfragen, z.B. in Bezug auf Geburtenkontrolle, Sterbehilfe oder Genetik
Medien	· Eigener Unternehmenswert des Mediums · Anzeigen- und Vertriebsumsatz · Reichweiten- und Auflagenzahlen · Öffentliches Interesse/Aufmerksamkeit · Interesse der Leser/Nutzer · Interessen der Werbekunden · Reputation für Themengebiete · „Stories" · Information
...	

extern

Stakeholder / Anspruchsgruppen	Interessen / Ziele
...	
Öffentlichkeit/Gesellschaft	· Gerechte Zukunftssicherung · Offenlegung/Kontrolle wirtschaftlicher Tätigkeit · Offenlegung/Kontrolle der gesundheitlichen Versorgung · Gerechtigkeit · Förderung des Gemeinwohls · Gesellschaftliche Werte, Ethik- und Moralvorstellungen

Mit den Stakeholdern unterhalten die Akteure entsprechend ihren jeweiligen Interessen und Zielen sowie nach den von ihnen jeweils bevorzugten Spielregeln kommunikative Beziehungen.[4] Hier haben wir eine erste Differenzierung der Zielgruppen der Kommunikation. Die Stakeholder unterscheiden sich nach ihrer Rolle, die sie für das Unternehmen spielen, und ihrer Wichtigkeit. Auch die jeweiligen „Spielregeln", die Formen und die Medien der Kommunikation mit den einzelnen Gruppen sind sehr unterschiedlich.

Innerhalb der einzelnen Stakeholder gibt es wiederum unterschiedliche Teilgruppen mit gemeinsamen Interessen. Meist werden in diesem Zusammenhang nur die Zielgruppen gesehen, die sich unter dem Begriff „Kunden" subsumieren lassen. Dabei kann es um Versicherte oder Patienten für Krankenversicherungen, Krankenhäuser und Ärzte oder auch um Kunden von Pharmaunternehmen gehen. Oder es geht um Bürger, Versicherte und Patienten als Zielgruppen von Non-Profit-Organisationen, an die sich Kampagnen zur gesundheitlichen Aufklärung richten. Dabei haben die einzelnen „Kunden" häufig Vertreter, die für sie sprechen und handeln (Angehörige, Ämter), deren wiederum eigene Interessen der Akteur ebenfalls zu berücksichtigen hat. Aus der obigen, weiter zu vervollständigenden Tabelle wird jedoch klar, dass es weitere vielfältige Zielgruppen gibt, die der Akteur nicht vernachlässigen darf.

Die Stakeholder lassen sich in diese Gruppen ordnen: Nutzergruppen, von denen die Organisation ihre Existenzberechtigung bezieht, Unterstützergruppen, die Beiträge, Spenden und Ähnliches geben, Öffentlichkeiten, die der Organisation Akzeptanz und Reputation verleihen, und Genehmigungen erteilende Gruppen, die gesetzliche Rahmenbedingungen schaffen bzw. die Anerkennung bezüglich dieser Rahmenbedingungen aussprechen (vgl. Beilmann 1995, 10 f.). Die Gliederung in diese Gruppen gibt die Hauptrichtungen und Inhalte der Kommunikation vor.

---

4   Die Idealvorstellung, die Interessen aller Stakeholder durch einvernehmliche Verhandlungen zu einem Ausgleich zu bringen, ist allerdings in der Regel kaum zu realisieren, da viele Interessengegensätze unüberbrückbar sind (vgl. Wöhe/Döring 2008, 56 f.).

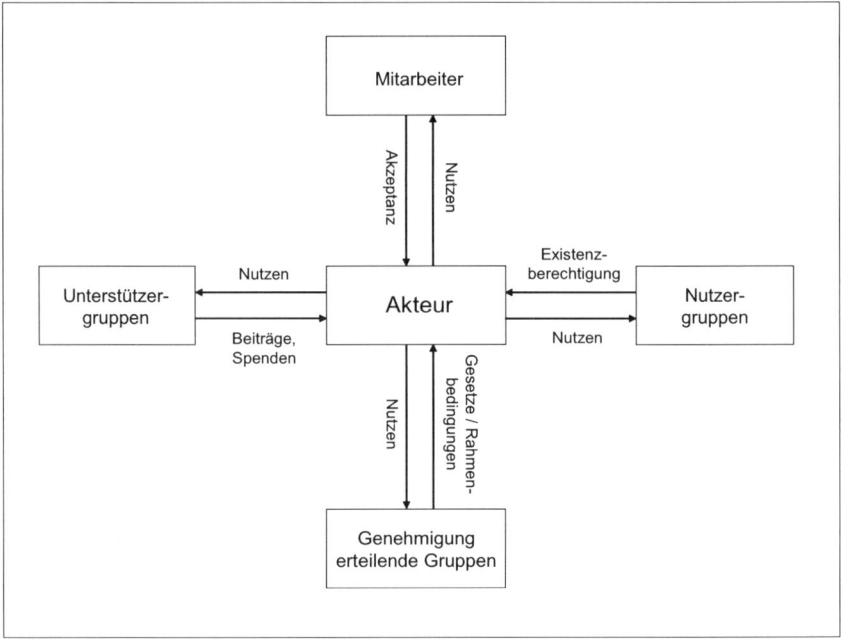

Abb. 3: Beziehungen mit Stakeholdern im Social Marketing (verändert nach Beilmann 1995, 10)

Die Kommunikation mit den Stakeholdern erfolgt im Gesundheitswesen wie in den meisten anderen Bereichen sehr häufig nicht auf direktem Wege, sondern indirekt in mehreren Stufen über Kommunikationsmedien und -multiplikatoren, die als Informationsselektierter und Meinungsführer wirken. Trotzdem wird diese für die Durchführung der Kommunikation entscheidend wichtige gestufte Vorgehensweise oft konzeptionell nicht explizit berücksichtigt. Dabei erfordert die Auswahl von und die Kommunikation mit z.B. Experten, Journalisten oder Agenturen besondere Schnittstellenfähigkeiten und folgt eigenen Spielregeln. Der Erfolg der gesamten Maßnahmen ist gefährdet, wenn hier Fehler gemacht werden.

Damit handelt es sich also im Social Marketing um die Kommunikation mit einer Vielzahl sehr unterschiedlicher Stakeholder und Zielgruppen über mehrere Stufen, insgesamt um sehr komplexe Kommunikationsvorgänge.[5]

---

5   Bonfadelli/Friemel unterscheiden in Bezug auf Kommunikationskampagnen folgende Typen von Stakeholdern: Auftraggeber von Kampagnen, Politik, Betroffene, Kommunikationsagenturen, Experten und Interessengruppen (vgl. Bonfadelli/Friemel 2006, 25 ff.).

3. Business Marketing und Social Marketing

3.1 Marketing im Gesundheitswesen

Auch im Gesundheitsmarkt herrscht ein reger Wettbewerb, der zurzeit deutlich schärfer wird. Unternehmen wollen Marktanteile, hohe Umsätze, geringe Kosten und im Endeffekt Gewinne erzielen. Non-Profit-Organisationen wollen eine möglichst große Bekanntheit, Reputation, Wirkung, gute Wirtschaftlichkeit und andere Erfolgsausweise ihren Stakeholdern gegenüber erreichen. Dabei gibt es auch einen heftigen Wettbewerb zwischen verschiedenen Non-Profit-Organisationen, ganz ähnlich wie Konkurrenz zwischen Unternehmen herrscht. Ein probates Mittel, in diesem Wettbewerb Erfolg zu haben, ist Marketing zu betreiben.

Die Definition der American Marketing Association (AMA) repräsentiert das heutige Marketingverständnis. Sie hat in Wissenschaft und Praxis internationale Verbreitung und Anerkennung gefunden. „Marketing is an organizational function and a set of processes for creating, communicating, and delivering value to customers and for managing customer relationships in ways that benefit the organization and its stakeholders." (AMA 2008) Daraus ergeben sich die charakteristischen Merkmale des modernen Marketingverständnisses: Marketing ist ein duales Führungskonzept, d.h. zum einen ist Marketing eine Funktion innerhalb der Unternehmensorganisation, zum anderen ist Marketing die Leitidee der Unternehmensführung insgesamt (marktorientierte Koordination aller betrieblichen Funktionsbereiche). Merkmale sind die Informations- und Aktionsorientierung, die Orientierung am Kundennutzen und die Beziehungsorientierung (Relationship Marketing), die Wertorientierung und die Shareholderorientierung (vgl. die Erläuterungen bei Meffert/Burmann/Kirchgeorg 2008, 12 ff.). Dieses so genannte generische Marketing lässt sich auf unterschiedliche Kontexte anwenden, so auch auf das Gesundheitswesen.[6]

---

6 Aus der Definition ergeben sich die Aufgaben des Marketingmanagements: „Sämtliche Aufgaben und Aktivitäten des Marketing können zusammenfassend als ein eindeutig identifizierbarer Prozess der Willensbildung und Willensdurchsetzung gekennzeichnet werden. Das Marketingmanagement umfasst folgende rückgekoppelte Aufgaben: (1) Situationsanalyse, (2) Prognose, (3) Definition der Marketingziele, (4) Zielorientierte Ableitung der Marketingstrategie, (5) Festlegung des strategieadäquaten Marketing-Mix, (6) Gestaltung der Marketingorganisation zur Implementierung des Marketing-Mix und (7) Marketing-Controlling zur Erfassung der Erfolgswirkung und Initiierung eines Rückkopplungsprozesses mit allen Planungsstufen und Verantwortlichen." (Meffert/Burmann/Kirchgeorg 2008, 19) Zu unterschiedlichen Verständnisperspektiven von Gesundheitsmarketing vgl. auch Kreyher 2001, 6 ff.

Insbesondere in der Wertorientierung wird deutlich, dass die Marketingaktivitäten an den jeweiligen Zielen auszurichten sind. Durch dauerhafte Befriedigung der Kundenbedürfnisse sollen die Unternehmensziele verwirklicht
werden. Die Unternehmensziele lassen sich systematisieren in potenzialbezogene
(z.b. Bekanntheitsgrad, Kundenzufriedenheit und Image), erfolgsbezogene (z.b.
Absatz, Marktanteil, Anzahl der Kunden) und wirtschaftliche Ziele (z.b. Umsatz, Deckungsbeitrag, Gewinn, Rendite). (vgl. Homburg/Krohmer 2006, 346)
Die wirtschaftlichen Ziele sind dabei in der Regel die obersten im Zielsystem.
Dieses Marketing wird darum auch als kommerzielles Marketing oder Business
Marketing bezeichnet.

Eine Ausweitung des Business Marketings bemüht sich, im Rahmen der auf
Gewinnerzielung ausgerichteten Unternehmenspolitik auch ökologische, soziale
und ethische Aspekte zu berücksichtigen. Dadurch entsteht das wohlfahrtsbedachte Marketing, das fordert, „dass die Aufgabe der Organisation darin besteht,
die Bedürfnisse, Wünsche und Interessen der Zielmärkte zu ermitteln und die
gewünschten Befriedigungswerte wirkungsvoller und wirtschaftlicher anzubieten
als die Konkurrenten, und zwar auf eine Weise, die die Lebensqualität der Gesellschaft bewahrt oder verbessert." (Kotler/Keller/Bliemel 2007, 30; vgl. auch Mef-
fert/Burmann/Kirchgeorg 2008, 869 ff.) Hier kommt zum Business Marketing
die Aufgabe hinzu, „soziale und ethische Aspekte zu berücksichtigen und bei der
Marketingpolitik einen Ausgleich zwischen drei Faktoren herbeizuführen. Dies
sind Betriebsgewinn, Befriedigung der Kundenwünsche und gesellschaftliches
Interesse." (Kotler/Keller/Bliemel 2007, 30) Das wohlfahrtsbedachte Marketing
will insbesondere darauf hinwirken, neben wirtschaftlichen auch gesellschaftliche
Interessen, soziale und ethische Aspekte, Langfristigkeit und Nachhaltigkeit zu
berücksichtigen. Diese Auseinandersetzung mit gesellschaftlichen Zielen drückt
sich in der Wahrnehmung einer Corporate Social Responsibility aus (vgl. Münstermann 2007; Meffert/Burmann/Kirchgeorg 2008, 872 f.).

3.2 Anliegenverknüpftes Marketing, Medien
und Gesundheitskommunikation

Auf den ersten Blick gehört in diesen Zusammenhang auch das anliegenver-
knüpfte Marketing (cause related marketing), bei dem Unternehmen ihr Marketingkonzept mit Wohlfahrts-, Sozial- oder Gesellschaftsanliegen verbinden, z.B.
durch Sponsoring (vgl. Vardarajan/Menon 1988, 58-74; Kotler/Keller/Bliemel
2007, 31). Gründe für solche wohltätigen Aktivitäten sind z.B. das Image des
Unternehmens zu stärken, negativer Publicity entgegenzuwirken, Umwelt- und

Verbrauchergruppen zu beschwichtigen, ein neues Produkt oder eine neue Marke einzuführen, die Käuferschicht auszuweiten und zusätzliche Verkäufe zu erzielen: also geschäftliche Interessen (vgl. Kotler/Keller/Bliemel 2007, 31). Dies ist also nicht mit Social Marketing zu verwechseln, denn beim anliegenverknüpften Marketing sind die Geschäftsinteressen das Ziel und die wohltätigen Aktivitäten, PR-Aktionen oder das Sponsoring dienen letztlich der Förderung dieser geschäftlichen Interessen.

Im Gesundheitswesen haben Informationskampagnen von Pharmaunternehmen oft diesen Charakter. Sehr häufig steht hinter den Patienteninformationen, z.B. zu den Themen erektile Dysfunktion, Diabetes, Bluthochdruck, Raucherentwöhnung oder HIV, das Interesse, den Absatz von Medikamenten oder Behandlungen zu fördern.

Ähnlich verhält er sich mit Aufklärungsveranstaltungen, Medien und Empfehlungen von Krankenhäusern, Apotheken oder Ärzten. Hier handelt es sich um Public Relations oder Netzwerk-Marketing mit geschäftlichen Zielen. Auch Krankenkassen, zu deren Aufgabe die Information von Versicherten gehört, verfolgen mit ihren Gesundheitsinformationen in der Regel zu einem guten Teil auch geschäftliche Interessen, z.B. ihre Attraktivität für bestimmte Zielgruppen zu fördern und für andere weniger attraktiv zu sein, oder um Behandlungskosten zu sparen. Darum können auch Krankenkassen oft zu den geschäftlich interessierten Informationsanbietern gerechnet werden. Dies ist ein gutes Beispiel dafür, dass Akteure im Gesundheitsmarkt mit ihren Kommunikationsaktivitäten in der Regel gleichzeitig mehrere Ziele verfolgen.

Aus dem Wissen um die Nebenziele sehr vieler gesundheitlicher Kommunikationsmaßnahmen resultiert bei vielen Empfängern ein generelles Misstrauen gegenüber Gesundheitsinformationen aus geschäftlich interessierten Quellen. Gegen dieses grundsätzliche Misstrauen auf Seiten der Empfänger muss Gesundheitskommunikation häufig anarbeiten, so dass viele erste Schritte in den Aufbau von Vertrauen investiert werden müssen. Und dieses Vertrauen kann auch später sehr schnell wieder verloren gehen.

Unter ähnlichen Vorzeichen stehen auch Gesundheitsinformationen oft in Medien. Diesen wird in der Regel zunächst einmal recht großes Vertrauen entgegengebracht. Der Inhalt von Medien ist jedoch immer für zwei Arten von Kunden gedacht, zum einen richtet sich der Inhalt – Information und Unterhaltung – an die Leser/Zuschauer/Nutzer, zum anderen wird die Aufmerksamkeit dieser Rezipienten an Werbekunden verkauft. (vgl. Wirtz 2006, 20 ff.) Die Spielregeln für Medien zielen also zum einen auf möglichst hohe Attraktivität für die Rezipienten. Das kann durchaus bedeuten, dass Informationen durch Eingängigkeit, Vereinfachung, mehr oder weniger passende unterhaltende Elemente oder sensationelle Darstellung attraktiver gemacht werden, um größeren Erfolg zu erzielen. Für verlässliche Information ist das nicht immer gut. Dafür kennt die Publizistik viele Beispiele. Zum anderen müssen Medien auch auf dem Werbemarkt (Anzeigen, Spots, Banner) Erfolg haben. Das kann zu einer mehr oder weniger deutlichen Anpassung der Informationen an die Interessen von Werbekunden führen. Dies soll natürlich durch journalistisches Ethos und Handwerk verhindert werden; auch haben unterschiedliche Medien einen unterschiedlich hohen Anspruch. Gesundheitsinformationen in Medien unterliegen jedenfalls immer den Medien- und Marktspielregeln; man könnte auch sagen, dem kommerziellen Marketing der Medien. Das muss nicht immer im Sinne des gesellschaftlichen Interesses und des gesundheitlichen Interesses des Einzelnen sein. Aus dieser Erfahrung heraus hat sich bei vielen Medienrezipienten ebenfalls eine grundsätzlich kritische Einstellung herausgebildet.[7]

3.3 Social Marketing: Kennzeichen und Schwierigkeiten

1951/52 fragte Gerd D. Wiebe: „Why can't you sell brotherhood and rational thinking like you sell soap?" (Wiebe 1951-52, 679) Wiebe hatte festgestellt, dass Kampagnen für gesellschaftliche Ziele große Motivation erzeugen konnten, wenn sie die Regeln des aus der Geschäftswelt bekannten Marketings beachteten. Dieser Beitrag gilt als Vorläufer des heutigen Social Marketing.

1971 gaben Kotler und Zaltmann die Definition: Social Marketing ist „die Planung, der Einsatz und die Kontrolle von Programmen zur Beeinflussung der Akzeptanz von sozialen Vorstellungen, in die Überlegungen zur Gestaltung des Produktes, des Preises, der Kommunikation, des Vertriebs und der Marketingforschung eingehen."[8] (Kotler/Zaltmann 1971, 5) Bruhn beschreibt Social Marketing folgendermaßen: „Nonprofit- bzw. Social Marketing umfasst die Analyse, Planung, Durchführung und Kontrolle sämtlicher interner und externen Aktivitäten, die durch eine Ausrichtung am Nutzen und den Erwartungen der Anspruchsgruppen (z.B. Leistungsempfänger, Kostenträger, Mitglieder, Spender, Öffentlichkeit) darauf abzielen, die finanziellen, mitarbeiterbezogenen und insbesondere aufgabenbezogenen Ziele der Nonprofit-Organisation zu erreichen. "

---

7 Zur Funktionsweise von Gesundheitsöffentlichkeit und der Rolle der Medien vgl. Gottwald 2006.

8 Der Satz lautet im Original: „the design, implementation and control of programs calculated to influence the acceptability of social ideas and involving considerations of product planning, pricing, communication, distribution and marketing research." (Kotler/Zaltmann 1971, 5); zur Entwicklung des Konzepts Social Marketing vgl. MacFadyen/Stead/Hastings 1999.

(Bruhn 2005, 63) Im weitesten Sinne kann man Social Marketing also als Marketing für soziale Ziele und damit in Bezug auf die Inhalte definieren (vgl. Wiedmann/ Raffée 1995; Koziol/Pförtsch/Heil/Albrecht 2006, 4 ff.).

Social Marketing hat mit dem Business Marketing zwei grundsätzliche Gemeinsamkeiten, zum einen das Gratifikationsprinzip (Es finden nur solche Marktprozesse statt, die allen beteiligten Teilnehmern Nutzen versprechen.) und zum anderen das Knappheitsprinzip (Die Knappheit von Gütern/Dienstleistungen bestimmt das Verhalten der Beteiligten bei den Austauschprozessen.) (vgl. Meffert/Burmann/Kirchgeorg 2008, 875).

Im Gegensatz zu expertengetriebenen Ansätzen, die von den Absendern dominiert werden und in der Gesundheitskommunikation häufig sind, stellt Social Marketing das Zielpublikum (Audience) in den Mittelpunkt und versucht, im Laufe der Zeit eine Beziehung mit dem Zielpublikum aufzubauen, und dessen Bedürfnisse in allen Entwicklungsstadien der Kommunikation und in der Ergebnisevaluation zugrundezulegen. Nicht die Fachexperten entscheiden über Inhalt oder Erfolg; es geht immer um den Gesichtspunkt des jeweiligen Zielpublikums.

Zielgruppenorientierung ist das entscheidende Kennzeichen von Marketing allgemein. Auf Marketingfachleute wirken diese Überlegungen darum oft selbstverständlich. Im häufig von guten Absichten und fachlichen Inhalten dominierten Sozialwesen ist ein solches Konzept jedoch hilfreich, ähnlich wie das kommerzielle Marketing in seiner Geschichte von einer produktorientierten zu einer bedürfnisorientierten Grundhaltung fortgeschritten ist. Nicht mehr der Mangel und das knappe Angebot an Gesundheitsleistungen und -informationen dominieren, sondern die Nachfrage, die sich aus den Bedürfnissen der Zielgruppen ergibt, ist entscheidend für den Erfolg. Das Angebot muss sich der Nachfrage anpassen. (vgl. Kotler/Keller/Bliemel 2007, 18 ff.)

Das Vorgehen anhand einer langfristigen Planung (im Gegensatz zu ad hoc Aktionen) läuft im Social Marketing genau wie im kommerziellen Marketing in den üblichen Managementprozessphasen ab: Situationsanalyse, Planung (Festlegung der Marktsegmente und Marketingziele, Marketingstrategien, Marketingbudgets, Marketingmaßnahmen), Umsetzung, Kontrolle der Ergebnisse (vgl. Bruhn 2007, 37 ff.).

Es gibt aber auch eine Reihe von Besonderheiten des Social Marketing (vgl. Meffert/ Burmann/Kirchgeorg 2008, 875 ff.):

1. Die Förderung der Interessen der Gesellschaft stellt das primäre Ziel dar, eine Gewinnerzielungsabsicht ist eine notwendige Nebenbedingung bei der Verfolgung des primären Ziels.

2. Die Produkte von Social Marketing-Organisationen sind oft nicht leicht zu fassen. Neben Produkten und Dienstleistungen kann es sich auch um immaterielle Güter (wie Ideen oder Verhaltensänderungen) handeln. Bei der Komplexität der Produkte macht es oft Schwierigkeiten, genau festzulegen, was dieses Produkt genau ist und welchen Nutzen es hat. Oft handelt es sich um eine Idee, die zu einer Überzeugung führen soll, zu einer veränderten Einstellung oder zu einer geänderten Werthaltung. Dadurch sollen Verhaltensänderungen erreicht werden. Social Marketing kann aber auch direkt auf eine Verhaltensänderung zielen. Unterstützt werden kann das Ganze durch materielle Produkte und Dienstleistungen.

3. Der Austausch findet im Social Marketing in der Regel nicht nur auf der Ebene Produkt gegen Geld statt, sondern nimmt auch andere Formen an: Gesundheitliche Information im Austausch für Gebühren und Zeit/Aufmerksamkeit oder (unbequeme) Verhaltensänderung im Austausch für bessere Gesundheit. Dies macht die Austauschvorgänge komplexer als im Business Marketing.

4. Dabei konzentriert sich das Social Marketing häufig nicht nur auf Individuen, sondern auch auf Gruppen und die ganze Gesellschaft. Das ist nötig, weil sehr viel im Verhalten von Individuen durch soziale Einflüsse mitbestimmt wird (vgl. Foscht/Swoboda 2004, 130 ff.; Homburg/Krohmer 2006, 27 ff.). Das gilt insbesondere auch bei gesundheitlichem Verhalten. Die Besonderheiten sind hier jedoch noch nicht gut erforscht.

5. Die Nachfrage spielt im Social Marketing eine andere Rolle. Die Nachfrage ist schwieriger und vielfältiger als im Business Marketing, weil den Zielgruppen im Social Marketing ihr Bedarf häufig noch nicht bewusst ist. Oft hat man es sogar mit einer „negativen Nachfrage" zu tun, weil die Zielgruppen den angestrebten Verhaltensänderungen apathisch oder sogar mit Widerstand gegenüberstehen. Dazu kommt, dass der Nutzen einer gesellschaftlich wünschenswerten Verhaltensänderung zwar manchmal individuell deutlich fühlbar, oft aber auch persönlich wenig handfest sein kann, so dass er für das Individuum selbst weniger relevant, sondern hauptsächlich für die Gesellschaft relevant ist. Die schwerste Aufgabe liegt vor, wenn der Nutzen schwierig zu personalisieren und zu quantifizieren ist.[9]

Dazu kommen besondere Schwierigkeiten. Im Social Marketing muss man oft schwierige Zielgruppen mit anspruchsvollen Themen erreichen (z.B. sozial Schwache oder schlecht Gebildete), die man im Business Marketing häufig igno-

---

9   Vgl. Weitkunat/Haisch/Kessler 1997; zum Einfluss der Gesellschaft auf die Gesundheit vgl. Kickbusch 2007, 144 ff.

riert oder sehr vereinfacht anspricht. Die Zielpersonen sind zudem schwer zu erreichen, möchten ihr Gesundheitsverhalten (z.B. Ernährungs- oder Lebensgewohnheiten) nicht ändern. Psychologische, soziale und praktische Ressourcen für die Verhaltensänderung fehlen oder sind unzureichend ausgeprägt, d.h. die angesprochenen Personen reagieren schlecht auf Interventionen. Dies macht für eine sinnvolle Segmentierung große Schwierigkeiten sowie erst recht bei der Erreichung der Ziele.

Botschaften des Social Marketing, die auf Verhaltensänderungen zielen, können allerdings auch auf hohes Involvement treffen, z.B. wenn akute Krankheiten vorliegen. Botschaften und Produkte mit hohem Involvement erfordern typischerweise sorgfältige Überlegungen beim Nutzer, weswegen er detaillierte Informationen und aufwändige Beratung verlangt. Zwar ist der Aufwand zunächst einmal groß, doch hohes Involvement führt zu hoher Motivation und Aufmerksamkeit. Dies ist eigentlich eine gute Voraussetzung, um eine Verhaltensänderung zu erreichen. Allerdings kann es bei Gesundheitsbotschaften auch zu negativen Gefühlen wie Angst, Schuld und Verweigerung führen. Dies zu überwinden, kann ein großes Problem sein.

Zu den vielfältigen Widerständen und Hindernissen im Social Marketing gehören auch die derzeitigen Verhaltensmuster der Zielpersonen sowie Bequemlichkeit und allgemeine Unwilligkeit, sich mit der (oft nicht angenehmen) Botschaft zu beschäftigen.

Gleichzeitig trifft das Social Marketing eines Akteurs auf die Social Marketingaktivitäten andere Absender sowie zusätzlich auf die Konkurrenz des Business Marketings, das häufig zudem kontraproduktive Verhaltensweisen ermutigt. Dazu kommen im Bereich der Kommunikation die vielfältigen Aktivitäten der Medien, die um die Aufmerksamkeit des Zielpublikums kämpfen. Insgesamt spricht man vom Phänomen der Informationsüberlastung (Information Overload). Ein bekanntes Ergebnis von Kroeber-Riel (1987) lautet, dass 98 % aller Informationen in Medien ausgefiltert werden, so dass nur 2 % des Informationsangebotes überhaupt die Chance hat, bei den Rezipienten wirksam zu werden. (vgl. Kroeber-Riel/Esch 2000, 12 ff.) Dieses Verhältnis hat sich durch die bedeutende Ausweitung der Medien weiter verschlechtert. In diesem Informations- und Mediengrundrauschen gehen viele Bemühungen des Social Marketing unter, so dass sie ihre Empfänger gar nicht erreichen. Dieser Kampf und die Beachtung durch die Rezipienten wird heute unter dem Stichwort Ökonomie der Aufmerksamkeit oder Informations-Ökonomie behandelt. (vgl. Franck 2007, 159 ff.)

4. Zielgruppensegmentierung

4.1 Aufgaben der Zielgruppensegmentierung

Die Aufteilung einer Zielgruppe in mehrere Teilzielgruppen erfolgt mit der Absicht, diese zielgenauer, d.h. effizienter, und wirkungsvoller, d.h. effektiver, ansprechen zu können. Dazu ist zunächst einmal eine Analyse nötig, in der die Segmente identifiziert (Segmentation) sowie bewertet und ausgewählt (Targeting) werden. Daran schließt sich die Bearbeitung an, in der es um den segmentspezifischen Einsatz der Marketinginstrumente geht (Positioning). (vgl. Kotler/Keller/Bliemel 2007, 356 f.) In einem Extremfall handelt es sich um ein einziges Segment (Nullsegmentierung, Massen-Marketing), im anderen Extremfall besteht jedes Segment nur aus einer Person (atomistische Segmentierung). Mit modernen Methoden ist in manchen Fällen ein solches individuelles Marketing (One-to-one Marketing), also maßgeschneiderte Angebote für einzelne Personen, tatsächlich möglich, etwa im Internet.

Die Aufgaben bei der Markterfassung (Segmentierung und Targeting) sind (vgl. Freter 2008, 52 f.):

- Identifizierung und Abgrenzung der Gesamtzielgruppe (Unterscheidung von Käufern/Verwendern, potenziellen Käufern/Verwendern sowie Nicht-Käufern/Nicht-Verwendern),
- Abgrenzung relevanter Teilzielgruppen und Identifikation vernachlässigter Teilzielgruppen (Nischen oder Lücken),
- Bestimmung der Potenziale der Teilzielgruppen sowie Prognose der zukünftigen Entwicklung dieser Segmente,
- Beobachtung der Aktivitäten der Wettbewerber und Entwicklung von Gegenmaßnahmen sowie Beurteilung der eigenen Positionierung,
- Entwicklung von Ideen zur besseren Befriedigung der Bedürfnisse der einzelnen Teilzielgruppen in den Segmenten sowie von Antworten auf die erwarteten Reaktionen.

Die Aufgaben der Marktbearbeitung (Positionierung) sind:

- Festlegung qualitativer und quantitativer Ziele sowie der Methoden zur Kontrolle der Zielerreichung,
- Allokation des Gesamtbudgets auf die einzelnen Segmente,

- segmentspezifische Problemlösungen, (Um-)Positionierung bisheriger Angebote, Vermeidung von Substitutionseffekten zwischen den eigenen Angeboten,
- gezielter Einsatz der Marketinginstrumente.

Zielgruppensegmentierung im Business Marketing kann ethische Probleme aufwerfen, etwa wenn es sich um unerfahrene, leichtgläubige oder sozial benachteiligte Personen handelt oder wenn die angebotenen Produkte nachteilig für diese Zielgruppen sind. (vgl. Kotler/Keller/Bliemel 2007, 394) Solche ethischen Probleme existieren auch im Social Marketing und müssen bedacht werden.

4.2 Segmentierung im Business Marketing

Für die Durchführung der Segmentierung erweisen sich verhaltenswissenschaftliche Konstrukte als besonders leistungsfähig. Dazu zählen insbesondere Lebensstil, Motive und Einstellungen. Diese Konstrukte haben meist einen engen Bezug zur Entscheidung für oder gegen ein Angebot, sie sind jedoch in der Regel schwer zu ermitteln. Folgende Gruppen von Segmentierungskriterien[10] lassen sich unterscheiden, die alle auch Einfluss auf den Nutzen des Angebots für die Zielgruppe haben (vgl. Freter 2008, 93; Homburg/Krohmer 2006, 485 ff., Kotler/Roberto/Lee 2002, 111 ff.):

- Demographische Kriterien: Lebenszyklus (Alter, Familienlebenszyklus, Haushaltsgröße bzw. Lebensform), geographische Kriterien (Makro-Geographie, Mikro-Geographie),
- Soziologische Kriterien: Sozialisation (Kultur, Religion), soziale Schicht (Beruf und Ausbildung, Einkommen, Milieu), Interaktionskriterien (Gruppenstruktur, Gruppenverhalten),
- Psychographische Kriterien: allgemeine Persönlichkeitsmerkmale (Lebensstil, Risikoeinstellung), produktspezifische Kriterien (Motive, Einstellungen, Involvement),
- Kriterien des beobachtbaren Verhaltens: Produktwahl (Produktartwahl, Markenwahl und Markentreue, Kaufhäufigkeit, Kaufvolumen, Verbundnachfrage), Einkaufsstättenwahl (Betriebsformen- und Geschäftstreue sowie -wechsel), Mediennutzung (Art und Zahl der Medien, Nutzungsintensität), Preisverhalten (Preisklasse, Kauf von Sonderangeboten),

---

10 Ansätze, die sich nicht auf das Entscheidungs- und Kaufverhalten der Kunden beziehen, sind Segmentierungen nach der Bedeutung der Kunden für den Akteur. Hier lassen sich ABC-Einteilungen in Bezug auf Umsatz, Deckungsbeitrag, Gewinn oder Rendite nennen.

- Physiologische Kriterien: körperliche Beschaffenheit (Geschlecht, Körpergröße, Typ, Links- oder Rechts-Händigkeit), physiologische Defekte (Allergien, Behinderungen, Krankheiten, Unverträglichkeiten, Sehstärke), epidemiologische Kriterien (Indikation, Schweregrad),
- Zeitbezogene Kriterien: Situation (zeitliche Einflüsse, Verfassung des Käufers, physische und soziale Umgebung, Anlass), Termin (Jahreszeit, Tages-/Wochen-/Monatsverlauf, jährlich stattfindende Termine).

Wenn mehrere Segmentierungskriterien kombiniert werden, so spricht man auch von hybrider Segmentierung (z.b. demographisch-psychographisch oder geo-demographisch).[11] Sehr interessant sind in diesem Zusammenhang die Ansätze zur Bestimmung von Gesundheitstypen (vgl. die Beiträge von Borch/Wagner, Schweitzer/Bock, Roski/Schikorra in diesem Buch).

Diese Kriterien beziehen sich auf Personen und stammen aus dem Bereich des Konsumgütermarketings. Wenn die Zielgruppe, an die man sich wendet, Organisationen oder Unternehmen sind[12], sind Segmentierungskriterien wie diese üblich (vgl. Kotler/Keller/Bliemel 2007, 380 ff.):

- Demographische Kriterien: Branche, Unternehmensgröße, Standort,
- Operative Kriterien: Technologie, Anwenderstatus, Kundenkompetenz,
- Beschaffungskonzepte der Kunden: Organisation der Beschaffungsfunktionen, Machtstruktur, bestehende Beziehungen, allgemeine Beschaffungspolitik, Kaufkriterien,
- Situationsbedingte Kriterien: Dringlichkeit, spezifische Produktanwendungen, Auftragsumfang,
- Personengebundene Kriterien: Ähnlichkeiten zwischen Käufer- und Verkäuferteam, Risikobereitschaft, Lieferantentreue.

Damit sich die Segmentierungskriterien für die Anwendung eignen, müssen sie folgende Anforderungen erfüllen (vgl. Freter 2008, 90 ff.; Homburg/Krohmer 2006, 485 f.):

---

11 Vgl. auch Slater 1996.
12 Auch das Social Marketing wendet sich nicht immer an Einzelpersonen, so dass Prinzipien aus dem Industriegütermarketing nützlich sein können, wenn die Rezipienten und Kommunikationspartner Unternehmen, Organisationen oder öffentliche Einrichtungen sind. Dazu gehört insbesondere die Entscheidungsfindung in Gruppen (Buying Center) und die bei der Entscheidung zusammenwirkenden Rollen (vgl. Homburg/Krohmer 2006, 139 ff.; 1053 ff.; Fill 2001, 129 ff.).

- Verhaltensrelevanz,
- Aussagefähigkeit für den Einsatz der Instrumente (Ansprechbarkeit),
- Zugänglichkeit (Erreichbarkeit, Wiederauffindbarkeit),
- Messbarkeit (Identifizierbarkeit, Operationalität),
- zeitliche Stabilität,
- Wirtschaftlichkeit,
- Trennschärfe.

Die verschiedenen Segmentierungskriterien werden den Anforderungen in unterschiedlicher Weise gerecht. Segmentierungen auf der Grundlage von geographischen und soziologischen Merkmalen lassen sich in der Regel gut ermitteln, ihre Beziehung zur Verhaltensrelevanz ist jedoch problematisch. Psychographische und verhaltensorientierte Kriterien haben eine höhere Relevanz für das Verhalten, sie lassen sich jedoch schwerer ermitteln und die Segmente sind darum schwerer zugänglich. Dieses Problem wird als Dilemma der Marktsegmentierung bezeichnet. (vgl. Homburg/Krohmer 2006, 490)

4.3 Segmentierung im Social Marketing

Im Social Marketing werden in der Regel die gleichen Kriterien wie im Business Marketing angewendet. Dabei kommt die ganze Bandbreite der unterschiedlichen Kriterien in Frage. Besonders wichtig sind demographische, soziologische und psychographische Variablen. Häufig ergeben sich Kombinationen aus mehreren Kriterien (hybride Segmentierung). Insgesamt soll sich eine möglichst genaue Charakterisierung der Zielgruppensegmente und ihrer Reaktionen auf die Marketingmaßnahmen ergeben. Insbesondere soll die Entscheidungsbildung der Zielgruppen so genau wie möglich beschreibbar sein.

In der Altenhilfe und -pflege etwa ist bisher hauptsächlich eine Ansprache nach Altersgruppen und Gesundheitszustand verbreitet. In Zukunft wird eine Einteilung nach Milieu, Lebensstil und anderen psychographischen Kriterien wichtig werden, solange dies durch den Gesundheitszustand möglich ist.[13] Es handelt sich bei den angebotenen Produkten (Betreutes Wohnen, Alten-WG, Essen auf Rädern, ambulante Pflege, Pflegeheim, Altenheim), wie oft im Social Marketing, um sehr sensible, persönlich ganz besonders nahegehende Leistungen. Dabei ist die Sensibilität der Ansprache entscheidend.

---

13 Hierher gehört z.B. das Phänomen der sich neu bildenden Alterswohnformen für schwule Männer.

Darüber hinaus ist in der Pflege und Betreuung die Rolle von Angehörigen, Ärzten und Ämtern ausschlaggebend (vgl. Beitrag Meyer in diesem Buch).
Ähnlich verhält es sich mit Patienten-, Betroffenen- und Selbsthilfegruppen. In
Entscheidungssituationen dieser Art ist die Segmentierung auf die Entscheider
und Entscheidungsbeeinflusser auszudehnen. Hier kann das Konzept des Buying
Centers aus dem Business-to-Business-Marketing nützlich sein.[14]
    Ein wesentlicher Aspekt im Social Marketing sind psychische Erklärungs-
konstrukte der Herausbildung von Entscheidungen mit den beteiligten aktivierenden Prozessen/Zuständen (Aktivierung, Emotion, Motivation, Involvement,
Einstellung, Werten und Lebensstil sowie Umfeldfaktoren) und kognitiven
Prozessen/Zuständen (Kognition, Informationsaufnahme, -verarbeitung sowie
-speicherung und -abruf (Lernen und Gedächtnis)). Auch sozialpsychologische
Konstrukte wie der Einfluss von Bezugsgruppen und Meinungsführern spielen
eine große Rolle. In diesem Zusammenhang sind Marketingerkenntnisse aus
der Käuferverhaltensforschung nützlich. (vgl. Homburg/Krohmer 2006, 29 ff.;
Foscht/Swoboda 2004, 37 ff.)
    Da es im Social Marketing oft um Verhaltensänderungen geht, ist es aus-
schlaggebend, die Rezipienten entsprechend der jeweiligen Entscheidungsphase
passend anzusprechen. Hier kommt also zu den bisherigen Zielgruppensegmentierungen eine prozessorientierte Segmentierung hinzu, also in welcher Phase des
Entscheidungsprozesses sich eine Person befindet.
    Hilfreich ist auch eine Unterscheidung nach extensiven, limitierten, habitu-
ellen und impulsiven Entscheidungen. (vgl. Homburg/Krohmer 2006, 105 f.;
Foscht/Swoboda 2004, 149 ff.) Im Social Marketing konzentriert man sich meist
auf extensive Entscheidungen, also solche mit hoher kognitiver Beteiligung,
daher hohem Informationsbedarf und einem starken Involvement. Dies trifft
jedoch nicht auf alle Botschaften und Produkte zu, um die es im Social Marketing geht. Einige Entscheidungen werden auch immer wieder gewohnheits-
mäßig getroffen und es geht darum, diese Gewohnheiten zu ändern. Oder man
braucht bei impulsiven Entscheidungen im richtigen Moment nur einen kleinen
Anstoß, um in die richtige Richtung gelenkt zu werden (Nicht-Raucher- oder
Ernährungs-Programme).
    Bei den großen, extensiven Entscheidungen ist es häufig hilfreich, den damit
verbundenen längeren Entscheidungsprozess durch gestaffelte Social Marketingmaßnahmen zu begleiten. Hier ergeben sich wichtige Anknüpfungspunkte zum
Relationship Marketing. (vgl. Bruhn 2001)

---

14 Vgl. Boughton/Jacquin 1994.

Die Segmentierung kann auch im Social Marketing zu ethischen Problemen führen, etwa wenn sich eine Konzentration auf Teilzielgruppen verbietet, weil z.B. eine Regierungsorganisation alle Personen ansprechen muss. Hier ist dann höchstens zu segmentieren, um passende Zugänge zu unterschiedlichen Teilgruppen zu finden. Es dürfen aber keine Teilgruppen vernachlässigt werden.

In diesem Zusammenhang ist es ethisch durchaus fragwürdig, wenn z.B. Krankenkassen Teilzielgruppen selektieren, um sich um diese besonders zu bemühen, weil sich das ökonomisch lohnt; woraus folgt, dass sie sich um andere Versicherte nicht mit dem gleichen Nachdruck kümmern. Ähnlich verhält es sich mit Krankenhäusern, die sich auf besonders lohnende Behandlungen spezialisieren. Hierher gehören im Business Marketing auch Pharmaunternehmen, die sich auf besonders lohnende Medikamente konzentrieren und die Entwicklung von gesellschaftlich wichtigen, aber wenig rentablen Arzneimitteln vernachlässigen.

Eine Segmentierung ist ähnlich wie im Business Marketing problematisch, wenn es sich bei der segmentierten Gruppe um unerfahrene oder leichtgläubige Personen handelt. Dabei denkt man typischerweise an Kinder und Jugendliche. Die Anpassung der Marketinginstrumente an die segmentierten Gruppen muss immer auch darauf gerichtet sein, solche Schwächen nicht auszunutzen. Ebenso ist immer sicherzustellen, dass es einen Ausgleich zwischen den Interessen der Gesellschaft und den persönlichen Interessen der Zielgruppe gibt. Social Marketing setzt hier immer auf Überzeugung statt Überredung (zum Beispiel durch zu große Versprechungen oder Furchtappelle und Abschreckung) oder gar Zwang.

5. Fazit

Akteure im Gesundheitssystem nutzen eine Mischung aus Business Marketing und Social Marketing. Dabei wird unter Business Marketing ein erfolgsorientiertes Handeln zur Erreichung der ökonomischen Unternehmens- bzw. Organisationsziele verstanden.

Die Ziele des Social Marketing stammen aus der gesundheitlich-medizinischen, der sozialen, der politischen und auch der ökonomischen Sphäre. Die Ziele sind eine Mischung der Ziele, der unterschiedlichen Interessen und Ansprüche der Stakeholder. Dadurch sind Zielkonflikte unvermeidlich. Und man sollte sie offen thematisieren.

Social Marketing versucht mit Hilfe der Methoden des Marketings soziale Ziele zu erreichen. Hier steht die Gesellschaft als Stakeholder im Vordergrund. Das gesellschaftliche Interesse lässt sich allerdings kaum in reiner Form darstellen. Akteure nehmen es im Gesundheitssystem mit mehr oder weniger Berechtigung für sich in Anspruch und vertreten es in einer Mischung mit den Interessen ihrer Stakeholder, vor allem ihrer Nutzergruppen, Unterstützergruppen und Genehmigungen erteilenden Gruppen. So sind, wie auch sonst, gesellschaftliche Interessen nur in der Interpretation der jeweiligen Akteure vorzufinden, die sie vertreten. Es lässt sich wohlfeil darüber streiten, ob dies die „wirklichen" gesellschaftlichen Interessen sind und ob darum das Social Marketing „wirklich" im Sinne der gesellschaftlichen Interessen wirkt oder im Eigeninteresse des jeweiligen Akteurs. Dieser Streitpunkt liegt an der Basis des Begriffs Social Marketing selbst.

Wohlfahrtsbedachtes Marketing versucht einen Ausgleich zwischen den geschäftlichen Interessen wie Gewinn und Befriedigung der Kundenwünsche und gesellschaftlichen Interessen herbeizuführen. Dieser Ansatz hat häufig hauptsächlich Appellcharakter. Beim anliegenverknüpften Marketing versucht ein Unternehmen im Gegensatz dazu, seine Geschäftsinteressen zu fördern, indem es sich für soziale Themen engagiert. Endzweck ist jedoch das Geschäftsinteresse. Bei beiden Formen handelt es sich nicht um Social Marketing.

Mit Mischformen zwischen Business Marketing und Social Marketing hat man es oft dann zu tun, wenn ein Akteur zwei Aufgabenstellungen hat. Zum einen soll ein Akteur im Gesundheitswesen die Gesundheit der Bevölkerung bzw. seiner Klientel fördern, zum anderen soll er wirtschaftlich agieren. Diese zwiespältigen Interessen gelten mit Abstufungen in der Gewichtung der einen oder anderen Komponente z.B. für Pharmaunternehmen, Krankenversicherungen oder Kliniken. Auch Medien lassen sich hier nennen. Die Zielkonflikte, die in dieser doppelten Zielsetzung liegen, werden oft nicht offen diskutiert.

Die Segmentierung von Teilzielgruppen für ein genaueres und wirkungsvolleres Vorgehen ist eine der Grundstrategien des Marketings. Auch im Bereich des Social Marketing kann sie erfolgreich angewendet werden. Es gibt tatsächlich vielerlei Ansätze dazu, jedoch ist der Begriffsrahmen noch nicht völlig ausgebildet.

Verschiedenen Segmentierungskriterien lassen sich vom Konsumgütermarketing auf das Social Marketing übertragen. Dies ist das Hauptthema des vorliegenden Buches und es finden sich in den Beiträgen vielfältige Ansätze und Beispiele dazu.

Bei den komplexen Entscheidungen, um die es im Social Marketing oft geht, erfordert der langfristige Verlauf des Entscheidungsprozesses ein Relationship Marketing und damit unter Umständen eine dynamische Segmentierung.

Ein interessanter, bisher wenig thematisierter Ansatz ist eine Übertragung von Methoden des Investitionsmarketings auf das Social Marketing. Andere Segmentierungskriterien, Entscheidungsfindung in Gruppen und die Rollen, die die Mitglieder des Entscheidungsgremiums bei dieser Entscheidung spielen, können interessante neue Ansätze im Social Marketing bilden.

Literatur

American Marketing Association (AMA) (2008): http://www.marketingpower.com/_layouts/Dictionary.aspx?dLetter=M (abgerufen am 26.5.2008)

Beilmann, M. (1995): Sozialmarketing und Kommunikation. Arbeitsbuch für eine Basismethode der Sozialarbeit. Neuwied, Kriftel, Berlin: Luchterhand Verlag

Bonfadelli, H./Friemel, T. (2006): Kommunikationskampagnen im Gesundheitsbereich. Grundlagen und Anwendungen. Konstanz: UVK Verlagsgesellschaft

Boughton, P.D./Jacquin, E.V. (1994): A Buying Center Approach to Understanding Health Care Marketing. In: Journal of Hospital Marketing, Vol. 8(2), 163 – 176

Bruhn, M. (2001): Relationship Marketing. Das Management von Kundenbeziehungen. München: Verlag Franz Vahlen

Bruhn, M. (2005): Marketing für Nonprofit-Organisationen, Stuttgart: W. Kohlhammer Verlag

Bruhn, M. (2007): Marketing. Grundlagen für Studium und Praxis. 8. A. Wiesbaden: Gabler Verlag

Brunner, H. (2006): Teil 1: Ethik und Ökonomie in der Medizin, 1. Einführung. In: Lauterbach, K.W./Stock, S./Brunner, H.: 13 – 22

EU (2001): Medizinische Versorgung Kommission schlägt drei gemeinsame EU-Ziele für Gesundheitswesen und Altenpflege vor: Zugang für alle, hohe Qualität und langfristige Finanzierbarkeit. In: http://europa.eu/rapid/pressReleasesAction.do?reference=IP/01/1747&language=DE (abgerufen am 1.3.2008)

Fill, C. (2001): Marketing-Kommunikation. Konzepte und Strategien. 2. A. München: Pearson Studium

Fleßa, S. (2007): Grundzüge der Krankenhausbetriebslehre. München: Oldenbourg Wissenschaftsverlag

Foscht, T./Swoboda, B. (2004): Käuferverhalten. Grundlagen – Perspektiven – Anwendungen. Wiesbaden: Gabler Verlag

Franck, G. (2007): Jenseits von Geld und Information. Zur Ökonomie der Aufmerksamkeit. In: Piwinger, M./Zerfass, A. (2007): Handbuch Unternehmenskommunikation. Wiesbaden: Gabler Verlag, 159-168

Freter, H. (2008): Markt- und Kundensegmentierung. Kundenorientierte Markterfassung und -bearbeitung. 2. Aufl. Stuttgart: Verlag W. Kohlhammer

Fröck, M. (2004): Die GKV im Wettbewerb. Eine Analyse ausgewählter Aktionsparameter. Berlin: Wissenschaftlicher Verlag Berlin

Gottwald, F. (2006): Gesundheitsöffentlichkeit. Entwicklung eines Netzwerkmodells für Journalismus und Public Relations. Konstanz: UVK Verlagsgesellschaft

Harms, F./Gänshirt, D./Lonsert, M. (2005): Zukunftsperspektiven für pharmazeutisches Marketing. In: Harms, F./Gänshirt, D.: 12-41

Harms, F./Gänshirt, D. (2005): Gesundheitsmarketing. Patientenempowerment als Kernkompetenz. Stuttgart: Lucius & Lucius

Harms, F. (2006): Gesundheitsmarketing. Managementkonzept der Zukunft. Zürich: Health Care Competence Center

Hermann, S. (2005): Corporate Sustainability Branding. Nachhaltigkeits- und stakeholderorientierte Profilierung von Unternehmensmarken. Wiesbaden: Deutscher Universitäts-Verlag

Homburg, C./Krohmer, H. (2006): Marketingmanagement. Strategie – Instrumente – Umsetzung Unternehmensführung. 2. A. Wiesbaden: Gabler Verlag

Kickbusch, I. (2006): Die Gesundheitsgesellschaft. Megatrends der Gesundheit und deren Konsequenzen für Politik und Gesellschaft. Gamburg: Verlag für Gesundheitsförderung

Kickbusch, I. (2007): Health Governance: The Health Society. In: McQueen, D.V./Kickbusch, I.: 144-161

Kotler, P./Roberto, N./Lee, N. (2002): Social Marketing. Improving the Quality of Life, 2. A. Thousand Oaks: Sage Publications

Kotler, P./Keller, K.L./Bliemel, F. (2007): Marketing-Management. Strategien für wirtschaftliches Handeln. 12. A. München: Pearson Studium

Kotler, P./Zaltman, G. (1971): Social Marketing. An approach to planned social change. In: Journal of Marketing, 35, 1971, 3-12

Koziol, K./Pförtsch, W./Heil, S./Albrecht, K. (2006): Social Marketing. Erfolgreiche Marketingkonzepte für Non-Profit-Organisationen. Stuttgart: Schaeffer-Poeschel

Kreyher, V.J. (2001): Handbuch Gesundheits- und Medizinmarketing. Chancen, Strategien und Erfolgsfaktoren. Heidelberg: R. v. Decker's Verlag

Kroeber-Riel, W./Esch, W. (2000): Strategie und Technik der Werbung. Verhaltenswissenschaftliche Ansätze. 5. A. Stuttgart: Verlag W. Kohlhammer

Lauterbach, K.W./Stock, S./Brunner, H. (2006): Gesundheitsökonomie. Lehrbuch für Mediziner und andere Gesundheitsberufe. Bern: Verlag Hans Huber

MacFadyen, L./Stead, M./Hastings, G. (1999): A Synopsis of Social Marketing. In: http://www.ism.stir.ac.uk/pdf_docs/social_marketing.pdf (abgerufen am 26.2.2008)

McQueen, D.V./Kickbusch, I. (Hrsg.) (2007): Health & Modernity. The Role of Theory in Health Promotion. New York: Springer Science+Business Media

Meffert, H./Burmann, C./Kirchgeorg, M. (2008): Marketing. Grundlagen marktorientierter Unternehmensführung. Konzepte – Instrumente – Praxisbeispiele. 10. Aufl. Wiesbaden: Gabler Verlag

Mellewigt, T./Decker, C. (2006): Messung des Organisationserfolgs. In: v. Werder, A./Stöber, H./Grundei, J. (2006): 51 – 82

Münstermann, M. (2007): Corporate Social Responsibility. Ausgestaltung und Steuerung von CSR Aktivitäten, Wiesbaden: Gabler Verlag

Oggier, W. (2001): Vorteile einer Einheitskasse, Schlussbericht im Auftrag des Bundesamtes für Sozialversicherung, 2001. In: http://www.bsv.admin.ch/dokumentation/medieninformationen/archiv/presse/2003/d/03052801.pdf (abgerufen am 1.3.2008)

SGB V: http://www.bundesrecht.juris.de/sgb_5/ (abgerufen am 17.6.2008)

Slater, M.D. (1996): Theory and Method in Health Audience Segmentation. In: Journal of Health Communication, vol. 1, 267 – 283

Thommen, J.-P./Achleitner, A.-K. (2006): Allgemeine Betriebswirtschaftslehre. Umfassende Einführung aus managementorientierter Sicht. 5. A. Wiesbaden: Gabler Verlag

Ulich, E./Wülser, M. (2006): Gesundheitsmanagement in Unternehmen. Arbeitspsychologische Perspektiven. 2. A. Wiesbaden: Gabler Verlag

Ulrich, P./Fluri, E. (1995): Management. Eine konzentrierte Einführung. 7. A. Bern: Haupt Verlag

Vardarajan, B.P.R./Menon, A. (1988): Cause-Related Marketing. A Coalignment of Marketing Strategy and Corporate Philantropy. In: Journal of Marketing, July 1988, 58 – 74

v. Werder, A./Stöber, H./Grundei, J. (2006): Organisations-Controlling. Konzepte und Praxisbeispiele. Wiesbaden: Gabler Verlag

Weber, J./Schäffer, U. (2000): Balanced Scorecard & Controlling. Implementierung – Nutzen für Manager und Controller – Erfahrungen in deutschen Unternehmen, 3. A. Wiesbaden: Gabler Verlag

Weitkunat, R./Haisch, J./Kessler, M. (Hrsg.) (1997): Public Health und Gesundheitspsychologie. Konzepte – Methoden – Prävention – Versorgung – Politik. Bern u.a.: Verlag Hans Huber

Wiebe, G.D. (1951-52): Merchandising Commodities and Citizenship on Television. In: Public Opinion Quarterly 15, 1951-52, 679 – 691

Wiedmann, K.-P./Raffée, H. (1995): Konzeptionelle Grundlagen und Gestaltungsperspektiven des Social Marketing. In: Marktforschung & Management, 39. Jg., 1, 4–9

Wirtz, B.W. (2006): Medien- und Internetmanagement. 5. A. Wiesbaden: Gabler Verlag

Wöhe, G./Döring, U. (2008): Einführung in die Betriebswirtschaftslehre. 23. A. München: Verlag Franz Vahlen

World Health Organization (2000): The World Health Report 2000. Health Systems: Improving Performance. In: http://www.who.int/entity/whr/2000/en/whr00_en.pdf (abgerufen am 26.2.2008).

Kommunikation im Gesundheitswesen – Problemfelder und Chancen

Peter-Ernst Schnabel

1. Einführung

Die Frage, ob man für soziale oder *gesundheitsbezogene* Dienstleistungen mit den selben Mitteln erfolgreich werben könne wie für Produkte des alltäglichen *Gebrauchs*, ist wie vieles, was den Sozial- und Gesundheitssektor angeht, in den Vereinigten Staaten schon viel früher als bei uns gestellt und mit einem „Jein" beantwortet worden. Im Grunde geht es, so das Fazit, eigentlich nicht. Was nicht bedeutet, dass die Präventionsaktivisten, Gesundheitsförderer oder Kampagnenmacher und die Kollegen von der *Konsumwerbung* nicht vieles voneinander lernen könnten (Göpfert 2001). Inzwischen herrscht aber Klarheit darüber, dass sich Dienstleistungsangebote, im Verfolg derer eingeschliffene Verhaltensweisen abzustreifen oder gewohnte Lebensstile zu verändern sind, nicht schon deshalb durchsetzen, weil das aus biophysiologischer Sicht *vernünftig* wäre oder sie professionell interessierte, definitionsmächtige und/oder finanzstarke Berufsgruppen für richtig halten (Hurrelmann 2006). Und wir wissen aufgrund der Erkenntnisse der Gesundheitsförderungs- und Kommunikationsforschung, dass es *differerenzierter, integrierter* und *auf Dauer* angelegter Interventionsstrategien bedarf, um ein so komplexes „Produkt" wie z.B. Gesundheit, welches neben körperlichen, seelischen und gesellschaftlichen auch lebensgeschichtliche Elemente in sich vereint, an den Mann oder die Frau zu bringen (Schnabel 2007).

Augenblicklich scheinen wir uns in einer Situation zu befinden, in der vieles, um nicht zu sagen, fast alles, was mit der Förderung von Lebensqualität zu tun hat, einerlei, wo, wie und weshalb es geschieht, als „Sozialmarketing" bezeichnet wird (Kotler/Ned/Lee 2002) mit der möglichen Folge, dass das so benannte Konstrukt an analytischer und praxisorientierter Schärfe verlieren und die mit ihm befasste Disziplin Gefahr laufen könnte, ihrer Konturen verlustig zu gehen (Ewing 2001), noch bevor damit begonnen wurde, diese richtig auszubilden. Es ist deshalb nicht nur im Interesse derer, die gegenwärtig noch nach der *Rolle* suchen, die Social Marketing innerhalb unseres Gesundheitswesens spielen könnte (vgl. u.a. Scholl, aber auch Pott, Räbiger, Dierks/Seidel und Femers in diesem Band), sondern auch im Interesse der Gesundheitskommunikation, eines speziellen gesundheitswissenschaftlichen *Anwendungsgebiets*, welches sich in Deutschland gerade erst konstituiert (Schnabel 2005), darauf hinzuweisen, dass Kommunikation nicht mit Marketing und Gesundheitskommunikation nicht mit „Social" oder – was sich inzwischen auch schon durchzusetzen beginnt – mit „Health Marketing" identisch ist.

2. Was wir unter „Kommunikation" zu verstehen haben

Konzeptionell würden wir erheblich zu kurz greifen und einen großen Teil des *Rationalisierungspotenzials* der Kommunikationswissenschaft verschenken, wenn wir unter Kommunikation nur das freie Austauschen von Informationen zwischen definierten Partnern in bestimmten Situationen verstehen würden (Frindte 2001). Dem Kommunikationsparadigma zufolge, hat fast alles, was wir im Laufe unseres Lebens lernen, denken und anstellen, mit der Herstellung und Aufrechterhaltung der Überlebensfähigkeit des sowohl nach sozialer Eingebundenheit als auch nach Einzigartigkeit strebenden Menschen in einer von sozialen Systemen geprägten Umwelt zu tun. Deren Bemühungen zielen im Unterschied zum Individuum darauf ab, gesellschaftlich definierte Aufgaben zu erfüllen und sich im Interesse der Gesellschaft, der sie ihre Existenz verdanken, so gut wie möglich am Leben zu erhalten.

Kommunikation ist das zentrale Medium, ohne welches dieses komplizierte, aus einer je nach dem gesellschaftlichen Status der Betroffenen variierenden Mischung von Disziplinierungs- und Selbstverwirklichungsanteilen bestehendes Geschehen nicht funktioniert (Hurrelman/Ulich 1998). Durch Kommunikation lernen wir, uns die materiale und soziale Umwelt auf verschiedene Weise anzueignen und mit den uns im Lebensverlauf begegnenden Herausforderungen unterschiedlich kompetent und erfolgreich auseinander zu setzen. Sie befähigt uns nicht nur, zu tun, was man von uns erwartet. Mittels Kommunikation ist es uns außerdem möglich, dasjenige, was man von uns erwartet, so zu tun, dass wir uns in unserem Handeln inhaltlich und konzeptionell von anderen unterscheiden und dadurch zu einzigartigen, mit besonderem Wissen und Fähigkeiten ausgestatteten Persönlichkeiten zu entwickeln vermögen. Wie wir es schaffen, beides: die Fähigkeit zu *funktionieren* und die Fähigkeit zur *Identitätsentwicklung* mit einander in Einklang zu bringen, ist nach dem momentanen Stand der Gesundheitsforschung auch von hervorragender Bedeutung für das, was ihr bedeutendster Klassiker A. Antonowsky als „Salutogenese"[1] bezeichnet hat (Antonovsky 1984).

Für die Abwicklung dieses komplizierten Geschehens stehen uns im Wesentlichen die folgenden drei Kommunikationstypen zur Verfügung. Sie sind in der Realität eng miteinander verbunden, können jedoch analytisch differenziert be-

---

1 Von Antonovsky auf Grund eigener Studien in programmatischer Absicht als Gegenbegriff zur „Pathogenese" (Krankheitsentstehung) entwickelt, bezeichnet Salutogenese den Herstellungs- und Aufrechterhaltungsprozess von Gesundheit. Nicht Krankheit als abweichendes Verhalten war für ihn das Hauptthema der Gesundheitsforschung, sondern die Beantwortung der Frage, wie es Menschen schaffen, in einer grundsätzlich problematischen materialen und sozialen Lebensumwelt gesund zu bleiben.

trachtet werden und sollten, sofern man sie *strategisch* verwendet, um bestimmte Aufklärungs-, Erziehungs- oder Veränderungseffekte zu erzielen, voneinander unterschieden werden.

2.1 Die interpersonale (dialogische) Kommunikation

In den Vorstellungen der meisten Menschen stellt die interpersonale Kommunikation den *Prototyp* dessen dar, was sie meinen, wenn sie von Kommunikation sprechen. Für ihn ist charakteristisch, dass sich die Kommunikationspartner als mit all ihren Sinnen (Hören, Sehen, Riechen, gelegentlich auch Tasten und Schmecken) Wahrnehmende und Wahrgenommene gegenüberstehen. Wenn in solchen Situation Botschaften ausgetauscht werden, geschieht das überwiegend *gleichzeitig* auf nonverbale (vor allem durch Gestik und Mimik), verbale (insbesondere durch Sprechakte, aber auch schriftliche, bildnerische und musikalische Symbolisierungen) und para-verbale (z.b. Sprachtönung, Positionierung im Raum, Kleidung, sich mit speziellen Statusmerkmalen umgeben usw.) Weise (Frindte 2001). Alles geschieht vornehmlich zu dem Zweck, sich in seinem eigenen Verhalten am Verhalten und den Einstellungen Anderer zu orientieren und sich dabei *lernend* weiter zu *entwickeln*.

Aufgrund der unterschiedlichen Voraussetzungen, die die Akteure in das Kommunikationsgeschehen einbringen, handelt es sich – sofern *Verständigung* das Ziel des Kommunizierens ist – um ein höchst sensibles und permanent erfolgsgefährdetes Geschehen (Watzlawick et al. 1985). Eine der Grundbedingungen dafür, dass sie für die Kommunikationspartner in befriedigender und gewinnbringender Weise verläuft, ist, dass Akte der verbalen und der non- bzw. para-verbalen Kommunikation sich *entsprechen*. Fallen Gestik und Mimik und z.B. der Wortsinn auseinander oder widersprechen sie sich, neigen Menschen dazu, den Signalen der non-verbalen Kommunikation als einer sowohl phylowie ontogenetisch früher und deshalb länger verfügbaren, im Zuge des Erwachsenenlebens jedoch an Bedeutung verlierenden Fähigkeit eher zu vertrauen als der verbalen Botschaft (Nothdurft 2002).

2.2 Kommunikation in und mit Organisationen (systemische Kommunikation)

Welche Bedeutung systemisches Kommunizieren für die Organisation des gesellschaftlichen Zusammenlebens hat, wissen wir eigentlich erst, seitdem die soziologische Systemtheorie und -analyse darauf hingewiesen hat, dass durch Kommunikation – sinniger Weise auch und gerade durch diejenige, die das Ziel der zwischenmenschlichen Verständigung ganz oder teilweise verfehlt (Luhmann 2003) – *Gesellschaft* entsteht und zusammen gehalten wird. Und es stellte sich heraus, dass Menschen, wenn sie kommunizieren, dieses fast *nie* als autonome – völlig unabhängig denkende, entscheidende und handelnde – Wesen, sondern in der Regel als Inhaber mehr oder weniger systemtragender *Rollen* und *Funktionen* tun (Luhmanns 1984). Daher macht es wenig Sinn und ist nicht erfolgreich, mit ihnen über die Vernünftigkeit oder Angemessenheit ihres Verhaltens zu rechten und auf Veränderungen qua Einsicht zu hoffen, wenn nicht sicher ist, dass die organisierten Umgebungen, in denen sie leben und arbeiten, derartige Veränderungen tolerieren (Laaser/Hurrelmann 1998).

Die systemanalytische Organisationssoziologie und -beratung geht folglich davon aus, dass kommunikativ inszenierte und kontrollierte Veränderungen nur als schwer durchzusetzende „*Selbst*-Veränderungen" von Systemen möglich sind und dass sie (die Veränderungen) nur dann nachhaltig gelingen, wenn sie von der organisierten Umwelt (Familie, Schule, Betrieb usw.) als Beitrag zum Systemerhalt, zumindest nicht als Störung oder Bedrohung wahrgenommen werden (Willke 1992). Geradezu ideal und erfolgsgarantierend ist es, wenn mit kommunikativen Mitteln und Strategien agiert wird, die sich eignen, um Individuen und die sie umgebenden Systeme *gleichzeitig* zum Lernen zu bringen. Da aber Systeme anders lernen als einzelne Menschen, sind nur jene Interventionsexperten wirklich erfolgreich, die deren „*Sprache*" sprechen. Das tun sie vor allem dann, wenn sie in der Lage sind, Systeme in Gestalt derer, die in ihnen Verantwortung tragen, davon zu überzeugen, dass nur durch eine Veränderung im Verhalten der Mitglieder bzw. Mitarbeiter und/oder durch Organisationsgestaltung, längst schon als regulierungsbedürftig empfundene *Selbsterhaltungs*probleme des Systems, einer Organisation oder Einrichtung gelöst werden können.

2.3 Kommunikation mit größeren sozialen Einheiten (campaigning)

Massenmedial gestützte Kampagnen gehören in Deutschland zu den vor allem im Gesundheitsbereich noch vergleichsweise selten eingesetzten und insgesamt noch viel zu wenig erforschten Instrumenten der Kommunikation mit anonymen Großgruppen und Gesellschaften (Bonfadelli/Friemel 2006). Oft passiert es, dass wegen des großen „Verbal-Getümmels", welches Werbekampagnen brauchen, um Aufmerksamkeit für die jeweils propagierten Produkte herzustellen und sich als Interventionsstrategie unentbehrlich zu machen, deren tatsächliche Wirkung

überschätzt wird. Sie sind heute im allgemeinen Informations- und Aufklärungs-
wesen zwar kaum noch weg zu denken, vermögen es aber aus Gründen, zu deren
genauerem Verständnis Medienpädagogik, Lern- und Motivationspsychologie
noch sehr viel beigetragen können, in der Regel nicht, das Verhalten von Menschen zu verändern (Göpfert 2001). Mit ihrer Hilfe ist es möglich Menschen
dazu zu bringen, sich *neuen,* für sie wichtigen Problemen zuzuwenden, *bestehende* Einstellungen und Verhaltensweisen zu verstärken und *anderweitige,* z.B.
durch Maßnahmen personaler und/oder systemischer Kommunikation in Gang
gesetzte Innovationen erfolgsfördernd zu unterstützen.

Aber um selbst das zu bewerkstelligen ist es dringend erforderlich, die speziellen Wirkungsdynamiken von Kampagnen zu verstehen (Naidoo/Wills 2003).
Dazu gehören nicht nur die Ziele und *Eigeninteressen* derer, die sie realisieren.
Wie ihre Botschaften interpretiert werden und welche Wirkung sie entfalten,
hängt außerdem von der Glaubwürdigkeit und den Absichten der *Kampagnenmacher,* von der Art, dem Stil, dem Umfang der *Botschaft* und der verwendeten
Symbolik, von der Beschaffenheit der verwendeten *Medien* (Print, Elektronik
oder eine Mischung von beiden) und – nicht zuletzt – von den *Empfängerinnen*
und *Empfängern,* ihrem Alter, ihrer psychischen Verfassung ihren besonderen
soziokulturellen Merkmalen ab (Pott 2005).

Worin sich kampagnenförmiges von dialogischem und systemischem Kommunizieren besonders unterscheidet, ist, dass hier das *feed back* (z.B. durch Partner oder in Form der Reaktion von Repräsentanten oder Mitarbeitern einer Organisation), mittels dessen die Wirkung und im Zusammenhang damit auch die
strategische Angemessenheit direkt überprüft werden kann, weitgehend unter-
bleibt. Kampagnenmacher sind deshalb auf besonders gut abgesichertes Wissen
im Hinblick auf die Problemlagen ihrer *Adressaten* und deren Reaktionspotentiale
angewiesen. Um so bedauerlicher ist da, dass zu den momentan von den Realisa-
toren am meisten vernachlässigten und über den Erfolg bestimmenden Faktoren
neben den *Bedürfnissen* und den unterschiedlichen soziokulturellen Hintergrün-
den der Botschaftsempfänger vor allem das *Passungsverhältnis* von Botschaft,
Kommunikationsstil und den eingesetzten Medien gehören (Bonfadelli/Friemel
2006). Es dominieren „Schema-F"-Produkte, die sich um die unterschiedlichen
Vorraussetzungen und Problemlagen bei den Empfängerinnen und Empfängern
viel zu wenig kümmern.

Alle Kommunikationsformen sind als je einzelne in ihren besonderen Ab-
hängigkeiten von der Qualifikation und den Absichten der Akteure, von den
Inhalten, der Situation und den Voraussetzungen, die die kommunizierenden
Personen mitbringen, durch ein relativ hohes Maß an Verständigungs- bzw.
*Scheiterns*risiken gekennzeichnet. Man umgeht diese jedoch nicht dadurch, dass

man sich zum Zwecke der Risikokontrolle oder -vermeidung nur auf einzelne von ihnen konzentriert. Erfolgsversprechender ist es, *mehrere* Kommunikationsformen zum Zwecke der Vermittlung wichtiger Botschaften in der Hoffnung miteinander zu *kombinieren*, damit es auf diese Weise gelingen möge, die Schwächen der einen durch die Vorteile der jeweils anderen auszugleichen.

3. Was ist Gesundheitskommunikation?

Unter Bezugnahme auf die oben zum Thema Kommunikation ausgeführten Überlegungen kann nun bestimmt werden, was unter Gesundheitskommunikation zu verstehen ist. Als zentrales Anwendungsgebiet der Gesundheitswissenschaften/Public Health umfasst sie die Gesamtheit aller mehr oder weniger organisierten Bemühungen, die *Botschaft* der Gesundheit

- auf allen vermittlungsrelevanten *Ebenen* (Individuen, Organisationen, ganze Gesellschaften),
- durch den Einsatz möglichst vieler zielführender *Strategien* (Beratung, Organisationsentwicklung, Aufklärungs- und Informationskampagnen) und
- unter Verwendung einer Mischung geeigneter *Medien* (Buch, Presse, Funk, Fernsehen, Internet) zu verbreiten, um dadurch
- die *Einstellungen* und *Verhaltensweisen* der Menschen in einer Weise zu beeinflussen, die diese zu einer möglichst *selbst bestimmten*, auf die Vermeidung von Krankheits*risiken* und die Stärkung von Gesundheits*ressourcen* ausgerichteten Lebensführung befähigt,
- was bei Bedarf auch die Fähigkeit mit einschließen muss, die eigenen Gesundheitsinteressen gegen *Widerstand* durchzusetzen (Schnabel 2005).

Daraus folgt, dass es sich bei Gesundheitskommunikation um mehr als das bloße *Reden* über Krankheit und Gesundheit handelt. Sie schließt das Reden über Krankheit insofern mit ein, als durch das *erfolgreiche* Kommunizieren beim Umgang mit Krankheiten individuelle und kollektive Ressourcen aufgespart bzw. frei gesetzt werden, die anderenfalls gebunden blieben und nicht für die Herstellung und Aufrechterhaltung von Gesundheit eingesetzt werden könnten. Eben daran ist Gesundheitskommunikation auf vielfältige, hauptsächlich aber auf die folgenden von einander unterscheidbaren Weisen beteiligt, die für das problemangemessene Funktionieren eines modernen Versorgungssystems gleichermaßen wichtig sind.

3.1 Gesundheitskommunikation im Laiensystem, um zu erkennen was vorliegt und getan werden kann bzw. getan werden muss

Experten schätzen, dass rund 80 Prozent aller Ereignisse, die mit beeinträchtiger Gesundheit oder Krankheit zu tun haben, in der Familie oder in der Zusammenarbeit mit alternativen Diensten bewältigt und rund 60 Prozent aller Behinderten zu Hause unter mehr oder weniger starker Inanspruchnahme medizinischer und anderer Dienstleistungen betreut werden. Tagtäglich muss *ausgehandelt* werden, ob Krankheiten oder andere Bedürftigkeiten vorliegen. Und das wird durch Gesundheitskommunikation, zunächst im Bekannten- und/oder Familienkreis, unter Zugrundelegung überwiegend nicht professioneller Erfahrungen und Kompetenzen und vor dem Hintergrund von Krankheits- respektive Gesundheitskulturen[2] erledigt, von denen wir inzwischen wissen, dass sie nicht nur schicht- (Richter/Hurrelmann 2006), sondern auch geschlechts- und altersspezifisch (Kolip 1997) variieren.

Als Folge dieser kulturabhängigen Arten, über gesundheitliche Belange zu kommunizieren und mit ihnen umzugehen, wird nicht nur das jetzt schon überlastete Versorgungssystem davor bewahrt, sich durch die Aufnahme von noch mehr Behandlungsfällen zu *übernehmen*. Kaum vorzustellen, was geschehen würde, wenn die Familien sich wegen eigner Überlastung weigern würden, die Pflege ihrer behinderten Angehörigen in dem oben erwähnten Ausmaß zu übernehmen. Spezifische Gesundheitskulturen sind auch dafür verantwortlich, dass Arbeitnehmer ärztliche Dienste in konjunkturell günstigen Zeiten häufiger in Anspruch nehmen als in Zeiten, in denen sie um ihre Arbeitsplätze bangen müssen (Abholz 1997). Zum Alltag von Jugendlichen eher als zum Alltag von Erwachsenen, die dafür nur wenig Verständnis aufbringen, gehört es, Risiken in Kauf zu nehmen oder gar zu suchen (Franzkowiak 1986). Frauen kümmern sich mehr um Körper und Gesundheit, gehen häufiger zum Arzt als Männer, nutzen Vorbeugungsuntersuchungen sehr viel stärker und tragen so offenbar selbst erheblich dazu bei, dass sie länger leben (Lademann/Kolip 2005).

Sich aus versorgungspolitischen Gründen mit diesen tagtäglich stattfindenden Arten der Gesundheits- und Krankheitskommunikation auseinander zu setzen,

---

2   Darunter ist der am Habitus-Konzept des französischen Soziologen P. Bourdieu orientierte Versuch (Bauer 2005) zu verstehen, darauf hinzuweisen, dass typische auf die besonderen Lebensumstände und Funktionserwartungen einer unter weitgehend identischen Bedingungen lebenden und arbeitenden Bevölkerungsgruppe ausgerichtete, die Einen aus- und die Anderen einschließende Weisen existieren, über Krankheit und Gesundheit nachzudenken und unter mehr oder weniger intensiver Nutzung der von der Gesellschaft dafür vorgesehenen Dienste auf sie zu reagieren.

um zu entscheiden, welche Probleme im Laiensystem bewältigt werden können und welche im Medizinsystem behandelt werden müssen, macht mehrfachen Sinn. Zum einen wäre es möglich, auf dieser Eben die *Entscheidungskompetenz* der Laien zu verbessern und es könnten durch Förderung der Bereitschaft zur Übernahme von mehr *Verantwortung* für Leib, Leben und Gesundheit, insbesondere im präventiven Bereich, die gesellschaftlich vorgehaltenen Versorgungsdienste finanziell und personell entlastet werden (Hurrelmann/Klotz/Haisch 2004). Zum anderen könnten durch Aufklärung über und Vorschläge zur *Rekonfiguration* gesundheitskulturell verfestigter Kommunikationsroutinen beispielsweise die Angehörigen unterer sozialer Schichten zu einem selbst bestimmten Umgang mit den Ursachen ihrer unverhältnismäßig hohen Erkrankungsrisiken, Männer zu einem bewussteren und förderlicheren Umgang mit Körper und Gesundheit und Jugendliche dazu gebracht werden, die spezifischen Herausforderungen ihrer Altersphase auf anderen als gesundheitsschädlichen Betätigungsfeldern zu suchen.

3.2 Mit Experten über die Behandlung von Krankheiten und die Förderung von Gesundheit kommunizieren

Das Kommunizieren über Krankheit und Gesundheit zum Zwecke der schnellstmöglichen Überwindung von Krankheitsfolgen und/oder zur Förderung von Gesundheit stellt jenen Teil der Gesundheitskommunikation dar, der sowohl in der Wissenschaft wie in der Praxis mit Gesundheitskommunikation *schlechthin* assoziiert wird. Hier wird von Patienten- oder *Klientenseite* vor allem in der Absicht kommuniziert, zu erfahren, was getan werden muss, um sich von Leidenszuständen zu befreien, krankheitsbedingte Ausfälle so schnell wie möglich zu überwinden und die dazu mit dem Experten verabredeten Be-Handlungsstrategien erfolgreich umzusetzen (Parsons 1958). Von Seiten der *Experten* kommt es darauf an, die Patienten bzw. Klienten im Interesse eines alsbaldigen Behandlungserfolges oder wirksamer Gesundheitsförderung zu bestmöglicher Zusammenarbeit zu motivieren. Gesundheits- als Arzt-Patienten-Kommunikation repräsentiert im Unterschied zur eher *symmetrisch* strukturierten Gesundheitskommunikation zwischen Laien ein von Watzlawick und Mitarbeitern so bezeichnetes ungleiches oder *asymmetrisches*, weil unter mehr oder weniger starkem Leidensdruck eingegangenes, und durch die Expertenschaft des Behandelnden dominiertes Kommunikationsverhältnis (Watzlawick/Beavin/Jackson 1985). Es kann unter den versicherungsrechtlichen und strukturellen Bedingungen des etablierten Versorgungswesens, welches Freistellung und Fortzahlung im Krankheitsfall (den so genannten „sekundären" Krankheitsgewinn) nur aufgrund von

Krankschreibung gewährt, durchaus den Charakter eines Zwangsverhältnisses und damit eines kommunikativen Extremfalls annehmen, der von zu wenig interaktiven Momenten bestimmt ist und keine Mitbestimmung der Patienten erlaubt. Für die Kommunikation zum Zwecke der Vorbeugung gilt dies zwar nicht in gleichem Maße. Aber auch *Prävention* ist, wenn sie nicht aus privaten Mitteln erbracht wird, nur gegen Krankenschein und so wie die heutigen Versicherungsträger aufgestellt sind, nur auf eine bestimmte, überwiegend angebotsorientierte Weise zu haben, die die Bedürfnisse und die Lebensgewohnheiten der Adressaten weitgehend ignoriert und deshalb kaum Wirkung entfaltet (Schnabel 2007).

An dem Charakter der Arzt-Patient-Kommunikation, hat sich trotz intensiver Kritik (Lüth 1974, v. Ferber/v. Ferber 1978, Siegrist 1978) zwischenzeitlich nur wenig geändert. Dasjenige, was mit „*sprechender* Medizin" gemeint ist, wird aufgrund der zeitlichen und/oder finanziellen Rahmenbedingungen, unter denen sie in Praxen und Krankenhäusern stattfindet, wohl noch lange ein Wunschtraum bleiben, auch wenn heute versucht wird, der „evidenzbasierten"[3] eine „narrativbasierte", vor allem zuhörende Medizin (Greenhalgh/Hurwitz 2005) an die Seite zu stellen oder durch so genanntes „Empowerment" (Müller-Mundt 2001) den Patienten auf die Kooperation mit Ärzten einzustellen. Unter dem Strich jedoch ist selbstverantwortliche Kommunikation als Voraussetzung für eine Emanzipation, die Patienten und Klienten befriedigt und die Dienstleister wirklich entlastet – wie die Erfahrung zeigt – von *innerhalb* des Versorgungssystems nur schwerlich zu erreichen. Erfolgreicher wird es demgegenüber sein, hierzu von *außen*, und zwar durch die frühzeitige und lebenslange Einflussnahme auf die Persönlichkeitsentwicklung und das Konsumentenverhalten (v. Reibnitz/Schnabel/Hurrelmann 2001) auch und vor allem bei noch nicht erkrankten Menschen einzuwirken. Dabei handelt es sich um eine Vorgehensweise, die sich ferner dazu eignet, Erkrankungswahrscheinlichkeit und die Gesundheitsrisiken im Lebenslauf allgemein, unter Einsatz entsprechender Kommunikationsstrategien aber auch die Risiken sozial und gesundheitlich benachteiligter Bevölkerungsgruppen zu reduzieren (Rosenbrock/Kümpers 2006).

---

3   Darunter wird gegenwärtig ein therapeutisches Vorgehen verstanden, bei dem nur Mittel und Behandlungsweisen eingesetzt werden, deren Wirksamkeit empirisch nachgewiesen worden ist. Oft genügt es heute aber schon, wenn Mediziner von diesen Mitteln und Vorgehensweisen behaupten, dass sie evidenzbasiert seien.

3.3 Lebenslange Gesundheitskommunikation, um Gesundheit herzustellen und aufrecht zu erhalten

Die Überlebenschancen basieren zu 5 Prozent auf genetischen, zu 15 bis 20 Prozent auf der Leistung kurativer Dienste, zu 20 bis 30 Prozent auf individuellen, insbesondere verhaltensbedingten Faktoren und 40 bis 60 Prozent auf dem sozialen Status (Schicht-/Klassenzugehörigkeit) eines Menschen (Marmot et al. 1999, Brösskamp-Stone 2004). Das bedeutet, dass es sich bei der Mehrzahl jener Faktoren, die über Krankheit und Gesundheit entscheiden, um solche handelt, die wie das Verhalten sozial *gelernt* werden oder wie die Schichtzugehörigkeit weitgehend *festlegen*, wie viele Belastungen und Bewältigungsfähigkeiten wir im Lebenslauf akkumulieren und sich der Einflussnahme durch das Einzelindividuum nicht völlig, aber doch zu einem erheblichen Teil entziehen (Hurrelmann 2006). Was wir unter diesen sozial ungleich verteilten Voraussetzungen lernen und wie wir es tun, geschieht durch Kommunikation, hat je nachdem, wie viel Überlebenskompetenzen wir dabei zu erwerben vermögen, immer auch mit der Entwicklung der Fähigkeit zu tun, eigene Erkrankungsrisiken zu vermeiden und Gesundheitsressourcen allein oder mit Unterstützung anderer zu stärken (Schnabel 2001). Sie kann damit als Gesundheitskommunikation im *weiteren* Sinne bezeichnet werden.

Im Unterschied zur Verhaltensprävention, die sich mehrheitlich auf Individuen konzentriert und erst aktiv wird, wenn und insoweit ihnen krankheitswertige Risikofaktoren erfolgreich zugeschrieben („attribuiert") wurden, sind Maßnahmen der Gesundheitsförderung in Verbindung mit Gesundheitserziehung, Empowerment-Strategien besonders gut dazu geeignet, sich von Geburt an und unter Bezugnahme auf besonders einflussreiche Settings[4] um die systematische Stärkung gesundheitlicher Ressourcen aller, also auch jener Menschen zu kümmern, die noch über so gut wie keine Krankheitserfahrungen verfügen (Altgeld 2006). Als *spezieller*, zielgerichtet operierender Typus der Gesundheitskommunikation ist sie (die Gesundheitsförderung) problemorientiert, erfüllt sozialkompensatorische Aufgaben und ist – wie in den strategischen Leitlinien der Ottawa Charta (WHO 1986) vorgegeben – sowohl auf die Befähigung einzelner Menschen als auch auf die gesundheitsförderliche Gestaltung ihrer Lebens- und

---

4   Als „Setting" werden überschaubare soziale Einheiten/Organisationen bezeichnet, in denen nach WHO-Diktion (WHO 1986) Gesundheitsförderung kontrolliert durchgeführt werden kann. Es ist kein Zufall, dass die meisten von ihnen, z.B. die Familie, der Kindergarten, die Schule, der Betrieb, mit denjenigen Einheiten/Instanzen identisch sind, die die Forschung als wichtige Organisatoren des Sozialisationsgeschehens benennt.

Arbeitswelten gerichtet. Diejenigen, die sich auf ihre Anwendung verstehen, lassen sich interdisziplinär beraten, integrieren unterschiedliche Vorgehensweisen miteinander und bringen verschiedene Methoden der Akzeptanzbeschaffung zum Einsatz.

4. Gesundheitskommunikation im Gesundheitswesen – Erscheinungsformen, Probleme und Optimierungsmöglichkeiten

Gesundheitskommunikation im umfassenden Sinne, und zwar als die lebenslange Aneignung und Aufrechterhaltung von *Gesundheitsfähigkeit* einschließlich des darin aufgehobenen Umgangs mit Erkrankungsrisiken und gesundheitlichen Gefährdungen, spielt überall da eine wichtige Rolle, wo sich Anbieter und Nutzer medizinischer und anderweitiger diagnostischer und therapeutischer Dienstleistungen begegnen. Hier treffen sie als Angehörige gleicher bzw. unterschiedlicher Sozialschichten, gleichen bzw. unterschiedlichen Geschlechts, gleicher bzw. unterschiedlicher Bildung, gleicher bzw. unterschiedlicher professioneller Kompetenz und unter dem Zwang aufeinander, sich im Interesse der individuellen Leidensminderung und gesellschaftlicher Selbsterhaltung[5] auf eine ebenso erfolgreiche wie kostengünstige Zusammenarbeit zu verständigen.

Diese Zusammenarbeit verläuft, wie man inzwischen weiß, um so *reibungsloser*, je gleicher die individuellen und sozialen Voraussetzungen sind, unter denen sich die Kommunikationspartner begegnen. Denn von dieser Reibungslosigkeit im Sinne einer wirksamen Behandlung profitieren diejenigen am meisten, die aufgrund ihres gehobenen Status, ihrer besseren Bildung und ihrer guten materiellen Lage aus der Kommunikationssituation zwischen Arzt und Patient, Dienstanbieter und Klient den für sie *größten* Nutzen zu ziehen vermögen. An diesem grundlegenden Umstand, dem wir einen großen Teil der für unserer Gesellschaft konstitutiven, ethisch zwar inakzeptablen aber dennoch alltäglichen und vom etablierten Gesundheitssystem eher verstärkten als kompensierten gesundheitlichen *Ungleichheit* verdanken (Bauer/Bittlingmayer/Richter 2007), ist so gut wie nichts zu ändern. Es sei denn, die Gesellschaft entschließt sich, infolge einer prinzipiell *anderen* Sozial- und Versorgungspolitik (Deppe 1981) und einer

---

5   Das Selbsterhaltungsinteresse jeder Gesellschaft ist tangiert, wenn das Ausmaß an Krankheit und in ihrem Gefolge die Leistungsbeeinträchtigung ihrer Mitglieder die Funktionsfähigkeit der Gesellschaft und ihrer Subsysteme, insbesondere des ökonomischen, beeinträchtigen. Vor allem aus diesem Grund leistet sie sich (vgl. o.) ein ziemlich teures Krankheitsversorgungssystem, welches wiederum seinen delikaten Nutzen aus der größtmöglichen Zahl versorgungsbedürftiger Fälle zieht.

veränderten Sozialisation von Konsumenten und Anbietern kurativer und anderer Dienstleistungen (v. Reibnitz/Schnabel/Hurrelmann 2001) gänzlich neue Schwerpunkte, wie z.b. den politischen Willen zur Egalisierung sozialer und gesundheitlicher Ungleichheit, in den Blick zu nehmen. Bleiben wir jedoch innerhalb dieses auf die ungleiche Versorgung sozial ungleich Situierter eingestellten Systems, und zwar in der veritablen Absicht, den kommunikativen Ertrag und damit die Leistungsfähigkeit bestehender Dienste zu optimieren, so können wir das auf drei verschiedenen Gebieten, denen der Kuration, Rehabilitation und der Politik vorbeugenden Versorgungshandelns tun.

4.1 Gesundheitskommunikation zum Zwecke der Kuration

Kurationsbezogene Gesundheitskommunikation spielt sich überwiegend auf der Ebene interpersonaler Aushandlungsprozesse zwischen *Ärzten*/Therapeuten und *Patienten*/Klienten bzw. zwischen Pflegepersonal und Patienten ab. Im ersten Fall kommt es auf die gemeinsame Klärung der Art und der Ursachen einer vorliegenden Krankheit (Diagnose) an und auf die kooperativen Schritte, die getan werden müssen, um Krankheitsfolgen zu minimieren oder zu beseitigen (Therapie). In der Kommunikation zwischen *Pflege*personal und Patienten geht es zwar auch um Fragen optimaler Therapie, jedoch weniger um deren medizinisch-technische Seite, sondern um deren *psychosozialen* Erfordernisse und damit um denjenigen Teil behandlungsrelevanten Kommunizierens, der aus der aktuellen Arzt-Patientenkommunikation zunehmend ausgeschlossen scheint (Schaeffer/Müller-Mundt 2002).

Für das Gelingen dieser von Seiten der Patienten mit äußerster Alarmiertheit, von Seiten des Personals mit professioneller Distanz geführten Arzt-Patient-Pflege-Kommunikation ist nicht nur das Passungsverhältnis von verbalen und non-verbalen Kommunikationsanteilen von außerordentlich großer Bedeutung. Ebenso wichtig ist, dass Ärzte und Pflegpersonal und beide im Falle einer stationären Behandlung mit der Krankenhausverwaltung und darüber hinaus mit Versicherungsträgern und kassenärztlicher Vereinigung und im Fall der ambulanten Versorgung direkt mit Krankenkassen und den Organen der ärztlichen Selbstverwaltung auf eine Weise kommunizieren können, die ihnen ermöglicht, im Umgang mit den Patienten ihr Bestes zu geben. Hierbei spielen dann *systembezogene* Kommunikationsanteile eine wichtige Rolle, mittels deren eine Verständigung über die Rahmenbedingungen ärztlichen und pflegerischen Handelns aus betriebswirtschaftlicher, versicherungsrechtlicher und/oder volkswirtschaftlicher Sicht erzielt werden muss. Nicht weniger entscheidend für das

Gelingen der Arzt-Pflegepersonal-Patienten-Kommunikation ist aber auch, welche Erfahrungen und Fähigkeiten Patienten/Klienten einzubringen vermögen (Bruns/Christ/Richter 2000).

Eine besondere Herausforderung und damit ein nicht unerhebliches Scheiternsrisiko besteht schließlich darin, dass es unter dem Einfluss gesundheitsbezogener *Massenkommunikation*, die aus einer für alle Beteiligten immer schwerer zu durchschauenden Mischung aus Aufklärung, Werbung und Unterhaltung (Edutainment) besteht, für Ärzte, Pflegepersonal und Patienten immer schwieriger zu werden scheint, sich im Interesse einer allseits befriedigenden Versorgung auf einheitliche Maßstäbe dafür zu verständigen, was als gelungene diagnostisch-therapeutische oder pflegerische Kommunikation anzusehen ist.

Versuche, die Ergebnisqualität kurationsbezogener Aushandlungsprozesse im Interesse einer bedarfsdeckenden und bedürfnisorientierten Versorgung zu verbessern, setzen so gut wie überhaupt nicht beim *System* und viel zu selten bei den *Dienstleistern*, hier dann mit den wenig tauglichen Mitteln einer um ausgewählte sozial- oder kommunikationswissenschaftliche Inhalte ergänzten, im Kern aber unveränderten Mediziner- oder Pflegeausbildung an (Deppe 2002). Mediziner dürfen sich infolge dessen als „Sprechende" und das Pflegepersonal als „Gesundheitspflegende" empfinden, wohl wissend, dass die personellen, strukturellen und finanziellen Voraussetzungen fehlen, um alternative Behandlungskonzepte dieser Art in die Tat umzusetzen.

Das Gros aller aktuellen Bemühungen konzentriert sich ausgerechnet auf das schwächste weil am *wenigsten* einflussreiche Glied, den Patienten/Konsumenten und das auch noch mit begrenzt wirksamen und verwirrend widersprüchlichen Mitteln. Einerseits haben wir es bei der Patienten-Edukation, die unter dem unpassenden Titel „Empowerment" daherkommt, mit Bemühungen zu tun, vor allem chronisch Kranke zur Eigenbehandlung und damit zur Durchführung von Leistungen zu befähigen, die vom Versorgungssystem zu vertretbaren Preisen nicht mehr erbracht werden können (Michelsen/Stegmüller 2004). Anderseits wird durch eine von unterschiedlich interessierten Anbietern (Krankenhäuser, kassenärztliche Vereinigung, Krankenkassen, Bildungszentren, Pharmaindustrie, Verbraucherzentralen u.a.m.) qualitativ weitgehend ungeschützte Gesundheitsbzw. Krankheits*beratung* versucht, Patienten zu qualitätsbewussten Konsumenten auf einem selbst für Anbieter völlig unüberschaubaren Markt medizinischer Dienstleistungen heranzubilden (Schmidt-Kaehler 2006).

Fast immer jedoch geht es um *„Compliance"* (Akzeptanzbeschaffung). Mündigkeit und Selbstbestimmung der Patienten/Klienten sind als Ziele verbesserter Arzt-Patientbeziehungen oft nur vorgeschoben. In Wirklichkeit sollen nun, nachdem die Anbieterseite auf dem Selbstverpflichtungsweg zu keinem ökonomischen Umgang mit den gesellschaftlich, solidargemeinschaftlich oder steuerlich bereit gestellten Mitteln bewegt werden konnte, die Patienten/Klienten zu kostenbewussten, notfalls zuzahlungswilligen Nutzern herangebildet werden. Von diesen Widersprüchen sind nicht einmal neuere, von den Krankenkassen protegierte „Disease-Management" oder „Managed Care"[6] Programme zur Versorgung chronisch kranker Patienten völlig frei zu sprechen. Denn die Art ihres Einsatzes, insbesondere deren finanzielle, personelle und strukturelle Ausstattung, lässt bis heute völlig offen, ob ihre Einführung sich, wie behauptet, dem sachlich notwendigen Ziel der patientenorientierten *Versorgungs*optimierung oder in Wirklichkeit dem für sich gesehen untauglichen und längerfristig in die Irre führenden Motiv bloßer *Kosten*reduzierung (Ökonomisierung) verdankt.

4.2 Gesundheitskommunikation in der Rehabilitation

Auch die Rehabilitation steht vor ähnlichen Problemen der interpersonalen Kommunikation. Sie hätte sich ebenso wie die Kuration unter dem Druck eines grundlegend veränderten Bedarfs und neuer Versorgungsbedürfnisse[7] längst schon zu einem *integrierten*, auf psychische und soziale Faktoren des Genesungsprozesses besonders Rücksicht nehmenden Versorgungsbereich entwickeln müssen, in dem kurativ und anderweitig tätige Dienstleister *gleichberechtigt* zusammen arbeiten. Faktisch ist das aber noch viel zu selten der Fall. Viele Reha-Kliniken haben sich in den vergangenen zwanzig Jahren zwar konzeptionell weg bewegt von einer nach rein medizinischen Maßstäben agierenden vor allem auf körperliche Wiederherstellung und *Rezidivprophylaxe* ausgerichteten Anschlussheilbehandlung. Und sie haben damit begonnen, in tertiär-präventiver Absicht Einfluss auf pa-

---

6   Bei „Managed Care"-Konzepten handelt es sich um Behandlungsmodelle bestimmter Krankheiten, mit denen versucht wird, die Angebots- (Ärzte), Nachfrage- (Patienten) und Finanzierungsseite (Krankenkassen), kurz ärztliche mit anderen Dienstleitungen unter effizienzsteigernden Bedingungen miteinander zu kombinieren. Strukturierte oder „Disease-Management"-Programme wenden sich an chronisch Kranke, deren erfolgreiche Behandlung neben medizinischen einen hohen Teil von Eigenbehandlungselementen einschließt. Beide wie auch andere in diese Richtung gehenden Programme setzen ein hohes nicht selbstverständliches Maß funktionierender Kommunikation zwischen den Beteiligten voraus.

7   Seit den 50er-Jahren des vergangenen Jahrhunderts finden wir im Unterschied zu den Jahrhunderten davor, in denen die so genannten „nicht übertragbaren" Krankheiten dominierten, auf den ersten 10 Rängen der Todes-, Krankheits- und Frühberentungsursachen-Statistik „nicht übertragbare" oder chronisch degenerative Erkrankungen, die durch Irreversibilität, eine früh im Leben von Menschen einsetzende Verursachungskette sozialer, seelischer und körperlicher Faktoren beeinflusst sind und deshalb einer anderen als einer rein kurativen Behandlung bedürfen.

thogene Einstellungen, Verhaltensweisen und Lebensstile der Rekonvaleszenten zu nehmen (Schott 2005). Bei genauerem Ansehen der internen Strukturen des Reha-Systems, insbesondere der personellen und finanziellen Ausstattung sowohl der stationären als auch der ambulanten Bereiche, dominiert nach wie vor jedoch der kurativ-*medizinische* Blick und eine Dienstleister-Patienten-Kommunikation, deren Einseitigkeiten und Defizite sich von denen des kurativen Systems nicht wirklich unterscheiden.

Daraus resultierende Wirksamkeits*defizite* und Scheiternsrisiken haben aber nicht allein mit den prinzipiell asymmetrischen und kustodialen Modalitäten der interpersonalen Kommunikation zu tun, wie sie für so gut wie alle Bereiche des Gesundheitswesens charakteristisch sind. Dass die Rehabilitation nicht so funktioniert, wie sie es könnte, ist in mindestens ebenso starkem Maße auf *Verständigungsprobleme* zwischen den Angehörigen klinikextern tätiger medizinischer und nicht-medizinischer Berufsgruppen wie auf rechtliche, ökonomische und strukturelle Unvereinbarkeiten zwischen denjenigen Einrichtungen, die *innerhalb* des Reha-Systems unmittelbar agieren und denjenigen *niedergelassenen* Teilen zurückzuführen, die nach Ablauf der Anschlussheilbehandlung den vergleichsweise längeren und komplizierteren Prozess der beruflichen und/oder sozialen Wiedereingliederung begleiten (Iseringhausen/Schott/Orde 2002). Ein beredtes Beispiel dafür, dass mit einem in rechtlicher, struktureller, kommunikativer und operativer Hinsicht anders aufgestellten Reha-System andere, individuell und gesellschaftlich sinnvollere Ziele erreicht werden können, ist das kaum teurere US-amerikanische System, welches im Unterschied zum deutschen erheblich mehr Absolventen zurück in das Berufleben und sehr viel weniger in die vorzeitige Rente entlässt.

Weichen in diese alternative Richtung, etwa im Sinne des inzwischen europaweit von Sozialpolitik, Arbeitsvermittlungsagenturen, Rentenversicherungen und anderen Bedenkenträgern verbreiteten Slogans „Arbeit vor Rente!" zu stellen, erweist sich in der Praxis als ausgesprochen schwierig. Denn dazu genügt es nicht, allein das Wissen und Verhalten der potentiellen und aktuellen Patienten und der meisten im Gesundheitswesen tätigen Akteure sowie den Kontakt zwischen ihnen auf andere kommunikative Grundlagen zu stellen. Ergänzend müsste im Rahmen eines auf den *grundlegenden* Wandel im Umgang mit Gesundheit und Krankheit gerichteten Konsensbildungsprozesses die traditionell gewachsenen, aber sachlich inzwischen unangemessenen Interessenkollisionen zwischen den verschiedenen, in das Reha-System involvierten Einrichtungen und Dienste beseitigt werden (Sachverständigenrat 2003). Es müsste außerdem – was augenblicklich als die am schwierigsten zu realisierende Bedingung erscheint – der existierende *Reha-Diskurs*, der weitgehend von der Definitionsmacht und dem Behandlungsmonopol der Medizin bestimmt wird, durch einen neuen ersetzt werden. Dieser dürfte vor den strukturellen Gegebenheiten im Versorgungssystem nicht kapitulieren und müsste die Wiederherstellung von Gesundheit nicht nur als Beseitigung von Krankheitsfolgen, sondern als sozio-psycho-physiologische Daueraufgabe (Hurrelmann 2006) thematisieren. Sie aber würde für die Mehrheit der Bevölkerung ohne systematische Unterstüzung des *Staates* und anderer Institutionen und auch nicht ohne die Assistenz von Lebens- und Arbeits*umwelten* zu bewältigen sein, die es honorieren und nicht verhindern, wenn Menschen bereit sind, Verantwortung für ihre Gesundheit zu übernehmen (Grossmann/Scala 2001).

4.3 Prävention und Gesundheitsförderung als neue Herausforderungen für kompetentes gesundheitskommunikatives Handeln

Das in öffentlichen Debatten schon als „vierte Säule" des Gesundheitswesens bezeichnete Feld vorbeugenden Versorgungshandelns ist seit den 70er-Jahren des vergangenen Jahrhunderts durch die Konkurrenz zweier verschiedener Kommunikationskulturen sowie die damit verbundenen Konzeptionen und Vorgehensweisen gekennzeichnet (Schnabel 2007). Die aus der *sozialmedizinischen* Tradition abgeleiteten Konzepte der Präventivmedizin (z.B. Imfprävention oder Krebsfrüherkennung) und der Verhaltensprävention (z.B. Bekämpfung von Bluthochdruck, Adipositas, von Rauchen oder dem Verzehr cholesterinreicher Nahrung) sind wie die kurative Medizin selber auf potentielle Krankheiten einzelner Menschen gerichtet und haben die Vermeidung von Verhaltensrisiken zum Ziel, denen auf Grund statistischer Verfahren eine prozentuale Beteiligung an der Entstehung übertragbarer und nicht übertragbarer Krankheiten zugeschrieben wurde. Gesundheitsförderung, die zweite Variante ist nicht nur jüngeren Datums und steht in der Traditionslinie der von der WHO propagierten *„New Public Health"* (WHO 1946, 1986). Ihre Akteure betrachten Gesundheit als sozio-psycho-physiologisches Gesamtgeschehen, fördern aber nicht nur die gesundheitliche Entwicklung von Individuen, sondern auch von Kollektiven, und interessieren sich dementsprechend für alle gesellschaftlichen, seelischen und körperlichen Faktoren, die mit der Herstellung und Aufrechterhaltung von Gesundheit zu tun haben. Anders als Präventionsaktivisten, die vor allem damit beschäftigt sind, eingeschliffene Verhaltensweisen und Lebensstile im Erwachsenenalter auszutreiben, sind Gesundheitsexperten vor allem darum bemüht, existierende Gesundheitsressourcen zu *stärken*, wo immer es sie gibt und so gering sie auch sein mögen.

Aufgrund ihrer meist eingeengten Sicht von der Welt (Faltermaier 2005) reagieren Präventionsexperten überwiegend nur auf physiologische Krankheitszeichen und auf psycho-soziale Determinanten der Krankheitsentstehung und des Krankheitsverlaufs erst dann, wenn diese in unmittelbaren statistischen Zusammenhang mit bio-physiologischen Risiken gebracht werden können. Dies ist z.B. der Fall, wenn chronisch schlecht oder gar nicht verarbeiteter Stress (so genannter „Distress") eines Menschen mit dauerhaftem Bluthochdruck, dieser mit Arteriosklerose und diese mit stenotischer Verengung z.B. der Herzkranzgefäße und diese mit einem Herzinfarkt in Verbindung gebracht werden kann (Schnabel 2007). Hier eröffnen sich dann für die Verhaltensprävention so typische Wege, wie gegen ungenügende Belastungsverarbeitung als Gründe für Distress durch Verbesserung individueller *Bewältigungskompetenzen* („coping") oder etwa *medikamentös* gegen den Bluthochdruck als Folge von chronischem Distress vorzugehen. In der Regel wird das dann, in *asymmetrischen*, d.h. expertengesteuerten Situationen, auf kursförmige Weise und mit den Mitteln rein kognitiver, oft abschreckungspädagogischer Interventionen unternommen, von denen man inzwischen weiß, dass sie nur bei älteren, meist aus der Mittelschicht stammenden Menschen mit Krankheitserfahrung wirklich (Ornish 1992), bei Kindern und Jugendlichen, den wichtigsten Adressaten vorbeugender Maßnahmen, jedoch so gut wie überhaupt nicht wirken (Leppin 1995).

Die vom Salutogenese-Konzept A. Antnovskys und den Strategieempfehlungen der Ottawa Charta der WHO (1986) inspirierte Gesundheitsförderung hingegen, geht den Erkenntnissen der Sozialisations- und Gesundheitsforschung (Hurrelmann 1998) davon aus, dass *alle* auf kommunikativem Wege von Mensch zu Mensch gelernte und verarbeitete *Erfahrungen* auf der körperlichen, seelischen und sozialen Ebene mit dem Entstehen bzw. Nicht-Entstehen und mit der Aufrechterhaltung oder Zerstörung von Gesundheit zu tun haben. Und sie sieht es von daher als ihre gesundheitskommunikative Aufgabe, aber auch besondere Gelegenheit an, möglichst *früh* im Leben der Menschen auf *allen* Ebenen und bei allen sich bietenden Gelegenheiten, insbesondere in der Familie, im Kindergarten in der Schule, während der Ausbildung im Betrieb u.a. so genannten „Settings" mit altersangemessenen *Medien* und mit einer gesundheitsverträglichen und positiv sanktionierenden Umwelt auf sachangemessen, bedürfnisorientierte und nachhaltige, weil auch in das Lebens- und Arbeitsumfeld der Menschen eingreifende Weise zu intervenieren (Naidoo/Wills 2003). Dem von der WHO vorgegebenen Ziel, den Menschen in modernen Gesellschaften einen größtmöglichen Teil derjenigen *Verantwortung* für Gesundheit und Lebensführung nicht bloß aus ökonomischen, sondern vor allem aus persönlichkeitsstabilisierenden Gründen *zurück* zu geben, die sie fast völlig an mehr schlecht als recht funktionierende Professionen und Institutionen verloren zu haben scheinen, kommen Konzept und Vorgehensweisen der Gesundheitsförderung besonders entgegen. Denn sie findet vorzugsweise in Situationen (z.b. repräsentativ besetzten Arbeitsgemeinschaften, Qualitäts- und Gesundheitszirkeln) und unter kommunikativen *Bedingungen* statt, die im Unterschied zu expertenkontrollierten und -initiierten Maßnahmen der risikofaktorenorientierten Verhaltensprävention auf die Ermöglichung eines Höchstmasses an Bedürfnisbefriedigung und Partizipation angelegt sind.

Jüngste Ergebnisse der Präventions- und Gesundheitsförderungsforschung belehren uns, dass die überwiegende Mehrheit der Maßnahmen vorbeugenden Versorgungshandelns, die gegenwärtig aus solidargemeinschaftlich (z.b. durch Krankenkassen- und andere Versicherungsbeiträge) und steuerlich aufgebrachten Mitteln finanziert werden, überwiegend der Präventivmedizin und Verhaltensprävention und lediglich ein knapp *20-prozentiger* Rest der Gesundheitsförderung zugerechnet werden kann (Altgeld 2006). Bekannt ist inzwischen auch, dass das Gros der so gepolten Aktivitäten nur bei den gesellschaftlich besser Situierten ankommt, die ihrer am wenigsten bedürfen und an denen *vorbeigeht*, die sie aufgrund ihrer Belastungen und Risiken am *nötigsten* hätten (Bauer 2005). Eben diese Umstände, die neben der gleichfalls empirisch belegten Ungleichverteilung der Erkrankungsrisiken und ungleichen Zugangschancen zu kurativen und rehabilitativen Diensten zur *gesundheitlichen* Ungleichheit in unserer Gesellschaft beitragen (Richter/Hurrelmann 2007), sind ganz wesentlich auf die Langzeitwirkung *asymmetrischer* Präventionsdiskurse zurückzuführen, in denen professionelle statt Patienten- bzw. Klienteninteressen, anbieterorientierte Denkmuster der oben beschriebenen Art und Kommunikationsrituale anstelle von Sachargumenten dominieren.

Die Gesundheitswissenschaften sind in Lehre und Forschung angetreten, um den von kurativ-medizinischen Denk- und Interventionsmustern bestimmten, durch einen *alternativen* Diskurs zu ersetzen, der es erlaubt, neben medizinischen auch *sozialwissenschaftliche* Erkenntnisse in die politischen und versorgungspraktischen Entscheidungen darüber einzubeziehen, was auf dem Sektor vorbeugenden Versorgungshandelns getan werden soll. Als Folge dieses Wirkens haben zahlreiche entsprechend ausgebildete Gesundheitskommunikations-, Präventions- und Gesundheitsförderungsexpertinnen und -experten überall in der Gesellschaft ihre Arbeit aufgenommen und dafür gesorgt, dass auch und gerade in der Präventionspolitik nicht nur über Krankheitsverhinderung, sondern vermehrt auch über Gesundheitsförderung *gesprochen* wird. In der Praxis jedoch, d.h. dort, wo konkret versorgt und die Versorgung finanziert wird, ist davon bisher nur wenig angekommen. Die Art, wie vor kurzem das „Gesetz zur Verbesserung der gesundheitlichen Prävention" scheiterte, dessen Aufgabe es werden sollte, die Vorbeugung als „vierte Säule" der Versorgungspolitik in Deutschland zu etablieren und für eine Aufwertung der psycho-sozial operierenden (Gesundheitsförderung in Settings) gegenüber den präventivmedizinischen und verhaltenspräventiven Konzepten und Vorgehensweisen zu sorgen, kann dafür als Beleg gewertet werden. Es (das Scheitern) zeigt, dass der Weg bis hin zu einer interdisziplinär fundierten, von symmetrischer Kommunikation bestimmten und an objektivierbaren Erfolgskriterien, wie denen der *Sachangemessenheit, Bedürfnisorientierung* und *Nachhaltigkeit* noch weit ist. Und es macht deutlich, dass dieser Weg – wie seiner Zeit in der Ottawa Charta der WHO (1986) vorhergesehen – ohne flankierende Sozial- und Gesundheits*politik*, ohne die Rekonfiguration des auf Krankheit und Gesundheit bezogenen *Alltags*handelns, ohne gesundheitsbezogenes Engagement der Sozialisationsinstanzen und – last but not least – ohne Umorientierung der Gesundheits*dienste* selber nicht erfolgreich gegangen werden kann.

5. Gesundheitskommunikation und Gesundheitsmarketing – ein ambivalentes Verhältnis

Nachdem Gesundheitskommunikation definiert, Gesundheitskommunikationsforschung als integraler Bestandteil der Gesundheitswissenschaften beschrieben, als Aktions- bzw. Interventionsmodus charakterisiert und in Beziehung zu den im Gesundheitswesen verbreiteten Formen der Krankheitskommunikation gesetzt worden ist, kann abschließend auch der Frage nach dem Verhältnis von Gesundheitskommunikation und Social-Marketing nachgegangen werden. Das macht jedoch nur Sinn, wenn unter Social-Marketing in Absetzung von *verunschärfend* allgemeinen oder zu stark *einengenden* Sichtweisen der von wissenchaftlichen Erkenntnissen geleitete, mediengestützte Einsatz kommerzieller Werbemethoden mit dem Ziel verstanden wird, eine höchst mögliche Akzeptanz für bestimmte, gesellschaftlich erwünschte Einstellungen und Verhaltensweisen in möglichst großen Kollektiven zu erzeugen (Conta Gromberg 2006). Damit käme es in konzeptioneller, strategischer und methodischer Hinsicht dem sehr *nahe*, was oben unter dem Namen „Campaigning" neben interpersonaler (counseling) und systemischer (consulting) als drittes wichtiges Forschungs- und Betätigungsfeld von Gesundheitskommunikationsexpertinnen und -experten dargestellt worden ist.

Wenn dieses so ist, dann gilt aber auch, was in gleichen Zusammenhang aus kommunikationswissenschaftlicher Sicht über die Möglichkeiten und Grenzen zu sagen war. Als Teil dessen, was Gesundheitskommunikation als Ganzes ausmacht, kann Sozial- und/oder Health-Marketing Menschen dazu bewegen, sich neuen wichtigen Problemen zuzuwenden, bereits vorhandene Einstellungen und Verhaltensweisen stärken und anderweitige, z.b. durch Maßnahmen personaler und/oder systemischer Kommunikation in Gang gesetzte Innovationen erfolgsfördernd zu begleiten. *Verhaltensweisen* nachhaltig verändern, kann man dadurch nach allem, was wir bisher über die Wirkungsweise mediengestützter Kampagnen wissen (Göpfert 2001, Pott 2005, Bonfadelli/Friemel 2006) auch dann *nicht*, wenn diese sich im Bereich ihrer jeweiligen Möglichkeiten um eine zielgruppenspezifisches Vorgehen bemühen. Im Ergebnis möglich werden die gewünschten Verhaltensänderungen erst, wenn man Marketingstrategien an der richtigen Stelle innerhalb eines *integrierten*, sowohl multimodal und als auch multimedial operierenden und durch personen- und systemkommunikative Aktivitäten unterstützten *Interventionskonzeptes* zum Einsatz bringen kann.

Literatur

Abholz, H.-H. (Hrsg.) (1997): Soziale Medizin. Hamburg: Argument-Verlag

Altgeld, T. (2006): Gesundheitsförderung: Eine Strategie für mehr gesundheitliche Chancengleichheit jenseits von kassenfinanzierten Wellnessangeboten und wirkungslosen Kampagnen. In: M. Richter/K. Hurrelmann (Hrsg.). Gesundheitliche Ungleichheit. Wiesbaden: VS Verlag, 389-404

Antonovsky, A. (1987): Unravelling the Mystery of Health. San Francisco/Cal.: Josey–Bass

Bauer, U./Bittlingmayer, U./Richter, M. (2007): Health Inequalities. Wiesbaden: VS Verlag für Sozialwissenschaften (im Erscheinen)

Bonfadelli, H./Friemel, T. (2006): Kommunikationskampagnen im Gesundheitsbereich. Konstanz: UVK Verlag

Broesskamp-Stone, U. (2004): Assessing networks for health promotion: frame work and examples. Münster: LIT

Bruns, C./Christ, H./Richter, H. (2000): Kommunikation im Krankenhaus. Köln: Stamm Verlag

Deppe, H.-U. (1981): Krankheit ist ohne Politik nicht heilbar. Frankfurt a. M.: Suhrkamp

Ewing, M.T. (Hrsg.) (2001): Social Marketing. Binghamton/NY: Haworth Press Inc.

Frindte, W. (2001): Einführung in die Kommunikationspsychologie. Weinheim/Basel: BELTZStudium

Göpfert, W. (2001): Möglichkeiten und Grenzen der Gesundheitsaufklärung über Massenmedien. In: K. Hurrelmann/A. Leppin (Hrsg.). Moderne Gesundheitskommunikaon. Bern u.a.: Hans Huber, 131-141

Greenhalgh, T./Hurwitz, B. (Hrsg.) (2005): Narrative-based Medicine – Sprechende Medizin. Dialog und Diskurs im klinischen Alltag. Bern u.a.: Hans Huber

Hurrelmann, K. (2002): Gesundheitswissenschaftliche Ansätze in der Sozialisationsforschung. In: K. Hurrelmann/D. Ulich (Hrsg.) Handbuch Sozialisationsforschung. Weinheim/Basel: Beltz, 189-213

Hurrelmann, K. (2006): Gesundheitssoziologie. Einführung in sozialwissenschaftliche Theorien der Krankheitsprävention und Gesundheitsförderung. Weinheim/München: Juventa

Hurrelmann, K./Ulich, D. (Hrsg.) (1991): Handbuch der Sozialisationsforschung. Weinheim/ Basel: Beltz

Hurrelmann, K./Klotz, T./Haisch, J. (Hrsg.) (2004): Lehrbuch Prävention und Gesundheitsförderung. Bern u.a.: Hans Huber

Iseringhausen, O./Schott, T./v. Orde, A. (2002): Die Qualität der Organisation kardiologischer Rehabilitation – Ein Vergleich stationärer und ambulanter Versorgungsformen. Rehabilitation, 41, 130-139

Kolip, P. (1997): Geschlecht und Gesundheit im Jugendalter. Die Konstruktion von Geschlechtlichkeit über somatische Kulturen. Opladen: Leske+Budrich

Kotler, P./Ned, R./Lee, N. (Hrsg.) (2002): Social Marketing. Improving the Quality of Life. Thousand Oakes/Cal.: Sage Publications

Laaser, U./Hurrelmann, K.(1998): Prävention, Gesundheitsförderung und Gesundheitserziehung. In: K. Hurrelmann/U. Laaser (Hrsg.). Handbuch Gesundheitswissenschaften.Weinheim: Juventa

Lademann, J./Kolip, P. (2005): Gesundheit von Männern und Frauen im mittleren Lebensalter: Schwerpunktbericht der Gesundheitsberichterstattung des Bundes. Berlin: Robert-Koch-Institut

Leppin, A. (1995): Gesundheitsförderung in der Schule. In: P. Kolip/K. Hurrel-Mann/P.-E. Schnabel (Hrsg.). Jugend und Gesundheit. Weinheim & München. Juventa, 235-250

Luhmann, N. (1984): Soziale Systeme. Frankfurt a. M. : Suhrkamp

Marmot et al. (1999): Health inequalities among British Civil Servants: The Whitehall II Study. Lancet 337, 1387-1393

Michaelsen, K./Stegmüller, K. (2004): Gesundheit und Gesundheitspolitik im Flexiblen Kapitalismus. In: G. Elsner/T. Gerlinger/K. Stegmüller (Hrsg.). Markt versus Solidarität. Hamburg: VSA Verlag, 42-55

Müller-Mundt, G. (2001): Patientenedukation zur Unterstützung des Selbstmanagements. In: Hurrelmann, K./Leppin, A. (Hg.): Moderne Gesundheitskommunikation. Bern: Huber, 94-106

Neidoo, J./Wills, J. (2003): Lehrbuch der Gesundheitsförderung. Bundeszentrale für gesundheitliche Aufklärung (Hrsg.). Köln: BZgA

Nothdurft, W. (2002): Dialogische Kommunikation. Internetgestütztes Lernmodul. http://www. system2teach.de/hfg/re_ressources/2865/352/index.html (v. 26.10.2007)

Ornish, D. (1992): Revolution in der Herztherapie. Stuttgart: Kreuz-Verlag

Parsons, T. (1958): Struktur und Funktion der modernen Medizin. In: R. König (Hrsg.). Probleme der Medizinsoziologie. Sonderheft 3 der Kölner Zeitschriften für Soziologie und Sozialpsychologie, 16-34

Pott, E. (2005): Health Campaigning by media – Campaigning. http://www. Sytem2teach.de/hfg/re_ressources/2552/Health%20Communication%20by%20media%20%20Campaigning_2006.pdf, v. 04.10.2007

v. Reibnitz, C./Schnabel, P.-E./Hurrelmann, K. (Hrsg.) (2001): Der mündige Patient. Konzepte zur Patientenberatung und Konsumentensouveränität im Gesundheitswesen. Weinheim & München: Juventa

Richter, M./Hurrelmann, K. (Hrsg.) (2006): Gesundheitliche Ungleichheit. Grundlagen, Probleme, Perspektiven. Wiesbaden: VS Verlag für Sozialwissenschaften

Richter, M./Hurrelmann, K. (2007): Warum die gesellschaftlichen Verhältnisse krank machen. Aus Politik und Zeitgeschichte 42, 3-10

Rosenbrock, R./Kümpers (2006): Primärprävention als Beitrag zur Verminderung sozial bedingter Ungleichheit von Gesundheitschancen. In: M. Richter/K. Hurrelmann (Hrsg.) Gesundheitliche Ungleichheit. Wiesbaden: VS Verlag für Sozialwissenschaften, 371-388

Sachverständigenrat zur Begutachtung der Entwicklung im Gesundheitswesen (2003): Gutachten 2003. Finanzierung, Nutzerorientierung und Qualität. Band I «Finanzierung und Nutzerorientierung» Baden-Baden: Nomos Verlag

Schaeffer, Doris/Müller-Mundt, Gabriele (Hrsg.) (2002): Qualitative Gesundheits- und Pflegeforschung. Hans Huber, Bern

Schmidt-Kaehler, S. (2006): Ergebnisse zur Evaluation der Internetangebote der Unabhängigen Patientenberatung und Nutzerinformation nach § 65 SGB V. Veröffentlichungsreihe des IPW, P06-131. Bielefeld

Schnabel, P.-E. (2001): Familie und Gesundheit. Bedingungen, Möglichkeiten und Konzepte der Gesundheitsförderung. Weinheim & München: Juventa

Schnabel, P.-E. (2006): Gesundheitskommunikation auf dem Weg zum Beruf? In: J. Pundt (Hrsg.). Professionalisioerung im Gesundheitswesen. Bern u.a.: Hans Huber, 127-145

Schnabel, P.-E. (2007): Krankheit prävenieren und Gesundheit fördern. Besonderheiten, Leistungen und Potentiale aktueller Konzepte vorbeugenden Versorgungshandelns. Weinheim/München: Juventa

Schott, T. (2005): Eingliedern statt ausmustern. Möglichkeiten und Strategien zur Sicherung der Erwerbstätigkeit älterer Arbeitnehmerinnen und Arbeitnehmer. Weinheim/München: Juventa

Watzlawick, P./Beavin, J.H./Jackson, D.D. (1985): Menschliche Kommunikation. Formen, Störungen, Paradoxien. Bern u.a.: Hans Huber

Willke, H. (1992): Beobachtung, Beratung, Steuerung von Organisationen in Systemischer Sicht. In: R.K. Wimmer (Hrsg.). Organisationsberatung Wiesbaden: S. Gabler, 17-42

World Health Organization (WHO) (ed.) (1946): Constitution of the World Health Organization. Geneva/Swizerland (http://www.searo.who.int/LinkFiles/About_SEARO_const.pdf, v. 04.09.2007)

World Health Organization (WHO) (ed.) (1986): Ottawa Charter for Health Promotion. Ottawa/Canada (http://www.euro.who.int/AboutWHO/Policy/20010827_2, v. 04.09.07).

II. Empirische Ergebnisse

Motive und Kontext der Suche nach Gesundheitsinformationen – Theoretische Überlegungen und empirische Befunde anhand des telefonischen Gesundheitssurveys

Susan Borch und Sandra J. Wagner

1. Einleitung

Gesundheitsinformationen werden aktuell in der Gesundheitsforschung und Politik als wichtiger Baustein auf dem Weg zum souveränen Patienten diskutiert
(Dierks/Schwartz 2002; gesundheitsziele.de 2003: 168 ff.). Dabei wurde bisher
die aktive Suche der Patienten nach Gesundheitsinformationen von Ärzten oft
als wenig wünschenswert angesehen: „(…) if patients do not get sufficient information there is a risk that they might rely on nonmedical sources to satisfy their
need" (Carlsson 2000: 453). Nicht jeder Arzt leitete aus dieser „Gefahr" jedoch
eine Verpflichtung für eine bessere Arzt-Patient-Kommunikation ab.

Die Fähigkeit, im Gesundheitswesen selbstbestimmt entscheiden und handeln
zu können, wird als Patientensouveränität bzw. Patientenautonomie bezeichnet.
Vorraussetzung dafür ist der Zugang zu umfassenden, qualitativ hochwertigen
Informationen, um einerseits im Rahmen einer partizipativen Entscheidungsfindung (engl. shared decision making) gemeinsam mit dem Arzt die individuell
beste Behandlung zu bestimmen. Andererseits muss in Deutschlands fragmentierten Gesundheitswesen der Patient selbst die Koordination zwischen verschiedenen (Fach-)Ärzten, Kostenträgern und weiteren Therapeuten (z.B. Physio- oder
Ergotherapeuten, Logopäden, Hebammen) übernehmen. Beides ist besonders
relevant bei chronisch Kranken. Daher kann „(…) das Erreichen des individuell
optimalen Niveaus der Selbstbestimmung (…) als Ziel von Gesundheitskommunikation und Information definiert werden" (Dierks/Schwartz 2001: 2).

Doch was sind der Kontext und die Motive von Patienten bzw. Versicherten
für die Suche nach Gesundheitsinformationen? Wer sucht Informationen und
wer nicht? Welche Gruppen bevorzugen welche Medien? Halten sich z.B. Personen aus der Oberschicht bereits für so umfassend informiert, dass sie gesundheitliche Themen in den Massenmedien regelrecht meiden? Dies sind wichtige
Fragen, um Gesundheitsinformationen zielgerichtet zu verbreiten.

Unter den Akteuren im Gesundheitswesen spielen die Krankenkassen bei
der Verbreitung von Gesundheitsinformationen bisher die größte Rolle[1]: Sie
informieren ihre Mitglieder z.B. durch krankheitsspezifische Broschüren und
ein wachsendes Internetangebot, vor allem aber durch ihre regelmäßig per Post
versendeten Mitgliederzeitschriften. Diese bieten ein enormes Potenzial für Ge-

---

1   Aktuell bauen die genannten Akteure im Gesundheitswesen sowie die Verbraucherberatung Internetpor-
    tale mit qualitätsgesicherten Gesundheitsinformationen auf: Institut für Wirtschaftlichkeit und Qualität
    in der Medizin (IQWIG)/Bundesregierung (vgl. Beitrag in diesem Band) – www.gesundheitsinfor-
    mation.de, Ärztliches Zentrum für Qualität in der Medizin/Ärzteschaft – www.patienten-infor-
    mation.de, Unabhängige Patientenberatung Deutschland/Verbraucher- und Patientenschutz –
    www.unabhaengige-patientenberatung.de

sundheitsinformationen. Doch werden die Zeitschriften tatsächlich gelesen? Wer nimmt diese Informationen wahr?

Um diese Fragen für Deutschland zu untersuchen, wurden die Daten des telefonischen Gesundheitssurveys 2003 des Robert Koch-Instituts hinsichtlich der Nutzung von Gesundheitsinformationen ausgewertet. Die Untersuchung entstand im Rahmen des an der Fachhochschule für Technik und Wirtschaft, Berlin (FHTW) angesiedelten Forschungsprojektes „Qualitätsindikatoren zur Verbraucherinformation – Ein Weg zu mehr Patientensouveränität im wettbewerbsorientierten Gesundheitswesen" unter Leitung von Prof. Dr. Reinhold Roski, der wissenschaftlichen Mitarbeit von Susan Borch und der methodischen Beratung von Dr. Sandra J. Wagner.

Im ersten Abschnitt der vorliegenden Untersuchung erfolgt ein Problemaufriss zu den Herausforderungen für Gesundheitsinformationen in Zeiten einer älter werdenden Gesellschaft. Dann werden in den Abschnitten 2 und 3 die theoretischen Konzepte und der aktuelle Forschungsstand zur Suche nach Gesundheitsinformationen erläutert. Abschnitt 4 beinhaltet eine empirische Auswertung des telefonischen Gesundheitssurveys 2003 bezüglich der Nutzung von Medien zur Gesundheitsinformation. Diese geschieht in Ergänzung zu der Auswertung von Horch und Wirz (2005) jedoch unter Einbeziehung von Krankheitsdiagnosen, subjektiver Gesundheitswahrnehmung sowie Kontext und Motiven der Suche. Abschließend werden die zentralen empirischen Befunde zusammengefasst und Implikationen für die weitere Forschung abgeleitet.

2. Demographischer Wandel und Gesundheitsinformationen

Die Literatur zum demographischen Wandel moderner Gesellschaften nimmt rapide zu. Einen Schwerpunkt bildet dabei sozialwissenschaftliche Literatur, die die Herausforderungen einer ständig älter werdenden Bevölkerung an das wirtschaftliche und soziale System thematisiert. Große Einigkeit besteht dabei darin, dass mit der zunehmenden Überalterung der Bevölkerung Gesundheitsfragen immer mehr an Bedeutung gewinnen. Bisher unzureichend thematisiert sind dabei Motive und Kontext der Suche nach Gesundheitsinformationen.

Abbildung 1 veranschaulicht die Entwicklung der Bevölkerung in Deutschland nach Altersgruppen. Die Zahl der über 60-Jährigen stieg von 14,4 Mio. im Jahr 1965 auf 20,4 im Jahr 2003. Im gleichen Zeitraum nahm die Zahl der unter 20-Jährigen von 22,3 Mio. auf 16,9 Mio. ab. 1995 gab es ca. 400.000 mehr Menschen mit Alter über 60 Jahre als in der Altersgruppe der unter 20 Jährigen. Im Jahr 2003 waren es bereits ca. 3,4 Mio.

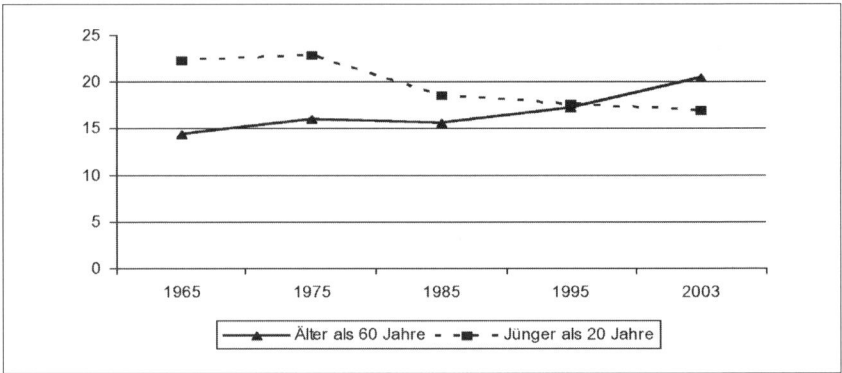

Abb. 1: Bevölkerungsentwicklung in Deutschland zwischen 1965 und 2003, in Mio.
(Quelle: Eigene Berechnungen, Statistisches Bundesamt und staatliche Zentralverwaltung für Statistik der DDR)

Gründe für diese Entwicklung sind zum einen die gestiegene Lebenserwartung, zum anderen die zurückgehenden Geburtenzahlen in Deutschland. Beides trägt zu einer Veränderung der Alterszusammensetzung der Bevölkerung bei. Letzteres begründet sich, wie internationale Vergleiche zeigen, u.a. in der Arbeitsmarktlage, dem Maß an aktiver Förderung der Frauenerwerbstätigkeit, der Gleichstellungspolitik und (in den alten Bundesländern) dem Mangel an sowie (in den neuen Bundesländern) der Qualität der Kinderbetreuungseinrichtungen (Neyer 2005).

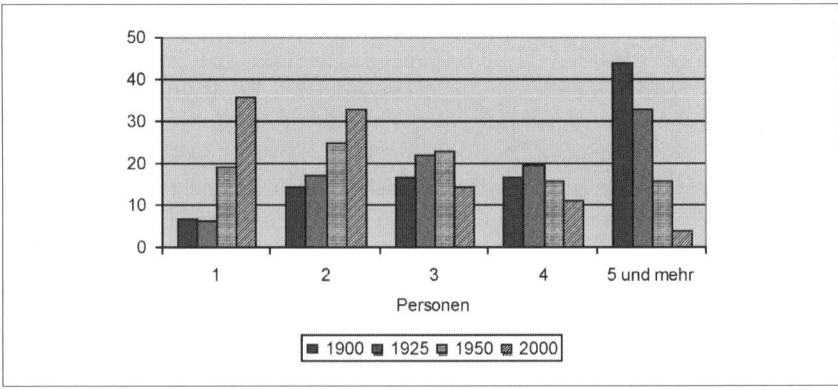

Abb. 2: Haushaltsgröße (Quelle: Statistisches Bundesamt 2002, Datenreport: 39)

Gleichzeitig hat sich die Haushaltsgröße (also die Anzahl der Personen in einem Haushalt), aber auch die Familien- bzw. Lebensformen (ein Paar ohne Kind und ein allein erziehender Elternteil mit Kind umfasst in beiden Fällen 2 Personen im Haushalt) historisch verändert (Abbildung 2).

Im Jahr 1900 lebten in 44,4 % aller Haushalte noch fünf und mehr Personen, im Jahr 2000 war dieser Anteil bereits auf 4,4 % gesunken. Der Anteil der Zweipersonenhaushalte nahm von 14,7 % im Jahr 1900 auf 33,4 % in 2000 zu, der Anteil der Einpersonenhaushalte stieg im gleichen Zeitraum von 7,1 % auf 36,0 %. Somit lebten im Mai 2000 in Deutschland 13,7 Mio. Personen allein, das sind 16,7 % der Bevölkerung (Statistisches Bundesamt 2002: 38 f.). Als Ursache für die seit der Jahrhundertwende abnehmende Haushaltsgröße wird u.a. der Wandel von der Agrar- über die Industrie- zur Dienstleistungsgesellschaft angesehen. Damit im Zusammenhang steht die Zunahme der Zahl der städtischen Haushalte, die auch heute noch im Durchschnitt kleiner sind als die in ländlichen Gebieten sowie die räumliche Entflechtung von Erwerbsarbeit, Haus und Hof.

Mit diesen Entwicklungen geht auch eine Veränderung der Familienformen in Deutschland einher (Tabelle 1).

Tab. 1: Familienformen (Quelle: Statistisches Bundesamt 2006: Mikrozensusauswertung)

	1996		2005	
	1.000	in %	1.000	in %
Lebensformen				
insgesamt	81.114	100	81.725	100
Familien	45.876	56,6	43.252	52,9
Paare ohne Kind	21.020	25,9	22.752	27,8
Alleinstehende	14.218	17,5	15.721	19,3

So ging im Jahr 2005 der Anteil der in Familien lebenden Bevölkerung (Eltern bzw. Elternteile und Kinder, egal ob minderjährig oder nicht) im Vergleich zu 1996 deutschlandweit um 4 % zurück. Zugleich stiegen die Anteile der in Paargemeinschaften ohne Kinder lebenden Personen und der alleinstehenden Bevölkerung (d.h. ohne Partner oder Familie Wohnende) im gleichen Zeitraum um jeweils 2 %. Die Mehrpersonenhaushalte bilden mit 1,9 % die am geringsten verbreitete Lebensform in Deutschland, ihr Anteil blieb zwischen 1996 und 2000 gleich (Statistisches Bundesamt 2006: 27). Der Anstieg des alleinstehenden Bevölkerungsanteils und der Einpersonenhaushalte ist nicht unabhängig von der

Alterung der Gesellschaft zu betrachten; der Anteil der Verwitweten, also der „unfreiwilligen" Singles, dürfte dabei relativ groß sein.

Der skizzierte demographische Wandel hat folgende Konsequenzen für die Suche nach Gesundheitsinformationen:

Der Anstieg der Lebenserwartung hat zu einer Erhöhung des Anteils Älterer an der Bevölkerung geführt. Daraus und aus einem höheren Lebensstandard mit verbesserten hygienischen Bedingungen resultiert eine Verschiebung des Krankheitsspektrums: Statt den früher lebensbedrohlichen Infektionskrankheiten herrschen nun chronische Krankheiten vor, bei denen es nicht um Lebensrettung oder Heilung geht, sondern um die Linderung von Beschwerden, das Hinauszögern von Krankheitsfolgen und die Aufrechterhaltung der Selbstständigkeit von Patienten. Darauf jedoch ist das deutsche Gesundheitswesen kaum ausgerichtet (Brinkmann-Göbel 2001).

Chronische Krankheiten wie Diabetes, Asthma, Arthrose usw. erfordern ein lebenslanges Selbstmanagement in Form von spezieller Ernährung, Medikamenteneinnahme und gesunder Lebensgestaltung, was vor allem ein hohes Maß an Informiertheit erfordert (Wöllner/Kruse 2001). Dies setzt den Zugang zu Informationen voraus. Zumindest muss es den Patienten aufgrund der Informationslage prinzipiell möglich sein, eine partizipative Entscheidungsfindung umzusetzen; es gibt jedoch auch Patienten, die es bevorzugen, wenn der Arzt paternalistisch für sie entscheidet (Charles et al. 1997).

Die Verkleinerung der Haushalte und die teilweise Erosion traditioneller Familienformen bei gleichzeitiger Diversifizierung der Lebensstile führt erstens zu einer Verringerung des informellen Austausches von gesundheitlichen Erfahrungswerten zwischen den Generationen und erhöht damit das Bedürfnis nach anderen Informationsquellen, insbesondere Massenmedien. Die in diesem Zusammenhang stehende zunehmende Trennung von Erwerbsarbeit auf der einen und Familienleben auf der anderen Seite kann man mit Habermas (1981: 522) als „Kolonialisierung der Lebenswelt" bezeichnen. Kennzeichen dieser Entwicklung sind eine von außen aufoktroyierte und entsprachlichte Verrechtlichung und Ökonomisierung lebensweltlicher Interaktionsformen.

Zweitens sind als Reaktion auf unterschiedliche Lebensstile diversifizierte Angebote notwendig. Kommerzielle Anbieter, die Akteure im Gesundheitswesen – vor allem die Krankenkassen – sowie Verbände sind daher herausgefordert, Gesundheitsinformationen zielgruppenspezifisch zu platzieren, um auch weiterhin mit ihren Produkten und Leistungen eine möglichst große Wirkung bzw. einen entsprechenden Absatz zu erzielen.

Drittens hat die eingangs beschriebene veränderte Haushaltszusammensetzung und die Diversifizierung der Lebensstile Auswirkungen auf das Informationsbedürfnis: In größeren „Einheiten" recherchiert man auch mal für ein Haushalts-/Familienmitglied, der Single als Einzelkämpfer muss die Informationssuche für sich einerseits selbst durchführen und hat andererseits wenig Anlass für andere nachzuforschen.

Insgesamt ist jedoch auf Seiten der Konsumenten ein erhöhtes Bedürfnis nach Informationen zu verzeichnen. Dementsprechend ist in allen Bereichen der Medien, speziell in den neuen Medien, ein starker Anstieg des Informationsangebots zu beobachten. Gleichzeitig wird die Suche nach relevanten, aussagekräftigen Informationen jedoch durch das stets breiter werdende Angebot (z.B. im Internet) erschwert und die Techniken der Nutzungsmöglichkeiten werden zwar immer vielfältiger, aber auch komplizierter. Aufmerksamkeit und Verarbeitungsleistung des Menschen können dabei abnehmen. Dieses Phänomen der Informationsüberflutung in der heutigen Mediengesellschaft wird als so genannter „Information Overload" bezeichnet (vgl. weiterführend Probst et al. 2000).

3. Theoretischer Hintergrund und aktueller Forschungsstand

In der heutigen Informations- und Mediengesellschaft, wie sie von Postman (1999) für die USA bzw. Deutschland beschrieben wird, kommt dem individuellen Wissensstand zunehmend eine Schlüsselrolle zu. Damit verbunden ist der Wunsch von Politik und Wissenschaft nach Patientensouveränität. Nach Bohle (2001: 6f.) sind für diesen Trend folgende Ursachen skizzenhaft zu diagnostizieren:

- ein verändertes Gesundheitsbewusstsein unter den Menschen, dass sich in der Kenntnis einer gestiegenen Lebenserwartung und dem damit verbunden Wunsch nach einer entsprechenden Lebensqualität auch im hohen Alter widerspiegelt,
- ein veränderter Umgang mit Präventionsmaßnahmen,
- Entwicklungen in der Medizin, der Medizintechnik und an Medizinprodukten,
- eine Gesundheitsreform, die umfangreiche Strukturveränderungen im Gesundheitswesen und ein verändertes Leistungsangebot der Gesetzlichen Krankenkassen hervorruft,
- lang anhaltende Ärztestreiks in Deutschland, die ein Bild des überarbeiteten und unterbezahlten Assistenzarztes in die Köpfe transportierten.

Ergänzend seien die Entwicklungen im Bereich der Informations- und Kommu-
nikationstechnologien genannt. Direktes Ergebnis dieser Veränderungen ist die
Multimedia-Branche, deren derzeitig hervorstechendes „Informationsprodukt"
das Mobiltelefon mit Organizer-, Telefonie-, mp3-, Mailing-, Foto- und Video-
funktion ist.

All diese Punkte tragen zu einer gestiegenen Eigenverantwortung und dem
Wunsch nach Informiertheit und „Autonomie" bei Versicherten und Patienten
bei. Vorraussetzung dafür ist jedoch der Zugang zu Informationen.

Bisher existieren nur verstreute Fragmente zur theoretischen Erklärung des
Informationsverhaltens hinsichtlich gesundheitlicher Themen. Bei allen Ansätzen
liegt der Fokus auf einem bestimmten Kontext der Informationssuche ohne
Thematisierung anderer, so dass sie daher z.T. auch widersprüchlich erscheinen.
Im Folgenden werden verschiedene theoretische Ansätze dargestellt und in Beziehung gesetzt. Aufgrund der Interdisziplinarität und Komplexität des Themas
beschränkt sich dieser Beitrag auf ausgewählte wesentliche Ansätze.

Zur Erklärung der konkreten Wahl von Informationsquellen kann die Theorie
der rationalen Wahl (Boudon 1974; Esser 1990) herangezogen werden. Dieser
Ansatz ist in den Wirtschaftswissenschaften weit verbreitet und erfreut sich auch
in der Soziologie einer zunehmenden Beliebtheit. In diesem Konzept kommt
der Rationalität als bestimmender Modus der Informationsverarbeitung eine
besondere Bedeutung. Das heißt der Mensch verhält sich auch bei der Suche
nach Gesundheitsinformationen rational nach einem bestimmten Zweckkalkül.
Eine weitere Grundlage dieser Theorie bildet die Annahme, dass die rationale
Entscheidung einer Person auf dem Ziel der Nutzenmaximierung und auf einer
subjektiven Kosten-Nutzen-Abwägung beruht. Bei der Medienwahl für Gesundheitsinformationen sollte man deswegen ein geplantes, intentionales Handeln der
Person unterstellen. Als individueller Entscheidungsprozess in einer bestimmten
Situation umfasst die Entscheidung für oder gegen ein bestimmtes Medium eine
Ziel- und Möglichkeitsanalyse, eine Alternativplanung, ein Auswählen, ein Ent-
werfen und Verwerfen von einzelnen Handlungsstrategien. Angewandt auf die
Medienwahl für Gesundheitsinformationen ist der höchste Nutzen hier gleichgesetzt mit schneller, maximaler Informationsbeschaffung bei keinen oder mög-
lichst geringen Kosten.

Dabei kommt der sozialen Schicht in der Theorie der rationalen Wahl eine
besondere Rolle zu. Denn meist sind die erwarteten Kosten umso höher, je
niedriger die soziale Schicht ist. Es wird dabei unterschieden zwischen primären
und sekundären Effekten (Boudon 1974), wobei die sekundären Effekte überwiegen. Primäre Effekte sind kulturelle Einflüsse: Das heißt, je niedriger die soziale
Schicht, desto ärmer ist die Ausstattung mit kulturellem Kapital in Form von

Bildung und Kulturgütern (z.b. Bücher, Computer). Als Resultat ist der Umgang damit weniger gewohnt. Darum ist die Suche nach Gesundheitsinformationen aufwendiger und verläuft auch passiver. Die sekundären Effekte bestimmen das unterschiedliche Medienwahlverhalten in Bezug auf Gesundheitsinformationen in Abhängigkeit von der Position innerhalb des Schichtungssystems der Gesellschaft. Hier geht es um den Einfluss der sozialen Herkunft im Entscheidungsprozeß. Höhere Schichten nutzen demnach kostspieligere und aufwendigere Medien, die damit oft auch qualitativ besser sind, als Personen der unteren sozialen Schichten.

Zudem sind Personen stets mit Handlungsbeschränkungen, wie einem begrenzten Zeitbudget oder begrenzten ökonomischen Ressourcen, konfrontiert. Neben limitierten Handlungsoptionen, z.B. aufgrund der Zugehörigkeit zu einer niedrigen Schicht und/oder geringem Einkommen, müssen auch die Einschränkungen durch soziale Institutionen und durch den Gesundheitszustand in Betracht gezogen werden. Beschränkungen können bei älteren bzw. kranken Menschen beispielsweise die technische Ausstattung des Altenheims oder der eigenen Wohnung sowie eine eingeschränkte Mobilität und Leistungsfähigkeit und damit die Abhängigkeit von den Informationspräferenzen der Angehörigen und Besucher sein.

Den vollständigsten Rahmen zu Kontext und Motiven der Nutzung von Gesundheitsinformation bietet van der Rijt (1998, 2000, 2001). Er hat die Frage der Informationsstrategien zu gesundheitlichen Themen in einer Reihe von Studien in den Niederlanden untersucht und zählt sich zu einer empfängerzentrierten Forschungsströmung. Auch hier wird der Konsument von Medien als aktiver Teil des Kommunikationsprozesses gesehen, der in einem bestimmten sozialen Kontext lebt und die Medien, die er verwendet, selbst bestimmt und selektiv für seine eigenen Ziele gebraucht. In diesem Zusammenhang empfängt das Individuum nicht passiv Medienbotschaften, sondern hat in Bezug auf die aktive Suche nach Gesundheitsinformationen zwei Motive:

a) ein aktuelles gesundheitliches Problem, für das keine Routinelösung besteht oder

b) ein allgemeines Interesse an Gesundheitsinformationen.

Letzteres ist in vielen Fällen „professionell" bedingt, z.B. interessieren sich Frauen aufgrund ihrer fürsorglichen Rolle innerhalb der Familie und Mitglieder eines Heilberufes besonders häufig für gesundheitliche Themen.

Plausibel wäre daher ein unterschiedliches Mediennutzungsverhalten je nach Haushalts- und Familienkonstellation (vgl. Abschnitt 2): Nur wenn es eine Fami-

lie gibt, in der man eine fürsorgliche Rolle einnehmen kann, also bei bestehender
Partnerschaft, Kindern oder Eltern im Haushalt, hat dies Auswirkungen auf die
Informationssuche.

Murphy et al. (2003) thematisieren in ihrer Literaturrecherche ausschließlich
den Kontext des aktuellen gesundheitlichen Problems. Bestenfalls stoßen Menschen noch zufällig auf Gesundheitsinformationen, suchen aber nicht routinemäßig danach. Murphy et al. liefern jedoch eine Auflistung von Gründen für
die aktive Suche nach Gesundheitsinformationen (Murphy et al. 2003: 34 ff.):

- vor einem Arztbesuch,
- vor diagnostischen Tests, Behandlungen oder Operationen,
- nach einem Arztbesuch,
- als Ersatz für einen Arztbesuch,
- zum Zeitpunkt der Diagnosestellung,
- im Verlauf einer Behandlung,
- bei Stress oder in einer Krise,
- als Reaktion auf passiv aufgenommene Informationen.

Die meisten Gründe betreffen vor allem den Kontext eines Arztbesuches oder sind
abhängig vom Stadium des Krankheits- oder Behandlungsprozesses. Besonders
interessant ist hier die Informationssuche als Ersatz für einen Arztbesuch. Hierfür gibt es viele rationale Gründe: Zum Beispiel kann der Aufwand in Form von
Zeit und Praxisgebühr für einen Arztbesuch angesichts einer Bagatellerkrankung
als zu groß, in ländlichen Regionen auch die Anfahrt zu beschwerlich erscheinen
oder ein unaufwendigeres Gespräch mit dem Apotheker für eine Selbstmedikation als ausreichend angesehen werden. Was von Murphy et al. (2003) in der Liste
der Anlässe nicht explizit herausgearbeitet wird, sind die gestiegenen Ansprüche
der Patienten im Kontext der Patientensouveränität: Viele geben sich nicht mehr
mit einem unbefriedigenden Arztbesuch mit geringer Information und mangelnder Beratung zufrieden. Sie suchen daher zusätzliche Informationen.

Nicht nur Murphy et al. (2003) unterscheiden aktive und passive Mediennutzung zur Gesundheitsinformationen. Allerdings gibt es in der auf Gesundheitsinformationen bezogenen Literatur keinen Konsens über die konkrete Zuordnung
(vgl. Tabelle 2).

Tab. 2: Klassifizierung in aktive und passive Informationsquellen (Quelle: Eigene Gegenüberstellung)

Informationsquellen	Murphy et al. 2003: 12	Dutta-Bergmann 2004: 273
Internet	aktiv	aktiv
Telefonhotlines	aktiv	nicht behandelt
Fachbücher	aktiv	aktiv
Broschüren	aktiv	aktiv
Gespräch mit dem Arzt	aktiv	aktiv
TV und Radio	passiv	passiv
Zeitungen und Zeitschriften	*passiv*	*aktiv*
Gespräch mit Freunden und Familie	*passiv*	*aktiv*

Überraschend ist zunächst die unterschiedliche Zuordnung von Zeitungen und der Kommunikation mit Familie und Freunden. Dutta-Bergmann (2004) nimmt die aktiv-passiv Einteilung nach dem Maß an kognitiver Beteiligung vor und stuft diese bei jeder schriftlichen Information und bei jedem Gespräch als hoch ein. Zusätzlich führt sie das Kriterium der zufälligen Informationsexposition ein, wie z.B. bei einer Berieselung durch einen ständig laufenden Fernseher.

Murphy et al. (2003) gehen bei der Einteilung anders vor: Sie unterscheiden nach beabsichtigter und damit aufwendiger sowie unbeabsichtigter und unaufwendiger Informationsexposition. Daher stufen sie Gespräche mit einem Arzt als aktiv, Gespräche mit Freundinnen und Freunden sowie Familienmitgliedern als passiv ein. In diesem Vorgehen zeigt sich eine deutliche Parallele zum eingangs vorgestellten theoretischen Konzept des rationalen Informationswahlverhaltens: Für manche Gruppen mit stark begrenzten Ressourcen stellen passive Strategien in diesem Sinn unter Kosten-Nutzen-Aspekten die günstigste Handlungsalternative dar.

Diese Unterschiede in der Zuordnung der aktiven und passiven Informationsquellen ergeben sich aus den verschiedenen Kontexten der Informationssuche: Murphy et al. (2003) betrachten nur den aktuellen Anlass, die Einteilung nach Dutta-Bergman (2004) ist angemessen bei einer Fokussierung der routinemäßigen Suche aus allgemeinem Interesse. Beide Klassifikationen sind aber im Detail angreifbar. Für beide gilt: Man kann durch zielloses Surfen im Internet genauso passiv auf Gesundheitsthemen stoßen wie beim Herumschalten am Fernseher.[2] Im Falle von Dutta-Bergman (2004) stellt eine Klassifizierung, die nur eine

---

2   Dabei darf man das Fernsehen in seinem Potenzial jedoch nicht unterschätzen: Die Verbreitung ist umfassend, daher zappen auch wenig gesundheitsorientierte Personen in Sendungen hinein, die sie sich nicht aktiv ausgesucht hätten. Daher stellt das Fernsehen eine Möglichkeit der Sensibilisierung für vorher unbekannte Themen dar.

Mediengruppe (Rundfunk und Fernsehen) als passiv einordnet, aber nicht den Umgang damit berücksichtigt, keinen großen analytischer Gewinn dar. Trotzdem ist die Unterscheidung von aktiven und passiven Suchstrategien sinnvoll, es muss jedoch deutlich abgegrenzt werden, welcher Kontext untersucht wird. Für die folgende empirische Untersuchung bietet sich die Einteilung von Dutta-Bergman (2004) an, da hier aufgrund der Datenquelle eine Fokussierung auf Massenmedien und die Suche aus allgemeinem Interesse erfolgt.

Ebenfalls mit Motiven und Kontext der Informationssuche befasst sich das transtheoretische Modell von Prochaska et al. (2002). Es beschäftigt sich mit den „Stages of Change", den Stadien der Veränderung, die bei einer aktiv gewählten Verhaltensänderung durchlaufen werden, z.b. bei der Entscheidung zur Tabakentwöhnung oder Gewichtsreduktion. Dabei werden die Stadien vor allem durch einen spezifischen Umgang mit Informationen definiert. Typisch z.b. für das Stadium der Sorglosigkeit oder Absichtslosigkeit (engl. Precontemplation) ist dabei folgendes:

„People may be in this stage because they are uninformed about the consequences of their behavior, or they may have tried to change a number of times and became demoralized about their abilities to change. Both groups tend to *avoid reading, talking, or thinking about their high-risk bahaviors.* In other theories they often are characterized as resistant or unmotivated clients or as not ready for therapy or health promotion programs. Such people are labeled the >>hard to reach<<." (Prochaska et al. 2002: 100, Hervorhebungen d. A.)

Der spezifische Umgang bzw. Nicht-Umgang mit Informationen in den einzelnen Stadien führt in diesem Modell zur Klassifikation von Gruppen, die z.B. therapeutisch unterschiedlich angesprochen werden müssen. Diese Einteilung ist daher hilfreich für die konkrete Umsetzung von Medien, z.B. um Gesundheitsinformationen zielwirksam zu platzieren und zu formulieren. Auch wenn in diesem Beitrag keine Längsschnittdaten zur Verfügung stehen, um den Übergang von einem Stadium in das nächste abzubilden, ist dieser Ansatz nützlich, um sich zu vergegenwärtigen, dass auch das Mediennutzungsverhalten bei Individuen nicht feststeht, sondern veränderlich ist. Identifizierte Gruppen bilden vielmehr eine Momentaufnahme, die auch von der aktuellen Lebensphase abhängt.

4. Empirische Befunde aus dem telefonischen Gesundheitssurvey 2003

Auf der Basis der vorangestellten theoretischen Überlegungen soll im Weiteren die Mediennutzung empirisch untersucht werden. Die Datengrundlage bildet der telefonische Gesundheitssurvey 2003 des Robert Koch-Instituts, Berlin. Er wurde mit Finanzierung des Bundesministeriums für Gesundheit im Zeitraum von September 2002 bis März 2003 realisiert. Insgesamt wurden 8.313 Personen repräsentativ für die deutschsprachige Wohnbevölkerung ab 18 Jahre u.a. zum Informationsverhalten, zu ausgewählten Krankheiten und zur Inanspruchnahme von Leistungen des Gesundheitswesens befragt. Die Stichprobenbasis bildet ein nach dem *Gabler-Häder*-Design gezogenes Sample. Der Datensatz enthält sowohl ein Design- als auch ein Bevölkerungsgewicht. Zum Design der Studie vergleiche weiterführend Kohler et al. (2005).

Abgefragt wurde im telefonischen Gesundheitssurvey 2003 ausschließlich die Nutzung von Massenmedien, was eine Auswertung mit dem Fokus der Mediennutzung im Rahmen eines allgemeinen Interesses nahe legt (auch wenn dies gegenüber den Befragten nicht explizit hervorgehoben wurde (vgl. Abbildung 3)). Damit werden z.B. die häufigeren Arztkontakte von Senioren als Informationsquelle und aktive Informationssuche im Rahmen konkreter gesundheitlicher Probleme nicht erfasst.

Im Folgenden nenne ich Ihnen verschiedene Möglichkeiten, sich über gesundheitliche Themen zu informieren. Bitte sagen Sie mir jeweils, ob Sie diese Informationsmöglichkeiten häufig, manchmal, selten oder nie nutzen.

- Radio oder Fernsehen
- Internet
- Hefte oder Broschüren der Krankenkassen
- Hefte oder Broschüren der Apotheken
- Arzthotline der Krankenkasse[3]
- Zeitschriften oder Zeitungen (die bisher nicht genannt wurden)
- Bücher
- Sonstiges

Abb. 3: Fragentext zur Mediennutzung (Quelle: Fragebogen des telefonischen Gesundheitssurvey)

---

3   Die meisten Krankenkassen bieten eine Hotline für ihre Versicherten an (vgl. Hauss 2006), bei der Fragen zu Krankheiten und Therapien, zu Versorgungsangeboten, Behandlungsfehlern etc. gestellt werden können. Es handelte sich dabei im Erhebungszeitraum um ein relativ neues, noch weitgehend unbekanntes Angebot und wurde nur von 6 % Befragten häufig oder manchmal genutzt. Daher wurde hier auf eine Auswertung verzichtet.

In Tabelle 3 ist die Anzahl der genutzten Medien stratifiziert nach Soziodemographie, subjektiver Gesundheit, einigen diagnostizierten Krankheiten sowie lebensstilbezogenen Merkmalen dargestellt. Die empirischen Befunde belegen: Wenn man eine höhere Zahl an Medien als größeres Interesse interpretiert, so sind Frauen im Vergleich zu Männern stärker an Gesundheitsinformationen interessiert, was mit den oben skizzierten theoretischen Rahmenkonzepten übereinstimmt. Neben der Geschlechterzugehörigkeit sind ein höheres Alter (was häufig auch eine schlechtere Gesundheit bedingt), ein subjektiv als schlecht wahrgenommener Gesundheitszustand und auch die meisten dargestellten diagnostizierten (chronischen) Krankheiten Ursachen für ein höheres Interesse an Gesundheitsinformationen.

Tab. 3: Anzahl genutzter Medien zur Gesundheitsinformation (Quelle: Eigene Berechnungen, telefonischer Gesundheitssurvey 2003)

	Anzahl der Medien				N	Cramer's V
	keine	1-2	3-4	5-6		
Geschlecht						0,170***
männlich	13,4	41,7	36,0	8,8	4017	
weiblich	7,9	30,8	47,2	14,1	4302	
Schicht[a)]						0,040***
Oberschicht	12,7	36,9	39,0	11,5	1769	
Mittelschicht	10,0	34,5	43,3	12,3	3773	
Unterschicht	10,1	38,1	41,5	10,4	2620	
Alter						0,097***
18-29	13,2	45,4	33,9	7,5	1412	
30-49	12,2	39,1	37,7	11,1	3234	
50-69	8,3	31,3	46,7	13,7	2470	
70+	7,9	26,9	52,3	12,9	1202	
(Subj.) Gesundheit im Allgemeinen						0,094***
sehr gut / gut	12,0	38,4	39,3	10,3	6032	
mittelmäßig	7,4	31,0	47,7	13,9	1753	
schlecht / sehr schlecht	4,9	26,1	51,5	17,4	528	
(Subj.) Gesundheitliche Einschränkungen						0,113***
nein	12,0	38,3	39,6	10,1	5474	
ja	7,7	31,7	46,2	14,4	2830	
…						

	Anzahl der Medien				N	Cramer's V
	keine	1-2	3-4	5-6		
...						
(Subj.) Leiden an chron. Krankheiten						0,128***
nein	12,2	39,3	38,5	10,0	5072	
ja	8,0	30,7	47,2	14,0	3194	
Asthma						0,022n.s.
nein	10,6	36,2	41,7	11,4	7846	
ja	9,3	33,2	44,2	13,3	473	
Krebs						0,060***
nein	10,7	36,6	41,5	11,2	7856	
ja	7,5	27,1	48,9	16,5	442	
Diabetes Typ 2						0,063***
nein	10,8	36,4	41,5	11,3	7994	
ja	5,6	26,9	49,2	18,3	323	
Herzkreislauferkrankung						0,106***
nein	11,4	37,7	40,0	10,9	6791	
ja	6,7	29,0	49,9	14,3	1527	
Arthrose						0,126***
nein	11,6	38,1	40,0	10,4	6574	
ja	6,4	28,3	49,0	16,3	1556	
Körpergewicht[b)]						0,060***
Normalgewicht	11,3	39,4	39,2	10,1	3187	
Übergewicht	10,7	35,0	41,8	12,5	3383	
Adipositas Grad I bis III	8,3	31,3	48,0	12,4	1503	
Sport in den letzten 3 Monaten						0,065***
nein	10,9	39,1	40,7	9,3	3136	
ja	10,4	34,3	42,4	12,9	5175	
Alkoholkonsum						0,111***
mäßig, viel, sehr viel	15,7	39,7	35,6	9,1	1843	
keinen, sehr wenig, wenig	9,1	35,0	43,6	12,3	6456	
Nichtrauchen						0,129***
nein	14,0	41,2	36,4	8,4	2702	
ja	8,9	33,6	44,5	13,1	5613	

***p<0,001; **p<0,01; *p<0,05; n.s. nicht signifikant

Werte sind gewichtet.

a) Das Merkmal Schichtzugehörigkeit wurde hier gebildet als ein Index aus den Dimensionen Einkommen, Bildung und berufliche Stellung (vgl. Winkler 1998).

b) Da im telefonischen Gesundheitssurvey 2003 nur 52 Untergewichtige enthalten sind, wurden sie aus der Analyse ausgeschlossen.

Neben diesen eher „klassischen" und daher wenig überraschenden Motiven der
Suche nach Gesundheitsinformationen ist das Interesse an Gesundheit auch Teil
eines gesundheitsbewussten Lebensstils: Wer Sport treibt, wenig Alkohol konsumiert und nicht raucht, nutzt auch mehr Medien zur Gesundheitsinformation.
Das Körpergewicht dagegen stellt im Lichte der vorliegenden Daten eher einen
„aktuellen Anlass" dar, d.h. ein gesundes Körpergewicht ist nicht Ergebnis eines
gesunden Lebensstils oder einer Auseinandersetzung, z.B. mit Ernährungsthe-
men, sondern wer übergewichtig oder sogar fettsüchtig (adipös) ist, informiert
sich. Normalgewichtige nutzen weniger Medien, dafür häufiger aktive Quellen.

Interessant ist die Tatsache, dass die Schichtzugehörigkeit die Anzahl der genutzten Medien wenig beeinflusst: Im Großen und Ganzen sind die Unterschiede
gering und verlaufen nicht in einer vielleicht zu vermutenden Abfolge zunehmender Mediennutzung von der Unter- über die Mittelschicht und der größten
Mediennutzung in der Oberschicht. Im Gegenteil, die Oberschicht weist knapp
den höchsten Anteil derer auf, die überhaupt keine Medien nutzen.

Dafür gibt es zwei Erklärungsmöglichkeiten: Einerseits könnten Personen
aus der Oberschicht trotz vorhandenem Interesse am Thema Gesundheit gewisse
Massenmedien meiden, da sie glauben, schon alles zu wissen, bzw. weil sie ver-
muten, der Tiefegrad der Informationen wäre nicht ausreichend für sie (van der
Rijt 1998). Die Konsequenz könnte sein, dass die Oberschicht schwerer mit neuen
Erkenntnissen zu erreichen ist.

Andererseits ist das Interesse gemessen an der subjektiv guten Gesundheit
sehr groß, der Bedarf an Gesundheitsinformationen in der Unterschicht müsste
aufgrund der höheren subjektiven Krankheitslast im Verhältnis eigentlich höher
sein (vgl. Tabelle 4). Daraus ergibt sich auch eine größere Patientensouveränität der
Oberschicht aufgrund ihres besseren Informationsstandes, höheren Bildungs-
niveaus und der größeren monetären Handlungsmöglichkeiten in Bezug auf die
Nutzung von Gesundheitsinformationen.

Eine interessante Ausnahme bildet die Asthma-Erkrankung: Personen mit
dieser Diagnose informieren sich nicht signifikant häufiger über gesundheitliche
Themen als der Durchschnitt. Auf der Grundlage der empirischen Befunde in
Tabelle 4 sind sie zwar zu relativ großen Teilen der Meinung eine chronische
Krankheit zu haben, diese scheint sie aber nicht besonders zu belasten bzw. als
nicht besonders ernsthaft eingeschätzt zu werden. Dies ist nach Wöllner und
Kruse (2001) eine typische und folgenreiche Fehleinschätzung von Asthma-
patienten, der die Krankenkassen mit speziellen Disease Management Programmen
zu begegnen versuchen.

Tab. 4: Subjektive Gesundheit nach Gruppen (Quelle: Eigene Berechnungen, telefonischer Gesundheitssurvey 2003)

Diagnose	Gesundheitszustand im Allg. sehr gut oder gut, in %	Gesundheitlich eingeschränkt, in %	Leiden an chron. Krankheiten, in %
Alter 18-29	88,4	23,3	24,9
Alter 30-49	83,3	27,2	31,2
Alter 50-69	63,5	39,6	47,7
Alter 70+	43,7	54,0	56,3
Oberschicht	81,7	30,0	35,4
Mittelschicht	76,5	32,2	37,6
Unterschicht	61,4	39,6	42,3
männlich	75,9	32,1	34,6
weiblich	69,4	35,9	42,4
Asthma	55,3	51,3	75,1
Herzkreislauf-Erkrankungen	44,3	57,1	62,7
Krebs	44,0	56,4	57,1
Arthrose	43,2	63,5	66,1
Diabetes Typ 2	29,1	63,7	88,4

Werte sind gewichtet.

Insgesamt wird deutlich: Nur wenn das Individuum eine Situation als bedrohlich interpretiert, wird eine Informationssuche ausgelöst. Möglicherweise hängt diese Fehleinschätzung mit dem relativ geringen Durchschnittsalter der Betroffenen zusammen, die daher noch größeres Vertrauen in ihre körperliche Leistungsfähigkeit haben. So sind Befragte mit einer diagnostizierten Asthmaerkrankung im Durchschnitt 46 Jahre, Diabetespatienten jedoch 66 Jahre alt.

In Tabelle 5 wurden die abgefragten Medien analog zum eingangs vorgestellten Konzept von Dutta-Bergmann (2004, s.o.) gruppiert in passive Medien (Fernsehen und Radio) sowie in Bezug auf die kognitive Beteiligung aktive Medien (Internet, Printmedien der Krankenkassen oder Apotheken, Zeitschriften oder Zeitungen, Bücher). Damit sollen Gruppen identifiziert werden, die

- sich ausschließlich passiv und relativ zufällig über den Rundfunk „berieseln lassen",
- die eine breite Palette an Medien nutzen,
- die ausschließlich aktive Medien nutzen.

Die empirischen Befunde zeigen: Die Gruppe der „passiven Mediennutzer" ist häufig jung, männlich, gehört der Unterschicht an, ist eher gesund und raucht. Die Gruppe der „aktiven Mediennutzer" ist interessanterweise ebenfalls eher jung und relativ gesund, verfolgt jedoch einen relativ gesunden Lebensstil und gehört eher der Oberschicht an. Geschlechterunterschiede sind in dieser zweiten Gruppe kaum vorhanden. Die Abgrenzung zwischen diesen beiden Extremgruppen der passiven und aktiven jungen Informationssucher erfolgt eher über die soziale Herkunft und die Schichtzugehörigkeit. Demnach werden in der eingangs gewählten aktiv/passiv Kategorisierung stärker die schichtspezifischen Mediennutzungsgewohnheiten abgebildet: Die sowieso genutzten Medien werden routinemäßig auf gesundheitliche Themen abgesucht bzw. man nimmt diese Themen bei passiver Berieselung mit. Zusätzliche Medien werden nur genutzt, wenn ein aktueller Anlass besteht.

Die Gruppe der „Mischnutzer" besteht daher hauptsächlich aus Kranken, Älteren und Angehörigen der Mittel- und Unterschicht. Dies wird verständlich, wenn man diese Gruppe aufgrund eines aktuellen gesundheitlichen Problems – wie eingangs dargestellt – als interessierte Nutzer einer breiten Palette bzw. großen Anzahl verschiedener Medien begreift. Demnach führt die rationale Wahl bei dieser Gruppe nicht zur Wahl eines bestimmten Mediums, sondern die Nutzenmaximierung wird von der Vielzahl unterschiedlicher Informationsquellen erwartet.

Tab. 5: Art der Mediennutzung zur Gesundheitsinformation (Quelle: Eigene Berechnungen, telefonischer Gesundheitssurvey 2003)

	Art der Mediennutzung				N	Cramer's V
	keine	nur passiv	Misch- nutzer	nur aktiv		
Geschlecht						0,124***
männlich	13,4	10,3	57,3	19,0	4017	
weiblich	7,9	6,4	66,8	18,9	4302	
Schicht						0,074***
Oberschicht	12,7	7,1	55,6	24,6	1769	
Mittelschicht	10,0	7,3	64,3	18,5	3774	
Unterschicht	10,1	10,4	63,6	16,0	2620	
Alter						0,088***
18-29	13,2	11,7	52,1	23,1	1412	
30-49	12,2	9,1	58,2	20,6	3233	
50-69	8,3	6,9	67,6	17,3	2472	
70+	7,9	4,8	74,0	13,2	1201	
...						

	Art der Mediennutzung				N	Cramer's V
	keine	nur passiv	Misch-nutzer	nur aktiv		
...						
(Subj.) Gesundheit im Allgemeinen						0,075***
sehr gut / gut	12,0	8,7	59,3	20,0	6032	
mittelmäßig	7,4	7,6	68,5	16,5	1754	
schlecht / sehr schlecht	4,9	6,1	74,1	15,0	528	
(Subj.) Gesundheitliche Einschränkungen						0,103***
nein	12,0	9,1	58,8	20,1	5475	
ja	7,7	6,6	68,9	16,8	2829	
(Subj.) Leiden an chron. Krankheiten						0,099***
nein	12,2	9,3	58,8	19,7	5072	
ja	8,0	6,4	67,7	17,9	3195	
Asthma						0,024n.s.
nein	10,6	8,4	62,0	19,0	7846	
ja	9,3	5,9	65,3	19,5	473	
Krebs						0,042***
nein	10,7	8,4	61,8	19,1	7855	
ja	7,4	5,4	70,2	16,9	443	
Diabetes Typ 2						0,063***
nein	10,8	8,3	61,6	19,3	7994	
ja	5,6	5,9	77,4	11,1	323	
Herzkreislauferkrankung						0,075***
nein	11,4	8,5	60,7	19,4	6791	
ja	6,7	7,0	69,1	17,2	1527	
Arthrose						0,118***
nein	11,6	9,2	59,3	20,0	6574	
ja	6,4	4,6	73,1	15,9	1556	
Körpergewicht						0,067***
Normalgewicht	11,3	8,2	57,8	22,7	3187	
Übergewicht	10,7	8,6	63,5	17,2	3383	
Adipositas Grad I bis III	8,2	7,4	69,0	15,3	1504	
Sport in den letzten 3 Monaten						0,069***
nein	10,9	10,5	61,2	17,4	3136	
ja	10,4	6,9	62,7	20,0	5174	
Alkoholkonsum						0,101***
mäßig, viel, sehr viel	15,7	9,7	55,3	19,4	1843	
keinen, sehr wenig, wenig	9,1	7,8	64,2	18,9	6456	
Nichtrauchen						0,114***
nein	14,0	11,2	57,3	17,5	2702	
ja	8,9	6,8	64,6	19,7	5614	

***p<0,001; **p<0,01; *p<0,05; n.s. nicht signifikant
Werte sind gewichtet.

Differenziert man die Medien nicht nur nach aktiv und passiv, sondern nach der Art des Mediums, werden die genannten Befunde weiter untermauert.

In Abbildung 4 und Abbildung 5 wird deutlich, dass die Nutzergruppen der einzelnen Medien stark altersspezifisch und schichttypisch variieren. Die unterhaltenden und kostenlosen erstgenannten drei Medien in der Abbildung 4, TV/ Radio, Hefte der Krankenkasse und Hefte der Apotheke werden vor allem von Älteren und Kranken (was meist zusammenfällt, da die chronischen Krankheiten vor allem im höheren Alter zunehmen) bevorzugt genutzt. Vor allem in Bezug auf die Printmedien der Apotheken und Krankenkassen bedeutet dies, dass diese ihre Zielgruppe sehr gut erreichen. Das Lesen von Büchern verteilt sich gleichermaßen über alle Altersgruppen, wird jedoch, wie in der Hypothese eingangs erwartet, aufgrund der kulturellen und sozialen Ausstattung von der Obersicht mehr genutzt.

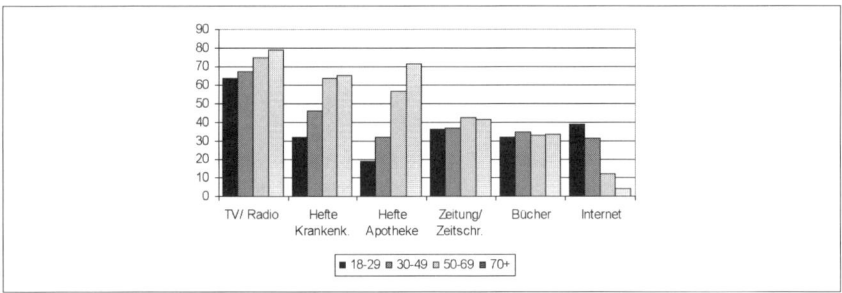

Abb. 4: Medienwahl nach Altersgruppen (Werte sind gewichtet) (Quelle: Eigene Berechnungen, telefonischer Gesundheitssurvey 2003)

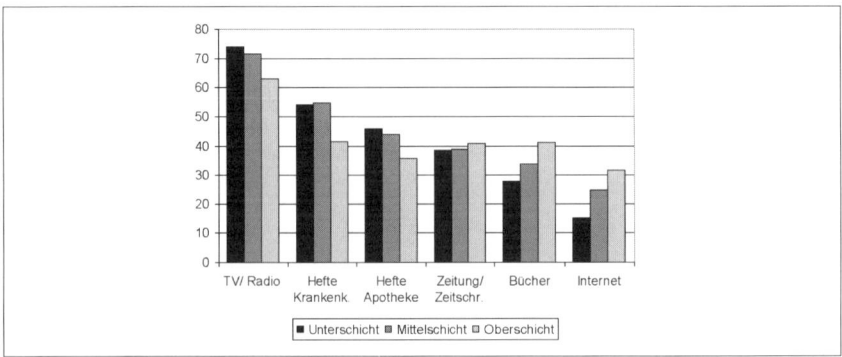

Abb. 5: Medienwahl nach Schicht (Werte sind gewichtet) (Quelle: Eigene Berechnungen, telefonischer Gesundheitssurvey 2003)

Die Nutzung des Internets für die Suche nach Gesundheitsinformationen bestätigt den bereits aus der Literatur (ARD/ZDF-Medienkommission 2007) bekannten Befund einer verstärkten Nutzung durch die jüngere Altersgruppe sowie die Mittel- und Obersicht (Abbildung 5). Es kann vermutet werden, dass sich dieser Effekt in Zukunft aufgrund der weiteren Verbreitung von Internetzugängen abschwächen wird. Momentan jedoch ist das Internet nur bedingt dazu geeignet, eine maßgebliche Informationsquelle für Ältere und chronisch Kranke zu sein.

Die sozioökonomischen Merkmale Familienstand, Zusammenleben mit Partner, Haushaltsgröße und Anzahl der Kinder im Haushalt hatten entgegen unseren theoretischen Vorannahmen zwar signifikanten, aber relativ geringen Einfluss auf das Informationsverhalten. Daher wurden die Berechnungen nochmals getrennt für die Geschlechter durchgeführt, mit überraschenden Ergebnissen (vgl. Tabelle 6, Tabelle 7, Tabelle 8, Tabelle 9).

Tab. 6: Anzahl der genutzten Medien bei Frauen (Quelle: Eigene Berechnungen, telefonischer Gesundheitssurvey 2003)

	Anzahl der Medien				N	Cramer's V
	keine	1-2	3-4	5-6		
Familienstand						0,083***
verheiratet	7,0	28,5	49,4	15,1	2383	
geschieden, verwitwet	8,6	28,1	47,8	15,5	1083	
ledig	9,4	39,4	41,3	9,9	942	
Lebenspartner, ggf. zusammenlebend						0,042*
ja	7,4	29,8	47,7	15,2	2692	
ja, nicht zusammenlebend	8,4	36,3	44,8	10,5	391	
kein Partner	9,0	31,1	47,1	12,9	1214	
Anzahl der Personen im Haushalt						0,037*
1	8,9	31,0	46,6	13,4	1012	
2	7,6	28,2	50,5	13,7	1471	
3	7,5	30,3	46,4	15,9	757	
4 und mehr	7,6	34,5	43,9	14,0	1062	
Anzahl der Kinder im Haushalt						0,054***
0	8,2	30,5	48,3	13,0	3055	
1	7,1	27,3	46,1	19,5	594	
2 und mehr	7,6	35,0	43,1	14,2	654	

***p<0,001; **p<0,01; *p<0,05; n.s. nicht signifikant
Werte sind gewichtet.

Tab. 7: Anzahl der genutzten Medien bei Männern (Quelle: Eigene Berechnungen, telefonischer Gesundheitssurvey 2003)

	Anzahl der Medien				N	Cramer's V
	keine	1-2	3-4	5-6		
Familienstand						0,096***
verheiratet	12,4	38,3	39,3	10,0	2436	
geschieden, verwitwet	8,8	42,8	38,1	10,3	341	
ledig	16,6	48,1	29,0	6,2	1233	
Lebenspartner, ggf. zusammenlebend						0,070***
ja	12,4	39,7	38,3	9,6	2781	
ja, nicht zusammenlebend	16,1	43,7	34,4	5,9	410	
kein Partner	15,3	47,7	29,2	7,7	821	
Anzahl der Personen im Haushalt						0,073***
1	14,7	45,5	31,3	8,6	662	
2	10,9	37,0	40,7	11,5	1491	
3	16,6	42,2	34,8	6,4	767	
4 und mehr	13,8	45,6	33,4	7,2	1099	
Anzahl der Kinder im Haushalt						0,033 n.s.
0	12,8	41,3	36,7	9,2	2959	
1	14,6	42,4	36,3	6,7	493	
2 und mehr	15,0	43,7	32,2	9,0	565	

***p<0,001; **p<0,01; *p<0,05; n.s. nicht signifikant
Werte sind gewichtet.

Fast durchweg haben die sozioökonomischen Merkmale Familienstand, Zusammenleben mit Partner, Haushaltsgröße und Kinderanzahl bei Männern eine höhere Erklärungskraft und erreichen meist auch ein höheres Signifikanzniveau als bei Frauen. Das heißt, das Verhalten von Männern wird sehr viel stärker davon beeinflusst, ob sie mit einer Partnerin zusammenleben oder verheiratet sind und wie groß der eigene Haushalt ist. Anscheinend gehört das Interesse an Gesundheitsinformationen so stark zur Persönlichkeit von Frauen, dass die konkrete Lebenssituation nur noch relativ wenig Einfluss nimmt. Die genannten Merkmale bewirken bei Frauen daher keine so große Spreizung der Prozentsatzdifferenzen wie bei Männern: So schwankt bei den Frauen der Anteil derer, die 3-4 Medien nutzen, nach Familienstand nur zwischen 41 % und 49 %, bei Männern jedoch zwischen 29 % und 40 %. Dabei wird aber auch deutlich, dass sich das relativ hohe Interesse verheirateter Männer im Vergleich zu den anderen Familienständen trotzdem auf einem deutlich niedrigeren Niveau bewegt als bei den Frauen (Nutzung von 5-6 Medien bei verheirateten Männern 10 %, bei verheirateten Frauen 15 %).

Tab. 8: Art der Mediennutzung bei Frauen (Quelle: Eigene Berechnungen, telefonischer Gesundheitssurvey 2003)

	Art der Mediennutzung				N	Cramer's V
	keine	nur passiv	Misch-nutzer	nur aktiv		
Familienstand						0,068***
verheiratet	7,0	5,9	67,6	19,5	2384	
geschieden, verwitwet	8,6	6,2	71,4	13,8	965	
ledig	9,4	7,7	60,2	22,6	943	
Lebenspartner, ggf. zusammenlebend						0,046**
ja	7,4	6,1	66,9	19,7	2692	
ja, nicht zusammenlebend	8,5	7,9	60,5	23,1	390	
kein Partner	9,0	6,4	68,7	15,9	1214	
Anzahl der Personen im Haushalt						0,040**
1	8,9	5,8	69,5	15,7	1011	
2	7,6	6,0	68,1	18,3	1471	
3	7,5	6,7	66,2	19,5	758	
4 und mehr	7,6	7,2	62,8	22,4	1062	
Anzahl der Kinder im Haushalt						0,057***
0	8,2	6,4	67,9	17,6	3054	
1	7,1	4,7	69,0	19,2	594	
2 und mehr	7,7	7,7	59,6	25,1	653	

***p<0,001; **p<0,01; *p<0,05; n.s. nicht signifikant
Werte sind gewichtet.

Interessanterweise ist die Erklärungskraft des Familienstandes bei beiden Geschlechtern am größten, d.h. trotz der eingangs beschriebenen pluralisierten Lebensstile in der modernen Gesellschaft erreicht keine andere Lebensform als die Ehe das gleiche Niveau an dem, was man als „Fürsorge für Partner und Familie" bezeichnen könnte. Andererseits können auch Alterseffekte hierbei eine Rolle spielen; Ältere mit ihrem größeren Interesse an Gesundheitsinformationen sind auch häufiger verheiratet. Für die zukünftige Entwicklung von Kommunikations-strategien der Gesundheitsbranche bedeutet dies, dass offensichtlich Verheiratete und hier insbesondere die Frauen eine typische Nutzergruppe im „Mediendschungel" der Gesundheitsinformationen sind. Entsprechend sollten Zielgruppen- bzw. Formatkonzept dies stärker als bisher berücksichtigen. Das bedeutet z.b. bei unverheirateten, also bei eher Jüngeren, dass es um die Sensibilisierung für bestimmte Themen gehen muss, bei den Verheirateten um umfassendere Information.

Tab. 9: Art der Mediennutzung bei Männern (Quelle: Eigene Berechnungen, telefonischer Gesundheitssurvey 2003)

	Art der Mediennutzung				N	Cramer's V
	keine	nur passiv	Misch-nutzer	nur aktiv		
Familienstand						0,087***
verheiratet	12,4	8,4	60,8	18,4	2436	
geschieden, verwitwet	8,8	12,9	61,3	17,0	341	
ledig	16,6	13,1	49,4	20,8	1233	
Lebenspartner, ggf. zusammenlebend						0,082***
ja	12,4	9,2	60,4	17,9	2781	
ja, nicht zusammenlebend	16,1	7,6	53,1	23,2	409	
kein Partner	15,3	15,1	48,9	20,7	822	
Anzahl der Personen im Haushalt						0,069***
1	14,7	10,3	52,9	22,2	662	
2	10,9	8,1	64,3	16,7	1491	
3	16,6	11,4	53,8	18,3	766	
4 und mehr	13,8	12,5	52,8	20,9	1098	
Anzahl der Kinder im Haushalt						0,041*
0	12,8	9,9	58,8	18,5	2958	
1	14,6	10,1	56,0	19,3	493	
2 und mehr	15,0	12,2	50,8	21,9	565	

***p<0,001; **p<0,01; *p<0,05; n.s. nicht signifikant
Werte sind gewichtet.

Verblüffend ist die Tatsache, dass die Zahl der Kinder im Haushalt die geringste Aussagekraft für die Erklärung der Suche nach Gesundheitsinformationen hat, vor allem für Männer, aber eben auch Frauen. Bei der Art der Mediennutzung ergibt sich folgender Trend: Bei zunehmender Kinderzahl nehmen die Mischnutzerinnen und -nutzer ab und dafür der Anteil der Frauen und Männer, die nur aktive Medien nutzen, zu. Bei den Männern ist in diesem Zusammenhang eine Tendenz zur Polarisierung zu beobachten, denn gleichzeitig nimmt mit zunehmender Kinderzahl auch der Anteil derer zu, die keine oder nur passive Medien nutzen. Für die generelle Abnahme der Mischnutzer unter den Eltern sind drei Erklärungen denkbar: Erstens könnte dies mit dem kleineren Zeitbudget von Eltern erklärt werden, da Mischnutzung auch immer eine größere Anzahl von Medien bedeutet. Zweitens können persönliche Informationsquellen beim Vorhandensein von Kindern eine größere Bedeutung (Ärzte, Freunde, Familie) erlangen, so dass zwar die Zahl der genutzten Massenmedien abnimmt, aber nicht die Auseinandersetzung mit dem Thema Gesundheit: Persönliche Quellen ersetzen einige Massenmedien. Eine dritte Erklärung speziell für das reduzierte Engagement von Vätern mehrerer Kinder bei der Informationssuche könnte in einer stärkeren geschlechtlichen Rollenteilung liegen, entweder als Ergebnis einer konservativeren Einstellung oder aufgrund des größeren Drucks, den gemeinsamen Lebensunterhalt zu verdienen.

5. Fazit

Ziel der vorliegenden Untersuchung war es, eine Analyse der Motive und des Kontextes von Patienten bzw. Versicherten für ihre Suche nach Gesundheitsinformationen in Deutschland durchzuführen. Es wurde der Frage nachgegangen, inwieweit sich bestimmte Gruppen ähnlich verhalten bzw. was sie voneinander unterscheidet. Dies sind insbesondere für Unternehmen, Krankenkassen und Verbände wichtige Aussagen, um Gesundheitsinformationen zielgerichtet und wirksam zu verbreiten. Insbesondere der demographische Wandel, aber auch der Wunsch nach gesteigerter Patientensouveränität, stellt die Suche nach Informationen und deren Wirksamkeit vor neue Herausforderungen. Außerdem geht mit der Mediengesellschaft des beginnenden 21. Jahrhundert ein Trend zu pluralisierten Lebensstilen einher, was eine stärkere Zielgruppendifferenzierung auch in der Gesundheitsinformationsbranche erforderlich macht.

Auf der Basis der vorgestellten theoretischen Konzepte wurde die Mediennutzung quantitativ-empirisch anhand des telefonischen Gesundheitssurveys 2003 des Robert Koch-Instituts, Berlin, untersucht. Die gefundenen empirischen Ergebnisse bestätigen einerseits bekannte Befunde aus der gesundheitswissenschaftlichen Forschung. Frauen sind, vielleicht aufgrund ihrer Sozialisation, stärker an Gesundheitsinformationen interessiert, unabhängig davon, in welcher familiären Situation sie tatsächlich leben. Daneben spielen ein höheres Alter (das häufig auch eine schlechtere Gesundheit bedingt), ein subjektiv als schlecht wahrgenommener Gesundheitszustand und auch eine Vielzahl der als chronischen diagnostizierten Krankheiten als konkreter Anlass eine Rolle bei der stärkeren Nutzung von Gesundheitsinformationen.

Andererseits ergaben sich neue Befunde, z.B. dass die verstärkte Suche nach Gesundheitsinformationen gemeinsam mit sportlicher Aktivität, geringem Alkoholkonsum und Nichtrauchen Teil eines gesundheitsbewussten Lebensstils ist. Das Körpergewicht ist dagegen kein Indikator für oder Ergebnis eines gesundheitsbewussten Lebensstils, sondern stellt eher einen „aktuellen Anlass" dar, um sich zu informieren. Vor allem diejenigen, die unzufrieden mit ihrem Körpergewicht sind, informieren sich zu Gesundheitsthemen.

Überraschend ist der Befund, dass entgegen der theoretischen Erwartung die Schichtzugehörigkeit die Anzahl der genutzten Medien wenig beeinflusst. Schichtunterschiede zeigen sich nur bei der Art der gewählten Medien. Es lassen sich drei Gruppen unterscheiden. Die Gruppe der *„passiven Mediennutzer"* (TV, Radio) ist vor allem jung, männlich und gehört der Unterschicht an. Sie erfreut sich einer guten Gesundheit. Die Gruppe der *„aktiven Mediennutzer"* (Internet, Fachbücher, Broschüren, Arztgespräche, Zeitungen, Zeitschriften, Gespräche mit Freunden) ist ebenfalls jung und relativ gesund, gehört jedoch eher der Oberschicht an. Die Gruppe der *„Mischnutzer"* aktiver und passiver Medien besteht vor allem aus Kranken, Älteren und Mitgliedern der Mittel- und der Unterschicht. Dies ist wenig erstaunlich, wenn man diese Gruppe aufgrund eines aktuellen gesundheitlichen Problems – wie dargestellt – als interessierte Nutzer einer breiten Palette bzw. großen Anzahl verschiedener Medien begreift.

Die These, dass die Haushaltszusammensetzung einen signifikanten Einfluss auf die Suche nach Informationen nimmt, konnte bestätigt werden; überraschenderweise hat vor allem der Familienstand eine relativ große Erklärungskraft. Insgesamt spielen Faktoren wie Familienstand, Haushaltsgröße und Partnerschaft für das Mediennutzungsverhalten von Männern eine größere Rolle als für Frauen. Da Frauen generell stärker an Gesundheitsthemen interessiert sind, hat die konkrete Haushalts- und Lebenskonstellation einen geringeren Einfluss als bei Männern.

Für die weitere Forschung zu Motiven und Kontext der Suche nach Gesundheitsinformationen könnte, neben der Verknüpfung qualitativer und quantitativer Analysen, ein transdisziplinärer Blick in Richtung Gesundheitspsychologie hilfreich sein, wo unterschiedliches Informationsverhalten mit der Persönlichkeit des Individuums (so genannten psychographischen Merkmalen) begründet wird. Im hier vorliegenden Datensatz sind solche Themen aufgrund einer anderen inhaltlichen Schwerpunktsetzung nicht erhoben worden.

Beispielhaft für psychographische Ansätze sei hier die wahrgenommene gesundheitliche Kontrolle genannt (engl. Health Locus of Control; Wallston et al. 1976), ein Konzept, dass bei seiner Entwicklung explizit auf die Erklärung des Informationsverhaltens ausgelegt war. Es misst die Erwartungshaltung eines Menschen zwischen der Wirksamkeit des eigenen Handeln und der eigenen Gesundheit. Dabei werden drei Ausprägungen unterschieden: Internale Kontrolle (das Individuum glaubt an eigene Einflussmöglichkeiten), sozial-externale Kontrolle (andere Personen wie z.B. ein Arzt/eine Ärztin beeinflussen die Gesundheit) sowie fatalistisch-external (die Gesundheit ist bestimmt durch Glück, Zufall und/oder Veranlagung) (vgl. Janßen 2001; Barth/Bengel 1998).

Die „Multidimensional Health Locus of Control Scales" (MHLC) bestehen aus 9 Items, sind also, wie viele psychologischen Skalen, relativ umfangreich und auch anstrengend zu bearbeiten. Dies wirft für große Zufallsstichproben vor allem Responseprobleme, aber auch Probleme mit der Datenqualität auf. Dies gilt insbesondere für telefonische Erhebungsdesigns. Daher gilt es dieses und weitere Konzepte nicht nur hinsichtlich ihrer Erklärungskraft, sondern auch bezüglich ihrer Handhabbarkeit methodisch zu prüfen und gegebenenfalls anzupassen. Sie könnten jedoch dazu beitragen, die Motive und den Kontext der Informationssuche noch genauer zu spezifizieren. Hier sollte ein Fokus weiterführender Forschung liegen.

Literatur

ARD/ZDF-Medienkommission (2007): 10 Jahre ARD/ZDF-Onlinestudie. Internet zwischen Hype, Ernüchterung und Aufbruch, Baden-Baden: ARD/ZDF-Medienkommission

Barth, Jürgen/Bengel, Jürgen (1998): Prävention durch Angst? Stand der Furchtappellforschung, Köln: BZgA

Bettmann, James/Park, C Whan (1980): Effects of prior knowledge and experience and phase of choice process on consumer decision process: A protocol analysis, Journal of Consumer Research 7: 234-248

Bohle, Franz-Josef (2001): Der informierte Patient. Die neue Rolle des Patienten im Kommunikations-Informationszeitalter. In: Gpk Gesellschaftspolitische Kommentare 42 (10): 6-11

Boudon, Raymond (1974): Education, opportunity, and social inequality. Changing prospects in western society, New York [u.a.]: Wiley

Brinkmann-Göbel, Regina (2001): Gesundheitsberatung: Zur Relevanz eines „neuen" Elements im Gesundheitswesen, In: Brinkmann-Göbel, Regina (Hg.) Handbuch für Gesundheitsberater, Bern: Hans Huber: 13-32

Carlsson, Maria (2000): Cancer patients seeking information from sources outside the health care system, Supportive care in cancer 8: 453-457

Charles, Cathy/Gafni, Amiram/Whelan, Tim (1997): Shared decision-making in the medical encounter: What does it mean? (Or it takes two to tango), Social Science and Medicine 44(5): 681-692

Dierks, Marie-Luise/Schwartz, Friedrich-Wilhelm (2001): Einführung, In: Dierks, Marie-Luise, Eva-Maria Bitzer, Magnus Lerch, Sabine Martin, Sabine Röseler, Anja Schienkiewitz, Stefanie Siebeneick, Friedrich-Wilhelm Schwartz (2001) Patientensouveränität. Der autonome Patient im Mittelpunkt, Arbeitsbericht Nr. 195, Stuttgart: Akademie für Technikfolgenabschätzung Baden-Württemberg: 1-3

Dierks, Marie-Luise/Schwartz, Friedrich-Wilhelm (2002): Nutzer und Kontrolleure von Gesundheitsinformationen, In: Hurrelmann, Klaus, Anja Leppin (2001) Moderne Gesundheitskommunikation, Bern: Hans Huber: 290-306

Dutta-Bergman, Mohan J. (2004): Primary sources of health information: Comparisons in the domain of health attitudes, health cognitions, and health behaviors, In: Health Communication 16(3): 273-288

86 Susan Borch und Sandra J. Wagner

Esser, Hartmut (1990): "Habits", "Frames" und "Rational Choice". Die Reichweite der Theorie der rationalen Wahl am Beispiel der Erklärung des Befragtenverhaltens", Zeitschrift für Soziologie: 321-247

gesundheitsziele.de (2003): gesundheitsziele.de. Forum zur Entwicklung und Umsetzung von Gesundheitszielen in Deutschland. Bericht des Bundesministeriums für Gesundheit und Soziale Sicherung

Habermas, Jürgen (1981): Theorie des kommunikativen Handelns. Band 2: Zur Kritik der funktionalistischen Vernunft. Frankfurt am Main: Suhrkamp

Hauss, Friedrich (2006): Versichertenberatung durch Callcenter der Krankenkassen, In: Schaeffer, Doris, Sebastian Schmidt-Kaehler (Hg.) (2006) Lehrbuch Patientenberatung, Bern: Hans Huber: 237-246

Horch, Kerstin/Wirz, Jutta (2005): Nutzung von Gesundheitsinformationen, In: Bundesgesundheitsblatt 48(11): 1250-1255

Janßen, Christian (2001): Soziale Schicht und ‚Gesundheitliche Kontrollüberzeugungen' (Health Locus of Control), In: Mielck, Andreas, Kim Bloomfield (Hg.) Sozial-Epidemiologie. Eine Einführung in die Grundlagen, Ergebnisse und Umsetzungsmöglichkeiten, Weinheim/München: Juventa

Kohler, Martin/Rieck, Angelika/Borch, Susan (2005): Methode und Design des telefonischen Gesundheitssurveys 2003, In: Bundesgesundheitsblatt 48: 1224-1230

Murphy, Michael/Murphy, Barbara/Kanost, Dawn (2003): A literature review of women as information seekers. Market research 2002-2003 for Women's Health Victoria, Access to Women's Health Information Series, Melbourne: Women's Health Victoria

Neyer, Gerda Ruth (2005): Family policies in Western Europe: fertility policies at the intersection of gender, employment and care policies, In: Österreichische Zeitschrift für Politikwissenschaft, 34 (1): 91-102

Postman, Neil (1999): Mediengesellschaft. In: Pongs, Armin (Hg.) In welcher Gesellschaft leben wir eigentlich? München: Dilemma: 241-263

Prochaska, James O./Redding, Colleen A./Evers, Kerry E. (2002): The transtheoretical model and stages of change, In: Glanz, Karen, Barbara K Rimer, Frances Marcus Lewis (Hg.) Health behavior and health education: Theory, research, and practice, San Francisco: Jossey-Bass: 99-120

Probst, Gilbert/Deussen, Arne/Eppler, Martin/Raub, Steffen (2000): Kompetenzmanagment, Wiesbaden: Gabler

Rijt, Gerrit AJ van der (1998): Determinants of the consumption of health Information in the media. In: Communications. The European Journal of Communication Research 23 (3): 255-269

Rijt, Gerrit AJ van der (2000): Health complaints and the search for health information, In: Communications. The European Journal of Communication Research 25 (2): 143-160

Rijt, Gerrit AJ van der (2001): Consumption of health information in the media: A replication study with some contrary results, In: Communications. The European Journal of Communication Research 26 (3): 267-283

Statistisches Bundesamt (2002): Datenreport 2002, Bonn: Bundeszentrale für politische Bildung

Statistisches Bundesamt (2006): Leben in Deutschland, Mikrozensusauswertung 2005

Wallston, Kenneth A./Maides, Shirley/Strudler Wallston, Barbara (1976): Health-related information seeking as a function of health-related locus of control and health value, Journal of Research in Personality 10: 215-222

Winkler, Joachim (1998): Die Messung des sozialen Status mit Hilfe eines Index in den Gesundheitssurveys der DHP, In: Ahrens, Wolfgang, Bärbel-Maria Bellach, Karl-Heinz Jöckel (Hg.) Messung sozio-demographischer Merkmale in der Epidemiologie, Berlin: RKI-Schriften 1/98

Wöllner, Wolfgang/Kruse, Johannes (2001): Asthma bronchiale, In Brinkmann-Göbel, Regina (Hg.) Handbuch für Gesundheitsberater, Bern: Hans Huber: 139-143

Ziegler, Uta/Doblhammer, Gabriele (2005): Transition into care need in Germany 1991-2003: A study based on the German Socioeconomic Panel, MPIDR working paper, Rostock: Max Planck Institute for Demographic Research, http://www. demogr. mpg. de/Papers/Working/ wp-2005-003.pdf. [Stand 09.02.2007].

Marktsegmentierung und ihre Chancen für die zielgruppengerichtete Kommunikation

Anja Schweitzer und Christian Bock

1. Einleitung

Die Relevanz von Informationen für den Empfänger ist im Marketing längst ein anerkannter Gradmesser für den Erfolg bzw. Misserfolg einer Kommunikationsmaßnahme. Das Wissen über Zielgruppen ihre Einstellungen, ihre Informationsgewohnheiten, Mediennutzungsarten, Anforderungen an die Tonalität und Häufigkeit der Informationen usw. sind Gegenstand vieler Marktforschungsprojekte, mit deren Hilfe die Marketingverantwortlichen in Unternehmen und Agenturen die Kommunikation an ihre Kunden oder potentielle Kunden zu optimieren suchen. Letztliches Ziel ist die Verbesserung von Effizienz und Effektivität, um den Bedürfnissen bzw. Erwartungen der Angesprochenen besser zu entsprechen und damit auch Streuverluste zu vermeiden.

Für Krankenkassen ist Gesundheitskommunikation eine originäre Aufgabe. Sie ist auf der einen Seite selbstverständlicher Teil der Leistungserstellung und gleichzeitig wichtiges Merkmal des Marketings.

Der vorliegende Beitrag zeigt am Beispiel der BARMER Ersatzkasse einen empirischen Ansatz einer Kundensegmentierung, die sich auf die Kommunikationsanforderungen und die Kundenbeziehungen der Versicherten bezieht.

Dargestellt werden die Ziele der Kundensegmentierung sowie grundlegende empirische Erkenntnisse zu Motiven und Barrieren in der Gesundheitskommunikation. Anhand der auf psychografischer Typologisierung beruhenden „psychonomics-Gesundheitstypen" werden die Vorteile und der Anwendungsnutzen psychografischer Marktsegmentierungen gezeigt.

Eine Anwendung des Modells der psychografischen Segmentierung am Beispiel der BARMER zeigt, welche Möglichkeiten sich daraus für das Kundenbeziehungsmanagement ergeben.

2. Kundensegmentierung bei einer Krankenkasse – warum?

Seit 1996 stehen alle Krankenkassen zueinander im Wettbewerb. Mit der Öffnung der Kassen und der damit einhergehenden Abschaffung von Zugangsvoraussetzungen[1] für unterschiedliche Kassenarten kann jeder Versicherte unabhängig von seiner Berufsgruppe jede Krankenkasse wählen, soweit diese auch regional für ihn geöffnet ist. Seitdem hat sich der Wettbewerb um Versicherte zwischen den

---

1   Bis dahin konnten beispielsweise Beschäftigte aus Arbeiterberufen in der Regel nur die sogenannten „Primärkassen" (AOK/IKK/BKK) wählen. Ersatzkassen wie BARMER, DAK oder TK standen nur Angestellten offen.

Krankenkassen deutlich verschärft. Auch die Erwartungen der Versicherten an ihre Krankenkasse haben sich erheblich verändert. Eine Krankenkasse, die unter den neuen wettewerblichen Bedingungen am Markt bestehen will, muss – über das reine Verfügbarmachen von, in der Regel, gesetzlich stark standardisierten Versorgungsleistungen – ihre Kunden von ihren Vorteilen gegenüber den Wettbewerbern sowohl der GKV als auch der PKV überzeugen. Das Gesetz zur Stärkung des Wettbewerbs in der Gesetzlichen Krankenversicherung (GKV-WSG) und der damit einhergehenden Nivellierung der Beitragssätze[2] bei einer weitergehenden Vertragsfreiheit zwischen Krankenkassen und den Leistungsgerbringern wird den Wettbewerb noch einmal verschärfen. Der Blick der Versicherten wird sich immer stärker auf die Angebote der Krankenkassen für optimale und den Bedürfnissen der Kunden entsprechende Gesundheitsleistungen richten. Die Qualität der angebotenen Leistungen, die Passgenauigkeit der Angebote für die Versicherten wird zukünftig noch stärker ein zentraler Wettbewerbsfaktor sein.

Neben den vordergründig wettbewerblichen und damit in erster Linie marketingrelevanten Herausforderungen stellt sich den Krankenkassen zunehmend die Aufgabe, das gesundheitliche Verhalten ihrer Versicherten so zu begleiten und zu unterstützen, dass diese zunehmend zu „Koproduzenten" der eigenen Gesundheit werden. Prävention ist dabei nur ein Beispiel.

Die Beteiligung des mündigen Patienten an einer möglichst optimalen Behandlung hat nicht zuletzt auch großen Einfluss auf die finanzielle Situation einer Krankenkasse und des Gesundheitssystems insgesamt.

In beiden Aufgabenfeldern verbindet sich die Herausforderung einer möglichst effizienten und effektiven Kommunikationsleistung – insbesondere für eine große Krankenkasse wie die BARMER mit ca. 7 Mio. Versicherten und einer damit zwangsläufig sehr heterogenen Versichertenstruktur.

Die Minimierung von Streuverlusten und eine möglichst hohe Wirkung der Kommunikation erfordert eine gute Kenntnis der Anforderungen der Versicherten an die Informationsgestaltung ihrer Krankenkasse. Zur Kommunikationssteuerung werden handhabbare, gut beschreibbare und voneinander abgrenzbare Segmente benötigt, um differenzierte Kommunikationskonzepte zu entwickeln.

Für eine zielgerichtete und damit erfolgreiche Kommunikationsleistung reichen die herkömmlichen Segmentierungsvariablen wie Alter, Geschlecht oder gesundheitlicher Situation nicht aus, da die Informationsbedürfnisse wesentlich durch die psychologische Struktur der Empfänger determiniert sind.

---

2   Inwieweit ab 2009 Preisunterschiede zwischen den Krankenkassen bestehen werden, hängt auch mit der zukünftigen Ausgestaltung des Risikostrukturausgleichs nach morbiditätsorientierten Kriterien zusammen.

3. Gesundheitsinformation: Kein Selbstläufer

Die Rolle des Patienten im Gesundheitswesen ändert sich. Wurde der Patient
früher primär als passiver Empfänger von Gesundheitsleistungen gesehen, so soll
er heute – nicht zuletzt auch gesundheitspolitisch gewollt – gezielt Verantwortung für seine Gesundheit übernehmen und eine aktivere Rolle in Vorsorge und
Behandlung einnehmen.

Zeitgleich nehmen die finanziellen Möglichkeiten der gesetzlichen Krankenkassen aufgrund demografischer Verschiebungen einerseits und steigender Thera-
piekosten infolge des medizinischen Fortschritts andererseits ab, was auch eine
steigende finanzielle Eigenverantwortung des Patienten zur Folge hat. Diese wachsende Eigenverantwortung schlägt sich beispielsweise nieder in vermehrten Wahlmöglichkeiten in der gesetzlichen Krankenversicherung oder in zunehmender
Zu- und Aufzahlung bei der Inanspruchnahme von medizinischen Leistungen.

Um unter diesen sich wandelnden Rahmenbedingungen zu individuell
optimalen Versorgungs- und Behandlungsentscheidungen zu gelangen, ist Information unerlässlich. Damit wächst in Zeiten steigender Eigenverantwortung
automatisch die Bedeutung des gesundheitlichen Informationsangebotes – auch
abseits vom Arzt. Neben einem größer werdenden Angebot in Publikumspresse
und Fernsehen gibt es inzwischen ein beachtliches Online-Angebot – sowohl
von unabhängigen Anbietern getrieben wie auch von einzelnen Akteuren im Gesundheitsmarkt initiiert.

Erstaunlich ist aber die Auseinandersetzung der Bevölkerung mit medialem
Gesundheits-Content. Obwohl von Seiten der Bevölkerung immer wieder angeführt wird, gesundheitsspezifische Informationen sehr interessiert aufzunehmen
(vgl. Abbildung 1), ist beispielsweise nur ein kleiner Teil im Rahmen von persönlichen Einzelinterviews auf Nachfrage in der Lage, die rezipierten Inhalte oder
ihren Umgang damit in Worte zu fassen.

Erklären lässt sich dies durch das fundamentale Spannungsverhältnis zwischen
Informationssuche und *Informationsvermeidung* – speziell in Bezug auf Gesundheitsthemen will beileibe nicht jeder alles wissen. Für die Informationssuche in
Gesundheitsfragen spricht ein Sicherheitsbedürfnis, frei nach dem Motto „Je
mehr ich weiß, desto eher weiß ich auch, was ich tun kann". Ganz anders die
Tendenz zur Informationsvermeidung: Hier dominiert das Motiv, sich nicht
beunruhigen zu wollen. Denn Gesundheitsbeiträge haben häufig den Nachteil,
dass sie (auch) von Leid, Krankheiten, Vergänglichkeit oder Tod handeln – wo-
von man aber eigentlich nichts wissen möchte.

Abb. 1: Informationsinteresse in gesundheitlichen Fragestellungen (Quelle: psychonomics Health Care Monitoring 2006; Basis: Gesamtbevölkerung ab 16 Jahren (n = 1.481))

Welche Tendenz letztlich dominiert, ist einerseits abhängig von den gesundheitlichen Gegebenheiten: Eine aktive Informationssuche ist unter Krankheitserfahrenen deutlich verbreiteter. Andererseits spielt aber vor allem auch die *Mentalität* eine wichtige Rolle. Ob überhaupt Informationen im Gesundheitskontext gesucht werden, in welchem Umfange dies geschieht, welche Anbieter bzw. Kanäle präferiert werden und wie die Informationen verarbeitet werden, ist vor allem eine Frage der Mentalität. Zu wissen, wie die Empfänger von Gesundheitsinformationen „ticken", wo man sie mit welchen Botschaften erreichen kann, entscheidet über Erfolg oder Misserfolg von Gesundheitskommunikation. Eine wichtige Hilfestellung kann hierbei die Marktsegmentierung bieten.

4. Grundlagen der Marktsegmentierung

Die Markt- bzw. Kundensegmentierung steht für die Aufteilung des Gesamt-
marktes (Kundenbestands) in abgrenzbare Teilmärkte, wobei die identifizierten
Teilmärkte in sich möglichst homogen, in Bezug auf die übrigen Segmente jedoch
möglichst heterogen sein sollten. Ziel der Marktsegmentierung ist es, auf die identifizierten – und hinreichend potenzialstarken – Teilmärkte abgestimmte produkt-,
preis-, distributions- und kommunikationspolitische Maßnahmen zu entwickeln
und damit den Präferenzen und Erwartungshaltungen der jeweiligen Abnehmer-
gruppen in den einzelnen Segmenten möglichst optimal zu entsprechen. Märkte
bzw. Kundenstämme lassen sich nach völlig verschiedenartigen Merkmalen segmentieren – einen Überblick gibt Abbildung 2.

Abb. 2: Alternative Ansätze der Marktsegmentierung (Quelle: Schweitzer, Anja/Müller-Peters,
Horst: Evolution der Marktsegmentierung. In: planung & analyse, 08/2001)

Die ideale Segmentierung gibt es sicher nicht. Vielmehr hängt der zu wählende
Ansatz von der jeweiligen Fragestellung ab. Zudem kann es sinnvoll sein, verschiedene Segmentierungsansätze miteinander zu kombinieren.

Viele Segmentierungen bedienen sich *soziodemografischer* oder *geografischer
Merkmale*. Ihr größter Vorteil liegt sicherlich in der 'Zugänglichkeit' der Merkmale. Zudem ist die Nachfrage in einigen Märkten häufig nicht unabhängig von
der Lebensphase (z.B. im Sach- oder Lebensversicherungsbereich). Der demografische Segmentierungsansatz versagt allerdings dann, wenn es gilt, den Marketing-

Mix zielgruppengerecht abzustimmen und einzusetzen. Alter, Geschlecht und Einkommensverhältnisse liefern eben keine hinreichend zuverlässigen Hinweise auf präferierte Einkaufsstätten, Preissensibilität, bevorzugte Ansprachewege usw.

Dem Segmentierungsprozess *Lebensstile* oder *Milieukriterien* zugrunde zu legen hat den Vorteil, die demografische Beschreibung um „weiche" Merkmale zu ergänzen, die ihrerseits stärker auf das jeweilige Individuum ausgerichtet sind und so die Anschaulichkeit der Zielgruppe erhöhen und dem Verständnis des Kundenverhaltens näher kommen. Andererseits sind die resultierenden Segmente meist wenig trennscharf, weil sie an allgemeinen Merkmalen ansetzen und die Spezifika des jeweiligen Marktes außer Acht lassen. Und der Gesundheitsmarkt ist eben nicht ohne weiteres vergleichbar mit klassischen Konsumgütermärkten.

Verschärft wird die Problematik mangelnder Trennschärfe von lebensstil- oder milieubasierten Ansätzen durch ein heutzutage vielfach hybrides Konsumverhalten. Kunden und Verbraucher marktübergreifend „über einen Kamm zu scheren" ist inzwischen unmöglich geworden. Vielmehr kann ein und dieselbe Person auf verschiedenen Märkten ein völlig konträres Verhalten an den Tag legen.

Demzufolge gibt es auch nicht die eine Segmentierung, die über unterschiedliche Märkte hinweg trennscharf ist und einem erfolgreichen Zielgruppen-Marketing als zuverlässige Planungsgrundlage dient. Die hybriden Einstellungs- und Verhaltensmuster erfordern vielmehr *marktspezifische Lösungen*. Ein solch marktspezifischer Ansatz fußt auf genau jenen Einstellungen, Motiven und Ansprüchen, die das Kundenverhalten im betrachteten Markt determinieren, wobei idealerweise dieses Set an typbildenden Merkmalen zunächst im Rahmen von persönlichen Tiefeninterviews exploriert wird, um sicherzustellen, dass das komplette Spektrum an potenziell handlungsleitenden Faktoren Berücksichtigung im (quantitativen) Segmentierungsprozess findet.

5. Gesundheitstypologie: Trennscharfe Segmentierung des Gesundheitsmarktes

Die Gesundheitstypologie ist ein Beispiel für eine spezifische Segmentierung speziell für den Gesundheitsmarkt (vgl. Abbildung 3). Mit der Gesundheitstypologie werden insgesamt sechs Gesundheitstypen in ihrer Einstellung zu gesundheitsrelevanten Aspekten voneinander abgegrenzt und Aufschluss über Besonderheiten und Unterschiede im Umgang mit Gesundheit und Gesundheitsversorgung gegeben. Die psychografische Fundierung dieser Segmentierung gewährleistet eine zeitlich stabile Marktstrukturierung, die zudem regelmäßig im Rahmen bevölkerungsrepräsentativer Erhebungen überprüft und fortgeschrieben wird.

5.1 Die Gesundheitstypen im Kurzprofil

Bevor der Anwendungsnutzen der Gesundheitstypologie für die Gesundheits-kommunikation anhand einiger Beispiele verdeutlicht werden soll, erfolgt eine Kurzskizzierung der sechs Segmente:

Die *„Informierten"* zeichnen sich durch eine hohe Gesundheitsorientierung aus. Sie halten sich in Fragen rund um die Gesundheit stets auf dem Laufenden und betreiben aktiv Prävention. Der typische Segmentangehörige geht nicht bei jeder ‚Kleinigkeit' zum Arzt, sondern versucht vielmehr, beginnenden Erkran-kungen mit Hausmitteln entgegenzuwirken oder sich vom Apotheker beraten zu lassen. Sehr charakteristisch für diese Gruppe ist zudem die Verwendung von Naturheilmitteln.

Die *„Souveränen"* sind ausgesprochen interessiert in allen gesundheitlichen Fragestellungen. Mit vergleichsweise viel Bewegung, Nahrungsergänzungs-mitteln, aber auch der Inanspruchnahme von Vorsorge- und Früherkennungs-untersuchungen versuchen sie, ihren gesundheitlichen Zustand proaktiv zu beeinflussen. Ärzten stehen sie eher kritisch gegenüber und hinterfragen deren Empfehlungen oftmals durch Einholung von Zweitmeinungen oder anderen (neutralen) Informationen. Gegenüber alternativen Heilmethoden zeigen sich die Souveränen ausgesprochen aufgeschlossen: Naturheilmittel werden ebenso geschätzt wie auch der Besuch des Heilpraktikers oder Homöopathen dem des Schulmediziners vorgezogen.

Die *„Ängstlichen"* sind ein äußerst arztgläubiges Segment, das gesundheitlich keine Risiken eingeht. Bei körperlichem Unwohlsein gehen sie direkt zum Arzt, um sich eine geeignete Therapie empfehlen zu lassen. Selbstmedikation wird als gefährlich eingeschätzt und abgelehnt. Stattdessen wird der Diagnose des Arztes zumeist blind vertraut. Die Einholung einer zweiten Meinung erachten sie als völlig überflüssig, der medizinischen Empfehlung des Arztes wird stets gefolgt.

Die *„Bequemen"* kümmern sich gesundheitlich nur um das Allernötigste. Vorsorge- und Früherkennungsuntersuchungen werden als sinnvoll erachtet und Check up-Untersuchungen nehmen sie regelmäßig in Anspruch. Darüber hinaus legen sie aber eher weniger eigenverantwortliches, gesundheitsbewusstes Verhal-ten an den Tag. Wenn es irgendwo ‚zwickt', wird schnell der Arzt aufgesucht, der alles Weitere ‚veranlasst' und dessen Rat man gerne folgt.

Die *„Nachlässigen"* zeichnen sich durch eine blendende Gesundheit aus, was auch der Grund dafür ist, weshalb ihre Gesundheitsorientierung deutlich unter-durchschnittlich ausfällt. Vorsorgeuntersuchungen werden selten in Anspruch genommen, vielmehr Arztbesuche – soweit möglich – ‚aktiv' vermieden. Dem-entsprechend wird bei leichteren Erkrankungen entweder gar nichts unternommen oder aber Selbstmedikation betrieben, wobei sich die „Nachlässigen" hier gerne vom Apotheker beraten lassen. Vielen „Nachlässigen" ist zwar bewusst, dass sie deutlich mehr für ihre Gesundheit tun müssen, ihr ‚innerer Schweinehund' steht der Umsetzung aber zumeist im Wege.

Die „Desinteressierten" zeigen sich gegenüber gesundheitlichen Themen völlig verschlossen. Der regelmäßige Gesundheitscheck beim Schulmediziner wird ebenso unterlassen wie die Inanspruchnahme von Vorsorge- und Früherkennungsuntersuchungen. Und auch in Akutfällen ist der Arztbesuch nicht die erste Handlungsoption. Sie treiben eher unregelmäßig Sport und ernähren sich im Vergleich zu den anderen Segmenten unausgewogen.

Abb. 3: Gesundheitstypologie (Quelle: psychonomics Health Care Monitoring 2007; Basis: Gesamtbevölkerung ab 16 Jahren)

5.2 Informationsneigung und -präferenzen der Gesundheitstypen

Wie die Kurzcharakterisierungen bereits andeuten, unterscheiden sich die sechs Gesundheitstypen erheblich in ihrem gesundheitlichen Involvement. Dies schlägt sich unter anderem in ihrem Interesse nieder, mit dem sie sich regelmäßig oder zumindest sporadisch gesundheitliche Informationen einholen (vgl. Abbildung 4).

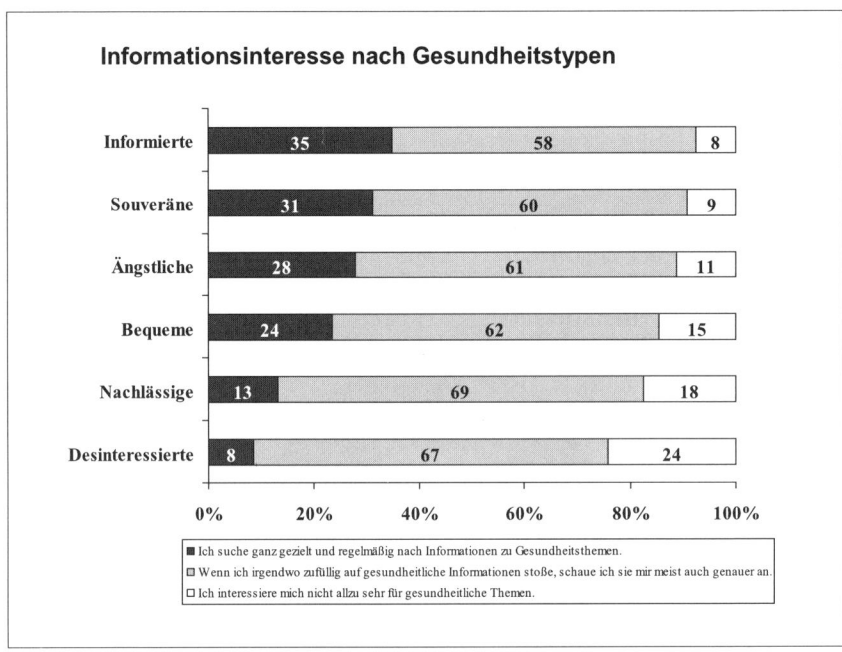

Abb. 4: Interesse an gesundheitlichen Fragestellungen nach Gesundheitstypen (Quelle: psychonomics Health Care Monitoring 2006; Basis: Gesamtbevölkerung ab 16 Jahren)

Aber nicht nur das Ausmaß des Informationsinteresses weicht erheblich zwischen den Gesundheitstypen ab. Auch zeigen sich deutliche Unterschiede in den Präferenzen, was die Absender von Gesundheitsinformationen angeht.

Von allen Gesundheitstypen noch vergleichsweise ähnlich akzeptiert und genutzt sind die Informationsquellen Arzt oder Apotheker. Aber bereits Apothekenzeitschriften weisen ein recht spezifisches Profil auf (vgl. Abbildung 5) und werden besonders gerne von „Ängstlichen" und „Informierten" sowie mit Abstrichen von „Souveränen" gelesen. Gesundheitsportale im Internet erfreuen sich wachsender

Beliebtheit. Getrieben wird dieses größer werdende Interesse insbesondere von den „Souveränen". Und wenn es um die direkte Patienteninformationen durch Arzneimittelhersteller geht, so sind es vor allem die „Informierten", die gerne auf dieses Informationsangebot zurückgreifen.

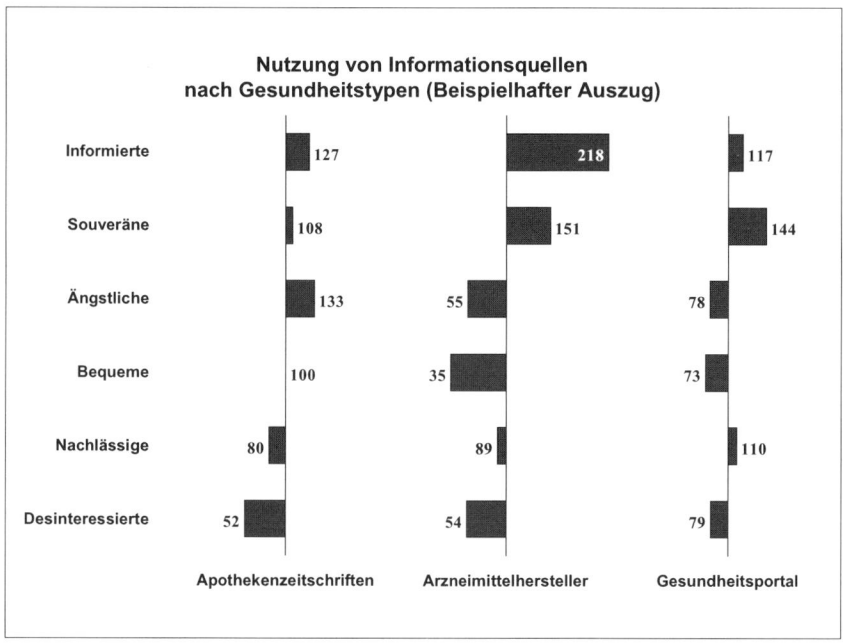

Abb. 5: Unterschiedliche Kanalpräferenzen der Gesundheitstypen (Quelle: psychonomics Health Care Monitoring 2006; Basis: Gesamtbevölkerung ab 16 Jahren, Gesamtdurchschnitt = 100)

5.3 Zielgruppengerechte Ansprache

Zu wissen, welcher Gesundheitstyp sich wo informiert, ist bedeutsam, wenn es um die Gestaltung der Informationen geht – sowohl mit Blick auf die Inhalte als auch auf die Tonalität. Denn letztlich weist jedes Segment spezifische Besonderheiten auf, die es zu berücksichtigen gilt, wenn Gesundheitskommunikation erfolgreich gestaltet werden soll.

Bei der Ansprache der „Informierten" ist es beispielsweise wichtig, Informationen, Hinweise und Verhaltenstipps zu transportieren, dabei zugleich eine optimistische Perspektive aufzuzeigen und die persönliche Zuversicht zu fördern. „Souveräne" sind vor allem über ausführliche Informationen zu Methoden und Therapien in rational-neutraler Darstellung erreichbar, möchten sie doch in ihrer eigenverantwortlichen Entscheidung durch Aufzeigen von Wahlmöglichkeiten und Optionen unterstützt werden. „Ängstliche" hingegen als weiteres Beispiel zeichnen sich eher durch ein ambivalentes Interesse an gesundheitlichen Informationen aus (vgl. Spannungsverhältnis zwischen Informationssuche und Informationsvermeidung). Bei ihrer Ansprache ist es daher von herausragender Bedeutung, in leicht verständlicher, prägnanter Darstellung Motivation, Zuversicht und Optimismus zu vermitteln. Erfolg versprechend erscheint hier beispielsweise das Aufzeigen von Heilungserfolgen in „Schicksalsberichten".

6. Psychografische Kundensegmentierung bei einer Krankenkasse

Zur Erstellung einer geeigneten Kundentypologie wurde in einem ersten Schritt eine repräsentative Stichprobe von 1.500 BARMER-Kunden mittels einer standardisierten Befragung (CATI)[3] zu folgenden Inhalten befragt:

- Beziehung zur BARMER
- Gesundheitsmentalität
- Entscheidungsverhalten im Krankenversicherungskontext
- Kontaktkanäle
- Produktpräferenzen

6.1 Kurzprofilierung der BARMER Kundentypen

Basis der erstellten Kundentypologie ist eine faktorenanalytische[4] Verdichtung aller berücksichtigten Mentalitätsitems. Insgesamt konnten sieben statistisch stabile, mentalitäts- und verhaltensbeschreibende Faktoren ermittelt werden, die sowohl die Beziehung zur BARMER als auch Gesundheitsverhalten und Beratungsansprüche abbilden.

Folgende Faktoren sind typbildend für die ermittelten Kundencluster, d.h. diese Faktoren bzw. Einstellungsdimensionen eigenen sich, Kundensegmente zu de-

3 Computer Assisted Telephone Interviews
4 Zum Verfahren der Verdichtung von Daten mittels faktorenanalytischen Verfahren vgl. z.B. Bortz, 2005, 511 ff.

finieren, die intern möglichst homogene Gruppen ergeben und gegeneinander möglichst gut abgrenzbar sind:

Vertrauen gegenüber der BARMER
Wie wird die BARMER hinsichtlich Verlässlichkeit und Betreuung gesehen? Fühlt sich der Versicherte gut aufgehoben?

Vorsorgeorientierung
Wie häufig finden Arztbesuche statt? Nimmt der Versicherte Vorsorgeuntersuchungen in Anspruch?

Gesundheitsverhalten
Welchen Stellenwert nimmt die persönliche Gesundheit ein? Unternimmt der Versicherte aktiv etwas, um seine Gesundheit zu erhalten bzw. zu verbessern?

Individueller Beratungsanspruch
Wird Unterstützung der BARMER in Sachen Gesundheitsvorsorge gewünscht? Wie steht der Versicherte individuellen Programmen gegenüber?

Involvement (Krankenversicherung)
Wie intensiv kümmert sich der Versicherte um allgemeine Krankenversicherungsangelegenheiten?

Orientierung im Markt
Informiert sich der Versicherte über die Konditionen anderer Krankenkassen (z.B. Beiträge)? Hat sich der Versicherte schon einmal über den Wechsel der Krankenkasse Gedanken gemacht?

Offenheit bzgl. Naturheilverfahren
Ist der Versicherte dem Einsatz von Naturheilmitteln gegenüber aufgeschlossen oder vertraut er lieber dem Schulmediziner?

Auf der Grundlage dieser Faktoren wurden Kundensegmente erstellt, die sowohl statistisch[5], als auch inhaltlich[6] geeignet erschienen, die Kundenkommunikation, Produktentwicklung und das Kundenbindungsmanagement zu verbessern.

---

5   Zur Segmentbildung mittels Clusteranalyse vgl. z.B. Bortz, 2005, 565 ff.
6   In der Praxis ist es z.B. wichtig die Zahl der Kundensegmente zu begrenzen, um in der Kommunikationssteuerung überhaupt handlungsfähig zu sein.

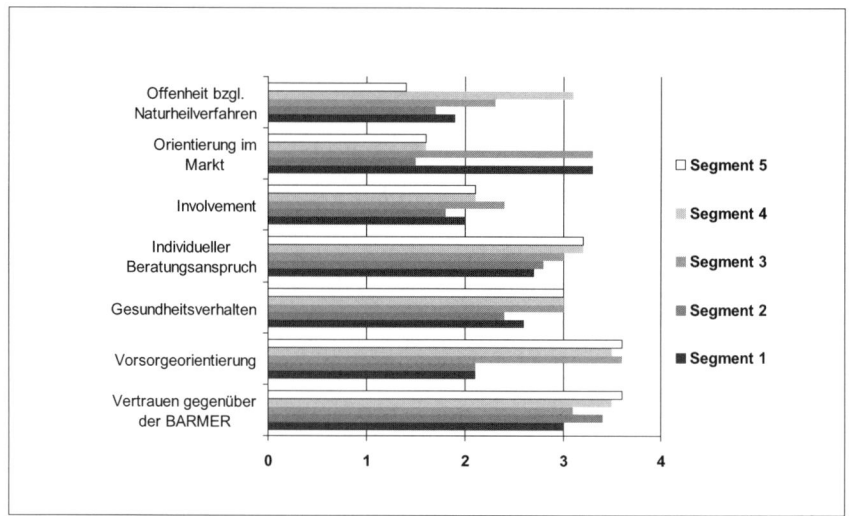

Abb. 6: Ausprägung der typbildenden Merkmale je Kundencluster (Skala 1 = niedrigster Wert, 4 = höchster Wert) (Quelle: BARMER Ersatzkasse, Segmentierungsstudie 2007)

Neben den psychografischen Differenzierungen lassen sich selbstverständlich auch relevante Unterschiede in der soziodemografischen Struktur feststellen.

Beispielhaft sollen zwei Kundensegmente etwas näher dargestellt werden, die – ausgehend von den beschriebenen Anforderungen einer Krankenkasse – für Kundenbindung und Steuerung des Gesundheitsverhaltens besondere Bedeutung haben.

Das Segment mit der höchsten Marktorientierung und damit der höchsten Bereitschaft, die Krankenkasse zu wechseln, ist Segment 1. Gemessen am Medikamentengebrauch weisen die Versicherten des Segments 5 den schlechtesten Gesundheitszustand auf. Insofern ergeben sich an diesen beiden Kundensegmenten die Notwendigkeiten einer zielgerichteten Kommunikation aus zwei unterschiedlichen Perspektiven. Im einen Fall soll die Kundenbindung erhöht werden (Segment 1); im anderen Fall sollen zielgerichtete Informationen zum bestmöglichen Umgang mit der eigenen Gesundheit vermittelt werden (Segment 5).

6.2 Kundenverständnis verbessern

Das Segment 1 ist überwiegend jung, schätzt den eigenen Gesundheitszustand sehr positiv ein und legt wenig Wert auf Beratung und Unterstützung durch die

Krankenkasse. Vorsorge und Gesundheit sind weniger wichtig und es besteht kaum Interesse an individueller Beratung.

In der Kommunikation und den Produktangeboten fühlt sich dieses Segment schnell bedrängt. Entsprechend schätzen Kunden dieses Segments eher distanzierte Kommunikationskanäle und sind daher eher über die Homepage bzw. über E-Mail-Kommunikation zu erreichen.

Das Segment 5 zeichnet sich hingegen durch eine hohe Verbundenheit zur BARMER, eine geringe Orientierung am Markt und damit eine geringe Wechselneigung aus. Gleichzeitig existiert in diesem Segment ein großes Interesse an Beratung und Betreuung durch die Krankenkasse und eine hohe Affinität zu Gesundheitsthemen und Vorsorgeneigung. Der präferierte Kontaktkanal für dieses Segment ist der persönliche oder telefonische Kontakt mit einer Geschäftstelle.

Aus den an dieser Stelle nur verkürzt aufgeführten Profilierungen der beiden beispielhaft dargestellten Segmenten ergeben sich sowohl für die Kommunikationsstrategie als auch für die Produktentwicklung eindeutige Implikationen.

6.3 Zielgerichtete Kommunikation und Produktentwicklung

Als Kontaktkanal eignet sich für das Kundensegment 1 eine direkte persönliche oder telefonische Ansprache kaum, auch direkt adressierte Mailings empfinden diese Kunden eher als ärgerlich. Dem Bedürfnis eines eher unpersönlichen Kontakts folgend ist diese Kundengruppe am ehesten über Internetangebote zu erreichen.

Korrespondierend damit legt diese Kundengruppe Wert darauf, keine zusätzlichen Verpflichtungen gegenüber der Krankenkasse einzugehen. Freiwilligkeit ist deshalb ein wichtiges Merkmal im Angebot von Produkten oder Services. Angebote werden von diesem Segment besonders stark unter dem Aspekt des Preis-Leistungsverhältnisses bewertet. Insofern ist ein sehr offener, faktenbezogener Kommunikationsstil erfolgsversprechend. Sind diese Vorraussetzungen erfüllt, gibt es bei dieser Gruppe eine hohe Offenheit gegenüber Produkten, die über die gesetzlichen Leistungen einer Krankenkasse hinausgehen. Die zentrale Herausforderung bei der Kundenbindung dieser Gruppe ist die Verringerung der Distanz und des tendenziell vorhandenen Misstrauens gegenüber Angeboten der Krankenkasse.

Ganz anders stellt sich das Segment 5 dar: Kunden dieses Segments haben einen hohen Beratungs- und Betreuungsanspruch an ihre Krankenkasse. Gleichzeitig bringen sie hohes Vertrauen mit und wünschen sich ihre Krankenkasse als starken Partner an ihrer Seite. Eine Abwanderung zu einer anderen Krankenkasse ist hier unwahrscheinlich. Möglichkeiten und Notwendigkeiten für eine Steuerung dieser Gruppe ergeben sich in erster Linie daraus, dass hier ein hoher Bedarf an Gesundheitsinformationen und Unterstützung besteht.

Ansprechbar sind diese Kunden vor allem über direkte persönliche Kommunikation. Sie erwarten und reagieren positiv auf aktive Ansprache durch die Krankenkasse.

Die Affinität zu gesundheitsbewusstem Verhalten und die gleichzeitig relativ hohe Inanspruchnahme von Gesundheitsleistungen eröffnen die Möglichkeit, in diesem Segment Verhaltenssteuerungen im Sinne eines bewussten Umgangs mit der eigenen Gesundheit zu erzielen. Produkte, die hierauf Bezug nehmen, haben eine große Chance bei dieser Kundengruppe auf Akzeptanz zu stoßen.

DieTeilnahmequote an Programmen, die analog dazu angelegt sind, ist dementsprechend in diesem Kundensegment signifikant höher als in anderen Segmenten.

7. Zusammenfassung und Ausblick

Marksegmentierungen lassen sich auf vielfältige Weise durchführen. Die „ideale" Segmentierung gibt es dabei nicht. Allerdings weisen psychografische Segmentierungen deutliche Vorteile auf, wenn es an die unmittelbare Umsetzung im Marketing geht. Speziell für die Gesundheitskommunikation konnte der Anwendungsnutzen einer solchen Typologie anhand der psychonomics-Gesundheitstypologie aufgezeigt werden.

Ein anderes Beispiel aus der Praxis ist die Kundensegmentierung der BARMER. Wichtige Aufgaben einer Krankenkasse sind zum einen die Sicherung der Marktstellung durch positive Mitgliederentwicklungen und zum anderen die Steuerung und Unterstützung ihrer Kunden bei gesundheitsrelevantem Verhalten. Eine psychografische Kundensegmentierung für diesen Markt bietet die Chance, in beiden Fällen zielgerichtet und effizient zu agieren. Die Möglichkeiten einer solchen Kundensegmentierung gehen deutlich über die bloße soziodemografische Betrachtungsweise hinaus.

Die Bedeutung von Marktsegmentierungsverfahren ist im Marketing längst fest verankert und wird auch in der Gesundheitskommunikation deutlich zunehmen. Denn die Effizienz und Effektivität von Kommunikationsmaßnahmen hängen immer auch von der möglichst hohen Deckungsgleichheit zwischen den Anforderungen und Bedürfnissen von Menschen und deren Erfüllung ab.

Literatur

Bortz, J. (2005): Statistik für Sozialwissenschaftler, Springer Medizin Verlag, Heidelberg

psychonomics AG (2006, 2007): Health Care Monitoring, Eigenverlag, Köln.

Informations- und Medienverhalten von Versicherten und Patienten – Eine Segmentierung von Barmer Versicherten

Reinhold Roski und Stephan Schikorra

1. Einleitung

Leitidee der Reformen des Gesundheitswesens ist der souveräne Krankenver-
sicherte und Patient, der durch Mitwirkung und Mitentscheidung seine Gesundheit selbst mitbestimmt, weil er dafür mitverantwortlich ist (vgl. SGB V,
§ 1). Im modernen Konzept von Gesundheit spielt er eine aktive Rolle (vgl.
Kickbusch 2006, 31 f.). Um seine anspruchsvolle Rolle ausfüllen zu können,
braucht er die notwendigen Informationen und eine passende Kommunikation
mit den anderen Akteuren im Gesundheitssystem. Dadurch ist die Wichtigkeit
von Gesundheitskommunikation stark gestiegen.[1]
Es sind verschiedene Ausgangssituationen zu unterscheiden. Der gesunde
Mensch, der subjektiv das „Schweigen der Organe" erlebt, interessiert sich wenig
für Krankheiten. In einer akuten Krankheitssituation interessiert er sich hauptsächlich für Informationen in diesem konkreten Zusammenhang. Danach gehört er wieder zu den Gesunden. Bei einer chronischen Krankheit entsteht in der
Regel ein langfristiges und tiefgehendes Bedürfnis nach Informationen zu dieser
Krankheit. Dies ergibt sich auch aus dem notwendigen Selbst-Management des
Lebens mit der Krankheit. Ähnlich wird das Bedürfnis nach Krankheitsinforma-
tionen durch Betroffenheit im Familien- und Freundeskreis ausgelöst. In diesen
unterschiedlichen Situationen ist das Bedürfnis nach Informationen und nach
der gewünschten Art der Kommunikation jeweils sehr verschieden.
Allerdings interessiert man sich nicht nur im Zusammenhang mit Krankheiten
für Informationen zum Thema Gesundheit. Ein gesunder Lebensstil, Prävention
und Wellness (Wohlfühlen, Entspannung, Anti-Aging u.a.) spielen in heutigen
Gesundheitsvorstellungen eine große Rolle, allerdings für verschiedene Gruppen
in unterschiedlichem Ausmaß. Das kann soweit gehen, dass bei einigen Menschen der Lebensstil an Gesundheit und Nachhaltigkeit ausgerichtet wird (Lifestyle of Health and Sustainability (LOHAS)).[2]
Ein weiteres Themengebiet sind organisatorische und rechtliche Fragen zur Koordination zwischen verschiedenen Ärzten, Kostenträgern usw. Diese sind für
Versicherte und Patienten relevant, um im fragmentierten deutschen Gesundheitswesen den Überblick zu behalten und ihren Weg im Gesundheitssystem zu
organisieren.

---

1   Vgl. Baumann 2006, 117 f.
2   Dieser Konsumententyp ist an bewusstem Konsum (z.B. Bio-, Öko-Produkte) und sozial ver-
    antwortlichem Verhalten interessiert. Ihm werden in den USA ca. 30%, in Deutschland ca.
    15% der Konsumenten zugerechnet. Inwieweit es sich dabei um ein übertriebenes und lediglich
    modisches Zeitgeist-Phänomen handelt und inwieweit dieser Typ für die Gesundheitskommuni-
    kation relevant ist, ist noch ungeklärt. Vgl. Wenzel/Rauch/Kirig 2007.

Über all diese Fragen informieren sich die Versicherten und Patienten zum einen in persönlichen Gesprächen mit Experten (Ärzten, Apothekern, Mitarbeitern der Krankenkassen und anderen Experten) sowie mit Laien (Familie, Freunden, Kollegen und Bekannten). Persönliche Kommunikation hat normalerweise den höchsten Stellenwert.

Zusätzlich nutzen Versicherte und Patienten die Informationen, die in den Medien geboten werden (Print-Medien (Bücher, Broschüren, Zeitungen, Zeitschriften), Rundfunk (Fernsehen und Radio), Internet). Absender dieser Medieninhalte (Neutrale Informationen, Public Relations, Werbung) sind zum einen die Akteure des Gesundheitswesens (Kostenträger wie Krankenversicherungen sowie Leistungserbringer wie Krankenhäuser und Ärzte) oder auch auf gesundheitsbezogene Informationen und Kommunikation ausgerichtete Akteure wie staatliche und andere Stellen (z.B. Bundeszentrale für gesundheitliche Aufklärung, Unabhängige Patientenberatung Deutschland, Verbraucherzentrale Bundesverband) oder Patientenselbsthilfe-Organisationen. Zum anderen handelt es sich um Medien, die das Thema Gesundheit behandeln, weil es für ihre Leser interessant ist. Zum Teil sind diese Informationen Teile der Dienstleistung (z.B. bei Ärzten und Krankenkassen), zum Teil werden mit ihnen geschäftliche Interessen verfolgt (z.B. Public Relations von Pharmaunternehmen, Inhalte von Medien für den Erfolg bei Käufern und Werbekunden).

Mit all diesen Informationsquellen und Kommunikationsformen sind die Versicherten und Patienten konfrontiert. Aus ihnen informieren sie sich nach ihren jeweiligen Interessen und Bedürfnissen, wobei ein Großteil des Informationsangebots ausgefiltert und nicht berücksichtigt wird (Information Overload).[3]

Die verschiedenen Interessen und Bedürfnisse von unterschiedlichen Segmenten der Versicherten und Patienten und deren unterschiedliche Mediennutzung sollen in diesem Beitrag im Mittelpunkt stehen. Informations-, Beratungs- und Kommunikationsangebote sollten auf diesen heterogenen Bedarf nach gesundheitlicher Information und Kommunikation abgestimmt werden.[4]

Dazu wird anhand einer Befragung von Versicherten der Barmer Krankenversicherung eine Segmentierung von unterschiedlichen Typen von Versicherten und Patienten bzgl. ihres Informations- und Medienverhaltens vorgenommen. Als Methoden werden dazu Faktoren- und Clusteranalyse verwendet.[5] Im Anschluss erfolgt außerdem eine Analyse der Befragungsergebnisse zum Health Locus of Control.

3　Vgl. z.B. Härlen/ Simons/ Vierboom (2004).
4　Vgl. Baumann 2006, 147 ff.
5　Vgl. die Auswertung des Gesundheitsmonitor 2006 von Baumann 2006.

Mit einer solchen Segmentierung soll die Barmer Versicherung eine effizientere und effektivere Ansprache ihrer Versicherten erreichen können. Dies entspricht im Auftrag der Krankenkassen, bei der Durchführung ihrer Aufgaben sparsam und wirtschaftlich vorzugehen (vgl. SGB V, § 4,4).

2. Befragung von Barmer Versicherten

Im Juli/August 2007 wurden an 5.000 zufällig ausgewählte Versicherte der Barmer Krankenversicherung Fragebögen verschickt. Ohne weitere Erinnerung wurden 1.335 ausgefüllte Fragebögen zurückgeschickt (Antwortquote: 27 %). Das Ergebnis kann aufgrund dieser hohen Rücklaufquote als weitgehend repräsentativ für die Grundgesamtheit der Barmer Versicherten angesehen werden. Die meisten Fragebögen wurden, wie üblich, nicht ganz vollständig ausgefüllt, so dass sich für einzelne Antwortvariablen viele fehlende Werte finden.

Die ersten Fragen erkundigten sich nach dem Interesse an gesundheitlichen Themen allgemein sowie danach, wie gut sich der Befragte über gesundheitliche Themen informiert fühlt. Es folgten Fragen, wie häufig Informationsquellen in den letzten sechs Monaten genutzt wurden sowie wie hilfreich diese waren. Dabei wurde nach Medien und Personen unterschieden. Dieser Fragenkomplex wurde sowohl für das Informationsmotiv „bei konkreten gesundheitlichen Beschwerden" als auch für das Motiv „allgemeines Interesse an gesundheitlichen Themen" gestellt. Es folgten Fragen zu verschiedenen Informationsthemen („wie gründlich", „wie hilfreich") und verschiedenen Gründen, aus denen die Informationen eingeholt wurden. Weitere Fragenkomplexe befassten sich mit den persönlichen Rahmenbedingungen der Befragten, dem persönlichen Gesundheitsverhalten sowie Zustimmung oder Ablehnung zu Statements zum Health Locus of Control. Fragen zu soziodemographischen Daten bildeten den letzten Teil.

Unter den Befragten, die ihren Fragebogen zurückgeschickt haben (Stichprobe), liegt der Anteil weiblicher Versicherter bei 67,5 %. Die Altersverteilung der Stichprobe ist nicht normalverteilt (Kolmogorow-Smirnow: p= 0,000). Der Mittelwert der Stichprobe beträgt 55 Jahre, der der Barmer-Grundgesamtheit 51; der Median der Stichprobe liegt bei 57, während der Median der Grundgesamtheit bei 51,5 liegt. Die Stichprobe ist somit älter als die Gesamtheit der Barmer Versicherten. Das hängt wahrscheinlich damit zusammen, dass Ältere sich eher Zeit nehmen, an einer solchen Befragung teilzunehmen und ein größeres Interesse an gesundheitlichen Themen haben.

Tab. 1: Altersverteilung

Alterskategorie	Stichprobe (%)	Barmer-Grundgesamtheit (%)	Differenz (%)
16 - 29 Jahre	11	18	-7
30 - 49 Jahre	25	29	-4
50 - 69 Jahre	43	34	9
70 und älter	21	19	2

Der größte Anteil der Stichprobenpopulation hat einen Haupt-, Volksschul- oder Realschulabschluss (63,4 %). Abiturienten machen einen Anteil von 25,1 % aus; der bundesdeutsche Anteil von Abiturienten betrug im Jahr 2006 26 % (Statistisches Bundesamt 2007). 37 % der Stichprobenpopulation haben eine Hochschulzugangsberechtigung. 22 % haben einen universitären oder Fachhochschulabschluss. 37,2 % haben eine Lehre abgeschlossen.

Tab. 2: Einkommenverteilung

Monatliches Einkommen (netto)	Häufigkeit	Gültige Prozente (ohne fehlende Werte)
unter 1.000 Euro	172	13,86
1.000 bis unter 1.500 Euro	279	22,48
1.500 bis unter 2.500 Euro	418	33,68
2.500 bis unter 3.500 Euro	227	18,29
3.500 bis unter 5.000 Euro	108	8,70
5.000 Euro und mehr	37	2,98
gesamt	1241	100
fehlend	94	

Rund ein Drittel der Befragten hat ein monatliches Netto-Haushaltseinkommen zwischen 1.500 und 2.500 Euro. Unter 1.000 Euro haben 14 % der befragten Versicherten, rund 3 % haben über 5.000 Euro zur Verfügung. 75 % davon haben ein Einkommen zwischen 1.000 bis 3.500 Euro, somit kann man von einer ausgeprägten Mittelschicht[6] sprechen.

---

6   Zur Analyse der Schichtstrukturen wurde mit dem Schichtindex nach Winkler gearbeitet (vgl. Winkler 1998), allerdings ohne Berücksichtigung der Angaben zum Partner des Befragten. Hierbei wurde bei der Befragung der Barmer-Versicherten der größte Teil der Versicherten (68,5 %) der Mittelschicht zugeordnet. Dies ist im Vergleich zu den ermittelten Angaben beim Nationalen Gesundheitssurvey deutlich mehr (55,5 %) (Winkler 1998). Dementsprechend geringer fällt bei der Analyse der Barmer-Versicherten der Anteil derer aus, die der Unterschicht zugeordnet wurden (9,1 %).

Tab. 3: Ausbildungsprofil

Abgeschlossene Ausbildung	Häufigkeiten	Gültige Prozente (ohne fehlende Werte)
Lehre	467	37,2
Berufsfachschule, Handelsschule	217	17,3
Fachschule	147	11,7
Fachhochschule	126	10,0
Universität	150	12,0
anderer Ausbildungsabschluss	55	4,4
noch in beruflicher Ausbildung	42	3,3
kein beruflicher Abschluss	50	4,0
gesamt	1254	100
fehlend	81	

3. Faktorenanalyse: Informationsquellen, Informationsthemen, Informationsmotive

Informationsquellen

Die Barmer Versicherten gaben an, dass Ärzte die Quelle für Gesundheitsinformationen sind, die sie am meisten nutzen und die für sie am hilfreichsten ist, knapp gefolgt von Familie, Freunden, Bekannten und Kollegen. Persönliche Gespräche haben somit den höchsten Stellenwert; allerdings nicht alle. Gespräche mit Apothekern und anderen Angehörigen von Heilberufen (z.B. Heilpraktikern, Krankengymnasten) rangieren erst hinter den Massenmedien Fernsehen und Radio, Zeitungen und Zeitschriften sowie Büchern. Dies macht den Sonderstatus von Ärzten bei Gesundheitsfragen deutlich; die Differenzierung zwischen den einzelnen Experten-Gesprächspartnern im Gesundheitssystem wird meist kaum berücksichtigt. Sicherlich wird den einzelnen Experten bei verschiedenen Themen ein unterschiedlicher Nutzen zugeordnet. So mag es durchaus sein, dass ein Krankengymnast zu seinem speziellen Fachgebiet öfter kontaktiert wird und nützlichere Informationen geben kann als ein Arzt. Die häufig herausgestellte allgemeine Vertrauensstellung des Apothekers allerdings wird in dieser Befragung nicht bestätigt.

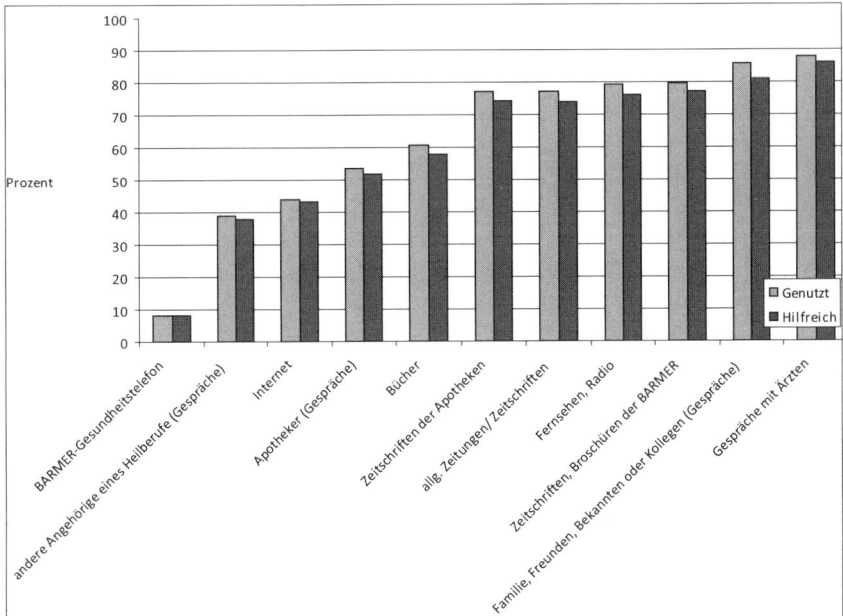

Abb. 1: Häufigkeit und Nützlichkeit unterschiedlicher Informationsquellen

Die Zeitschriften und Broschüren der Barmer rangieren unter den Medien an erster Stelle. Es fragt sich, ob hier eine für erwünscht gehaltene Antwort gegeben wurde. Die geringe Rolle des Internets erklärt sich wohl aus dem recht hohen Altersdurchschnitt der Stichprobe. Allerdings holen Ältere hier deutlich auf, so dass dieser Wert in einigen Jahren deutlich anders sein wird (vgl. van Eimeren/ Frees 2008). Das Barmer Gesundheitstelefon war zum Zeitpunkt der Befragung erst vor kurzem eingeführt worden, so dass es zum Zeitpunkt der Befragung noch weitgehend unbekannt war.

Interessant ist das Verhältnis aus Häufigkeit der Nutzung einer Quelle und der Einschätzung, wie hilfreich die Informationen sind. Die Abbildung vermittelt den Eindruck, dass dieses Verhältnis bei allen Informationsquellen etwa gleich ist. Bei Betrachtung einzelner Antwortkategorien differenziert sich dieses Bild. Die Antwortkategorien waren „häufig", „manchmal", „selten" und „nie" bzw. „sehr hilfreich", „hilfreich", „weniger hilfreich" und „gar nicht hilfreich". Vergleicht man die beiden ersten Kategorien („häufig"/„manchmal") gegenüber den beiden letzten („sehr hilfreich"/„hilfreich"), fällt auf, dass Arztgespräche, Bücher und das

Internet als besonders hilfreich pro Nutzung eingeschätzt werden. Hier findet man offenbar qualitativ höherwertige Informationen. Das Internet wird als am hilfreichsten eingeschätzt; 26,9 % der Befragten fanden das Internet „sehr hilfreich". Dies passt zu dem Ergebnis, dass für Menschen mit besonderem Informationsinteresse das Internet die meisten Vorteile bieten kann (Trepte u.a. 2005). Es wird ebenso deutlich, dass Gespräche mit Familie, Freunden, Bekannten und Kollegen im Vergleich mit den Arztgesprächen nicht mithalten können. 84 % nutzen Gespräche mit Familie, Freunden, Bekannten und Kollegen „häufig" und „manchmal", aber nur 67 % finden diese Gespräche „hilfreich" und „sehr hilfreich". Das Gespräch mit dem Arzt nutzen 83 % der Befragten „häufig" und „manchmal" und 87 % fanden es „sehr hilfreich" oder „hilfreich". Das professionelle Niveau der ärztlichen Informationen in Kombination mit der besonderen Vertrauensstellung des Arztes wird offenbar als hilfreicher empfunden als die Informationen von Laien.

Aus den insgesamt 11 Items des Fragebogens, die sich auf Informationsquellen bezogen, wurden in der Faktorenanalyse 3 Faktoren (latente Variable, Ursachen, Konstrukte) ermittelt, die den Items zugrunde liegen. Diese Faktoren waren 1. „passive Informationsquellen", d.h. Quellen/Medien, die eher zur oberflächlichen Unterhaltung genutzt werden, nicht zur vertieften Auseinandersetzung. Auf diesen Faktor laden: „Zeitschriften und Broschüren der Barmer", „Fernsehen und Radio", „allgemeine Zeitungen und Zeitschriften" sowie „Zeitschriften der Apotheken". 2. „aktive Informationsquellen", d.h. Quellen/Medien, die für ihre Nutzung eine aktive Auseinandersetzung erfordern. Auf diesen Faktor laden: „Gespräche mit Familie, Freunden, Bekannten und Kollegen", „Bücher" und das „Internet". 3. „expertenorientierte Informationsquellen", d.h. Quellen/Medien, die ihre Vertrauenswürdigkeit durch Experten gewinnen. Auf diesen Faktor laden: „Gespräche mit dem Arzt", „Gespräche mit Apothekern" und die „Zeitschriften der Apotheken". Diese Faktoren sind eine interessante empirische Bestätigung und Ergänzung zur Diskussion um aktive/passive Medien (vgl. Borch/Wagner 2008). Es ergibt sich eine recht klare Dreiteilung der Informationsquellen. Die expertenorientierten Medien sind dabei einerseits aktiv, da sie eine aktive Auseinandersetzung erfordern, sie beziehen ihren Reiz und ihre Glaubwürdigkeit aber zusätzlich aus der Nähe zu fachlichen Experten. Die Apothekenzeitschriften stehen zwischen zwei Gruppen, sie laden auf zwei Faktoren („passive Informationsquellen" und „expertenorientierte Informationsquellen"), da sie einerseits oberflächlich-unterhaltenden Charakter haben, ihre Vertrauenswürdigkeit aber aus dem Abgabeort Apotheke, ihrer fachlichen Aufmachung und der fokussierten Themenmischung sowie den Experten-Autoren beziehen. Diese Zeitschriften werden in ihrer Wirkung oft unterschätzt. Die Befragung zeigt, dass die Versicherten und Patienten sie nutzen und ernst nehmen.

Die Dreiteilung der Informationsquellen ist deutlich und inhaltlich gut nachvollziehbar. Bei den aktiven und passiven Medien ist sie auch theoretisch unterfüttert. Die expertenorientierten Informationsquellen sind als Gruppe in diesem Zusammenhang bisher nicht analysiert worden.

Informationsthemen

Im Bezug auf die Themen wurde nach 9 Items aus den Bereichen Wellness/Gesundheitsförderung/Prävention, Umgang mit Krankheit und Gesundheitspolitik gefragt. Bei einer Befragung einer für die Gesamtbevölkerung repräsentativen Stichprobe durch die Bertelsmann Stiftung wurde von etwas mehr als 50 % der Befragten als erstes Ziel der gesundheitsbezogenen Informationssuche eine gesunde Lebensweise angegeben – und zwar unabhängig vom eigenen Gesundheitszustand. In der Spitzengruppe der gesundheitsbezogenen Informationsthemen finden sich verhaltensbezogene und Präventions-Themen (Braun/Marstedt/Rosenwirth 2006). Diese Ergebnisse für die Gesamtbevölkerung finden sich auch bei den Barmer Versicherten. Diese suchen an erster Stelle nach Informationen zu gesunder Ernährung (über 80 %). Auf den Plätzen zwei und drei stehen die Themen Vorbeugen von Krankheiten und Fitness.

Auffallend wenig hilfreich im Verhältnis zur Gründlichkeit, mit der sich die Versicherten informierten, waren die Informationen zu den Themen „Gesundheitsreform und Auswirkungen für mich" sowie „Pflegeversicherung". Zwei Drittel der Befragten informierten sich in den vergangenen sechs Monaten über die Gesundheitsreform, aber nur 57 % empfanden die Informationen, die sie erhielten, als hilfreich. Noch deutlicher wird das bei einer Betrachtung der Antwortkategorien: 55 % der Barmer Versicherten setzten sich nach eigener Aussage „gründlich"/ „sehr gründlich" mit dem Thema Gesundheitsreform auseinander, aber lediglich 41 % fanden „hilfreiche"/„sehr hilfreiche" Informationen. Die jenigen, die sich im Internet informierten, fanden übrigens zu 66 % hilfreiche Informationen.

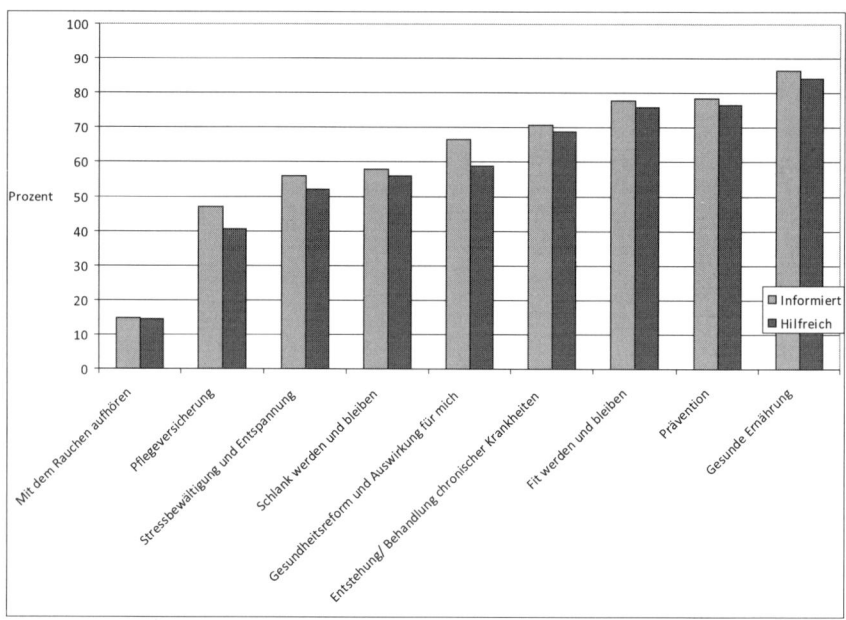

Abb. 2: Informationsthemen und deren Nützlichkeit

Aus den insgesamt 9 Items zu Informationsthemen wurden in der Faktorenanalyse zwei Faktoren extrahiert. Der 1. Faktor war: „Wellness Themen". Darauf
luden: „Gesunde Ernährung", „Fit werden und bleiben" sowie „Schlank werden und bleiben". Der 2. Faktor war: „Themen zum Umgang mit Krankheit".
Darauf luden: „Vorbeugung von Krankheiten", „Entstehung/Behandlung chronischer Krankheiten", „Gesundheitsreform und Auswirkungen für mich" sowie
„Pflegeversicherung"; zum Umgang mit Krankheit gehört auch die Orientierung
im Gesundheitssystem. Auch in dieser Faktoreinteilung gibt es ein Item, das auf
beide Faktoren lädt, nämlich die „Vorbeugung von Krankheiten". Dabei handelt
es sich offenbar um ein Thema im Überschneidungsbereich, da Prävention sowohl einen Anteil von gesunder Lebensführung allgemein als auch einen Anteil
von konkreter Vorbeugung gegen einzelne Krankheiten enthält.
Es ergibt sich eine recht deutliche und inhaltlich nachvollziehbare Zweiteilung
von Themen. Die einen sind für gesunde Menschen besonders interessant, die anderen für von Krankheit betroffene (persönlich oder im Familien-/Freundeskreis).

Informationsmotive

Motive für die Suche nach Gesundheitsinformationen sind bei den Barmer Versicherten hauptsächlich allgemeines Interesse und konkrete gesundheitliche Probleme. Es gibt dann einen Abstand zu dem Motiv, Informationen zu finden, um sich zu motivieren, gesünder zu leben. Mit deutlichem Abstand folgen der Wunsch, mit dem Arzt besser über eine optimale Behandlung entscheiden zu können, das Motiv, einen Arztbesuch zu vermeiden, sowie Unzufriedenheit mit den Informationen des Arztes. Dieses Ergebnis ist wahrscheinlich besonders interessant für Anbieter von Gesundheitsinformationen, seien es Akteure im Gesundheitswesen oder Medien.

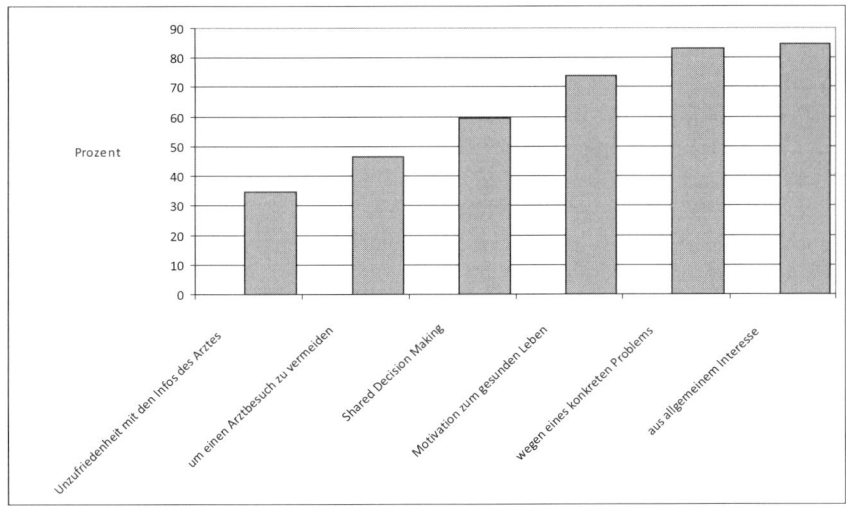

Abb. 3: Informationsmotive

Aus den 6 Items dieses Fragenkomplexes ergaben sich in der Faktorenanalyse zwei Faktoren. 1. „allgemeines Interesse". Darauf luden hoch: „aus allgemeinem Interesse" sowie „um mich zu motivieren, gesünder zu leben". 2. „konkrete Betroffenheit". Darauf luden hoch: „wegen eines konkreten gesundheitlichen Problems", „damit ich mit dem Arzt besser über eine optimale Behandlung entscheiden kann", „um einen Arztbesuch zu vermeiden" sowie „weil ich mit Information meines Arztes unzufrieden war". Auch diese beiden Grundmotive sind inhaltlich gut nachvollziehbar.

4. Clusteranalyse: Sorglose Jüngere, Mittelalte Gesundheitsvorsorger, Ältere Allesnutzer, Expertenorientierte Ältere

Mit einer Clusteranalyse sollen nun anhand des Informations- und Medienverhaltens unterschiedliche Segmente von Barmer Versicherten mit ähnlichen
Eigenschaften identifiziert werden. Wenn diese Segmente bekannt sind, so können die Versicherten entsprechend ihren Bedürfnissen, Wünschen und Gewohnheiten mit den jeweils passenden Informationen auf den jeweils geeigneten Wegen
versorgt werden.
Für die Clusteranalyse wurde die bereits durchgeführte Faktorenanalyse genutzt.
Die quadrierten Abstände der Faktorenwerte wurden miteinander verglichen
und die Fälle so in Gruppen eingeteilt, dass die Abstandswerte innerhalb der
Gruppe gering, zwischen den Gruppen groß sind. Zur weiteren Charakterisierung der Cluster wurden diese mit verschiedenen Merkmalen ihrer Sozio- und
Psychographie (soziodemographische Merkmale, gesundheitsbezogenes Verhalten,
Gesundheitsstatus) sowie ihren Einstellungen zur Gesundheit gekennzeichnet. Daraus abgeleitet wurde ihnen jeweils ein beschreibender Name zugeordnet.
Es ergaben sich vier Cluster. Insgesamt konnten bei der Clusterbildung 457
Versicherte (34,2 % der beantworteten Fragebögen) berücksichtigt werden. Das
liegt daran, dass nur Fälle berücksichtigt wurden, die bei den Faktoren keine
fehlenden Werte aufwiesen.
Zur Charakteristik der Cluster wurden Kreuztabellen gebildet und untersucht,
welche Cluster welche Anteile von Items aufwiesen. Entsprechend dieser Cha-
rakteristiken erhielten die Cluster beschreibende Namen.
Das Cluster 1 wurde „sorglose Jüngere", das Cluster 2 „mittelalte Gesundheitsvorsorger", das Cluster 3 „ältere Allesnutzer" und das Cluster 4 „expertenorientierte Ältere" genannt. Zur Charakterisierung sollen besonders die Unterschiede
der Cluster herausgearbeitet werden.

Tab. 4: Charakterisierung der Cluster[7]

Cluster	Sorglose Jüngere	Mittelalte Gesundheits-vorsorger	Ältere Allesnutzer	Expertenorien-tierte Ältere
	25 %	35 %	17 %	23 %
allgemeine Zeitungen/Zeit-schriften	-	+++	+++	++
Fernsehen/Radio	--	++	+++	++
Bücher	-	+	++	--
Zeitschriften der Apotheken	-	+	+++	+++
Zeitschriften/ Broschüren der Barmer	-	+	+++	++
Internet	++	-	-	---
Arzt	++	++	+++	+++
Familie, Freunde, Bekannte oder Kollegen	+++	+++	+++	++
Apotheker	--	---	++	-
anderer Ange-höriger eines Heilberufes (z.B. Heilpraktiker, Krankengymnast)	--	--	+/-	---
Entstehung/ Behandlung chronischer Krankheiten	-	+	+++	-
Vorbeugung von Krankheiten	-	++	++	+/-
...				

---

7   Die in der Tabelle gewählten Symbole haben folgende Bedeutung: „+++" = „häufig"/„manch-mal" über 80 %; „++" = „häufig"/„manchmal" über 66 %; „+" = „häufig"/„manchmal" über 50 %; „-" = „selten"/„nie" über 50 %; „--" = „selten"/„nie" über 66 %; „---" = „selten"/„nie" über 80 %.

Cluster	Sorglose Jüngere	Mittelalte Gesundheits-vorsorger	Ältere Allesnutzer	Expertenorien-tierte Ältere
...				
Fit werden und bleiben	-	+++	+	+
Schlank werden und bleiben	--	+	-	-
Gesunde Ernährung	++	+++	++	+
Stressbewältigung und Entspannung	--	-	+	--
Gesundheits-reform und Auswirkungen auf mich	---	-	+++	-
Pflegereform	---	--	++	--
wegen eines konkreten gesundheitlichen Problems	++	++	+++	++
aus allgemeinem Interesse	++	+++	+++	++
um mich zu motivieren gesünder zu leben	+	+++	+++	+
um einen Arztbesuch zu vermeiden	--	-	+	--
damit ich mit dem Arzt besser über eine optimale Behandlung ent-scheiden kann	-	+	+++	+
weil ich mit Informationen meines Arztes unzufrieden war	--	---	-	--
...				

Cluster	Sorglose Jüngere	Mittelalte Gesundheits- vorsorger	Ältere Allesnutzer	Expertenorien- tierte Ältere
...				
Durchschnittsalter in Jahren, Anteil 60 Jahre und älter	45, 17,8 %	50, 32,7 %	60, 56 %	61, 64 %
Bildung (Anteil Fachhochschul- reife und Abitur)	53,2 %	41,5 %	28 %	38 %
Einkommen über 1.500 Euro	79,1 %	68 %	58,4 %	70,5 %
Anteil an Frauen	66,1 %	81,7 %	67,1 %	60 %
Anteil Rentner	21 %	31,8 %	66,7 %	60,6 %
Anteil „täglich rauchen"	10,6 %	12,8 %	7,9 %	18,6 %
Anteil chronisch Kranker	41,6 %	51,5 %	63,1 %	84,4 %
Anteil subjektiver Gesundheits- zustand gut bis sehr gut	57,5 %	67 %	35,1 %	42,7 %

Sorglose Jüngere

Dieses Cluster, 25 % der Versicherten, ist das jüngste; das Altersmittel liegt allerdings doch bei 45 Jahren, da die Stichprobe insgesamt recht alt ist. Diese Versicherten leiden von allen Clustern am wenigsten unter chronischen Krankheiten. Sie infor-mieren sich aus allgemeinem Interesse und bei konkreten Problemen hauptsächlich durch Gespräche mit dem Arzt und Familie, Freunden, Bekannten und Kollegen. Von den Medien wird am häufigsten das Internet genutzt. Dies ist eine geeignete Zielgruppe für internetzentrierte Gesundheitsinformationen und -kampagnen.

Es ist anzunehmen, dass die Gespräche mit Familie, Freunden und Kollegen aus allgemeinem Interesse geführt werden und um sich zu motivieren, gesünder zu leben. Arzt und Internet werden dann bei konkreten Problemen genutzt, wenn vertiefte Information für notwendig gehalten werden. Die Offenheit für die Nutzung des Internets erklärt sich durch das relativ geringe Alter. Das am meisten interessierende Gesundheitsthema ist „gesunde Ernährung". Insgesamt ist das Interesse an Gesundheit nicht hoch.

Diese Versicherten sind gut gebildet (53,2 % haben Fachhochschulreife oder Abitur), 80 % haben ein Einkommen über 1.500 Euro , 66,1 % sind Frauen, 21 % sind Rentner. Der Anteil chronisch Kranker ist mit 41,6 % am geringsten. Allerdings wird der subjektive Gesundheitszustand nur von 57,5 % als „gut"/„sehr gut" eingeschätzt. Hier wird die Subjektivität dieser Einschätzung deutlich, denn bei den „älteren Allesnutzern" liegt der Anteil chronisch Kranker bei 63,1 %, und dennoch schätzen 35,1 % ihren Gesundheitszustand subjektiv als „gut" bis „sehr gut" ein. Möglicherweise ist die Erwartung der Jüngeren an ihren Gesundheitszustand höher, so dass Krankheiten stärker wahrgenommen werden.

Mittelalte Gesundheitsvorsorger

Dieses Cluster umfasst 35 % der Versicherten und ist damit das größte Segment. Das Altersmittel liegt bei 50 Jahren; 67,3 % liegen im Altersspektrum zwischen 40 und 69 Jahren. In diesem Alter gewinnen die Themen Gesundheit und Fitness zur Stärkung und Vorbeugung größere Bedeutung, da Gesundheit ihre Selbstverständlichkeit verliert. Das Interesse an chronischen Krankheiten ist noch nicht hoch. Auffällig ist der hohe Anteil von Frauen (81,7 %); die weibliche Rolle als Gesundheitsmanagerin der Familie scheint sich in diesem Segment zu zeigen. Dem entspricht der Interessensschwerpunkt bei den Themen „Vorbeugung von Krankheiten", „fit werden und bleiben" sowie „gesunde Ernährung". Und diese Versicherten interessieren sich auch für die „Entstehung/Behandlung chronischer Krankheiten", die Gesundheitsvorsorger informieren sich zu etwa 80 % „häufig" oder „sehr häufig" zu dieser Thematik.

Das Informationsmotiv „um mich zu motivieren, gesünder zu leben" spielt in diesem Cluster eine große Rolle, genauso wie das „allgemeine Interesse" an Gesundheit. Auch in diesem Cluster sind Gespräche mit Familie, Freunden, Bekannten und Kollegen die am häufigsten genutzte Informationsquelle. Dazu kommen (bei konkreten Problemen) die Gespräche mit dem Arzt. Von den Massenmedien spielen die allgemeinen Zeitungen/Zeitschriften sowie Fernsehen und Radio eine große Rolle. Diese Medien, die zum Thema Gesundheit bei den Jüngeren noch ausgeblendet wurden, werden jetzt auch zu diesem Themenkomplex genutzt. Als Einstieg dienen die passiven Medien, die wenig eigene Auseinandersetzung erfordern. Apotheker und Angehörige anderer Heilberufe werden selten zu Rate gezogen. Das Internet spielt, wahrscheinlich aufgrund des etwas höheren Alters, nur eine geringe Rolle.

Der Anteil der Personen mit Fachhochschulreife und Abitur liegt bei 41,5 %. Das Einkommen ist etwas niedriger als bei den „sorglosen Jüngeren". Der Anteil der Rentner liegt bei 31,8 %, der der chronisch Kranken bei 51,5 %. Trotzdem schätzen 67 % der Versicherten dieses Clusters ihren subjektiven Gesundheitszustand als „gut"/„sehr gut" ein.

Dieses Cluster kann über die passiven, unterhaltenden Medien am besten erreicht werden. Altersentsprechend sind hier Themen der Vorbeugung, Prävention und des Umgangs mit (wahrscheinlich noch leichteren) chronischen Krankheiten besonders interessant. Die Kommunikation mit diesem Segment sollte insbesondere den als relativ gut eingeschätzten subjektiven Gesundheitszustand berücksichtigen. Diese Versicherten fühlen sich nicht krank. Sie möchten leicht und eingängig informiert werden.

Ältere Allesnutzer

Die älteren Versicherten teilen sich in zwei Gruppen. Die selbständig aktiven und die, die sich auf Experten verlassen. Das Cluster der „älteren Allesnutzer" umfasst 17 % der Versicherten. Der Altersdurchschnitt liegt bei 60 Jahren; 56 % sind 60 Jahre und älter. Diese Versicherten sind die Agilsten in Sachen Informationssuche. Ihre Motivation ist sehr umfassend und stark. Motive sind allgemeines Interesse und der Wunsch, sich zu motivieren, gesünder zu leben, aber genauso konkrete gesundheitliche Probleme und der Wunsch, mit dem Arzt besser über eine optimale Behandlung entscheiden zu können. Hier zeigt sich eine sehr aktive Einstellung zur eigenen Gesundheit und zu einem aktiven Umgang mit Krankheit. Das Motiv, mit dem Arzt besser über eine optimale Behandlung entscheiden zu können, passt dazu, dass der Anteil der chronisch Kranken höher ist. Allerdings sind auch diese Versicherten mit den Informationen des Arztes nicht unzufrieden; sie wollen ein guter Partner des Arztes sein. Damit kommen Sie dem Bild vom souveränen Versicherten und Patienten nahe.

Die Themen, für die sich diese Versicherten interessieren, sind ebenfalls sehr umfassend. An der Spitze stehen Informationen zur „Entstehung/Behandlung chronischer Krankheiten", die „Gesundheitsreform und Auswirkungen für die eigene Person". Es folgen Informationen über die „Vorbeugung von Krankheiten", „gesunde Ernährung" sowie über die „Pflegeversicherung". Auch die Themen der Navigation im Gesundheitssystem und seiner Nutzung für die eigene Person gewinnt mit der steigenden Betroffenheit im Alter also an Bedeutung.

Das Einkommen dieser Gruppe ist relativ am geringsten; 58,4 % haben ein Einkommen über 1.500 Euro. Der Anteil der Frauen liegt bei 67,1 %, der Anteil der Rentner liegt bei 66,7 %, der Anteil derer, die täglich rauchen, ist mit 7,9 % am geringsten unter den Clustern.

63,1 % dieser Versicherten sind chronisch krank. Damit ist dieses Cluster gesünder als das der „expertenorientierten Älteren". In diesem Segment ist jedoch der subjektive Gesundheitszustand am schlechtesten; nur 35,1 % schätzen ihren Gesundheitszustand subjektiv als „gut" oder „sehr gut" ein. Diese Betroffenheit ist sicherlich der Hauptgrund für das umfassende Interesse an Gesundheit.

Besonders kennzeichnend für diese Gruppe ist die umfassende Nutzung aller Informationsquellen. Die aktiven, passiven und expertenorientierten Medien sowie Gespräche werden intensiv genutzt. Hier zeigt sich eine Bereitschaft zum Einsatz für die eigene Gesundheit; zum Beispiel wollen mehr als 80 % der Versicherten dieses Clusters daran mitwirken, mit dem Arzt gemeinsam eine optimale Behandlung zu finden. Und die Hälfte dieser Versicherten ist bestrebt, einen Arztbesuch ganz zu vermeiden. Die Krankenkasse kann diese aktive Einstellung unterstützen und auf weitere Bereiche zu übertragen suchen. Dazu sind bei diesen Versicherten alle Medien geeignet. Dieses kleinste Cluster ist das mit Gesundheitsinformationen und -kommunikation ansprechbarste.

Expertenorientierte Ältere

Die zweite Gruppe der älteren Versicherten sind die „expertenorientierten Älteren". Dabei handelt es sich um 23 % der Stichprobe. Der Altersdurchschnitt liegt bei 61 Jahren, 64 % sind 60 Jahre und älter. Das Alter ist also nur wenig höher als bei den „Älteren Allesnutzern". Der Anteil chronischer Krankheiten liegt allerdings mit 84,4 % am höchsten unter den Clustern; ebenso der Anteil derer, die täglich rauchen (18,6 %). Die Bildung weist einen mittleren Wert auf (38 % mit Fachhochschulreife oder Abitur); das Einkommen ist deutlich höher als bei den „Älteren Allesnutzern" (70,5 % haben ein Einkommen über 1.500 Euro). Der Anteil der Frauen ist in diesem Cluster mit 60 % am kleinsten.

Als Informationsquellen dominieren das Gespräch mit dem Arzt sowie die Zeitschriften der Apotheken (als Information, die von Experten kommt), gefolgt von Gesprächen mit Familie, Freunden, Bekannten oder Kollegen, den Zeitschriften und Broschüren der Barmer (ebenfalls Informationen von Experten) sowie den passiven Medien „allgemeine Zeitungen/Zeitschriften", „Fernsehen und Radio". Eigene vertiefte Bemühungen, z.B. über Bücher, finden nicht statt. Das Internet spielt altersbedingt keine Rolle. Interessant ist, dass das Gespräch mit dem Apotheker ebenfalls keine Rolle spielt; dies dürfte dem Selbstbild der Apotheker widersprechen.

Die unterschiedlichen Gesundheitsthemen spielen ebenfalls nur eine geringe Rolle. Es sieht so aus, dass diese Versicherten wenig aktives Interesse haben und sich nur mit dem auseinandersetzen, was sich durch die Umstände leicht ergibt. Sie lassen sich behandeln und erdulden als Patienten, was nötig ist. Das geringe Interesse ist nicht unbedingt zu erwarten, da sich bei anderen Untersuchungen ergibt, dass das Interesse an Gesundheit mit steigendem Alter und verschlechtertem Gesundheitszustand zunimmt (Roski/Schikorra 2007). Altersentsprechend ist der subjektive Gesundheitszustand in diesem Cluster nicht gut und schlechter als der der „älteren Allesnutzer"; nur 42,7 % schätzen ihren Gesundheitszustand als „gut" oder „sehr gut" ein. Aber auch dieses Segment, das von allen Clustern am kränksten ist, fühlt sich gesünder als die beiden jüngeren Cluster; offenbar erwarten die Versicherten im Alter gar nicht, gesund zu sein. Der subjektiv schlechte Gesundheitszustand führt aber in diesem Segment nicht zu einem aktiven Verhalten. Diese Versicherten warten eher, was ihnen die Experten verordnen.

Für gesundheitliche Akteure, die diese Versicherten ansprechen wollen, ergibt sich eine besonders schwierige Aufgabe. Wahrscheinlich können hier nur Kooperationen mit Gesundheitsexperten und integrierte Versorgungsprogramme erfolgreich sein, die auf wenig eigene Aktivität setzen.

5. Health Locus of Control

Ein Komplex des Fragebogens befasste sich mit Aussagen zum Health Locus of Control (HLC). Beim Health Locus of Control handelt es sich um ein sozialpsychologisches Konstrukt zur Erfassung „gesundheitlicher Kontrollüberzeugungen". Es soll damit gemessen werden, ob eine Person die eigene Gesundheit als selbst steuerbar wahrnimmt (internale Kontrolle) oder hauptsächlich in der Verantwortung anderer, externer Autoritäten (insbesondere Ärzte) oder anderer externer Mächte (z.B. Glück oder Schicksal) sieht (externale Kontrolle). Mit dem Health Locus of Control werden z.B. Einflüsse von sozialem Status und gesundheitlichen Kontrollüberzeugungen auf den subjektiv wahrgenommenen Gesundheitszustand untersucht.[8] In dieser Befragung sollte untersucht werden, ob der Health Locus of Control auch geeignet ist, stärkere oder geringere Aktivität in Bezug auf Informations- und Medienverhalten zum Thema Gesundheit zu erklären.

Im Fragebogen wurden den Versicherten neun Aussagen vorgelegt, gemischt aus drei Gruppen.

---

8   Vgl. zu einem Überblick Janßen 2001, 184 ff.

Drei Aussagen sollten internale Kontrollüberzeugungen anzeigen:
- „Gesundheit wird in erster Linie dadurch bestimmt, was man selbst dafür tut."
- „Man hat seine Gesundheit in den eigenen Händen."
- „Es liegt vor allem an einem selbst, wie schnell man nach einer Krankheit wieder gesund wird."

Drei Aussagen sollten externale Kontrollüberzeugungen in Bezug auf externe Experten anzeigen:
- „Was die Gesundheit betrifft, so kann man nur das tun, was der Arzt sagt."
- „Ärzte bestimmen die Gesundheit."
- „Um Krankheit zu vermeiden, ist es gut, wenn man sich regelmäßig vom Hausarzt beraten lässt."

Drei Aussagen sollten externale Kontrollüberzeugungen in Bezug auf externe Mächte wie Glück oder Schicksal anzeigen:
- „Gesundheit ist in der Hauptsache eine Frage von guter Veranlagung und Glück."
- „Wie schnell man nach einer Krankheit wieder gesund wird, ist hauptsächlich durch reines Glück bestimmt."
- „Ob man gesund bleibt, ist eine Frage zufälliger Ereignisse."

Die Antwortkategorien waren „stimme voll und ganz zu", „stimme eher zu", „lehne eher ab" und „lehne voll und ganz ab". Zur weiteren Operationalisierung wurden diese Kategorien mit 4, 3, 2 Punkten und 1 Punkt erfasst. Die Summe der Punkte zu den Aussagen, die internale Kontrollüberzeugungen anzeigen sollten, wurde als Variable HLC-I bezeichnet. Die Summe der Punkte zu den Aussagen, die externale Kontrollüberzeugungen in Bezug auf externe Experten anzeigen sollten, wurde HLC-P (P wie „powerful others") genannt. Die Summe der Punkte zu den Aussagen, die externale Kontrollüberzeugungen in Bezug auf Schicksal oder Glück anzeigen sollten, wurde als HLC-C (C wie „chance") bezeichnet. Um das Überwiegen von internalen über externale Kontrollüberzeugungen zu erfassen, wurde die Differenz aus HLC-I und HLC-P gebildet und HLC genannt (HLC = HLC-I – HLC-P). Die externalen Kontrollüberzeugungen in Bezug auf Schicksal oder Glück wurden in dieser Differenz vernachlässigt, weil angenommen wurde, dass diese Überzeugungen kaum Auswirkungen auf das Informations- und Kommunikationsverhalten zum Thema Gesundheit haben.[9]

---

9   Dies geschieht in Analogie zu Untersuchungen, die zeigten, dass die Überzeugung, dass die eigene Gesundheit von Glück oder Schicksal abhängig ist, keine große Rolle in Bezug auf die subjektive Gesundheit spielt. Vgl. Janßen (1999).

Wenn die Gesundheit nur von Schicksal oder Glück abhängig ist, so ist eigenes Bemühen um bessere Informationen nicht sehr sinnvoll.

Die Werte der Variablen HLC-I, HLC-P, HLC und HLC-C für die vier Cluster sind in Tab. 5 angegeben. Im Folgenden sollen die Mittelwerte dieser Variablen interpretiert werden.

Tab. 5: Ausprägungen des Health Locus of Control in den Clustern

	Sorglose Jüngere		Mittelalte Gesund-heitsvorsorger		Ältere Allesnutzer		Expertenorien-tierte Ältere	
	Mittel-wert	Stand. abw.	Mittel-wert	Stand. abw.	Mittel-wert	Stand. abw.	Mittel-wert	Stand. abw.
HCL-I	9,29	1,62	9,69	1,42	10,04	1,58	9,47	1,58
HCL-P	6,21	1,32	6,73	1,64	7,60	1,98	7,36	1,78
HCL	3,07	1,93	2,94	2,01	2,49	1,67	2,06	2,45
HCL-C	5,90	1,53	5,95	1,92	6,87	2,12	6,22	1,94

Die „sorglosen Jüngeren" haben den höchsten HLC-Wert. Bei ihnen überwiegen internale Kontrollüberzeugungen die externalen am stärksten. Der Wert HLC-C, also die Überzeugung, dass die Gesundheit hauptsächlich von Glück und Schicksal abhängt, ist relativ gering. Diese Versicherten haben das Gefühl, ihre Gesundheit hauptsächlich selbst in der Hand zu haben; gleichzeitig machen sie sich relativ wenige Sorgen in dieser Hinsicht, da sie meinen, dass das Glück auf ihrer Seite ist. Eine Kommunikation mit dieser Gruppe kann an der grundsätzlichen Motivation, selbst etwas für die Gesundheit tun zu können, ansetzen.

Bei den „mittelalten Gesundheitsvorsorgern" sinkt der Wert HLC etwas ab. Aufgrund ihrer mit dem Alter schlechter werdenden Gesundheit wächst das Vertrauen in externe Experten (oder die Abhängigkeit von ihnen). Auch ihre Überzeugung, selbst etwas für die Gesundheit tun zu können (oder zu müssen), nimmt zu. Aber die internalen Kontrollüberzeugungen überwiegen die externalen immer noch deutlich; die Motivation, selbst etwas für seine Gesundheit zu tun, ist vorhanden. Das passt zum Vorsorgeverhalten. Gleichzeitig nimmt eine fatalistische Einstellung noch kaum zu. Die überwiegenden internalen Kontrollüberzeugungen, selbst etwas für die Gesundheit tun zu können, können von der Kommunikation mit diesen Versicherten unterstützt werden.

Die „älteren Allesnutzer" haben die höchsten Werte bei den internalen Kontrollüberzeugungen (HLC-I), aber auch bei den externalen Kontrollüberzeugungen in Bezug auf externe Experten (HLC-P) und auch in Bezug auf Glück oder

Schicksal (HLC-C). Sie möchten alle Einflussfaktoren auf ihre Gesundheit berücksichtigen; alle erscheinen ihnen wichtig. Gleichzeitig überwiegen aber die
internalen Kontrollüberzeugungen die externalen (HLC) relativ stark. Dies passt
gut zur umfassenden Aktivität dieser Versicherten. Sie finden alle Einflussfaktoren auf ihre Gesundheit wichtig, es gibt aber ein deutliches Übergewicht bei
den internalen. Auch bei diesen Versicherten kann die Kommunikation bei diesem Übergewicht der internalen Kontrollüberzeugungen ansetzen.

Die „expertenorientierten Älteren" haben für alle HLC-Variablen geringere
Werte als die „älteren Allesnutzer". Auch bei ihnen überwiegen die internalen
Kontrollüberzeugungen, allerdings weniger als bei den „älteren Allesnutzern".
Die Kommunikation mit ihnen sollte darauf abstellen, die internalen Kontroll-
überzeugungen weiter zu stärken, da sie bisher nicht ausreichen, ihre passive Pa-
tientenrolle zu überwinden.

Die Werte der Ausprägungen des Health Locus of Control passen also durchaus
zu den Charakterisierungen der Cluster-Segmente. Insgesamt fällt auf, dass die
internalen Kontrollüberzeugungen die externalen bei allen Clustern überwiegen
(HLC >0). Dies ist eine gute Ausgangslage für alle, die die Selbstverantwortung
von Versicherten und Patienten stärken wollen.

Diese Aussagen mögen jedoch etwas zu stringent formuliert sein, da die recht
hohen Standardabweichungen dafür sorgen, dass die im Verhältnis geringen Abweichungen der Mittelwerte nicht ausreichend zum Tragen kommen.

6. Diskussion

Diese Untersuchung der Barmer Krankenversicherten gehört zu den im deutschen Gesundheitswesen noch neueren Bemühungen, die Ansprache der Versicherten und die Kommunikation mit ihnen durch bessere Kenntnisse ihrer
Wünsche, Bedürfnisse und Gewohnheiten wirkungsvoller zu gestalten. Der Unterschied zu bisherigen Ansätzen ist, dass nicht primär vom Inhalt der Botschaft
ausgegangen wird, wie es typischerweise bei expertengetriebenen Konzepten geschieht, sondern von den Versicherten und Patienten, ihren Bedürfnissen und
Gewohnheiten. Dies ist ein typischer Marketingansatz. Noch neu ist in diesem
Zusammenhang die Methodik, Cluster in Bezug auf das gesundheitsbezogene
Informationsverhalten zu bilden. Eine wissenschaftliche Arbeit zu diesem Thema
ist von Baumann vorgelegt worden (Baumann 2006). Mit dieser Untersuchung
ergibt sich interessantes Vergleichsmaterial zu dieser Erhebung.

Die Beschreibung der Cluster anhand von soziodemographischen Daten, die hier
begonnen worden ist, ist noch nicht beendet. Es wird weiter daran zu arbeiten

sein, hier genauere Kennzeichnungen zu finden. Besonders interessant sind dabei differenzierte Aussagen anhand von Daten, auf die die Krankenversicherung Zugriff hat.

Die Beschreibung der Cluster kann Anhaltspunkte darüber geben, mit welchen Gesundheitsthemen und über welche Informationskanäle die verschiedenen Zielgruppen am besten zu erreichen sind. Außerdem können die Informationen wirkungsvoller gestaltet werden, wenn auf die Motive der Versicherten Rücksicht genommen wird. Die vorliegende Untersuchung ist für operationale Zwecke weiter zu verfeinern. Wie die konkrete Gestaltung der Botschaften für die einzelnen Zielgruppensegmente aussehen sollte, ist damit noch nicht geklärt.

Neu ist in diesem Zusammenhang die Analyse des Health Locus of Control. Ergaben sich für die verschiedenen Cluster intuitiv passende Ergebnisse. Diese bleiben jedoch aufgrund der relativ hohen Standardabweichungen unsicher.

Literatur:

Ahrens, W./Bellach, B.M./Jöckel, K.-H. (Hrsg.) (1998): Messung soziodemographischer Merkmale in der Epidemiologie. Urban & Vogel: München

Backhaus, K./Erichson, B./Plinke, W./Weiber, R. (2003): Multivariate Analysemethoden. Eine anwendungsorientierte Einführung. 10. Aufl. Springer Verlag: Berlin, Heidelberg, New York

Baumann, E. (2006): Auf der Suche nach der Zielgruppe - Das Informationsverhalten hinsichtlich Gesundheit und Krankheit als Grundlage erfolgreicher Gesundheitskommunikation. In: Böcken, J./Braun, B./Amhof, R./Schnee, M. (Hrsg.): Gesundheitsmonitor 2006. Verlag Bertelsmann Stiftung: Gütersloh, 117 - 153

Böcken, J./Braun, B./Amhof, R./Schnee, M. (Hrsg.) (2006): Gesundheitsmonitor 2006. Verlag Bertelsmann Stiftung: Gütersloh

Borch, S./Wagner, S.J. (2009): Motive und Kontext der Suche nach Gesundheitsinformationen. Theoretische Überlegungen und empirische Befunde anhand des telefonischen Gesundheitssurveys. In: Roski, R. (Hrsg.): Zielgruppengerechte Gesundheitskommunikation. Akteure - Audience Segmentation - Anwendungsfelder. VS Verlag für Sozialwissenschaften: Wiesbaden, 59-87

Braun, B./Marstedt, G./Rosenwirth, M. (2006): Die Informationsbedürfnisse von Patienten in der ambulanten Versorgung. In: Hey, M./Maschewsky-Schneider, U. (Hrsg.): Kursbuch Versorgungsforschung. Medizinisch Wissenschaftliche Verlagsgesellschaft: Berlin, 158 - 173

Dutta-Bergman, M.J. (2004): Primary sources of health information: Comparisons in the domain of health attitudes, health cognitions, and health behaviors. In: Health Communication 16 (3): 273 - 288

van Eimeren, B./Frees, B. (2008): Internetverbreitung: Größter Zuwachs bei Silver Surfern. Ergebnisse der ARD/ZDF-Onlinestudie 2008. In: Media Perspektiven 7/2008: 330 - 344

Härlen, I./ Simons, J./ Vierboom, C. (2004): Die Informationsflut bewältigen. Über den Umgang mit Informationen zu Lebensmitteln aus psychologischer Sicht. Verlag: Books on Demand: Nordersted

Hey, M./Maschewsky-Schneider, U. (Hrsg.) (2006): Kursbuch Versorgungsforschung. Medizinisch Wissenschaftliche Verlagsgesellschaft: Berlin

Janßen, C. (1999): Lebensstil oder Schicht? Ein Vergleich zweier Konzepte im Hinblick auf ihre Bedeutung für die subjektive Gesundheit unter besonderer Berücksichtigung der gesundheitlichen Kontrollüberzeugungen. Logos: Berlin

Janßen, C. (2001): Soziale Schicht und ‚Gesundheitliche Kontrollüberzeugungen‘ (Health Locus of Control). In: Mielck, A./Bloomfield, K. (Hrsg.): Sozial-Epidemiologie. Eine Einführung in die Grundlagen, Ergebnisse und Umsetzungsmöglichkeiten. Juventa Verlag: Weinheim und München, 184 - 195

Kickbusch, I. (2006): Die Gesundheitsgesellschaft. Megatrends der Gesundheit und deren Konsequenzen für Politik und Gesellschaft. Verlag für Gesundheitsförderung: Gamburg

Mielck, A./Bloomfield, K. (Hrsg.) (2001): Sozial-Epidemiologie. Eine Einführung in die Grundlagen, Ergebnisse und Umsetzungsmöglichkeiten. Juventa Verlag: Weinheim und München

Robert Koch Institut in Zusammenarbeit mit dem statistischen Bundesamt (2006): Gesundheit in Deutschland. Robert Koch Institut: Berlin

Roski, R. (Hrsg.) (2009): Zielgruppengerechte Gesundheitskommunikation. Akteure - Audience Segmentation - Anwendungsfelder. VS Verlag für Sozialwissenschaften: Wiesbaden

Roski, R./Schikorra, S. (2007): Health Literacy. Wie informieren sich alte Menschen über Gesundheitsthemen? In: Forum Public Health. Forschung - Lehre - Praxis. 57 (15) 20-22

SGB V. In: http://www.gesetze-im-internet.de/sgb_5/ (abgerufen am: 1.10.2008)

Trepte, S./Baumann, E./Hautzinger, N./Siegert, G. (2005): Qualität gesundheitsbezogener Online-Angebote aus Sicht von Usern und Experten. In: Medien- und Kommunikationswissenschaft 53 (4): 523-543

Wenzel, E./Rauch, C./Kirig, A. (2007): Zielgruppe LOHAS: Wie der grüne Lifestyle die Märkte erobert. Zukunftsinstitut: Kelkheim

Winkler, J. (1998): Die Messung des sozialen Status mit Hilfe eines Index in den Gesundheitssurveys der DHP. In: Ahrens, W./Bellach, B.M./Jöckel, K.-H. (Hrsg.): Messung soziodemographischer Merkmale in der Epidemiologie. Urban & Vogel: München, 69 - 74.

III. Akteure

Zielgruppen-Marketing der AOK Berlin – Die Gesundheitskasse

Werner Felder

1. Die zielgruppenorientierte Versichertenkommunikation der AOK Berlin – Die Gesundheitskasse

Die AOK Berlin – Die Gesundheitskasse (im Folgenden AOK Berlin genannt) verfolgt verschiedene zielgruppenorientierte Kommunikationsstrategien. Im Sinne der Rolle als Anwalt der Versicherten dient die zielgruppenorientierte Kommunikation und das Zielgruppenmarketing dazu, die Patientensouveränität zu stärken, Transparenz über die Angebote zu schaffen und zugleich die Gesundheit der Versicherten zu fördern.

Unterschiedliche Gruppen von Versicherten aber auch Kunden mit individuellen Fragen und Problemstellungen erfahren durch die AOK Berlin kompetente Hilfe und Unterstützung. Betroffene erhalten auf ihre Bedürfnisse abgestimmte Informationen. Richtige Information und gelungene Kommunikation kann hierbei neben einer Stärkung der Eigenverantwortlichkeit zur Vermeidung von Krankheit, zu besseren Erfolgen bei bereits eingetretenen Krankheiten und somit zu geringeren Kosten für das Solidarsystem führen. In diesem Sinne kann bzgl. des Zielgruppenmarketings der AOK Berlin von präventiv-wirkenden Maßnahmen gesprochen werden.

Die unterschiedlichen Versichertengruppen werden mittels verschiedener Attribute lokalisiert. So lassen sich die Versicherten u.a. an folgenden Eigenschaften differenzieren:

- Alter,
- Geschlecht,
- Statuspassage,
- sozialer Status,
- Nationalität,
- individuelle körperliche und geistige Disposition und
- Krankheit.

Anhand dieser Kriterien lassen sich unterschiedliche Bedürfnisse und verschiedene Risiken für die Gesundheit von Gruppen und Einzelpersonen ermitteln.

Mit Clarimedis, dem medizinischen Info-Service der AOK, wird ein exklusives Angebot für die Versicherten bundesweit angeboten. Telefonisch beantworten Experten täglich, 24 Stunden an 365 Tagen im Jahr, Fragen zu medizinischen Themen. Dabei stehen unabhängige Ärzte und erfahrene Fachleute, die nur dem Anrufer und niemand anderem verpflichtet sind, zur Verfügung. Dieser Service ist selbstverständlich kostenfrei und kann auch von Familienmitgliedern genutzt werden.

Während den Servicezeiten der AOK Berlin werden den Versicherten bei Fragen rund um die Gesundheit verlässlich kompetente Ansprechpartner geboten. Interne Qualitätsstandards und Reaktionsmuster garantieren eine rasche Bearbeitung und Beantwortung von Anfragen u.a. durch Regelungen, innerhalb welcher Zeit postalische oder Email-Anfragen zu beantworten sind.

Mit dem Krankenhaus- und dem Pflegeheimnavigator der AOK Berlin werden Menschen unterstützt, die eine entsprechende Einrichtung suchen. Dabei kann nach Postleitzahl oder jeweiliger Spezialisierung recherchiert werden. Ebenso können zusätzliche Informationen von Einrichtungen abgefragt und Infos z.B. über besondere Leistungsangebote, Qualitätsstandards oder Qualitätsberichte eingeholt werden.

Mit diesen besonderen Serviceangeboten stellt sich die AOK Berlin auf einzelne Versicherte mit einem konkreten Anliegen ein. Daneben wird für bestimmte Versichertengruppen ebenfalls ein exklusives Angebot an Gesundheitsleistungen angeboten. Das Zielgruppenmarketing der AOK Berlin orientiert sich somit an Bedürfnissen und Dispositionen einzelner Versicherter und bestimmten Gruppen.

Dieser Beitrag zeigt anhand von ausgewählten Praxisbeispielen aus den Bereichen *Prävention, Marketing* und besonderen *Programmen für chronisch Kranke* unterschiedliche *zielgruppenorientierte sowie individuelle Strategien von Gesundheitskommunikation* auf.

2. Zielgruppenorientierte Gesundheitskommunikation in der Prävention

2.1 Zielgruppenorientierte Gesundheitsbildung

Die Angebote der Gesundheitsförderung müssen einen nachweislichen Nutzen für Gesunde, gesundheitlich Gefährdete und Kranke haben und an deren Bedürfnissen ausgerichtet sein. Ebenso wichtig aber gestaltet sich die Frage, wie es gelingt die Personen anzusprechen, die auch tatsächlich der Maßnahmen der Gesundheitsförderung bedürfen. Über das gängige Kursprogramm konnten nur bestimmte Versicherte angesprochen werden: Mittelschicht, häufig erste Gesundheitsprobleme oder höheres Alter und daher an Gesundheitsthemen interessiert, so könnte eine kurze Charakterisierung dieses Klientels lauten. Über den (lebensweltbezogenen) Settingansatz hingegen werden auch sozial schlechter gestellte Zielgruppen erreicht, die sich durch ein schwieriges Informationsverhalten auszeichnen.

Die AOK Berlin konnte mannigfaltige Erfahrungen in diesem Bereich sammeln, und die Gesundheitsförderung weiterentwickeln.

- Dabei werden gezielt Kommunikationswege beschritten, die es ermöglichen auch die Gruppen anzusprechen, die sich den Angeboten eher verschließen.
- Die Angebote werden so gestaltet, dass sie auch für definierte Gruppen attraktiv sind.
- Die Versicherten werden mit den Angeboten in ihren Lebenszyklen mit dem Schwerpunkt primäre Prävention begleitet.
- Dies entspricht dem Anspruch der AOK Berlin, gesundheitsbildend tätig zu sein.

2.2 Gesundheitsbildung in der jungen Familie

Die Zielgruppe der jungen Erwachsenen ist kaum für Gesundheitsbildung zu gewinnen. Andere Themen wie Berufs- und Partnerwahl stehen in dieser Lebensphase im Vordergrund. Sport und gesunde Ernährung werden eher aus körperästhetischen denn aus gesundheitlichen Gründen betrieben.

Mit der Geburt eines Kindes verändert sich dann alles – auch die Akzeptanz für Gesundheitsinformationen bei den jungen Eltern. Diese Tatsache wird für die Angebote aus dem Segment „Junge Familie" genutzt. Ziel ist es, mit den Versicherten möglichst schon während der Schwangerschaft Kontakt aufzunehmen, um den neuen Erdenbürger und seine Eltern mit gesundheitsbildenden Angeboten zu versorgen.

Vorrangig erfolgt diese Ansprache über die werdenden Mütter, denen in der Schwangerschaft Angebote wie „Entspannung in der Schwangerschaft" oder „Aquafit für Schwangere" offeriert werden. Die Ernährungsberatung in Schwangerschaft und Stillzeit ergänzt diese Angebote, so dass der Familie insgesamt die AOK Berlin als kompetenter Partner in Gesundheitsfragen zur Seite gestellt wird. Damit wird eine Basis des Vertrauens geschaffen und die Akzeptanz für Präventionsmaßnahmen erhöht. Diese Mischung von Angeboten werden nach der Geburt weitergeführt. Auch bei „Was Babys gerne essen" oder „Rücken fit – Kind mit" stehen die jungen Eltern im Fokus, die auf diesem Weg langfristig für eine gesunde Lebensweise der ganzen Familie gewonnen werden sollen.

Mit „Jolinchens Bewegungskiste", einem Bewegungsprogramm für Eltern und Kinder im Alter von 2-3 Jahren, erweitert sich die Zielgruppe auf die gesamte Familie. Alle anderen Angebote aus dem Segment Junge Familie (Autogenes Training, Yoga, Rücken- bzw. Ernährungskurs) zielen dann auf die Kinder selbst ab.

Wie festgestellt wurde, sinkt mit dieser Zielgruppenänderung zwar nicht die Akzeptanz der Eltern für diese Maßnahmen, aber die Eltern fühlen sich auch weniger für deren Erfolg verantwortlich. Damit fehlt die Unterstützung durch die Eltern, die die wesentliche Grundlage für den nachhaltigen Erfolg dieser Angebote bildet. Anders als Erwachsene benötigen Kinder immer wieder motivierende Impulse von außen, nicht nur um bei der Stange zu bleiben, sondern auch um anschließend selbst tätig zu werden und die erlernten Verhaltensmuster einzuüben und zu verstetigen. Da dies häufig in den Elternhäusern nicht mehr gewährleistet ist, wurde schließlich für die Zielgruppen Kinder und Jugendliche ein weiterer Zugangsweg beschritten.

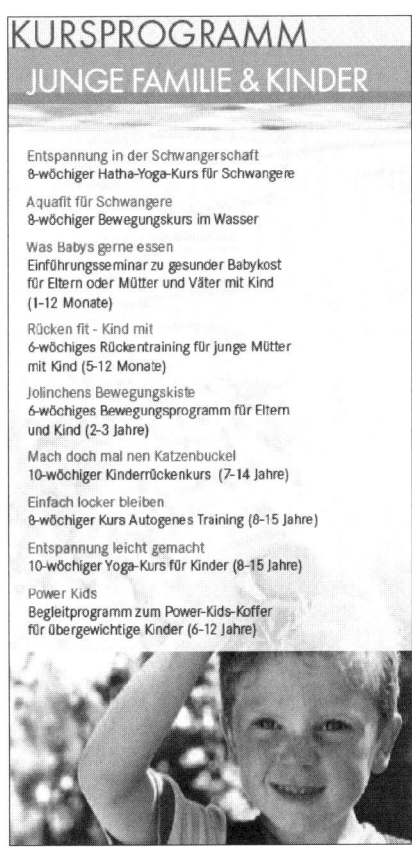

Abb.1: Flyer Kursprogramm für die Junge Familie & Kinder

2.3 Gesundheitsbildung für Kinder im Setting Kita und Schule

Nur durch spielerisches Lernen und Orientierung am Vorbild kann bei Kindern langfristig ein positives Gesundheitsverhalten erreicht werden. Doch gerade die gesellschaftlich und finanziell schwächeren Bevölkerungsgruppen zeichnen sich durch schlechtere Gesundheitschancen aus. Damit entfallen die familiär geprägten, also gelebten und vermittelten gesundheitsbezogenen positiven Verhaltensweisen gerade dort, wo sie eigentlich am notwendigsten wären. Statt dessen fällt den Bildungseinrichtungen, in denen die Kinder diesen Lebensabschnitt verbringen, diese zentrale Rolle zu. Gesundheitsbildung muss deshalb Teil des Erziehungs- und Bildungsauftrages in Kitas und Schulen werden. Um die Bildungseinrichtungen mit diesen Anforderungen nicht alleine zu lassen, engagiert sich die AOK Berlin in hohem Maße im Setting Kita und Schule.

Die AOK Berlin verfolgt u.a. gemeinsam mit der Senatsverwaltung für Bildung, Wissenschaft und Forschung und der Bertelsmann-Stiftung den Ansatz der „Guten gesunden Schule". Begonnen wurde damit im Projekt „Anschub.de/ Modellregion Berlin Mitte" im Jahr 2004. Hier stellen die beteiligten Schulen die Gesundheitsbildung in den Mittelpunkt ihres Schulentwicklungsprozesses und erarbeiten ein entsprechendes Schulprogramm. Pädagogisches Wirken, Bildungs- und Erziehungserfolge und Qualitätsentwicklungen von Schule und Unterricht werden dabei berücksichtigt. Die daraus resultierenden Maßnahmen, bei deren Umsetzung die AOK Berlin unterstützt, zielen auf alle an der Schule Beteiligten, also Schüler, Eltern, Erzieher und Lehrer ab. Die Handlungsfelder der „Guten gesunden Schule" umfassen beispielsweise auch Schulklima und Schulkultur, Führung und Management sowie die Zufriedenheit aller Beteiligten.

Neben der Arbeit in den Schulen werden in Anschub.de auch auf regionaler, Landes- und Bundesebene Netzwerke aufgebaut, die die Schulen langfristig unterstützen. Damit werden Synergieeffekte und Strukturen geschaffen, die eine nachhaltige Unterstützung der Schulen über die aktive Projektphase hinaus gewährleisten. Denn Anschub.de (http://www.anschub.de) basiert, wie alle Gesundheitsprojekte der AOK Berlin, auf dem Prinzip „Hilfe zur Selbsthilfe" und umfasst nur einen festgelegten Betreuungszeitraum, nach dem das Projekt selbsttätig weitergeführt werden muss.

Die Erfolge dieses Gesundheitsbildungsansatzes haben dazu geführt, dass diese Idee heute über das Landesprogramm „Gute gesunde Schule" sukzessive auf ganz Berlin ausgeweitet wird. Parallel dazu wird im Bezirk Mitte derzeit die Umsetzung bzw. die Übertragung dieses Vorgehens auf Kitas erprobt. Ziel ist es, für Familien die Möglichkeit zu schaffen, dass ihre Kinder durchgängig eine gesundheitsbildende Kita- und Schullaufbahn durchlaufen. Letztlich soll diese Idee dann über ein Landesprogramm „Gute gesunde Kindertagesstätte (Kita) und Schule" in ganz Berlin umgesetzt werden.

Anders als Einzelmaßnahmen umfassen die Settingprojekte in Kitas und Schulen neben den verhaltenspräventiven Maßnahmen auch die Veränderung bestehender, der Gesundheit abträglichen Verhältnisse und den Aufbau von nachhaltig unterstützenden Strukturen. Sie lassen sich demnach auch als Gesundheitsmanagementprozesse begreifen, wie sie auch in Betrieben (Setting „Betrieb") für die Zielgruppe Erwachsene initiiert werden.

2.4 Betriebliches Gesundheitsmanagement mit der AOK Berlin

Seit 1990 widmet sich die AOK Berlin neben den klassischen Verhaltensangeboten der Prävention auch dem Thema Betriebliches Gesundheitsmanagement (BGM). Auslöser für diese Arbeit waren Erkenntnisse über die Inanspruchnahme von verhaltenspräventiven Angeboten der Berufstätigen und die Antwort auf die Frage, an welchem Ort und zu welchem Zeitpunkt dieses Klientel am ehesten erreichbar ist. Damit wurde schnell der Arbeitsplatz bzw. der Betrieb als sinnvoller Ort von gesundheitsfördernden Aktivitäten identifiziert.

Heute nutzen immer mehr Unternehmen jeder Größe und jeder Branche das aufgebaute Know-how der Gesundheitskasse, um Betriebliche Gesundheitsmanagementprozesse einzuleiten oder zu optimieren. Die Zielstellung bleibt jedoch, dass alle an derartigen Prozessen Beteiligten auch davon profitieren müssen. Die Arbeitnehmer durch eine verbesserte Gesundheit, die die Lebensqualität erhöht und trotz der verlängerten Lebensarbeitszeit die Leistungsfähigkeit erhält. Die Unternehmen, die mit leistungsfähigen Mitarbeitern im Wettbewerb besser bestehen können und schließlich auch die AOK Berlin, die durch Investitionen in die betriebliche Prävention langfristig Ausgabensenkungen durch Vermeidung von Krankheit anstrebt.

Grundlage für den Start von BGM-Projekten sind oftmals Arbeitsunfähigkeitsanalysen, die zusätzlich mit den Ergebnissen aus Mitarbeiterbefragungen, Interviews und Arbeitsplatzanalysen vervollständigt werden. Daraus wird gemeinsam mit allen relevanten Vertretern des Unternehmens (Geschäftsleitung, Personalleitung, Mitarbeitervertretung, Betriebsärztlicher Dienst, etc.), die idealerweise die Steuerung eines solchen Prozesses übernehmen, entschieden, in welchen Bereichen eines Unternehmens welche Interventionen durchgeführt werden.

Diese Maßnahmen zielen in erster Linie darauf ab, die Führungskräfte der Unternehmen in die Lage zu versetzen, gesundheitsförderlich und damit auch erfolgreich im Sinne des Unternehmens führen zu können. Das heißt, dass die gemessenen Gesundheitspotenziale, von denen mittlerweile 14 identifiziert wurden, zu stärken und parallel die vorhandenen Gesundheitsgefährdungen so weit wie möglich zu minimieren. Die Fokussierung auf die Gesundheitspotenziale (z.B. Entscheidungsspielraum, faire Beurteilung, Anerkennung, Lernen bei der Arbeit, Identifikation und Arbeitsklima) führt in dem oben beschriebenen Verfahren dazu, dass die Beschäftigten ein höheres Maß an Arbeitsfreude und Selbstvertrauen herausbilden und damit wirtschaftliche Indikatoren wie Leistungskennzahlen, Qualität, Umsatz und Kosten positiv beeinflusst werden. Quasi als willkommener Nebeneffekt sinken die Krankenstände in den Unternehmen. Das folgende Schaubild zeigt das konzeptionelle Vorgehen dieser Arbeit:

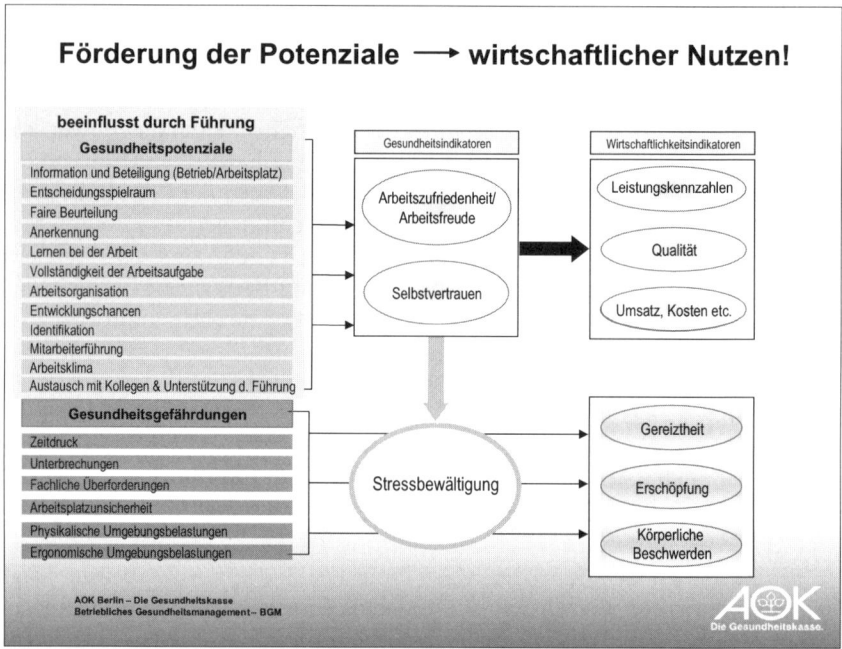

Abb. 2: Förderung der Potenziale ⟶ wirtschaftlicher Nutzen! (Quelle: Eigene Darstellung)

So zeigen auch Befragungen von Unternehmen, dass sich professionelles BGM für die Unternehmen wirtschaftlich auszahlt. Eine Studie der AOK belegt, das der ROI (Return of Investment) eine Quote von 1:3 bis zu 1:4 beträgt. Also noch ein Grund mehr für Betriebe, in BGM auch künftig zu investieren.

2.5   Gesundheitsbildung für spezielle Zielgruppen

Das Standardkursprogramm im Bereich Individualprävention wird von den Versicherten selbsttätig nachgefragt. Bei der Analyse der Kursteilnehmerdaten im Jahr 1993 fiel jedoch auf, dass bestimmte Gruppen, für die gesundheitsbildende Maßnahmen als sinnvoll erachtet wurden, unterrepräsentiert waren. Das Kursangebot der AOK Berlin wurde vollkommen überarbeitet, um die definierten Zielgruppen stärker anzusprechen.

Abb. 3: Gesundheitskurse der AOK Berlin

Um eine individuelle Beratung und Betreuung aus einer Hand im Zusammenhang mit den anderen Angeboten der Gesundheitskasse zu gewährleisten, ist das Kursbüro nun ins Call-Center eingebunden. Die Mitarbeiter werden dafür speziell geschult und ermitteln den konkreten Bedarf des Kunden und beraten ihn bei der Auswahl des optimalen Kurses.

Da z.B. Stress bei einem Schüler andere Ursachen als bei einem Arbeitssuchenden hat, werden bestimmte Angebote auf homogenere Gruppen zugeschnitten. Heute haben verschiedene Varianten der Stressreduktionsseminare wie zum Beispiel für Schüler oder für Arbeitslose Bestand, wodurch der stetig anwachsenden Zahl psychosomatischer Erkrankungen mit ihren mannigfaltigen Ursachen Rechnung getragen wird.

Entsprechend des gender-mainstreaming-Ansatzes werden Spezialprogramme geschaffen. Das für Frauen befasst sich mit der Mehrfachbelastung von Frauen in der heutigen Gesellschaft und greift die körperlichen Veränderungen in den verschiedenen Lebensphasen auf, die eventuell die Gefahr einer Erkrankung in sich bergen. Die Männer hingegen, die erfahrungsgemäß mehr körperlich gefordert werden wollen, werden über ein spezielles Herz-Kreislauf-Training angesprochen.

3. Das Ethnomarketing der AOK Berlin

3.1 Zielgruppendefinition und Besonderheiten der Zielgruppe

In keiner anderen Stadt in der Bundesrepublik sind so viele türkischstämmige Einwohner ansässig wie in Berlin. Hier leben ca. 3,4 Mio. Einwohner, davon haben ungefähr 0,45 Mio. Personen eine ausländische Staatsangehörigkeit. Die rund 0,12 Mio. türkischen Mitbürger (Quelle: www.statistik-berlin.de) bilden mit ca. 21 % die stärkste Gruppe unter den in Berlin lebenden Ausländern.

Über 65 % der in Berlin lebenden türkischen Mitbewohner sind bei der AOK Berlin versichert. Sie sind aufgrund ihrer Kultur eine Zielgruppe, für die eine besondere Gesundheitskommunikation sinnvoll ist. Die Zielgruppe setzt sich zusammen aus Personen mit bestehender türkischer Staatsangehörigkeit und aus inzwischen eingebürgerten Personen. Die o.g. statistischen Daten enthalten nur türkische Staatsbürger. Berücksichtigt man die Zahl der bereits Eingebürgerten ergibt sich eine wesentlich höhere Anzahl an Zielkunden.

Diese Bevölkerungsgruppe weist eine andere Altersstruktur auf als die deutsche. Der Anteil der jüngeren und mittleren Altersgruppen ist höher, das Durchschnittsalter beträgt 35 Jahre. Die Zielgruppe ist häufiger verheiratet, lebt seltener in Single-Haushalten, die Haushalte sind größer und die Anzahl der Kinder ist höher. Demzufolge ist auch eine stärkere Familienbindung festzustellen.

Die Sprache bildet nach wie vor ein zentrales Problem beim Erreichen der Zielgruppe. Allerdings nimmt das Problem bei denen, die in Deutschland geboren und/oder hier die Schule besucht haben, deutlich ab. Vergessen werden darf jedoch nicht, dass der Nachzug von Erwachsenen und Familienangehörigen (Heiratsmigration) auch weiterhin das Sprachproblem akut halten wird.

3.2 Zielsetzungen und Maßnahmen

Die interkulturelle Zielgruppenansprache dient dazu, die Leistungswahrnehmung unter Berücksichtigung der spezifischen Bedürfnisse und des Lebensstils der türkischen Mitbürger positiv zu verändern und eine gesundheitsbewusste Lebensweise zu fördern. Ebenso sollen Informationen zu Vorsorge-, Kern- und Zusatzleistungen die Zielgruppe besser erreichen.

Mit einer kontinuierlichen Ansprache besteht die Möglichkeit, sich dieser Zielgruppe als Gesundheitspartner zu präsentieren und dadurch eine besondere emotionale Bindung über alle Generationen zu erzeugen. Die vorhandenen und erfolgreichen Gesundheitsangebote werden nicht nur in türkischer Sprache verfasst, sondern auch an die Empfindungen, Vorstellungen und Erwartungen dieser Zielgruppe angepasst, wie z.B.:

- Die Internetseite in türkischer Sprache
- Promotion-Aktion „Son Sigaram – Meine letzte Zigarette"
- Ticketkuvert für türkische Versicherte im Heimaturlaub
- Türkischsprachige Faltblätter – Der Brustkrebsflyer

3.2.1 Die Internetseite in türkischer Sprache

Diese Art der Vermarktung steigert die Akzeptanz der Nutzer, was die steigenden Nutzerzahlen belegen. In ihr sind die wesentlichen Informationen über die besonderen Angebote der AOK Berlin enthalten. Die Informationen sind zielgruppengerecht aufbereitet und führen durch eine Verlinkung für vertiefende Informationen auf die deutschsprachigen Internetseiten. Zusätzlich werden spezielle, die Zielgruppe betreffende Themen angesprochen.

Abb. 4: Ausschnitt aus der Internetseite: www.aokberlin.de/tuerkinfo

3.2.2 Promotion-Aktion „Son Sigaram – Meine letzte Zigarette"

Ein aktuelles Thema ist die steigende Zahl der Raucher. Besonders die Jugend-lichen sind für diese „Kultdroge" sehr zugänglich. So hat es sich die AOK Berlin zur Aufgabe gemacht, die Zielgruppe über die Risiken und Gefahren des Rauchens aufzuklären.

Eines der Hauptwerbemittel waren die eigens für diese Aktion produzierten Zigarettenschachteln mit dem Slogan: Son Sigaram (Meine letzte Zigarette). Sie waren bei der Gesamtaktion auch auf der türkischsprachigen Internetseite sichtbar platziert. Die Aktion wurde durch verschiedene Medien beworben. Die Plakate und Aufkleber wurden in türkischen Geschäften in ausgewählten Stadtbezirken sichtbar angebracht. Sie unterstützten nicht nur die laufende Promotion-Aktion, sondern sorgten auch nach der Aktion für die Präsenz der AOK Berlin.

Abb. 5: AOK-Zigarettenschachtel – Son Sigaram: Ausschnitt

3.2.3 Ticketkuvert für türkische Versicherte im Heimaturlaub

Zum Anfang der Sommerferien, in denen oft die gesamte Familie in die Türkei fliegt, werden Ticketkuverts mit AOK-Aufdruck produziert. Diese werden in einem türkischen Reisebüro in Berlin-Kreuzberg als Kuverts beim Kauf des Tickets in die Türkei vergeben. Neben den Wünschen für einen schönen Ur-laub wird auf die türkischsprachige Internetseite der AOK Berlin aufmerksam gemacht, die aus dem Urlaubsort online und per Mail erreicht werden kann.

Abb. 6: Das Ticketkuvert

3.2.4 Türkischsprachige Faltblätter – Der Brustkrebsflyer

Vorhandene deutschsprachige Informationen zu Themen wie Prävention, Früherkennung oder Serviceleistungen erreichen oft diese Zielgruppe nicht, da es sich bei den Inhalten um sehr spezifische Informationen handelt, die oft über den allgemeinen Sprachgebrauch der türkischen Zielgruppe hinausgehen. Dadurch ist sie oft nicht genügend über Gesundheitsthemen und Leistungen der AOK Berlin informiert. Um sicherzustellen, dass diese Zielgruppe wichtige Informationen auch tatsächlich erreichen, entwickelt die AOK Berlin spezielle Faltblätter. Bei der Entwicklung werden insbesondere die Sprache, die Gestaltung und die Bildauswahl beachtet. Besonders wichtig ist hierbei die sprachliche Gestaltung. Die Textaufbereitung in türkischer Sprache ist keine wörtliche Übersetzung, sondern berücksichtigt einen allgemein verständlichen türkischen Sprachgebrauch. Beim Layout und bei der Bildauswahl werden Muster berücksichtigt, die von der Zielgruppe besser angenommen werden, wie z.B. Personen mit dunklen Haaren und Motive aus dem türkischen Kulturkreis. Vermieden werden auf jeden Fall Abbildungen, die zu ablehnenden Reaktionen führen können.

Ziel dieser Art der Kommunikationsstrategie ist es, wichtige Informationen an die Zielgruppe heranzutragen, das Gesundheitswissen zu erweitern und entsprechendes Verhalten zu fördern. Durch die Berücksichtigung der Kultur, der Sprache und der zielgruppenspezifischen Bedürfnisse entsteht eine Wertschätzung der Zielgruppe, wodurch eine emotionale Bindung zur Zielgruppe erreicht werden kann.

Ein Beispiel für die zielgruppenorientierte Kommunikation ist der speziell entwickelte Brustkrebsflyer, der an türkische Frauen gerichtet ist.

Brustkrebs ist die Krebsart, an der die Frauen in Deutschland am meisten erkranken. Deshalb galt es hier, die türkischen Frauen zu informieren. In dieser schwierigen Situation brauchen betroffene Frauen und Ihre Angehörigen hilfreiche Informationen und zielgerichtete Unterstützung. Die AOK Berlin gestaltete einen türkischsprachigen Flyer, in dem die Frauen über die Vorsorge, Früherkennung und das AOK-Behandlungsprogramm informiert werden. Inhaltlich ist der Flyer in drei Säulen aufgebaut:

- Vorsorge
- Früherkennung
- Behandlungsprogramm

Diese Flyer werden bei Frauenärzten, in den Brustzentren und bei türkischen Frauenvereinen, besonders in den Stadtbezirken mit hohem türkischen Bevölkerungsanteil ausgelegt. Bei der Gestaltung wurden die bereits erwähnten Kriterien berücksichtigt und bei der Bildauswahl darauf geachtet, eine emotionale Wirkung zu erzeugen, da dies die Zielgruppe besonders anspricht. Die auf dem Deckblatt abgebildete Mutter und Tochter haben dunkle Haare. Die Tochter nimmt die sichtlich betroffene Mutter in die Arme. Die Mutter teilt ihre Gedanken und Ängste der zuhörenden und verstehenden Tochter mit. Diese Situation symbolisiert eine starke Familienbindung und das enge Verhältnis zwischen Mutter und Tochter. Auch die Kombination aus Headline in türkischer Sprache in Verbindung mit der türkischen Flagge erzeugt einen hohen Aufmerksamkeitsfaktor.

Abb 7: Brustkrebsflyer

4. Kommunikation mit und für chronisch kranke Versicherte (Disease-Management-Programme)

4.1 Umsetzung bei der AOK Berlin

Seit 2002 ist die AOK Berlin federführend engagiert, so genannte Behandlungsprogramme für chronisch Erkrankte bzw. Disease-Management-Programme (DMP) in der Stadt umzusetzen und durchzuführen. Vor dem Hintergrund teilweise großer Mängel in der Versorgung chronisch Erkrankter sind gesetzliche Grundlagen geschaffen worden, um die Versorgung von Patienten mit Diabetes mellitus, Brustkrebs, Koronarer Herzkrankheit (KHK), und Asthma/COPD entscheidend zu verbessern. Diese strukturierten Programme gewährleisten eine Behandlung nach dem aktuellen Stand der medizinischen Wissenschaft unter Berücksichtigung evidenzbasierter Leitlinien bzw. nach der jeweils besten, verfügbaren Evidenz. Außerdem sind Qualitätssicherungsmaßnahmen durchzuführen und die Vorgaben für die Voraussetzungen, Verfahren, Schulungen der Leistungserbringer und der Versicherten, die Dokumentationsverpflichtungen sowie regelmäßige Evaluationen präzise vorgegeben.

Neben den spezifischen Anforderungen an die Ärzte und Krankenhäuser in den jeweiligen Programmen müssen auch die Krankenkassen im Rahmen der Umsetzung der DMPs in eine besondere Kommunikation mit ihren Versicherten treten. Die AOK Berlin nimmt dieses Anliegen sehr ernst und hat vielfältige Wege entwickelt, diese Kommunikation zielgruppengerecht umzusetzen.

4.2 AOK-Curaplan – Die DMPs bei der AOK Berlin

Den gesetzlichen Vorgaben entsprechend, setzt sich die AOK Berlin zur Umsetzung der DMPs in der Stadt stets für qualitativ hochwertige vertragliche Regelungen mit dem ambulanten als auch stationären Versorgungssektor ein. In der Regel werden hierfür Verträge mit der Kassenärztlichen Vereinigung Berlin (KVB) geschlossen, die das Gerüst für die Ausgestaltung der Programme bilden.

Zum heutigen Zeitpunkt bietet die AOK Berlin mit AOK-Curaplan den Versicherten neben den DMPs zu Diabetes mellitus Typ 2, Brustkrebs, Koronare Herzkrankheiten und Asthma auch AOK-Curaplan COPD an (chronisch obstruktive Lungenerkrankungen/*c*hronic *o*bstructive *p*ulmonary *d*isease, abgekürzt *COPD*). Die vertraglichen Regelungen für diese DMPs berücksichtigen die jeweiligen indikationsspezifischen Besonderheiten. Mit Ausnahme des

DMP Brustkrebs wurde bei allen Indikationen als Grundlage ein Vertrag mit der Kassenärztlichen Vereinigung Berlin geschlossen. Stationäre Einrichtungen sowie Einrichtungen für Rehabilitationsmaßnahmen wurden zusätzlich eingebunden. Im DMP Brustkrebs wurden dagegen die Hauptverträge mit ausgewählten Brustzentren (stationäre Einrichtungen) abgeschlossen, da der entscheidende Teil der Behandlung stationär erfolgt. Die an der Behandlung eingebundenen niedergelassenen Fachärzte treten nach erfolgter Prüfung der Strukturvoraussetzungen durch eine Teilnahmeerklärung den Verträgen mit den Brustzentren bei. Dabei steht die AOK Berlin im regelmäßigen Dialog mit den verschiedenen Arztgruppen als auch stationären Einrichtungen, um die Versorgungsqualität für ihre Versicherten kontinuierlich zu verbessern. So organisiert die AOK Berlin beispielsweise eine jährlich stattfindende brustzentrenübergreifende Fortbildungsveranstaltung für alle am DMP Brustkrebs teilnehmenden Gynäkologen. Diese in der Versorgungslandschaft einmalige Veranstaltung dient neben der eigentlichen Fortbildung der Ärzte auch dem gemeinsamen Austausch aller Beteiligten, die an der Versorgung von Brustkrebspatientinnen partizipieren.

Durch das AOK-System wurde bereits vor Einführung der ersten Programme eine Gesamtkonzeption für eine zielgerichtete Versichertenkommunikation der DMPs erarbeitet. Um den für Versicherte unverständlichen Begriff „Disease-Management-Programm" greifbarer, aber auch das deutsche Äquivalent des „Behandlungsprogramms für chronisch Erkrankte" positiver im Sinne von Mitwirkung des Versicherten zu fassen, wurde der Markenname AOK-Curaplan für DMPs im AOK-System implementiert.

Abb 8: Logo AOK- Curaplan

Das Wort Curaplan bedeutet soviel wie „sorgfältige Betreuung". Der Wortbestandteil „plan" verdeutlicht zudem den wichtigen Inhalt der Mitwirkung des Versicherten im DMP, indem der Arzt mit dem Versicherten individuelle Behandlungsziele vereinbart, wie z.B. Senkung der Blutzucker- oder Blutdruckwerte, wenn diese über dem Normbereich liegen, die beim nächsten Arzttermin überprüft und wieder neu vereinbart werden. Ziel der DMPs soll zu allererst die gezielte Behandlung einer chronischen Erkrankung und dabei die Vermeidung von Folgeerkrankungen sein. Gleichzeitig verfolgt die AOK Berlin das Ziel, die Patientensouveränität und damit den persönlichen Umgang der Versicherten mit der eigenen Erkrankung zu stärken. Dazu werden die Versicherten bedarfsgerecht und zielgruppenorientiert beraten, informiert sowie durch weitere Zusatzangebote unterstützt.

4.3 Zielgruppenorientierte Kommunikation mit AOK-Curaplan

Die von der AOK Berlin verfolgten Ansätze der Versichertenkommunikation im Rahmen der Curaplan-Programme sind vielfältig. Neben der indikationsspezifischen Kommunikation, d.h. auf die jeweilige Diagnose wie z.B. Diabetes mellitus Typ 2 zugeschnitten, ist es wichtig, spezielle Zielgruppen (z.B. Kinder, Personen mit türkischem Migrationshintergrund) innerhalb dieser Diagnosegruppen anzusprechen.

Innerhalb der Diagnosegruppen gliedert sich die Kommunikation nach DMP-Status, d.h. Information über eine Teilnahme am Programm, gezielte Informationen innerhalb des Programms, Informationen im Rahmen der Qualitätssicherung sowie Zusatzangebote. Neben dieser Segmentierung der Versicherten muss gleichzeitig erwogen werden, welche Informationen mittels welchen Mediums an die entsprechende Versichertengruppe vermittelt werden soll. Die Wahl des Mediums erfolgt dementsprechend sowohl nach Zweckmäßigkeit als auch nach den zu vermittelnden Inhalten. Diese Mittel der Kommunikation können sowohl Print- als auch elektronische Medien, aber auch verschiedene Formen persönlicher Beratung sowie Bonus- oder Zusatzangebote sein.

Abb. 9: Info Diabetes mellitus Typ 2 in türkischer Sprache

Über die strukturierten Behandlungsprogramme AOK-Curaplan wird z.B. in
der Mitgliederzeitschrift „bleibgesund" informiert. In den wohnortnahen Service-
centern der AOK Berlin informieren Kundenberater über Vorteile, Voraussset-
zungen und Modalitäten einer Teilnahme. Auskunft erhalten Betroffene darüber,
welcher Arzt am entsprechenden AOK-Curaplan teilnimmt, und sie erhalten
eine Informationsbroschüre sowie eine Teilnahmeerklärung. Darüber hinaus
kann sofort ein Arzttermin vereinbart werden.

Offene Fragen können telefonisch bei der AOK-Curaplan-Hotline geklärt
werden. Ebenso informiert der Arzt nochmals über das Programm und schreibt
den Versicherten mittels der Teilnahmeerklärung und der durch den Arzt auszu-
füllenden Erstdokumentation in AOK-Curaplan ein. Beide vereinbaren einen
zu erreichenden Zielwert (z.B. für den Blutzuckerspiegel bei Diabetes), der beim
nächsten Arztbesuch überprüft wird, und der Versicherte erhält einen Durch-
schlag des Dokumentationsbogens. Darüber hinaus werden die Kosten einer
Teilnahme an einer Schulung zum Umgang mit der Erkrankung im Rahmen des
Programms durch die AOK Berlin übernommen.

Nachdem der Versicherte in AOK-Curaplan eingeschrieben ist, erhält er von
der AOK Berlin ein Begrüßungsschreiben sowie weiterführende und leichtver-
ständliche Informationen. Auf den Internetseiten der AOK Berlin (www.aokber-
lin.de/curaplan) lassen sich ebenfalls entsprechende Auskünfte finden.

Im Rahmen von AOK-Curaplan gehen bestimmte Daten der durch den Arzt
erstellten Dokumentationen an die AOK Berlin. Diese ist im Rahmen der vertraglichen Regelungen verpflichtet, ihren Beitrag gegenüber den Versicherten zur
Qualitätssicherung zu leisten. Gegebenenfalls werden die Teilnehmer über weitere
Maßnahmen, Kurse oder Behandlungsschritte informiert.

5. Fazit und Ausblick der Kommunikationsstrategien unterschied-
licher Zielgruppen der AOK Berlin – Die Gesundheitskasse

Auf das heutige Präventionskonzept hat die AOK Berlin viele positive Reakti-
onen erhalten. Dies bestärkt uns, den beschrittenen Weg weiter zu verfolgen.
Neben dem Betrieblichen Gesundheitsmanagement werden vorrangig die An-
gebote für die junge Familie und für Männer ausgebaut. Ebenfalls werden die
Themenbereiche Stressreduktion sowie burn out stärker berücksichtigt und der
Präventionsgedanke gezielt an ältere Versicherte herangetragen.

Die Vermarktungsstrategien werden für diese Angebote weiter verfeinert.
Denn auch für die Gesundheitsbildung gilt: Je individueller und persönlicher der
Einzelne sich angesprochen fühlt und je passgenauer das Angebot seinen Bedarf

trifft, umso mehr steigt die Akzeptanz und damit die Bereitschaft etwas zu tun – auch seiner eigenen Gesundheit zuliebe.

Eine gezielte Ansprache ist auch bei Menschen wichtig und notwendig, die durch die deutsche Sprache nicht bzw. nur sehr schwer zu erreichen sind. Die spezielle Ansprache der türkischen Zielgruppe seit dem Jahr 2002 hat zu einer Steigerung der Imagewerte bei türkischen Versicherten der AOK Berlin geführt. Die stetige Steigerung der Klickraten auf der speziellen Internetseite „Türkinfo" zeigt, dass die Informationen über die AOK Berlin und zu allgemeinen Gesundheitsfragen sehr gut angenommen und regelmäßig genutzt werden.

Für diese, wie auch für alle anderen lokalisierten Zielgruppen werden spezielle Medien entwickelt und deren besonderen Lebenslagen und Bedarfe berücksichtigt. Die AOK Berlin verfolgt auch weiterhin verstärkt Kommunikationsstrategien hinsichtlich unterschiedlicher Zielgruppen, die z.B. soziale Lagen, Statuspassagen oder das Morbiditätsrisiko in den Blick nehmen.

Die Versichertenkommunikation im Rahmen der AOK-Curaplan Programme ist äußerst erfolgreich. Als große Versorgerkasse hat die AOK Berlin viele Versicherte, die von einer chronischen Erkrankung betroffen sind. Umso mehr steht sie in der Verantwortung, nicht nur eine optimale Versorgung zu sichern, sondern insbesondere auch die Souveränität der Versicherten zu stärken und diese durch vielfältige und qualitativ hochwertige Informationen und Unterstützungsangebote im eigenverantwortlichen Umgang mit ihrer Gesundheit zu stärken.

Die Evaluationsberichte zeigen positive Entwicklungen z.B. bei den Teilnehmern des DMP Diabetes mellitus Typ 2. So ist u.a. festzustellen, dass der Langzeit-Blutzuckerwert (HbA1c) der Patienten in der ersten Phase der DMP-Teilnahme im Durchschnitt weiter gesenkt werden konnte. Zudem ist unter den teilnehmenden Patienten die Zahl der Raucher um etwa ein Drittel gesunken und ein Wiederanstieg wurde nicht beobachtet.

Die Programme für chronisch Erkrankte werden kontinuierlich fortentwickelt. Zu Beginn des Jahres 2008 startete das sechste Programm: AOK-Curaplan Diabetes mellitus Typ 1. Die AOK Berlin – Die Gesundheitskasse wird sich weiterhin als Anwalt der Versicherten engagieren und im Sinne eines Mehrwerts für die Kunden Kommunikationsstrategien unterschiedlicher Zielgruppen ausbauen.

Zielgruppen für Pharmaunternehmen – Segmentierung als Methode der Komplexitätsreduktion

Michael Scholl

1. Herausforderung des Marketing im Gesundheitswesen

Das Marketing im Gesundheitswesen unterliegt einem grundsätzlichen Wandel. Einerseits bedienen sich die Marketing-Manager in dieser Branche immer stärker der Methoden von Konsumgüterunternehmen. Andererseits existieren zahlreiche Limitationen bei der Anwendung dieser Methoden. Gesetzliche Einschränkungen, wie beispielsweise das Heilmittelwerbegesetz, machen zahlreiche klassische Verfahren der nachfrageorientierten Marktstimulierung („Pull") obsolet. Moralische Einschränkungen grenzen wiederum die Bandbreite im Bereich der kanalseitigen Marktstimulierung („Push") ein. Selbst auferlegte Codices und Branchen-Vorgaben ergänzen die Liste der Limitationen (vgl. Sheikh 2004; Bauer/Hahn/Hammerschmidt 2006; Homburg/Krohmer 2007).

Betrachtet man das Gesundheits-Marketing der vergangenen Jahre näher, so kristallisieren sich zwei „Trends" heraus.

1. Erstens steigt, zumindest scheinbar, die Anzahl der möglichen Anspruchs- bzw. Kundengruppen im Gesundheitsmarkt.
2. Zweitens steigt, zumindest scheinbar, die Wichtigkeit dieser „neuen" Kundengruppen.

Diese Entwicklung stellt allerdings einen starken Kontrast zum vorherrschenden Gesundheitsmarketing des letzten Jahrtausends dar. Jahrzehntelang folgte man auch in Deutschland dem amerikanischen Paradigma, dass Ärzte die maßgeblichen Entscheider im Gesundheitsbereich sind. Gesundheitskommunikation war bis in die späten neunziger Jahre, und ist auch z.T. bis heute, eine Kommunikation an eine einzige Zielgruppe: Ärzte (vgl. Scholl 2005; Scholl/Rupp 2006).

Der vorliegende Beitrag widmet sich der sehr grundlegenden Frage, wer eigentlich Zielgruppe bzw. Empfänger von Gesundheitskommunikation ist. Zahlreiche Forschungs- und Beratungsprojekte zeigen uns, dass es höchst unterschiedliche Vorstellungen gibt, welche Zielgruppen es im Gesundheitswesen gibt und welche Bedeutung diese haben. Je nach Unternehmen, Unternehmensbereich oder Abteilung ergeben sich hier bereits innerhalb eines Unternehmens Kombinationen, die häufig enorm widersprüchlich sind (vgl. Heinzer/Scholl 2005).

Im folgenden Beitrag wird versucht, die Vielfalt der o.g. Kundengruppen sinnvoll zu reduzieren und es wird hierbei insbesondere auf spezifische Anforderungen bei der Gesundheitskommunikation mit diesen Zielgruppen eingegangen. Als zugrunde liegende Logik nutzen wir die generellen Grundlagen der Segmentierung, auf die wir im nächsten Abschnitt zunächst eingehen.

2. Besonderheiten der Segmentierung im Gesundheitsmarkt

Der Gesundheitsmarkt stellt eine Segmentierung vor besondere Herausforderungen. Wie bereits einleitend konstatiert, verändert sich die Kundenlandschaft derzeit sehr schnell. Als Resultat haben häufig weder Gesetzgeber noch gesundheitspolitische Autoren einen Überblick, welche Zielgruppen überhaupt existieren (können). Darüber hinaus verändern sich die Entscheidungswege im Markt grundlegend. Der Gesundheitsmarkt kann somit als einer der komplexesten Märkte überhaupt gesehen werden (vgl. Wadman/Hütt 2004). Der vorbenannten Komplexität widmete sich bereits Kieser (1974) und unterschied diese anhand der drei Dimensionen Anzahl, Unterschiedlichkeit und Überlappung (vgl. auch Duncan 1972; Homburg/Kebbel 2001).

- *Anzahl der Kunden:* Zunächst ist im Gesundheitsmarkt eine besonders hohe Anzahl an verschiedenen Kundengruppen und Kunden vorhanden. Gesundheit bzw. Krankheit betrifft jeden Menschen. Im Gegensatz zu Automobil, Wellness-Urlaub, Luxusuhr oder Designerstuhl bewegen wir uns hinsichtlich der Menge der potenziellen Abnehmer einerseits im Massenmarkt. Andererseits sind aufgrund der regulierten Vertriebs- und Logistikstrukturen zahlreiche weitere Organisationen in diesen Milliardenmarkt involviert. Von Ärzten über Apotheker, Krankenkassen und zahlreichen Vereinigungen und Instituten finden sich dutzende Kundengruppen.
- *Unterschiedlichkeit der Kunden:* Darüber hinaus sind die existierenden Kundengruppen höchst unterschiedlich. Sowohl von Menge, Anspruch als auch Transaktionsvolumina zeigen sich deutliche Unterschiede zwischen den Gruppen. So existieren einerseits Business-to-Business-Strukturen, bei denen Pharmaunternehmen mächtigen Beschaffungsorganisationen gegenüberstehen. Andererseits finden sich massenmarktähnliche Business-to-Consumer-Strukturen, wo beispielsweise im Herz-Kreislauf-Markt Millionen von Patienten einen Direktkontakt zu Pharmaunternehmen suchen. Aber auch innerhalb der einzelnen Gruppen existieren bedeutende Unterschiede. Alleine bei niedergelassenen Ärzten gibt es immense Unterschiede in Bezug auf Denk- und Arbeitsweise. Ausbildung, Arbeitsalltag und Fragen eines Hausarztes, Frauenarztes oder Zahnarztes sind vollkommen unterschiedlich.
- *Überlappung der Kunden:* Letztlich steigt, insbesondere seit den Bestrebungen zur Modernisierung des Gesundheitswesens, auch die Überlappung zwischen den Kundengruppen. Patienten entwickeln sich von Konsumenten zu Beeinflussern, indem sie auf regionaler, nationaler und internationaler Ebene zu professionellen Vertretern ihrer eigenen Interessen werden. Apotheker entwickeln

sich zu Entscheidern, indem sie über Substitution und Importquoten die eigentliche Entscheidung eines Arztes zunehmend aushebeln können (vgl. Dietz/Kranzer/Sieben/Scholl 2002). Ärzte selbst wiederum entwickeln sich zu Partnern im Rahmen eines Vertrages, der zwischen ihrem Dachverband, der kassenärztlichen Vereinigung, und einer Krankenkasse geschlossen wurde.

Als direkte Implikation dieser Komplexität ergibt sich eine der Kernfragen der Marketingwissenschaft: Wie können Ressourcen optimal auf die Vielzahl und Vielfalt der sich mehrfach überlappenden Kundengruppen verteilt werden (vgl. Pfeffer/Salancik 1978; Achrol/Stern 1988; Scott 1992)?

Viele der Autoren dieses Sammelwerkes gehen in ihren Beiträgen darauf ein, dass eine zielgruppenorientierte Gesundheitskommunikation sich an den grundlegenden Bedürfnissen der Zielgruppe orientieren soll. Die „Bedürfnisse der Individuen" sollen also als maßgebliche Determinante in eine Segmentierung von Zielgruppen eingehen. Hierbei werden jedoch die o.g. Komplexität und das dargestellte Ressourcenproblem oft vernachlässigt: Im Gesundheitsweisen gibt es einfach zu viele zu unterschiedliche individuelle Bedürfnisse. Als Folge beobachten wir zahlreiche Stilblüten der Gesundheitskommunikation:

- Selbsthilfeorganisationen verwenden bei Aufklärungsbroschüren für Patienten unverständliche Fachwörter und machen dem Patienten mehr Angst als Hoffnung. Bei genauerer Lektüre sieht man, dass eigentlich nachvollziehbare lobbyistische Tendenzen zur Untermauerung der Wichtigkeit dieser Zielgruppe in eine „Schreckenswerbung" umschlagen. Offenbar wurde hier die Broschüre für Lobbyisten mit der für Betroffene verwechselt.
- So manches Pharmaunternehmen hat Schwierigkeiten bei der neutralen Betreuung von Krankenversicherungen. Nach unserer Erfahrung ist der Kontakt zwischen forschender Industrie und Versicherungen keineswegs unerwünscht. Allerdings stiften klassische Methoden, wie beispielsweise eine arztzentrierte Besprechung bestimmter Produktvorteile, den Versicherungen keinen Nutzen.
- Bundesregierung und Gemeinsamer Bundesausschuss haben sicherlich hinsichtlich Patientenorientierung einen Schritt nach vorne gemacht. Betrachtet man aber das öffentliche Image einiger bedeutender Akteure im Gesundheitsmarkt, dann wird durchaus ersichtlich, dass dies z.T. zu deren Lasten geschehen ist. Stark betroffen waren hier sicherlich die forschenden Pharmaunternehmen, deren „Halunken-Image" sicherlich wenig förderlich für deren Investitionen in den deutschen Gesundheitsmarkt sein mag.

Die vorliegenden Beispiele verdeutlichen, dass es hier neben positiven Entwicklungen noch umfangreiches Optimierungspotenzial gibt. Wir denken daher, dass entsprechend dem o.g. Ansatz in einem ersten Segmentierungs-Schritt geklärt werden sollte, welche Kundengruppe für einen Akteur überhaupt von Interesse ist. In einem zweiten Schritt wird geklärt, wer innerhalb dieser Kundengruppe eine generelle Aufmerksamkeit verdient. Ein dritter Schritt behandelt die Frage, wie man die Bedürfnisse der interessanten Kunden besonders gut befriedigen kann. Durch diese schrittweise Vorgehensweise können halbherzige Segmentierungs-Versuche verhindert werden. Insbesondere sinkt die Gefahr, Bedürfnisse von solchen Zielgruppen erfüllen zu wollen, deren Befriedigung nicht wirtschaftlich abzubilden ist. Darüber hinaus wird ausgeschlossen, dass Kunden unterschiedlicher Ausrichtung mit denselben Ansätzen bearbeitet werden (vgl. Barnett/Arnold 1989).

Nachfolgend wird auf die drei Schritte detailliert eingegangen. Es wird hierbei die Sicht eines Pharmaunternehmens eingenommen. Diese Sichtweise soll keineswegs bedeuten, dass nur Pharmaunternehmen Gesundheitskommunikation durchführen. Unternehmen können aber häufig, im Gegensatz zu manchen öffentlichen Einrichtungen, die Frage der Ressourcenoptimierung neutraler und ohne eine die Entscheidungen vollständig überschattende und wenig fruchtbare ethische Diskussion fällen.

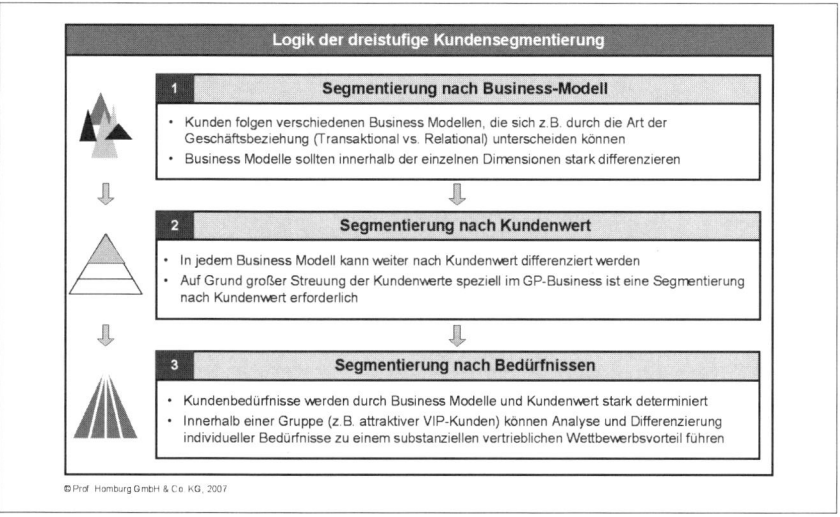

Abb. 1: Ansatz zur dreistufigen Kundensegmentierung

2.1 Ebene 1: „Denk- und Geschäftsmodell"

Im Sinne des zuvor dargestellten dreistufigen Ansatzes sollte zunächst die Frage beantwortet werden, welche grundlegenden Denk-, Verhaltens- und Geschäftsmuster in einem Markt vorhanden sind. Eine solche Frage scheint auf den ersten Blick trivial und schnell beantwortet. Nach unserer Erfahrung ist aber eben diese Frage, welche grundlegenden Kundengruppen überhaupt existieren, in vielen Organisationen unbeantwortet.

So finden wir beispielsweise auf der Agenda mancher Pharmaunternehmen das Ziel, mit „NTC's = Non Traditional Customers" in Zukunft mehr Kommunikation durchzuführen. Die Realität zeigt aber, dass dieses Segment häufig nur als Phantom in Strategieunterlagen existiert. In der Praxis der Gesundheitskommunikation findet sich nur wenig.

Untersuchungen im Rahmen eines Projektes (vgl. hierzu und zu den folgenden Ausführungen: Albiez/Danielsohn/Scholl 2006) zeigten, dass bereits eine einfache Unterscheidung in sechs Segmente sehr deutliche Unterschiede zwischen diesen Kundengruppen hervorbrachte. Es kann also konstatiert werden, dass sich diese Kundengruppen bereits auf der ersten Ebene so grundsätzlich unterscheiden, dass sie separiert voneinander betrachtet werden sollten (vgl. Abbildung 2).

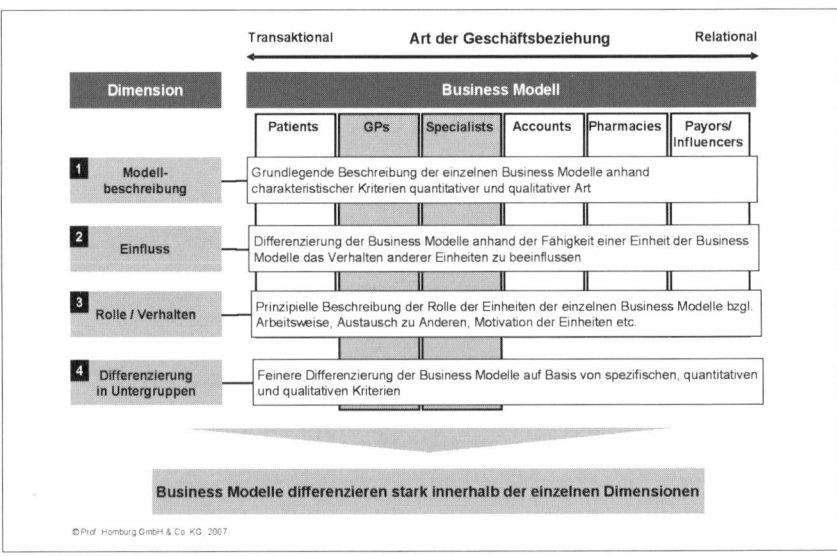

Abb. 2: Identifikation sechs verschiedener Business Modelle

Trotzdem beobachten wir, dass in den meisten Pharmaunternehmen die scheinbar klare Logik der Segmentierung durch die tägliche Praxis ausgehebelt wird: In
vielen Fällen werden über 90 % der Ressourcen nahezu ausschließlich in Ärzte
investiert. Andere Zielgruppen werden häufig vernachlässigt.

Auch erfolgt bis heute noch häufig keine Unterscheidung der maßgeblich
niedergelassenen Hausärzte/General Practitioners (GPs) von den Gruppen der
Fachärzte/Spezialists. Letztere brauchen dringend fachspezifische Tiefeninforma-
tionen. Erstere müssen eine große Bandbreite an Indikationen abdecken und
können mit zu spezifischen Informationen wenig arbeiten.

Unter Accounts werden, im Gegensatz zu Pharmacies, Kunden mit einer
zentralisierten komplexen Beschaffung verstanden. Hierzu zählen beispielsweise
Klinikapotheken oder Einkaufsverbände. Ihnen ist gemeinsam, dass sie relativ
hohe Absatzvolumina über ein komplexes „buying center", welches aus mehreren
Personen besteht, beschaffen. Sehr scharf davon können mit Pharmacies die klassischen Apotheken abgegrenzt werden. Bei einer Apotheke werden in der Regel
überschaubare Mengen an Arzneimitteln, zum Teil über Großhandel, beschafft.
Die Bedürfnisse hinsichtlich Logistik, Lagerhaltung sowie Direktbelieferung
sind im Gegensatz zu denen von Accounts deutlich niedriger.

Payers/Influencers sind die Kundengruppe von Institutionen, die gebündelt
über ganze Indikationen hinweg Richtungsentscheidungen treffen. Hierzu zählen
beispielsweise Krankenkassen, Bundesverbände oder regionale Vereinigungen.

Wie die vorherige Übersicht zeigt, unterscheiden sich diese sechs Kundengruppen nicht nur hinsichtlich ihres Geschäftsmodells. Sie unterscheiden sich
auch sehr deutlich in ihrem durchschnittlichen Wert sowie ihren Bedürfnissen.
Damit hat bereits Ebene 1 der dargestellten Segmentierungslogik einen sehr
starken Erklärungsgehalt für die folgenden Ebenen.

Ergebnis einer Segmentierung auf Ebene 1 ist, neben der Definition der relevanten Kundengruppen, insbesondere die inhaltliche Ausgestaltung von Ziel-
gruppenstrategien. Hier haben wir festgestellt, dass ein Übertragen von Ansätzen
von der einen Kundengruppe auf die andere häufig zum Scheitern verurteilt ist.

2.2 Ebene 2: Der Wert eines Kunden

Stellt man sich die Frage nach dem Kundenwert, so werden häufig zwei Perspektiven miteinander vermischt. Aus der Perspektive des Kunden ist der Kundenwert der Nutzen, den die Leistung eines Unternehmens beim Kunden stiftet. Aus
der Sicht des Unternehmens ist der Kundenwert der ökonomische Beitrag, den
ein Kunde dem Unternehmen stiftet (vgl. Beutin 2000; Heinzer/Scholl 2005).

In diesem Segmentierungsansatz wird der zweite Kundenwert-Begriff verwendet. Von Interesse ist hierbei, welchen ökonomischen Wert der Kunde dem Unternehmen liefert. Bei näherer Betrachtung zeigt sich, dass es bereits hierbei je nach Geschäftsmodell eklatante Unterschiede gibt. So könnte man durchaus bei 5-6 Kundengruppen eine paritätische Ressourcenverteilung mit ca. 15-20 % je Geschäftsmodell/Kundengruppe annehmen. Dividiert man jedoch durch die Anzahl der jeweiligen Organisationen bzw. Individuen, so zeigt sich schnell, dass sich große Unterschiede ergeben.

Eine einfachere Beispielrechnung bei Patienten verdeutlicht, dass der Wert der Patienten-Gruppe als Ganzes durchaus hoch ist. Der Durchschnittswert eines einzelnen Patienten ist aber sehr niedrig. Insbesondere im Vergleich zu einem einzelnen Arzt oder Apotheker stellt sich die Frage, inwiefern eine weitere Segmentierung bzw. Ansprache von Patienten sinnvoll ist (vgl. Dietz 2006; Vanselow/Sieben/Scholl 2001). Denn mit jeder Segmentierung sind zweifelsohne weitere Ressourcen für die Durchführung und Ausgestaltung der Ansprache verbunden.

Eine sinnvolle Kommunikation an Patienten durch ein Pharmaunternehmen ist damit faktisch zumeist nicht sinnvoll bzw. mit vernünftigem Ressourceneinsatz nicht möglich. Zudem zeigt sich auch, dass Patienten zwar gerne Informationen von Pharmaunternehmen wollen, eine Absenz solcher Informationen führt aber keinesfalls zu Verhaltensänderungen und im Umkehrschluss auch deren Existenz nicht (vgl. hierzu Homburg/Dietz 2006; Dietz 2006).

Sicherlich existieren positive Beispiele von Indikationen, wo eine intensive und professionelle Patientenkommunikation sinnvoll ist. Solche Beispiele sind aber auch stets in den Indikationen zu verzeichnen, wo der Wert eines einzelnen individuellen Patienten eine umfassende Kommunikation ermöglicht (z.B. HIV, Onkologie, Transplantation). Diese ist angesichts des o.g. Heilmittelwerbegesetzes keineswegs einfach.

Das angeführte Beispiel verdeutlicht, dass die ökonomische Wichtigkeit einzelner Kunden je nach Geschäftsmodell sehr unterschiedlich ist. Aber der Vergleich der Mittelwerte der Kundengruppen zeigt noch nicht auf, wie groß die Varianz innerhalb einer Kundengruppe ist. So ist die Varianz in der Kundengruppe der Payor/Influencer sehr niedrig und der hohe Mittelwert ist durch keine bzw. nur geringe Abweichungen geprägt.

Eine einzelne Krankenversicherung, selbst wenn es sich um eine Versicherung mit wenigen Versicherten handelt, sollte generell eine intensivere Kommunikation erfahren als beispielsweise ein Hausarzt (vgl. Abbildung 3). In der Praxis mancher Pharmaunternehmen existieren aber Beispiele, dass Hausärzte z.T. 60 Beratungs-Besuche pro Jahr erhalten. Manche anfragende Krankenversicherung erhält keinen einzigen Besuch.

Ein vollkommen anderes Bild zeigt sich bei Hausärzten (GPs). Bei den ca. 70.000 Hausärzten ist die Spannbreite im Kundenwert enorm. In der Gruppe der Hausärzte finden sich z.B. solche, die ihre Praxis als kleines Unternehmen führen. Die Anzahl der Patienten, das Verordnungsvolumen und das Potenzial sind hier oftmals sehr hoch. In ca. 15 % der Fälle ist der Wert eines Top-Hausarztes deutlich über dem Wert eines durchschnittlichen Spezialisten. Auf der anderen Seite existieren Hausarztpraxen, die eher nebenberuflich geführt werden (vgl. Scholl/Rupp 2006; Albiez/Danielsohn/Scholl 2006).

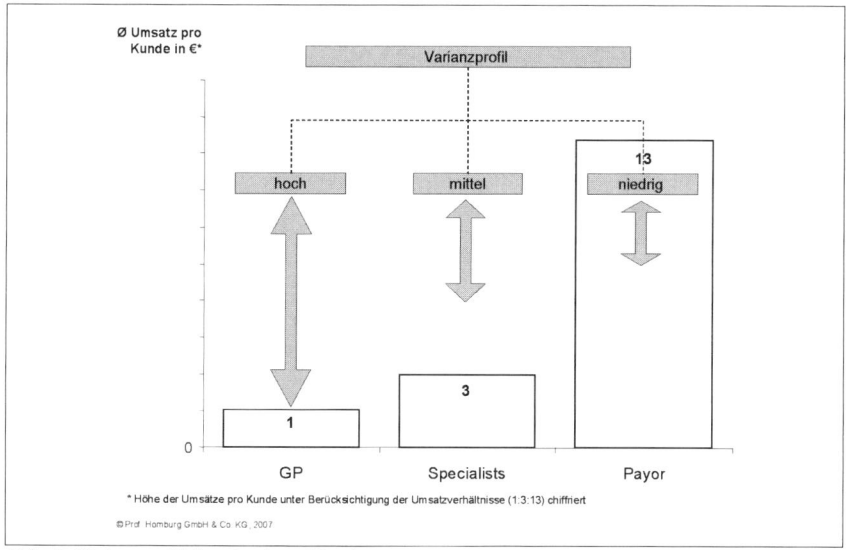

Abb. 3: Varianzprofil der einzelnen Kundengruppen

Auch hier scheint die vorbenannte Darstellung so selbstverständlich, dass eine weiterführende Analyse nicht notwendig erscheint. Wir haben jedoch beobachtet, dass in vielen Pharmaunternehmen diese Erkenntnisse nur wenig Eingang in die Praxis der Marktbearbeitung gefunden haben. So ist es bis heute nur in wenigen Pharmaunternehmen überhaupt möglich, eine Analyse des Kundenwertes eines Arztes über das gesamte Produktportfolio durchzuführen. Bei einer solchen Betrachtung zeigt sich nämlich häufig eine Erkenntnis. Je breiter die Analyse ist, desto eher greift die ursprüngliche Pareto-Regel. Und hiernach stehen ca. 20 % einer Kundengruppe für 80 % des Umsatzes und vice versa.

Vor diesem Hintergrund bekommt die Segmentierung nach Kundenwert eine besondere Relevanz. Fällt eine Segmentierung nach Geschäftsmodell häufig sehr leicht, so bedeutet die Segmentierung nach Kundenwert auch eine Abkehr von solchen Teilgruppen, bei denen eine Kommunikation nicht lohnenswert ist.

Auch öffentliche Institutionen haben Schwierigkeiten, wenn beispielsweise ein Kommunikationsbudget von 10 Mio. € zur Aufklärung von Diabetikern investiert werden soll. Mit einer Massenkampagne für 7,5 Mio. Diabetiker (vgl. Diabetes-journal 2004; Hauner 2007) kann hier deutlich weniger bewegt werden, als mit einer Unterstützung von 200 Selbsthilfegruppen. Hier sind zwar „nur" diejenigen Diabetiker organisiert, die stärker erkrankt sind. Es sind aber auch diejenigen, die das Gesundheitssystem besonders belasten, und damit wird der Kundenwert-Begriff seiner doppeldeutigen Komponente wiederum sehr gerecht. Denn das Budget setzt dort an, wo der Nutzen für die Volkswirtschaft am größten ist.

Und damit wird die zweite Ebene der häufigen Forderung eines „ethischen" bzw. „sozialen" Marketing (vgl. Gershon/Buerstatte 2003; Murphy/Laczniak/ Bowie/Klein 2005; Brenkert 2007) im Gesundheitswesen deutlich gerechter: Kommunikation wird dort eingesetzt, wo sie wirklich etwas bewegt. Ob für ein Unternehmen oder eine Volkswirtschaft.

2.3 Ebene 3: Individuelle Bedürfnisse

In diesem Abschnitt widmen wir uns als drittem und letztem Segmentierungs-schritt den individuellen Bedürfnissen. Es stellt sich die Frage, ob einzelne Kunden unterschiedliche Bedürfnisse haben, die man gegebenenfalls zu Gruppen bündeln kann.

Für viele Unternehmen im Konsumgütermarkt ist diese Frage der Kern eines jeden unternehmerischen Geschäftsmodells. Insofern mögen aufmerksame Leser die Frage stellen, warum diese erst im dritten und letzten Schritt der Segmentie-rung beantwortet wird.

Die Antwort ist der Zirkelschluss zu unserer Einleitung. Würde man in einem ersten Schritt die Bedürfnisse aller möglichen Zielgruppen aufnehmen und bei-spielsweise taxonomisch mit einer Clusteranalyse gruppieren, dann würden sich zwei Effekte ergeben:

- Erstens würde man die Daten alleine aufgrund der Menge, der Unterschied-lichkeit und der Überlappung niemals gruppieren können (vgl. die Komple-xitäts-Diskussion zu Beginn des Beitrages).
- Zweites gibt es aber ein noch bedeutenderes Risiko. Wenn man von Ebene 3

auf Ebene 2 wechselt, dann zeigt sich, dass das Befriedigen der Bedürfnisse bei vielen Kunden einfach nicht wirtschaftlich ist.

Der Weg zu dieser Erkenntnis war und ist aber bei den meisten Pharmaunternehmen sehr steinig. Im traditionellen pharmapolitischen Umfeld waren transaktionale Konzepte für die Kundengruppe „Ärzte" das Erfolgsrezept für Pharmaunternehmen. Auf einen Stimulus (Besuch durch einen Referenten) folgte ein Response (Verordnung). Vice versa erfolgte keine Verordnung, wenn kein Besuch erfolgte. Der Referent brachte in der Regel so attraktive Stimuli, dass auch ein attraktiver Response erfolgte.

Durch die zunehmenden gesetzlichen Restriktionen im Arztumfeld (z.B. Budgetrestriktionen, Bonus-Malus-Regel und steigender Verwaltungsaufwand bei Ärzten), schwindende Renditen, wenig gefüllte Produkt-Pipelines etc. wird der Komfortraum der Pharmaunternehmen zunehmend eingeschränkt. Klassische und einfach reproduzierbare Prinzipien des transaktionalen Geschäftes („Viel hilft Viel") stoßen an ihre Grenzen, und zwar insbesondere bei den Kundengruppen, die nicht nach den einfachen transaktionalen Prinzipien funktionieren.

Die Umkehr der Segmentierungslogik könnte man auch als die wenig zukunftsfähige Praxis der vergangenen Marktbearbeitung vieler Pharmaunternehmen beschreiben. Sie birgt das praxiserprobte Risiko, dass einige Kunden mehr Leistung vom Unternehmen erhalten, als sie jemals in Umsatz bzw. Potenzial zurückgeben könnten.

Insofern sollte die letzte Ebene der Segmentierung nach individuellen Bedürfnissen nur dann überhaupt eingeplant werden, wenn sich dies wirtschaftlich für das Pharmaunternehmen lohnt. Denn das Segmentieren nach Bedürfnissen ist ein aufwändiger und keineswegs trivialer Segmentierungsschritt (vgl. Vanselow/ Sieben/Scholl 2001; Sieben/Zäh/Scholl 2001).

Sollte eine dezidierte Segmentierung nach Kundenbedürfnissen nicht möglich/sinnvoll sein, so bedeutet dies aber keineswegs, dass man die Bedürfniskomponente nicht berücksichtigt. Interessanterweise determinieren die vorherigen Ebenen bereits einen großen Anteil an individuellen Bedürfnissen.

- So haben alle Kunden im Bereich des Geschäftsmodells eines Accounts generell das Bedürfnis, ihre Arzneimittelbudgets optimal einzusetzen. Ansatzpunkt für die Betreuung ist hier entweder das Budget oder der Einsatz der Arzneien.
- Darüber hinaus ist aber bekannt, dass ein Krankenhausapotheker einer großen Klinikkette mit hohem Umsatz und hohem Potenzial wiederum vollkommen andere Bedürfnisse hat als ein Apotheker eines kleinen städtischen Hauses mit geringerem Umsatz/Potenzial (vgl. Heinzer/Scholl 2005). Der Hoch-

potenzial-Kunde ist sehr daran interessiert, wie er ein großes Arzneimittel-
budget optimal einsetzen bzw. reduzieren kann. Das Machtspiel innerhalb
verschiedener Kliniken zwischen den jeweiligen Apothekern und Ärzten in
der Arzneimittelkommission ist für den Klinikapotheker allgegenwärtig und
er sucht hierin nach Festigung. Der Apotheker im kleinen Haus ist hingegen
häufig dominanter Entscheider. Ein Grund dafür ist, dass kleine Häuser auch
weniger hoch ausgebildete Ärzte anziehen.
- Somit ist letzter Apotheker auch mehr mit Fragen eines optimalen Personal-
einsatzes bzw. Personalmotivation beschäftigt, als mit seiner Macht-Behauptung
in der Klinik-Politik.

Es zeigt sich, dass bereits die ersten beiden Segmentierungsschritte einen großen
Beitrag zum Verständnis der Kunden leisten. Auf einer dritten Ebene wird daher
zunehmend eine individuelle Detailanalyse durchgeführt. Diese ist sehr aufwändig
und die Segmentierung nach individuellen Bedürfnissen bedeutet keineswegs
eine personengenaue Einordnung jedes Individuums in eine Kategorie. Vielmehr
bedeutet Segmentierung auf Ebene der individuellen Bedürfnisse, dass Verständnis
für Gruppen mit weiteren individuellen Bedürfnissen innerhalb einer Kundengruppe geschaffen wird (vgl. Homburg/Krohmer 2007).

Mit Blick auf die konkrete Ausgestaltung einer Segmentierung greifen wir
ein konkretes Beispiel aus dem Arztumfeld heraus. Ärzte können beispielsweise
nach ihrer generellen therapeutischen Auffassung segmentiert werden. Hier gibt
es stark diskriminante Kategorien von eher konservativen und eher innovativen
Typen. Erstere vertrauen auf Erprobtes, letztere probieren gerne Neues aus.
Darüber hinaus zeigt sich bei Ärzten häufig, dass es einen großen Unterschied im
Denkmuster der Professionalisierung gibt. So nehmen einige Ärzte ihren Beruf
eher ökonomisch wahr. Andere Ärzte wiederum eher ethisch. Bei den ökonomischen Ärzten stehen die Wirtschaftlichkeit des Praxisablaufs und die Einhaltung des Arzneimittelbudgets im Vordergrund. Ökonomisch denkende Ärzte
stellen bei jedem Außendienstbesuch die Frage nach dessen Nutzen. Ethisch
denkende Ärzte haben eine eher idealistische Weltsicht – für sie steht eine hohe
Patientenorientierung im Vordergrund (vgl. Abbildung 4).

Das angeführte Beispiel zeigt für die dritte Segmentierungsebene nach individuellen Bedürfnissen, dass bei der operativen Ansprache der einzelnen Individuen
die richtigen Kommunikationsinhalte, -schwerpunkte und -stile gewählt werden
müssen.

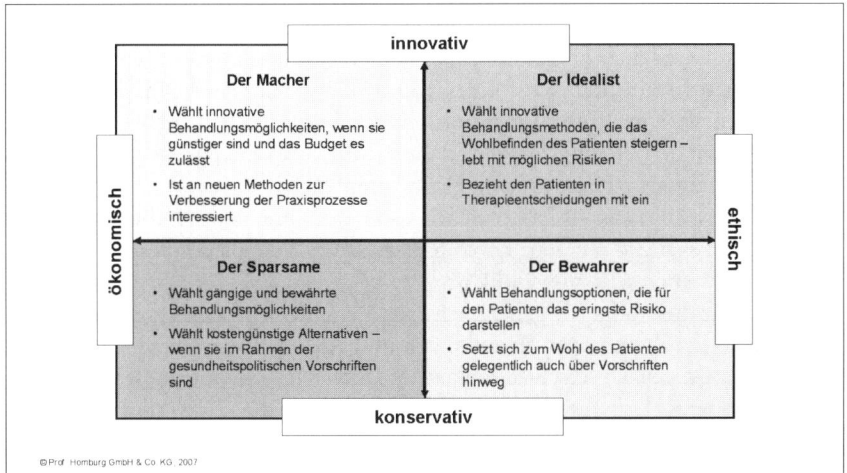

Abb. 4: Identifikation unterschiedlicher Bedürfnistypen

- So reagiert beispielsweise ein *„Idealist"* positiv auf eine intensive und omni-präsente Betreuung. Ein Idealist benötigt einen permanenten Austausch um das Beste für seine Patienten herauszufinden.
- Ein *„Sparsamer"* hingegen hat bereits entschieden, was das Beste für seine Patienten ist. Ansätze zur Betreuung eines solchen Arztes dürfen weniger in einen Dialog denn in einer kurzen Präsentation mit kostengünstigen Beispielen präsentiert werden.

Die vorbenannten Beispiele verdeutlichen aber auch, dass die dritte Segmentie-rungsebene im Gegensatz zur ersten Segmentierungsebene anders genutzt wird. Während bei der ersten Ebene entschieden wird, ob eine Kundengruppe über-haupt eine Aufmerksamkeit des Unternehmens erhalten sollte, so gibt die dritte Ebene Hinweise auf eine konkrete Ausgestaltung der Betreuung.

3. Zusammenfassung

Im vorliegenden Beitrag haben wir aufgezeigt, dass eine Segmentierung für eine systematische Kommunikation im Gesundheitsmarkt essentiell ist. Zur Verein-fachung haben wir die Perspektive eines Pharmaunternehmens eingenommen. Aber auch für Selbsthilfegruppen, Verbände, Fachgruppen oder Institutionen des Bundes kann postuliert werden, dass in solchen hochkomplexen Märkten zunächst eine generelle Definition der Zielgruppen erfolgen sollte. Hier haben sicherlich auch öffentliche Institutionen noch Optimierungspotenzial. Als zweites sollte der Wert eines Kunden betrachtet werden. Bei einigen Zielgruppen ist eine Kommunikation einfach wirtschaftlich nicht realisierbar. Sollten Aktivitäten ergebnislos sein, dann ist diese Kundenwert-Frage auch aus der Nutzensicht als ethisch sinnvoll einzustufen.

Als drittes, aber erst als letzter Schritt, sollte die Ebene der individuellen Bedürfnisse angegangen werden. Es wurde erwähnt, dass ein solcher Schritt sehr wertvoll, aber auch sehr aufwändig ist.

Durch die dreistufige Vorgehensweise sollte es einer jeden Institution gelingen, den Kosmos der Zielgruppen zu definieren und einzugrenzen. Durch die Vielzahl an Gruppen, deren Unterschiedlichkeit und deren Überlappung ist ein solches Vorgehen essentiell, damit Gesundheitskommunikation nicht wertlos verpufft.

Literatur

Achrol, R.S./Stern, L.W. (1988): Environmental Determinants of Decision-Making Uncertainty in Marketing. In: Journal of Marketing Research, Vol. 25, 1, 36-50

Albiez, P./Danielsohn, P./Scholl, M. (2006): Dreistufige Kundensegmentierung. Ein Ansatz zur potenzialorientierten Geschäfts-Steuerung im Pharmamarkt. In: Homburg, Ch./Bruhn, M.: Handbuch Kundenbindungsmanagement, Gabler-Verlag, 6. Auflage, 797-818

Barnett, T.R./Arnold, D.R. (1989): Justification and Application of Path-Goal Contingency Leadership Theory to Marketing Channel Relationship. In: Journal of Business Research, Vol. 19, 4, 283-302

Bauer, H.H./Hahn, O.K./Hammerschmidt, M. (2006): Patientenbindung durch Kommunikation, Impulse für das Pharmamarketing, Mannheim: Institut für Marktorientierte Unternehmensführung, Universität Mannheim

Beutin, N. (2000): Kundennutzen in industriellen Geschäftsbeziehungen, Deutscher Universitäts-Verlag, 1. Auflage, Wiesbaden

Brenkert, G.G. (2007): Marketing ethics, Oxford: Blackwell

Diabetesjournal 03/2004 (2004), 17-19

Dietz, B. (2006): Patientenmündigkeit: Messung, Determinanten, Auswirkungen und Typologie mündiger Patienten, Deutscher Universitäts-Verlag, 1. Auflage, Wiesbaden

Dietz, B./Kranzer, A./Sieben, F./Scholl, M. (2002): Strategische Marktbearbeitung nach dem Erlass der Aut-idem-Regelung. In: Pharmazeutische Industrie, Vol. 64, Nr. 12, 2002, 1212-1216

Duncan, R.B. (1972): Characteristics of Organizational Environments and Perceived Uncertainty. In: Administrative Science Quarterly, Vol. 17, 313-327

Gershon, H.J./Buerstatte, G.E. (2003): The E in Marketing: Ethics in the Age of Misbehavior. In: Journal of Healthcare Management, Vol. 48 Issue 5, 292-294

Hauner, H. (2007): Diabetesepidemie und Dunkelziffer. In: Deutscher Gesundheitsbericht Diabetes 2007, DDU (Hrsg.)

Heinzer, M./Scholl, M. (2005): Systematische Kundenbewertung als Methode zur Optimierung der Marktbearbeitung im Pharmamarkt. In: Homburg, Ch./Bruhn, M.: Handbuch Kundenbindungsmanagement, Gabler-Verlag, 5. Auflage, 797-818

Homburg, Ch./Dietz, B. (2006): Patientenmündigkeit – Ausprägungen und Einfluss auf das Arzt-Patienten-Verhältnis. In: Die Pharmazeutische Industrie, Vol. 68, 3, 288-293

Homburg, Ch./Kebbel, P. (2001): Komplexität als Determinante der Qualitätswahrnehmung von Dienstleistungen. In: Zeitschrift für Betriebswirtschaftliche Forschung, Vol. 53, August, 478-499

Homburg, Ch./Krohmer, H. (2007): Marketingmanagement. Strategie-Instrumente-Umsetzung-Unternehmensführung, Wiesbaden

Kieser, A. (1974): Der Einfluß der Umwelt auf die Organisationsstruktur der Unternehmung. In: Zeitschrift für Organisation, Vol. 43, 6, 302-313

Murphy, P.E./Laczniak, G.R./Bowie, N.E./Klein, T.A. (2005): Ethical Marketing, New York.

Pfeffer, J.S./Salancik, G. (1978): The External Control of Organizations: A Resource Dependence Perspective, New York

Scholl, M. (2005): Marktwandel erzwingt Strategiewechsel. In: PM-Report, Vol. 10, Bereich Markt und Umfeld, 2005, 13-15

Scholl, M./Rupp, A. (2006): Haben Sie schon unsere Kundenkarte? Zum kritischen Umgang mit Kundenkarten in Apotheken. In: Apotheker-Zeitung, Nr. 18, 01.05.2006, 6

Scott, F. (1992): Organizations: Rational, Natural and Open Systems, 3. Auflage, Englewood Cliffs

Sheikh, Sohail (2004): Evidenzbasierte Ansätze: Pharma-Industrie wird zum Umdenken gezwungen. In: Pharma-Marketing Journal (PMJ), 29. Jg. (2004), Nr. 2, 55-58

Sieben, F./Zäh, M./Scholl, M. (2001): Trends und Entwicklungen. In: Pharma Marketing Journal, Vol. 26, Nr. 3, 2001, 78-81

Vanselow, U./Sieben, F./Scholl, M. (2001): Neue Segmentierungsansätze: Diabetiker. In: Pharma Marketing Journal, Vol. 26, Nr. 5, 2001, 172-174

Wadman, R./Hütt, R. (2004): The need for a new go-to-market strategy in Europe: How to survive and thrive in the new more complex healthcare marketplace. In: International Journal of Medical Marketing, Vol. 4, Issue 2, 154-162.

Integrierte Versorgungsformen erfordern neue Kommunikationsstrukturen

Jutta Räbiger

1. Mehr Wettbewerb und Patientenorientierung durch neue, integrierte Versorgungsformen

Seit etwa 15 Jahren sind die Weichen der Gesundheitsreform in Deutschland auf mehr Wettbewerb und Patientenorientierung gestellt. Ein Element des Wettbewerbs, das zugleich dem Ziel der Patientenorientierung dient, sind die neuen, integrierten Versorgungsformen. Die Krankenkassen und die Leistungserbringer – z.b. Ärzte, Krankenhäuser, Pflegedienste – haben die Möglichkeit, ihren Versicherten respektiven Patienten jenseits der herkömmlichen Versorgung Programme anzubieten, die geeignet sind, die Defizite der traditionellen Versorgung (insbesondere unnötige Doppelleistungen, vermeidbare Brüche zwischen ambulanter und stationärer Versorgung) durch eine Versorgung ‚aus einer Hand‘ zu überwinden. Das Markenzeichen der integrierten Versorgung ist eine interprofessionell und intersektoral abgestimmte Versorgung, die durch ausgewählte Leistungserbringer auf der Basis einheitlicher (qualitätsgesicherter) Behandlungspfade erfolgt. Im Mittelpunkt der integrierten Versorgung steht der Patient mit seinen Versorgungsbedürfnissen. Der Gesetzgeber sieht dafür ein ganzes Spektrum an Organisationsformen vor. Hierzu gehören die ‚Integrierte Versorgung‘ nach §§ 140 a-d Sozialgesetzbuch (SGB) V, das Hausarztmodell nach § 73 SGB V und die strukturierten Behandlungsprogramme für chronisch Kranke (§ 137 f. SGB V), bei denen die Krankenkassen mit ausgewählten Leistungserbringern spezielle Versorgungsverträge und mit den teilnehmenden Versicherten spezielle Versicherungsverträge schließen. Zur integrierten Versorgung zählen auch die – selbst initiierten – Ärztenetze und die so genannten Medizinischen Versorgungszentren (§ 95 SGB V), die von Krankenhäusern nach dem Modell der ehemaligen Polikliniken in der DDR bzw. von niedergelassenen Ärzten in Form von ‚Ärztehäusern‘ angeboten werden.

Die integrierte Versorgung hat nicht nur den Anspruch ‚besser‘, sondern auch ‚billiger‘ zu sein als die herkömmliche Versorgung. Durch die Koordination und die Kontinuität der Versorgung können unnötige bzw. unnötig teure Leistungen entfallen, und durch die Betonung präventiver gegenüber kurativer Leistungen kann der Versorgungsbedarf der Patienten insgesamt verringert werden, dabei wird der Patient als ‚Ko-Produzent‘ seiner Gesundheit in den Behandlungsprozess einbezogen. Wirtschaftlich gesehen ‚rechnet‘ sich die integrierte Versorgung für die Krankenkassen vor allem dann, wenn sich diejenigen Versicherten in die Programme einschreiben, bei denen sich die Leistungsausgaben durch die Teilnahme an dem Programm am stärksten reduzieren, bei denen also die höchsten Einsparungen zu erzielen sind (vgl. auch Schreyögg/Plate/Busse 2006).

Da die Teilnahme an den neuen, integrierten Programmen – anders als in der herkömmlichen Versorgung – freiwillig ist (die Versicherten müssen sich persönlich einschreiben), stellt sich für die Krankenversicherungen respektive die Leistungserbringer als Träger der Programme die Aufgabe, durch Informationen und Überzeugungsarbeit eine entsprechend große Zahl an Teilnehmern zu gewinnen, damit sich das Angebot lohnt. Bezogen auf die integrierten Versorgungsformen nach § 140b, in die der Gesetzgeber besondere Erwartungen setzt, sind heute noch keine beeindruckend hohen Teilnehmerzahlen feststellbar. Im März 2008 waren bei der Registrierstelle 5.475 Verträge (Programmangebote) mit 4,3 Mio. teilnehmenden Versicherten gemeldet (BQS 2008): Das entspricht einem Anteil von knapp 8 % aller GKV-Versicherten. Es ist zu vermuten, dass der (noch) geringe Verbreitungsgrad der integrierten Versorgung nicht allein auf die mangelnde Bekanntheit der Programme, sondern auch auf die nicht ausreichend berücksichtigten Präferenzen der Versicherten zurückzuführen ist (vgl. u.a. auch Becker/Zweifel 2006). Eine Marktforschung, wie sie z.B. bei Einführung neuer Produkte in der Konsumgüterbranche üblich ist, ging der Einführung der integrierten Versorgung nicht voraus, und auch in den politischen Reformdiskussionen sind die Versichertenpräferenzen bisher kaum berücksichtigt worden.

Damit steht die Frage im Raum, was die Versicherten von der integrierten Versorgung erwarten, welche Vorzüge und Nachteile sie für sich darin erkennen und welche Informationsbedürfnisse sie diesbezüglich haben. Bisher gibt es erst wenige Untersuchungen, die sich dieser Frage widmen. Im Folgenden werden die Ergebnisse einer eigenen Befragung sowie die anderer Autoren vorgestellt.

2. Versichertenbefragungen zu neuen Versorgungsformen – Was interessiert die potenziellen Nutzer?

Im Rahmen eines vom Bundesforschungsministerium (BMBF) und der Deutschen Krankenversicherung (DKV) geförderten Projektes im Berliner Zentrum Public Health (BZPH) wurde eine explorative Versicherten-Befragung durchgeführt, die erste Eindrücke davon vermittelt, für welche Eigenschaften der neuen, integrierten Versorgungsformen sich die zukünftigen ‚Kunden' besonders interessieren (Räbiger 2003; Preuß/Räbiger/Roski 2006). Im Mittelpunkt des Interesses standen die integrierten Versorgungssysteme mit ihren typischen Merkmalen und besonderen Organisationsstrukturen. Die Umfrage wurde Ende 2001/ Anfang 2002 bei 50 Versicherten in den Bundesländern Berlin und Brandenburg durchgeführt. Die Zielgruppe waren netzerfahrene und netzunerfahrene, gesunde und (chronisch) kranke Versicherte. Das Durchschnittsalter betrug 43 Jahre.

Da die integrierten Versorgungsformen bei den Versicherten weithin unbekannt waren (und heute noch sind), wurden persönliche Interviews als Erhebungsmethode gewählt. So konnten den Befragten einerseits unbekannte Sachverhalte erläutert und andererseits ihre Rückfragen und Antwortkommentare aufgenommen werden. Die Interviews wurden entlang eines Leitfadens geführt, mit dem 35 typische Merkmale integrierter Versorgungsformen abgefragt wurden. Die Items wurden den Befragten während des persönlichen Gesprächs vorgelegt oder vorgelesen. Die Versicherten sollten sagen, wie stark sie sich für die jeweilige Programmeigenschaft interessieren; die Antwortskala reichte von ‚sehr interessiert‘ über ‚interessiert‘, ‚weniger interessiert‘ bis ‚überhaupt nicht interessiert‘. Da davon auszugehen ist, dass das Informationsbedürfnis und das Interesse an der Realisierung eines Produktmerkmals stark korrelieren, wurde mit dem Informationsinteresse mittelbar auch das Interesse an bestimmten Eigenschaften der integrierten Versorgung erfragt.

Ergänzungen zum derzeitigen Leistungsangebot
- Alternative Behandlungsverfahren (z.B. Homöopathie, Akupunktur)
- Hausbesuche der Ärzte
- Spezielles Notarztsystem
- Erweiterte Öffnungszeiten der Praxen
- Call Center

Hausarztbindung und Arztwahlfreiheit
- Keine Einschränkung der freien Arztwahl
- Zahl der Ärzte im Netz
- Beibehalten des eigenen Hausarztes

Integration und Koordination der Leistungen
- Hausarzt als Lotse und Gatekeeper im Versorgungssystem
- Versorgungsschwerpunkt (z.B. diabetologisch, gerontologisch)
- Kooperationspartner der Ärzte (z.B. Krankenhäuser, Pflegedienste)

Überprüfte bzw. überprüfbare Qualität
- Behandlungsleitlinien in patientenverständlicher Form
- externe Qualitätsprüfungen (Zertifikate, Gütesiegel)
- Möglichkeiten zu eigener Qualitätsprüfung und Einflussnahme
- Fortbildungspflicht für Ärzte
- Veränderungen im Netz aufgrund von Patientenbefragungen

Abb. 1: Was Versicherte an den neuen, integrierten Versorgungsformen besonders interessiert (Quelle: Räbiger 2003, Preuß/Räbiger/Roski 2006)

Die Ergebnisse dieser qualitativen Befragung haben gezeigt, dass rund 90 % der Befragten den neuen, integrierten Versorgungsformen grundsätzlich positiv gegenüberstehen und nähere Informationen dazu wünschen. Die 15 Produkteigenschaften, für die sich die Befragten am meisten interessierten, sind in Abbildung 1 aufgeführt, sie lassen sich vier Kategorien zuordnen.

An erster Stelle möchten die Versicherten wissen, ob ihnen ein neues Versorgungsmodell das bieten kann, was ihnen in der herkömmlichen Versorgung fehlt bzw. unzulänglich erscheint. Besonders stark ist ihr Interesse daran, dass alternative Behandlungsverfahren, wie z.B. Homöopathie oder Akupunktur, angeboten werden, dass die Ärzte mehr Hausbesuche machen als bisher und dass es ein spezielles Notarztsystem gibt, das besser und schneller funktioniert als das in der Normalversorgung. Als weitere Serviceleistungen wünschen sie sich erweiterte Öffnungszeiten der Arztpraxen, insbesondere abends und am Wochenende, sowie Call Center, bei denen sie sich in Gesundheits- und Versorgungsfragen Rat holen können.

Eine möglichst große Anzahl von Ärzten im Netz ist den Versicherten aus Gründen der Wahlmöglichkeit und der Erreichbarkeit wichtig, eine Einschränkung der Arztwahlfreiheit wird negativ bewertet. Für die Versicherten, die schon einen Hausarzt haben, ist auch die Frage interessant, ob dieser an dem Programm beteiligt ist, d.h. ob sie im Fall des Netzbeitritts ihren Hausarzt beibehalten können. Im Unterschied zu den jungen Gesunden, die häufig noch keine enge Arztbindung haben, ist bei den chronisch Kranken die Bereitschaft, den Hausarzt zu wechseln, gering ausgeprägt. Ein chronisch Kranker schilderte z.B. im Interview, warum ein Netzbeitritt für ihn nicht in Frage kommt: Er habe Jahre gebraucht, sich ein eigenes Netz an Ärzten aufzubauen, die seine (seltene) Krankheit kennen und seine Persönlichkeit verstehen. Ein Wechsel in ein anderes Netz würde bedeuten, das mühevoll aufgebaute Vertrauensverhältnis für eine unsichere Zukunft aufzugeben.

Weitergehende Fragen, die den Inhalt und die beteiligten Versorgungseinrichtungen betreffen, werden vorrangig von den älteren und/oder chronisch kranken Menschen gestellt, die mit größerer Wahrscheinlichkeit Leistungen aus verschiedenen Sektoren in Anspruch nehmen (müssen) als die jungen, eher gesunden. Die (chronisch) Kranken wollen wissen, ob ein Programm besondere, z.B. diabetologische oder gerontologische Versorgungsschwerpunkte hat, welche Krankenhäuser Netzpartner sind und ob es spezielle Pflegeangebote – z.B. Nachtpflege, Kurzzeitpflege – gibt. Bei den älteren, dauerhaft kranken Patienten sind auch Informationen zur Medikamentenversorgung besonders gefragt, z.B. ob es Arzneimittelbudgets, Negativ- oder Positivlisten gibt.

Integrierte Versorgungssysteme haben den Anspruch, Leistungen von über-
durchschnittlich guter Qualität liefern zu können. Gemeint ist neben der o.g.
Servicequalität die Behandlungsqualität als prozess- bzw. outcomebezogene
Komponente. Die Frage in der BZPH-Studie war, wie und durch wen letztere am
besten gesichert werden könnte bzw. sollte. Die Versicherten, jedenfalls die Angehörigen der befragten Mittelschicht, präferieren die Möglichkeiten, sich selbst
ein Bild zu machen, die Qualität nach eigenen Kriterien zu prüfen. Ganz oben
steht der Wunsch, dass den Patienten medizinische Behandlungsleitlinien an die
Hand gegeben werden, die für sie verständlich sind und die es ihnen erlauben,
die Einhaltung der Behandlungsabläufe zu kontrollieren. Auch der Wunsch nach
freier Arztwahl ist in diese Kategorie ‚Möglichkeiten zur eigenständige Quali-
tätsüberprüfung' einzuordnen, denn den Befragten ist wichtig, bei mangelnder
Qualität oder fehlendem Vertrauen den Arzt wechseln zu können. Daneben besteht – besonders bei den jungen Gesunden – großes Interesse an Qualitätsurtei-
len Dritter in Form von Zertifikaten bzw. Gütesiegeln. Das Interesse an einem
netzinternen Qualitätsmanagements tritt dagegen in den Hintergrund. Die hierzu am häufigsten gestellten Fragen sind, ob es eine Fortbildungspflicht für die
Netzärzte gibt und welche Veränderungen aufgrund von Patientenbefragungen
im Netz vorgenommen wurden.

Da für die Wahl unter alternativen Programmen nicht allein die Qualität, sondern das Preis-Leistungsverhältnis zählt, wurden die Versicherten auch nach ihrem
Interesse an Bonuszahlungen bzw. Beitragsrabatten (im Sinne einer Beteiligung
an netzbedingten Einsparungen) gefragt. Während die Gewährung eines Bonus
bzw. Rabatts für die jungen Gesunden ein sehr entscheidungsrelevanter Faktor ist,
scheinen finanzielle Anreize für die älteren, chronisch Kranken im Verhältnis zu
den Programminhalten von untergeordneter Bedeutung zu sein.

Spiegelt man die Ergebnisse der explorativ angelegten BZPH-Studie an den
Ergebnissen breit angelegter Versichertenbefragungen, die einzelne Fragen in
ähnlicher Form, aber in anderen Zusammenhängen erhoben haben, so findet die
qualitative Analyse vielfach eine quantitative Bestätigung. In einer (schriftlichen)
Befragung des Verbandes der Angestellten Krankenkassen (VdAK) bei rund
5.000 Versicherten z.B. sprachen sich rund 90 % der Befragten für einen speziellen Notdienst in der integrierten Versorgung aus, rund 80 % würden eine externe Qualitätsprüfung, über 90 % eine Verpflichtung der Ärzte zu regelmäßiger
Fortbildung und 55 % erweiterte Öffnungszeiten der Arztpraxen begrüßen (Andersen 2002). In dieser Studie wurde auch nach der Wertigkeit übergeordneter
Versorgungsziele gefragt: Demnach findet das Ziel ‚hohe Qualität' mit rund 97 %
eine höhere Zustimmung als die Ziele ‚niedriger Beitragssatz' (rund 86 %) und
‚großer Leistungsumfang' (rund 84 %).

Becker und Zweifel (2006) haben untersucht, welche Präferenzunterschiede hinsichtlich integrierter Versorgungsmodelle zwischen den Geschlechtern, verschiedenen Altersgruppen, Gesunden und chronische Kranken sowie zwischen Versicherten mit bzw. ohne Arztkontakten in den letzten 12 Monaten bestehen. Dabei hat sich gezeigt, dass der Gesundheitszustand den stärksten Einfluss auf die Bewertung der einzelnen Systemkomponenten hat. Erwartungsgemäß sprechen sich insbesondere die chronisch Kranken und die Versicherten mit häufigem Arztkontakt gegen eine Einschränkung der Arztwahlfreiheit und für die zuzahlungsfreie Einholung einer Zweitmeinung aus. Demgegenüber wird die Beitragsrückerstattung von dieser Gruppe weniger stark favorisiert als von den eher gesunden Versicherten mit wenig Arztkontakten. Das Interesse an zusätzlichen Informationen der Krankenkassen war bei den Frauen und den Älteren höher als bei den männlichen und den jüngeren Versicherten. Die Autoren kommen aufgrund ihrer Untersuchungsergebnisse zu dem Schluss, „dass es heterogene Präferenzen für verschiedene Vertrag- und Anreizmodelle gibt und ein breites Angebot vonseiten der Krankenkassen notwendig ist, um den divergierenden Präferenzen in der Bevölkerung Deutschlands gerecht zu werden." (ebd. S. 301). Sie sprechen sich für ein nach Zielgruppen differenziertes Programmangebot aus und fordern die Krankenkassen auf, mehr Anstrengungen zu unternehmen, ihre Versicherten über die neuen Versorgungsmodelle und ihre Vorzüge zu informieren (ebd. S. 298).

Unmittelbar verbunden mit der Frage des ‚Was' sind die Fragen nach dem ‚Wer' und ‚Wie' der Versicherteninformation. Die BZPH-Befragung hat ergeben, dass sich die Versicherten – neben der selbstverständlichen Kommunikation mit ihrem Hausarzt und ihrer Krankenkasse – Programminformationen von einer anbieterneutralen Stelle wünschen. Sie würden es begrüßen, wenn es eine Art ‚Stiftung Warentest' für das Gesundheitswesen gäbe, die ihnen bewertete Produktinformationen in leicht verständlicher Form liefert, anhand derer sie die verschiedenen Versicherungs- und Versorgungsformen direkt vergleichen könnten. Diese Aufgabe übernimmt in den USA das National Committee for Quality Assurance (NCQA). Das NCQA veröffentlicht regelmäßig so genannte ‚report cards', in denen die Leistungen der Managed Care Organisationen systematisch nach vorgegebenen Kriterien bewertet werden und somit direkt für die Verbraucher vergleichbar sind (vgl. Preuß/Räbiger/Roski 2006). In Deutschland hat sich das IQWiG (Institut für Qualitätsentwicklung und Wirtschaftlichkeit im Gesundheitswesen) zum Ziel gesetzt, Informationen für Patienten zur Verfügung zu stellen, die valide und verständlich sind. Anders als beim NCQA liegt der Schwerpunkt des IQWiG allerdings auf gesundheitsbezogenen Informationen, nicht auf dem Vergleich von Versicherungs- und Versorgungsformen (Bastian/Sawicki 2005).

3. Disease-Management-Programme –
Zielgruppenspezifische Konzepte sind erforderlich

Im Folgenden wird anhand einer konkreten Form der integrierten Versorgung, den ‚strukturierten Behandlungsprogrammen für chronisch Kranke' nach § 137f. SGB V – sie werden auch Disease-Management-Programme genannt – aufgezeigt, warum eine zielgruppenspezifische Kommunikations- und Angebotspolitik der Krankenversicherungen im Sinne von ‚Audience Segmentation' notwendig ist, um den Programmen zu mehr Akzeptanz und medizinischem wie ökonomischem Erfolg zu verhelfen.

Disease-Management-Programme (DMP) für chronisch Kranke richten sich per se an bestimmte indikationsbezogene Patientengruppen. In ein solches Programm kann nur aufgenommen werden, wer die Krankheit hat, auf die das Programm abstellt. DMP werden z.Z. für fünf Krankheitsarten angeboten: Diabetes mellitus (Typ 1 und 2), Brustkrebs, koronare Herzkrankheiten. Asthma bronchiale sowie chronisch obstruktive Lungenerkrankung (COPD). Rund 20 % der deutschen Bevölkerung leiden unter einer dieser Krankheiten, die eine gut abgestimmte, kontinuierliche Behandlung erfordern. Nach Angaben von Willenborg (2007) nehmen derzeit mehr als 3,3 Mio. Versicherte der gesetzlichen Krankenkassen an einem DMP teil.

Strukturierte Programme nach § 137f. SGB V werden seit dem Jahr 2002 von den gesetzlichen Krankenkassen angeboten und im Rahmen des Risikostrukturausgleichs (RSA) in der GKV finanziell gefördert. DMP sind hinsichtlich ihrer Ziele, Zielgruppen und Maßnahmen durch Gesetz und Verordnung reglementiert und verfolgen das Ziel, die Patienten entlang institutionenübergreifender, aufeinander abgestimmter und für alle verbindlich vorgegebener Behandlungs- und Betreuungsprozesse zu versorgen, die evidenzbasiert und qualitätsgesichert sind. Im Einzelnen sind DMP durch folgende Programmelemente gekennzeichnet:

- Behandlung nach evidenzbasierten Leitlinien,
- Maßnahmen der Qualitätssicherung,
- Schulung der Versicherten (und der Leistungserbringer),
- Voraussetzungen und Verfahren für die Einschreibung der Versicherten, einschließlich der Dauer der Teilnahme,
- Kriterien für den Ausschluss von Teilnehmern, die die Programm-Regeln nicht einhalten.

Die Teilnahme an einem DMP ist für die Versicherten freiwillig und setzt einen Vertrag mit der Krankenkasse als Programmträgerin voraus. Seit April 2007 müssen die Krankenkassen für Versicherte, die an DMP teilnehmen, Wahltarife anbieten, die sie z.b. mit Prämienzahlungen oder Zuzahlungsermäßigungen verbinden können.

Da die Programme auf bestimmte Krankheitsarten ausgerichtet sind, findet bereits bei der Aufnahme in das Programm eine Selektion nach Zielgruppen statt. Diese Selektion, die nach Art und Schwere der Krankheit erfolgt, ist für die Krankenkasse relativ leicht zu vollziehen, weil bzw. sofern die an dem DMP beteiligten (Haus-)Ärzte die programmgeeigneten Patienten identifizieren und zur Teilnahme motivieren. Allerdings haben die Ärzte die ‚Programmfähigkeit' eines Patienten nicht allein nach medizinischen Gesichtspunkten zu beurteilen, sondern auch danach, ob ein Patient in der Lage ist, die relativ strikten Programmregeln einzuhalten und sich als ‚Ko-Produzent' seiner Gesundheit aktiv an dem Behandlungsprozess zu beteiligen. Daraus kann ein ‚Selektions-Problem' entstehen. Denn diejenigen Patienten, die für ein DMP besonders geeignet erscheinen, werden vielfach zugleich auch diejenigen sein, die ohnehin um ihre Gesundheit bemüht sind und sich auch ohne dieses Programm (z.b. im Rahmen der herkömmlichen Versorgung) um die bestmögliche Behandlung ihrer Krankheit kümmern würden.

Für die Patienten hingegen, die eine engmaschige Betreuung – wie sie ein DMP bietet – in hohem Maße benötigen, weil sie auf sich gestellt nicht in der Lage sind, ihre Krankheit in den Griff zu bekommen – mögliche Gründe mögen Multimorbidität, Behinderung, Pflegebedürftigkeit, mangelnde Sprachkenntnisse, zu wenig Selbstdisziplin oder anderweitig begründete Einschränkungen der Selbstmanagement-Kompetenz sein –, stellt das Programm (zu) hohe Anforderungen; sie werden sich nur schwer oder gar nicht dafür gewinnen lassen. Zu diesem Patiententypus gehören nach bisheriger Erkenntnis – neben den o.g. Gruppen – vor allem die Angehörigen der unteren sozialen Schichten, die aufgrund ihres niedrigen Bildungs- und Einkommensniveaus einen Lebensstil und einen Umgang mit ihrer Krankheit pflegen, die nicht zu dem Patienten-Leitbild der DMP passen (vgl. Häussler/Berger 2004, Jungbauer-Gans 2006, Helmert/Schorb 2007). Somit liegt die Vermutung nahe, dass die Forderung nach mehr Eigeninitiative im Rahmen von DMP als Ausschlussmechanismus für diejenigen Patienten wirken könnte, die des Disease Managements in besonderem Maße bedürfen (vgl. auch Bauer/Rosenbrock/Schaeffer 2005).

Um diesem unerwünschten (Selbst-)Selektionseffekt entgegenzuwirken, sollte der Gesetzgeber für die besonders förderungswürdigen Zielgruppen besondere, weniger strenge Einschreibbedingungen zulassen; den Krankenkassen käme

dann die Aufgabe zu, diese Gruppen gezielt anzusprechen und durch Anreize –
gegebenenfalls auch finanzieller Art – zur Teilnahme zu motivieren.
Von einem Interesse der Krankenkassen an einer hohen Einschreibquote kann
aufgrund der RSA-Finanzierung ausgegangen werden.[1] Krankenkassen, wie die
AOKen, die überwiegend Versicherte aus dem Kreis der unteren Einkommens-
und Bildungsschichten haben, haben bereits auf diese Zielgruppen zugeschnittene Kampagnen entwickelt (vgl. Felder in diesem Band).
Einmal im Programm, stellt sich auf der nächsten (Durchführungs-)Stufe
die Frage, wie die Teilnehmer über mehrere Jahre in dem Programm gehalten
werden können. (Die Teilnahme eines Patienten ist für eine bestimmte, mehrjäh-
rige Dauer vorgesehen und die finanzielle Förderung der Trägerkassen ist an die
Teilnahmedauer gebunden.) Die Patienten sind verpflichtet, die mit dem Arzt
getroffenen Zielvereinbarungen und die Programmvorgaben auf Dauer einzuhalten. Bei DMP für Typ2-Diabetiker z.B. sind die regelmäßige Teilnahme an
Patientenschulungen und die Einhaltung der Wiedervorstellungstermine (Au-
gen- und Fußuntersuchungen) Voraussetzungen für den Verbleib im Programm.
Der Arzt hat dies im Einzelfall zu überprüfen. Wer wiederholt Termine nicht ein-
hält oder in sonstiger Hinsicht keine ausreichende ‚Programmdisziplin‘ erkennen
lässt, soll bzw. muss aus dem Programm entlassen werden.[2]
Es ist zu erwarten, dass vornehmlich diejenigen Patienten mangels ‚Compliance‘ aus den Programmen herausfallen, die wegen ihres hohen Krankheitsrisi-
kos bzw. ihres ‚ungesunden Lebensstils‘ besonders davon profitieren könnten.
Um auch denjenigen Versicherten/Patienten eine reale Chance zu geben, auf
Dauer erfolgreich an einem DMP teilzunehmen, die nicht über das erforder-
liche Selbstmanagement und Durchhaltevermögen verfügen, wäre in zweifacher
Hinsicht an eine Segmentierung zu denken. Zum einen könnte für diese Nutzergruppen die Voraussetzungen für den Verbleib im DMP gelockert werden, zum
anderen müssten ihnen zusätzliche Betreuungs- und Begleitangebote zur Verfügung stehen. Diese Unterstützungsmaßnahmen könnten – je nach Nutzertyp –
aktivierend (z.B. Coaching/Einzelberatung), nachgehend (z.B. aufsuchende Hil-
fen) oder kompensierend (z.B. Belohnungssystem) sein. Allgemein gesagt, wäre

---

1   Die Zahlungen aus dem RSA, die die Krankenkassen erhalten, richten sich nach der Zahl der
    eingeschriebenen Versicherten.
2   Auch wenn dem Sachverständigenrat (SVRKAiG 2003, Tz. 785) zuzustimmen ist, dass für die
    Krankenkassen (und Ärzte) kaum Anreize bestehen, Teilnehmer aus dem Programm auszu-
    schließen, weil die Kassen pro teilnehmendem Versichertem und Jahr Zahlungen aus dem RSA
    erhalten, so sind sie doch rechtlich zu Programmausschlüssen verpflichtet.

in einem Programm oder einem Programmsegment, das auf eine ‚Aktivierung der Inaktiven' zielt, den (nachgehenden) ‚Komm-Strukturen' ein größeres Gewicht einzuräumen als den (fordernden) ‚Geh-Strukturen'. Die vorhandenen Ansätze der Krankenkassen (Call-Center, Einzelbetreuung) sollten dahingehend verstärkt werden. Erste Evaluationsberichte der AOKen belegen, dass bei entsprechenden Anstrengungen der Kassen DMP auch bei älteren Menschen mit geringem Einkommens- und Bildungsniveau Zuspruch finden und medizinische Erfolge zeitigen können (vgl. Psychonomics 2005).

Je stärker ein Programm auf Verhaltensmodifikation setzt und je stärker das Versichertenklientel einer Kasse sich im Hinblick auf Selbstmanagement-Kompetenzen unterscheidet, desto eher ist ‚Audience-Segmentation' erforderlich, damit gerade die Teilnehmer erreicht werden können, bei denen aufgrund der hohen Krankheitslast und des ‚krankheitsfördernden' Lebensstils (theoretisch) die größten medizinischen und ökonomischen Erfolge zu erwarten sind. Voraussetzungen wären Programmangebote, die auf den speziellen Unterstützungsbedarf dieser Patienten zugeschnitten sind. Eine zielgruppengerechte Programmgestaltung hätte eine Klassifizierung der (potenziellen) Nutzer zur Voraussetzung, die über soziodemografische Kriterien hinaus auch psychografische Merkmale (Mentalitäten, Lebensstile und -ziele, persönliche Ressourcen und soziale Umfeldbedingungen) erfasst. Als Beispiel für eine psychografische Typisierung von Patienten ist zum einen das VALSTM-Segmentation-System zu nennen, das zur Typisierung von Verbrauchern auf Konsumgütermärkten in den USA entwickelt worden ist (beschrieben bei Kotler/Roberto/Lee 2002, S. 132 ff.) und zum anderen sind die Nutzertypisierungen, die von Baumann (2006) oder von Roski und Schikorra (in diesem Band) in Bezug auf das Informationsverhalten von Patienten vorgeschlagen werden, auszuführen.

Neue Entwicklungen in den USA bestätigen die guten Erfolgsaussichten einer zielgruppenspezifischen, auf bestimmte Sozial- und Altersschichten zugeschnittenen Disease-Management-Strategie (Häussler/Berger 2004). Die dortigen DMP-Anbieter segmentieren zunehmend nach Risikogruppen, wobei auch Gesundheitsförderung und Prävention und damit einhergehend der Einsatz von nicht-ärztlichen Fachkräften zur direkten Unterstützung der Patienten in den Vordergrund rücken. Patienten mit einem hohen Gesundheitsrisiko (und geringem Selbstsorgepotenzial) werden so genannten Care Managern zugewiesen, die rund um die Uhr erreichbar sind und gemeinsam mit dem Primärarzt die Behandlung koordinieren. In diesen neuen Modellen, die in der Literatur als (population based) ‚health management' oder auch ‚chronic care management' bezeichnet werden, laufen zudem Bestrebungen, das Internet als interaktives Medium zur Gesundheitserziehung und zur Verbesserung der Compliance einzusetzen (Amelung/Schumacher 2004, S. 185 f.).

Auch Häussler und Berger (2004) plädieren dafür, in den deutschen DMP künftig nach Risikogruppen zu segmentieren und mehr Gewicht auf die Beeinflussung von Einstellungen und Verhaltensweisen der Patienten zu legen, da gerade chronische Krankheiten, wie z.B. Diabetes oder Herz-Kreislauf-Erkrankungen, einerseits durch die Lebensweise (Ernährung, Bewegung etc.) bedingt und andererseits durch Lebensstiländerungen beeinflussbar sind. Das Ziel ‚Verhaltensmodifikation‘ stellt nicht nur die Patienten, sondern auch die Krankenkassen als Programmträger vor große Herausforderungen. Sie müssen Programm- und Kommunikationsstrukturen aufbauen bzw. weiterentwickeln, mit denen sie auf individuell unterschiedliche Bedürfnisse und Fähigkeiten reagieren können. Um für die Krankenkassen Anreize zu schaffen, in die Betreuung von Hochrisikogruppen zu investieren, wäre auch die Finanzierung der DMP zu überdenken. Anstelle der einheitlichen Beträge pro Versichertem sollte ein System treten, das die Bemühungen einer Krankenkasse um Hochrisikogruppen und ‚inaktive‘ Patienten belohnt.

4. Zusammenfassung und Ausblick

Mit der Ausdifferenzierung des Versicherungs- und Versorgungsangebots in der gesetzlichen Krankenversicherung entfalten sich auch die Präferenzen der Versicherten. Die vorliegenden Befragungsergebnisse lassen erkennen, dass sie konkrete Erwartungen an die neuen, integrierten Versorgungsformen haben und dass es ‚den‘ Versicherten bzw. ‚die‘ Versicherte nicht gibt. Die Präferenzen der Versicherten resp. Patienten werden im Wesentlichen von ihrem Gesundheitszustand und – damit einhergehend – ihrem Alter bestimmt. Während für die kranken, eher älteren Versicherten die Programminhalte eine vergleichsweise große Bedeutung haben, sind die eher gesunden, jüngeren stärker an den Serviceleistungen und Bonuszahlungen interessiert. Die Präferenzunterschiede sind so ausgeprägt, dass eine zielgruppenspezifische Angebots- und Kommunikationspolitik der Krankenkassen dringend geboten scheint, will man in Zukunft mehr Teilnehmer für die integrierte Versorgung gewinnen.

Am Beispiel der strukturierten Behandlungsprogramme für chronisch Kranke (DMP) lässt sich zeigen, dass die neuen Programme sich an den Bedürfnissen und Fähigkeiten der unterschiedlichen Patientengruppen orientieren müssen, um medizinisch und wirtschaftlich erfolgreich zu sein. DMP sind im Wesentlichen durch zwei Merkmale geprägt: durch definierte Behandlungspfade, die für alle beteiligten (Ärzte und Patienten) verpflichtend sind und durch eine relativ starke Einbindung des Patienten als Ko-Produzenten seiner Gesundheit. Je stärker ein Programm auf die aktive Mitwirkung der Patienten setzt, desto mehr muss es auf Verhaltensänderung ausgerichtet sein. Da sowohl das Krankheitsrisiko als auch die Fähigkeit zu gesundheitsgerechtem Verhalten in der Bevölkerung sehr ungleich verteilt sind, verspricht eine nach Nutzergruppen differenzierte Programm- und Kommunikationspolitik mehr Erfolg als eine ‚One-for-All'-Strategie. Vor allem käme es darauf an, die Patientengruppen mit hohem und höchstem Krankheitsrisiko zu erreichen, bei denen sich mit Disease Management medizinisch wie ökonomisch viel erreichen ließe, die aber von sich aus nicht in die anspruchsvollen Programme streben. Dabei handelt es sich vermutlich (Näheres werden die Evaluationsberichte der Krankenkassen zeigen) insbesondere um die Angehörigen der unteren sozialen Schichten, die ‚ungesunde' Lebensstile pflegen und zu Verhaltensmodifikationen schwer zu bewegen sind.

Wenn man diese Patientengruppe als Teilnehmer gewinnen und behalten will, müssen die Programme ihnen besondere Zugangs- und Verbleibsbedingungen sowie spezielle Unterstützungsmaßnahmen gewähren. Welche Beratungs- und Betreuungsangebote für die (ansonsten) schwer erreichbaren Gruppen erforderlich sind, hängt von dem soziodemografisch und psychografisch zu umschreibenden Profil und den speziellen Bedürfnissen und Fähigkeiten dieser (potenziellen) Nutzergruppen ab. Die Managed Care Organisationen in den USA und einige Krankenkassen in Deutschland haben mit gezielten, zugehenden Informations- und Unterstützungsangeboten bereits gute Erfahrungen gemacht.

Die Forderung nach ‚Patient-Segmentation' stellt alle Programmbeteiligten vor neue Herausforderungen. Für die Krankenkassen ist eine an Zielgruppen ausgerichtete Kommunikations- und Versorgungspolitik mit zusätzlichem personellen und finanziellen Aufwand verbunden. Der Gesetzgeber müsste dafür sorgen, dass diese zusätzlichen Anstrengungen finanziell belohnt werden. Was die Leistungserbringer, insbesondere die Ärzte, betrifft, müsste im Rahmen von Aus- und Weiterbildung die Kompetenz zu zielgruppendifferenziertem Denken und Handeln herausgebildet werden. Schließlich müssen bzw. dürfen sich die Versicherten damit vertraut machen, dass sie unter den verschiedenen Programm- und Informationsangeboten dasjenige auswählen können, das ihren Bedürfnissen und Fähigkeiten am besten entspricht.

Nicht zuletzt ist auch die Wissenschaft vor neue Aufgaben gestellt. Zum einen wäre das Konzept der Nutzerorientierung theoretisch zu fundieren und eine Nutzertypisierung zu entwickeln, die neben den krankheitsbezogenen und sozidemografischen Merkmalen auch die relevanten psychografischen Dimensionen wie Lebensstil, Kompetenzen und Ressourcen für das Selbstmanagement einbezieht. Zum anderen sind Forschungsarbeiten gefragt, die sich damit befassen, wie Programme für chronisch Kranke konkret auszugestalten wären, damit diejenigen, die sie am meisten benötigen, auch tatsächlich davon profitieren können. Die für die Entstehung und für die Prävention chronischer Krankheiten bedeutsamen psychosozialen und kulturellen Hintergründe eines ‚ungesunden Lebensstils' müssten nicht nur in der Praxis, sondern auch in der Forschung größere Beachtung finden.

Literatur

Amelung, Volker/Schumacher, Harald (2004): Managed Care – Neue Wege im Gesundheitsmanagement. 3. Aufl. Wiesbaden: Gabler

Andersen, Hanfried (2002): Neue Wege in der Gesundheitsversorgung – Befragung zu den Zielen und Wünschen von Versicherten der Ersatzkassen – Endbericht 6/2002. Siegburg. Berlin

Bastian, Hilda/Sawicki, Peter T. (2005): Die Förderung von Patienteninformation und Patientenbeteiligung durch das Institut für Qualität und Wirtschaftlichkeit im Gesundheitswesen. In: Härter. Martin/Loh, Andreas/Spies, Claudia (Hrsg.): Gemeinsam entscheiden- erfolgreich behandeln, Deutscher Ärzteverlag, Köln. 69-77

Bauer, Ullrich/Rosenbrock, Rolf/Schaeffer, Doris (2005): Stärkung der Nutzerposition im Gesundheitswesen – gesundheitspolitische Herausforderungen und Notwendigkeiten. In: Badura/Ideringhausen (2005): 187-201

Becker, Karolin/Zweifel, Peter (2006): Neue Formen der ambulanten Versorgung – Was wollen die Versicherten? Ein Discrete-Choice- Experiment. In: Böcken/Braun/Amhof/Schnee (2006): 272 – 303

BQS (Bundesgeschäftsstelle Qualitätssicherung) (2008): Gemeldete Verträge zur integrierten Versorgung nach § 140d SGB V, http://www.bqs-register140d.de/dokumente/20080331.pdf (Zugriff: 16.04.2008)

Häussler, Bertram/Berger, Ursula (2004): Bedingungen für effektive Disease-Management-Programme, Analyse, Bewertung und Lösungsansätze für Qualität und Finanzierung, Beiträge zum Gesundheitsmanagement, Bd. 7, 1. Auflage, Baden-Baden: Nomos Verlagsgesellschaft

Jungbauer-Gans, Monika (2006): Sozialstrukturelle und kulturelle Einflüsse auf Krankheit und Gesundheit. In: Wendt/Wolf (2006): 86-108

Kotler, Philip/Roberto, Ned/Lee, Nancy (2002): Social Marketing.- Improving the Quality of Life, 2.ed.Sage Publications. California & London.

Preuß, Klaus-Jürgen/Räbiger, Jutta/Roski, Joachim (2006): Über eine ‚Stiftung Warentest im Gesundheitswesen' zu mehr Transparenz, Patientenautonomie und echtem Qualitätswettbewerb. In: Wagner/Lenz (2006): 125-143

Psychonomics (2005): AOK Bundesverband- Evaluation AOK Curaplan DMP Diabetes, Abschlussbericht, Folien eines Vortrags, gehalten im Mai 2005 in Köln

Räbiger, Jutta (2003): Versicherteninformation zur integrierten Versorgung. In: Managed Care 1/2003. 8-9

SVRKAiG (Sachverständigenrat zur Begutachtung der Entwicklung im Gesundheitswesen) (2003): Finanzierung und Nutzerorientierung. Baden-Baden: Nomos

Schreyögg, Jonas/Plate, Andreas/Busse, Reinhard (2005): Identifizierung geeigneter Versichertengruppen für die integrierte Versorgung anhand von GKV-Routinedaten. In: Gesundheitsökonomie und Qualitätsmanagement 10. 2005: 349-355.

Für Bürger und Patienten – Die evidenzbasierten Gesundheitsinformationen des IQWiG

Hilda Bastian, Diedrich Bühler und Peter T. Sawicki

1. Einleitung

Das Institut für Qualität und Wirtschaflichkeit im Gesundheitswesen (IQWiG) ist ein unabhängiges wissenschaftliches Institut, das den Nutzen medizinischer Leistungen für den Patienten untersucht. Damit stehen Qualität und Wirtschaftlichkeit auf dem Prüfstand. Das Institut erforscht, was therapeutisch und diagnostisch möglich und sinnvoll ist und informiert Ärzte und Patienten darüber. Es wurde nach dem Willen des Gesetzgebers im Zuge der Gesundheitsreform am 1. Juni 2004 als eine Einrichtung der Stiftung für Qualität und Wirtschaftlichkeit im Gesundheitswesen gegründet und ist im Auftrag des Gemeinsamen Bundesausschusses (G-BA) oder des Bundesgesundheitsministeriums (BMG) tätig. Das Institut führt auch wissenschaftliche Projekte, insbesondere Gesundheitsinformationen, in Eigenregie durch. Die Verbreitung der Gesundheitsinformationen des IQWiG erfolgt in erster Linie über die Website www.gesundheitsinformation.de.

In verschiedenen begründenden Ausführungen beschreibt der Gesetzgeber einige Ziele der Information für Bürgerinnen und Bürger. Diese sollen unter anderem in ihrer Entscheidungsautonomie gestärkt werden und dadurch unmittelbar von der Arbeit des IQWiG profitieren. Laut SGB V (§ 139a) ist eine der zentralen Aufgaben des IQWiG die „Bereitstellung von für alle Bürgerinnen und Bürger verständlichen allgemeinen Informationen zur Qualität und Effizienz in der Gesundheitsversorgung sowie zu Diagnostik und Therapie von Krankheiten mit erheblicher epidemiologischer Bedeutung". Weiterhin soll „auf diesem Wege das Bemühen um eine Stärkung der evidenzbasierten Medizin im Gesundheitswesen voran" gebracht werden.[1]

2. Evidenzbasierte Gesundheitsinformationen: Die Ziele

Der Begriff „evidenzbasierte Medizin" (EbM) ist eine etwas unscharfe Eindeutschung des englischen „evidence-based medicine". Gemeint ist damit eine medizinische Betreuung von Patienten, die sich nicht alleine auf Meinungen und Übereinkünfte stützt, sondern „Evidenz" einbezieht – Belege, die mit möglichst objektiven wissenschaftlichen Methoden erhoben wurden. Evidenzbasierte Medizin umfasst Werkzeuge und Strategien, die vor Fehlentscheidungen und falschen Erwartungen schützen sollen. Fehlentscheidung kann in diesem Zusammenhang bedeuten, dass nützliche Interventionen nicht oder erst verspätet in die Versorgung kommen oder dass nutzlose oder gar schädliche Interventionen weite Verbreitung finden. (vgl. IQWiG 2007)

---

1   Letzteres Begründung zu § 91, Abs. 3 Satz 3, SGB V

Der Hauptbaustein der EbM ist die randomisierte kontrollierte Studie. Die Kernidee ist es, z.b. den Nutzen eines Medikaments zu prüfen, indem man freiwillige Teilnehmer meist per Los auf mindestens zwei Gruppen aufteilt: Die erste erhält das zu prüfende Medikament, die zweite eine andere Behandlung oder eine Scheintherapie. Anschließend werden die Behandlungsergebnisse und Erfahrungen der Teilnehmer verglichen. Um ein vollständiges Gesamtbild zu bekommen, halten Wissenschaftler Ausschau nach allen geeigneten Studien, die sie zu einer bestimmten Frage finden können. Für jede einzelne Studie muss entschieden werden, ob sie den vorab definierten Kriterien genügt. Studien, die den Kriterien entsprechen, werden genau analysiert und das Vorgehen und die Ergebnisse ausführlich beschrieben.

Das so entstandene Produkt wird als „systematische Übersicht" bezeichnet. Das Für und Wider einer Behandlungsmethode oder eines Ratschlags wird objektiv und neutral abgedeckt. Dadurch können auch interessierte medizinische Laien einen Überblick über den Stand des Wissens zu einer Behandlung gewinnen. Diese Kenntnisse könnten dazu dienen, dass sich Patienten und andere Interessierte in Sachen Gesundheit informieren, dann mit ihren Ärzten darüber sprechen und/oder selbst eine Entscheidung fällen können.

Das IQWiG fungiert als unabhängiger Herausgeber von Informationen. Es bietet aber keine individuelle Patientenberatung an. Das Ziel der Informationen des IQWiG ist die Verbesserung der Gesundheit und Patientenautonomie durch die Förderung der allgemeinen Gesundheitskompetenz und der Wissenschaftskenntnisse („Health and Scientific Literacy"). (vgl. IQWiG 2007; Bastian/Kaiser/Matschewsky 2005, 379-385) Die Gesundheitsinformationen sollen daher:

- eine aktive und informierte Entscheidungsfindung bei gesundheitlichen Fragen unterstützen,
- die kritische Nutzung gesundheitsbezogener Dienstleistungen fördern,
- das Wissen um körperliche, psychische und emotionale Gesundheit verbessern,
- das Verständnis medizinischer und wissenschaftlicher Informationen verbessern, darunter auch das des Konzepts der evidenzbasierten Medizin, und
- die Unterstützung der Patienten durch ihre Familie und Freunde ermöglichen.

Die Einbindung der Wertvorstellungen von Patienten in die medizinische Entscheidungsfindung gehört zum Kern des Konzepts der evidenzbasierten Medizin (vgl. Sackett/Straus/Richardson/Rosenberg/Haynes 2000) und ist damit auch ein wesentlicher Bestandteil evidenzbasierter Gesundheitsinformationen. Es gibt mehrere Definitionen von evidenzbasierten Patienteninformationen. (vgl. Coulter 1998, 225-226; Entwistle/Sheldon/Sowden/Watt 1998, 212-225; Sänger/Lang/

Klemperer/Thomeczek/Dierks 2006; Steckelberg/Berger/Kopke/Heesen/Mühl-
hauser 2005) Jede dieser Definitionen verlangt, dass Patienteninformationen Belege für den Nutzen, den Schaden und die Ungewissheiten enthalten müssen, die
bezüglich der jeweiligen medizinischen Interventionen bestehen. Doch die Anforderungen an evidenzbasierte Gesundheitsinformationen gehen noch darüber
hinaus. (vgl. Steckelberg/Berger/Kopke/Heesen/Mühlhauser 2005) Die Definition des IQWiG ist in Abbildung 1 dargestellt.

Die Evidenz zu erklären und bei der Vermittlung gesundheitsbezogener Informationen objektiv zu bleiben, stellt eine Herausforderung dar. Zur Gewährleistung eines objektiven und nicht direktiven Vorgehens sollte in Gesundheitsinformationen das, was als wissenschaftlich bekannt gilt, nicht überhöht werden.
Auch sollte den Menschen nicht vorgeschrieben werden, was sie „tun sollen".
Diesem Anspruch kann dadurch Rechnung getragen werden, dass eine Information keine strengen Empfehlungen ausspricht und eine neutrale verständliche
Sprache verwendet. Die Informationen sollen zwar gut lesbar, dabei jedoch wissenschaftlich präzise und objektiv präsentiert werden.

- Der Inhalt basiert auf klaren wissenschaftlichen Belegen (strenger Evidenz aus systemati-
  schen Übersichten).
- Die Informationen werden nach systematischen Methoden erstellt, die helfen sollen, syste-
  matische Fehler (Bias) zu minimieren und Neutralität zu wahren.
- Evidenzbasierte Kommunikationstechniken werden verwendet, um dem Ziel der Aufklä-
  rung, Unterstützung und der Befähigung von Bürgern und Patienten zur selbstbestimmten
  Entscheidung (sog. Empowerment) gerecht zu werden.
- Ungeklärte Sachverhalte sowie der potenzielle Nutzen und Schaden werden erörtert.
- Sprache und Gestaltung sind neutral und nicht direktiv gehalten, sodass die Entscheidungen
  im Einklang mit den eigenen Wertvorstellungen der Patienten getroffen werden können.
- Die Informationen werden ständig aktualisiert, damit sie evidenzbasiert bleiben.

Abb. 1: Die IQWiG – Definition von evidenzbasierter Gesundheitsinformation

3. Die Zielgruppen

Der Gesetzgeber hat die Bereitstellung von Gesundheitsinformationen sowohl
am gesunden als auch am kranken Bürger (Patienten) orientiert. Von daher muss
ein Informationsangebot eine Darstellungsweise und Thematik beinhalten, die
nicht nur der Perspektive von Menschen mit Erkrankungen gerecht wird. Es

gilt, die Bürger und Patienten zu befähigen, Auswahlentscheidungen zu treffen und Maßnahmen zu ergreifen, mit denen sie ihre eigenen gesundheitlichen Ziele verwirklichen können und die das Selbstmanagement fördern. Das Angebot soll Themen ansprechen, die die Menschen interessieren. Darüber hinaus gibt der Gesetzgeber folgende, in den Ausarbeitungen des IQWiG zu berücksichtigende Aspekte an (SGB V; § 139a):

- Alter,
- Geschlecht, und
- Lebenslagen.

Die Berücksichtigung dieser Besonderheiten erfordert eine Zielgruppenorientierung: Es gibt gewisse Unterschiede in den Informationsbedürfnissen und dem entsprechenden Kommunikationsduktus zwischen Kindern und Eltern, Angehörigen und Betroffenen oder zwischen Jugendlichen und Menschen mittleren Alters. Evidenzbasierte Kommunikation fängt mit der Setzung von Zielen eines Informationsprodukts sowie der Berücksichtigung der möglichen Publikumsstruktur an. Hierfür sind auch die verwendbaren Kommunikationsmedien zentral. Für das IQWiG sind Multiplikatoren ein Stammpublikum, besonders weil die Ausbreitungsmöglichkeiten des IQWiGs selbst begrenzt sind.

Das primäre Kommunikationsmedium des IQWiG ist das Internet. Das Internet hat sowohl besondere Vor- als auch Nachteile, was den Zugang zum Medium betrifft. Die Tatsache, dass das Internet Personen mit einem entsprechenden Anschluss 24 Stunden, also rund um die Uhr, zur Verfügung steht, macht es zu einem sehr leicht zugänglichen Medium. Der Zugang zum Internet breitet sich weiterhin aus: Mehr als die Hälfte der Menschen in Deutschland nutzt das Internet zur Beschaffung von Gesundheitsinformationen, und diese Zahl steigt langsam weiter an. (vgl. Dierks/Seidel/Schwartz/Horch 2006; Schmidt-Kaehler 2004)

Denkbar ist, dass das Internet besonders häufig von Menschen mit chronischen Erkrankungen benutzt wird. In Umfragen unter Patienten an orthopädischen Kliniken in Deutschland wurde beispielsweise festgestellt, dass bis zu 70 % der Befragten das Internet zur Beschaffung von Informationen über ihre Krankheit nutzen. (vgl. Pennekamp/Diedrich/Schmitt/Kraft 2006, 459-463; Richter/Becker/Specker/Monser/Schneider 2004, 216-222) Mehr als ein Drittel (38 %) der Patienten hatte vor dem Klinikbesuch auf das Internet zugegriffen, um sich auf den bevorstehenden Arztbesuch vorzubereiten. (vgl. Pennekamp/Diedrich/Schmitt/Kraft 2006) Um von den ins Internet eingestellten Gesundheitsinformationen zu profitieren, ist nicht unbedingt ein eigener Zugang zum Internet nötig: Häufig durchsuchen Verwandte oder Freunde das Internet für die Betroffenen –

vielleicht sogar so oft, wie sie Informationen für sich selbst suchen – und sogar die Mehrheit der sozial benachteiligten Familien hat vermutlich mindestens ein Mitglied mit direktem Zugang zum Internet. (vgl. Nettleton/Burrows/O'Malley 2005, 972-992; Murero/D'Ancona/Karamanoukian 2001; Fox 2006) Auch Multiplikatoren wie Ärzte, Selbsthilfegruppen und Journalisten nutzen das Internet routinemäßig und machen es dadurch zur Informationsquelle für andere Medien.

   Gleichzeitig Betroffene sowie Multiplikatoren zu adressieren, stellt jedoch eine Herausforderung dar. Multiplikatoren sind eine Zielgruppe, die nur schwer genau zu bestimmen ist. Doch auch die Rolle von Angehörigen als Informationsvermittler und Begleiter der Patienten ist nicht zu unterschätzen. Die eigenen Informations- und Unterstützungsbedürfnisse von Angehörigen stehen für das IQWiG ebenfalls im Vordergrund. Zurzeit enthält das Angebot zum Beispiel gezielte Informationen für Angehörige zu Themen wie Depression oder chronisch obstruktiver Lungenerkrankung, COPD.

   Zur Setzung der Ziele und zur Festlegung des Rahmens einer Gesundheitsinformation stehen verschiedene Quellen zur Verfügung, um die Informationswünsche der Bürger und Patienten zu erschließen (vgl. IQWiG 2007):

▪ Umfragen, qualitative Primärstudien und Übersichten von qualitativen Studien zum Informationsbedarf der Bevölkerung,
▪ Übersichten zu den Wirkungen von Kommunikation und Information in diesem Bereich und zu „Adherence",
▪ Erfahrungen von anderen Informationsanbietern, Patientenberatungsstellen und Selbsthilfegruppen,
▪ Übersicht über die zugänglichen Patienteninformationen im Internet, und
▪ Ergebnisse der eigenen Online-Umfragen des Instituts zu Prioritäten und Interessen.

Für die Entwicklung von Informationen für ein Krankheitsbild nutzt das Institut vorhandene qualitative Forschungsergebnisse zur Ermittlung von Informationsbedürfnissen sowie zur Eruierung von Erfahrungen mit diesem Krankheitsbild und den zugehörigen Behandlungen. Die Recherche nach qualitativen Studien erfolgt im Anschluss an die Konkretisierung der Fragestellung systematisch in der Regel in elektronischen Literaturdatenbanken. (vgl. IQWiG 2007) Es erfolgt eine Auswahl relevanter Publikationen anhand vorher festgelegter Ein- und Ausschlusskriterien sowie eine Abschätzung der Studienqualität anhand vorher definierter Kriterien. Die Ergebnisse der berücksichtigten Studien werden extrahiert, thematisch geordnet und für die Verwendung bei der Entwicklung von Gesundheitsinformationen deskriptiv zusammengefasst. Schon verfügbare Patienteninformationen in Deutschland werden ebenfalls recherchiert, um Informationswünsche und mögliche Lücken in der vorhandenen Informationslandschaft herauszufinden. Diesem Ziel dienen auch Interviews mit relevanten Patientenvertretern.

Abbildung 2 beschreibt das Beispiel einer resultierenden Zielsetzung für das Informationspaket zum Thema „Asthma Bronchiale".

Ziele
* Verbessertes Verständnis der Erkrankung, des Krankheitsverlaufs und der Diagnostik,
* Selbstmanagement, aktives Leben,
* Rolle der medikamentösen Behandlung,
* psychosoziale Unterstützung, und
* bestmögliche Nutzung des Versorgungssystems.

Zielgruppen
* Menschen mit ersten Anzeichen eines Asthma Bronchiale
* Menschen mit chronischem Asthma unterschiedlicher Schweregrade
* Familien, Angehörige und Freunde

Informationslücke – Priorität:
* Eltern von Kindern mit Asthma

Informationspaket
* Langartikel als Einführung zum Thema Asthma,
* Merkblätter zu Asthma und zu Asthma-Medikamenten,
* Merkblatt für die Eltern von Kindern mit Asthma, und
* Erfahrungsberichte von Patienten sowie einer Familie, deren 9-jähriger Sohn an Asthma erkrankt ist.

Abb. 2: Zielsetzung und Zielgruppen – das Beispiel „Asthma Bronchiale"

4. Das Erstellen von IQWiG Gesundheitsinformationen

Das IQWiG plant, bis 2012 ein ausführliches evidenzbasiertes Informationsangebot aufzubauen, das die wichtigsten Gesundheitsthemen und häufigsten Fragen der Patienten abdeckt. Das Ziel ist die Erstellung von mehr als 1.000 Informationsprodukten von unterschiedlichem Umfang, die regelmäßig aktualisiert werden. Die Produkte sollen nicht nur über die epidemiologisch wichtigsten Erkrankungen informieren, sondern auch über andere Themen, die die Bevölkerung besonders interessiert sowie über die wichtigsten neuen wissenschaftlichen Erkenntnisse. Priorität wird hier solchen Fragen eingeräumt, auf die sich evidenzbasierte Antworten finden lassen. Dies setzt die Anwendung eines Prozesses zur Sichtung der Evidenz voraus, um potenzielle Themen für diese Informationen herauszuarbeiten. Das Scanningsystem des IQWiG beruht vorwiegend auf der Identifizierung von systematischen Übersichten und HTA-Berichten („health technology assessments"), darunter auch Reviews zu unerwünschten Wirkungen.

Dieses Verfahren wird durch eine Kriterienliste unterstützt, die die Auswahl der Themen erleichtern soll. Dazu ist ein kritisches Verständnis aufzubauen, welche Themen für die Bevölkerung interessant sind. Als Informationsquelle stehen verschiedene Quellen zur Verfügung, darunter

- Literatur zum Informationsbedarf der Bevölkerung, die aus Umfragen und Untersuchungen gewonnen wurde,
- Erfahrungen von anderen Informationsanbietern, Patientenberatungsstellen und Selbsthilfegruppen,
- Anfragen an die Beauftragte der Bundesregierung für die Belange der Patienten (vgl. Schneider/Dierks/Seidel/Schwartz 2007, 24),
- Themen, die in die Suchmaschine der IQWiG-Website (www.gesundheitsinformation.de) eingegeben werden, sowie andere Daten zur Nutzung von der Website,
- Themenvorschläge von Gesundheitsinformation.de-Nutzern,
- Ergebnisse der eigenen Online-Umfragen des IQWiGs zu Prioritäten und Interessen.

Aufgrund der Ergebnisse einer ersten Auswertung von Patienten- und Informationsbedürfnissen entsteht ein Bild davon, welche Stationen ein Patient bei einem bestimmten gesundheitlichen Problem durchlaufen muss, welche psychologischen und emotionalen Probleme im Zusammenhang mit diesem Thema auftreten können und an welchen Punkten der Einzelne Entscheidungen treffen muss.

Abbildung 3 stellt den Erstellungsprozess für IQWiG Gesundheitsinformationen dar. Für die Erstellung von Informationen zu einem Krankheitsbild werden Recherchen nach systematischen Übersichten zu Ursachen, Prognosen, zur Diagnostik, zu Therapien und Nebenwirkungen durchgeführt. (vgl. IQWiG 2007) Üblicherweise lässt sich damit die gesamte Krankheit abdecken. Ein später durchzuführendes Scoping dient dazu, auf die Bereiche zu fokussieren, mit denen sich die Gesundheitsinformation befassen wird. In der Regel werden Übersichten dann als aktuell betrachtet, wenn die Suche in den letzten drei Jahren durchgeführt wurde. Danach folgt eine kritische Bewertung von möglichst relevanten systematischen Übersichten anhand der IQWiG Methoden (vgl. IQWiG 2007).

Spätestens innerhalb von drei Jahren nach der Veröffentlichung werden die Informationen bezüglich ihres Aktualisierungsbedarfs geprüft (vgl. IQWiG 2007). Die Gesundheitsinformationen für Patienten und Bürger werden in verschiedenen Formaten erstellt. Diese verschiedenen Formate sollen den Bedürfnissen verschiedener Adressatengruppen gerecht werden, die über einen unterschiedlichen Informationsbedarf, unterschiedliche Lesefertigkeiten und unterschiedlich viel Zeit zum Lesen verfügen.

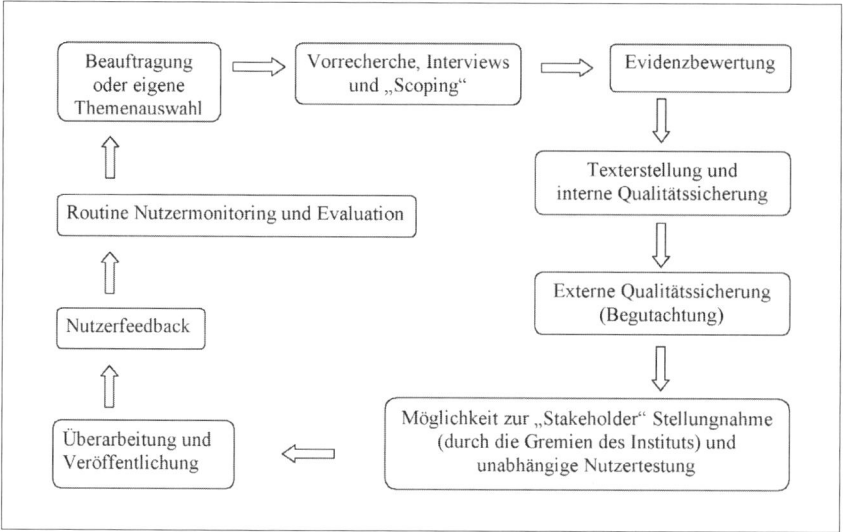

Abb. 3: Die Erstellung und Qualitätssicherung der Gesundheitsinformationen

Zu den Kernprodukten des Instituts gehören:

- *Artikel:* umfassende Beiträge, die die Grundlage für ein erweitertes Produktmodul zu einem relevanten gesundheitlichen Thema darstellen,
- *Merkblätter:* kurze, leicht verständliche Informationen und
- *Kurzantworten:* knappe Zusammenfassungen von systematischen Reviews, HTA-Berichten oder größeren Studien, darunter auch die vom Institut erstellten.

Zusammengenommen bilden diese Produkte sowie einige zusätzliche Elemente eine evidenzbasierte „Informationsplattform zur Gesundheit". Das Format der Informationsberichte und Merkblätter ähnelt dem konventioneller Patienteninformationen, während die Kurzantworten eher mit Zeitungsartikeln vergleichbar sind.

Artikel umfassen in der Regel mehr als 20 Seiten und richten sich an all diejenigen, die an detaillierten Informationen zu einem Thema interessiert sind. Der Lesbarkeitsgrad dieser recht umfangreichen Beiträge lässt die Zielgruppe aus stärker interessierten und motivierten Lesern erkennen, die sich durch einen allzu einfachen Sprachstil bevormundet fühlen könnten. (vgl. Dixon-Woods 2001)

Die Inhalte der einzelnen Artikel können je nach Thema variieren. Zu jedem Thema werden Informationen aus folgenden Bereichen, sofern relevant, berücksichtigt:

- Erklärungen zur Krankheit oder zu den Beschwerden, einschließlich
  □ Anatomie
  □ Physiologie
  □ verschiedene Erkrankungsformen
  □ Krankheitsursachen
  □ Symptomerkennung
  □ natürlicher Krankheitsverlauf
  □ Prognose
  □ mögliche Komplikationen
  □ Genesung/Rehabilitation
  □ mögliches Wiederauftreten der Krankheit (Rezidiv)
  □ Rezidiverkennung
  □ Risikogruppen (einschl. Angehörige)
- Maßnahmen zur Prävention und Gesundheitsförderung, einschließlich
  □ Ernährung
  □ körperliche Aktivität
  □ Screeningverfahren
  □ Informationen
- diagnostische Optionen, darunter komplementäre Diagnoseverfahren
- therapeutische Optionen, einschließlich
  □ Medikamente
  □ chirurgische Eingriffe
  □ andere nichtmedikamentöse Maßnahmen
- Rehabilitation
- andere Gesundheitsleistungen
- psychosoziale Aspekte, einschließlich persönlicher Berichte von Patienten mit der betreffenden Erkrankung sowie von anderen Betroffenen, darunter Betreuungspersonen, Familienangehörige und Freunde.

Die Merkblätter sind so abgefasst, dass sie für ein breiteres Publikum leicht verständlich sind. Auch hierbei spiegelt sich im Grad der Lesbarkeit der vermutete Gebrauch dieser Art von Informationen. Merkblätter können im Rahmen der Arzt-Patient-Konsultation eingesetzt werden und richten sich an all diejenigen, die an einem raschen Informationsüberblick interessiert sind.

Die Kurzantworten bieten die Möglichkeit, die Evidenz aus hochwertigen wissenschaftlichen Studien in Deutschland besser zugänglich zu machen. Sie entsprechen in ihrem Format in etwa wissenschaftlich fundierten (häufig gestellten) Fragen. Deutsche Internetnutzer interessieren sich am meisten für Informationen zu den neuesten Forschungsergebnissen, und diese interessieren sie möglicherweise noch mehr als die Meinung von Experten. (vgl. Poensgen/Larsson 2001)

Viele Patienten möchten über die Erfahrungen von anderen Betroffenen mit derselben Erkrankung hören oder lesen. (vgl. Herxheimer/McPherson/Miller/ Shepperd/Yaphe/Ziebland 2000, 1540-1543; Glenton/Nilsen/Carlsen 2006) *Erfahrungsberichte* sind sowohl im Journalismus als auch auf dem Gebiet der Patienteninformation eine übliche Form der Informationsvermittlung. Wissenschaftliche Evidenz kann unter anderem anhand von Erfahrungsberichten dargestellt und der Öffentlichkeit zugänglich gemacht werden. (vgl. Glenton/Nilsen/ Carlsen 2006) Diese Patientenberichte sind ein wichtiger Bestandteil von www. gesundheitsinformation.de. Mit der Erhebung von Erfahrungsberichten von Patienten und Angehörigen können individuelle Erfahrungen und Erlebnisse mit Krankheit und Pflegebedürftigkeit in ihren verschiedenen Dimensionen anderen Betroffenen beziehungsweise Interessierten als Ergänzung zu den Gesundheitsinformationen zur Verfügung gestellt werden. Die Erfahrungsberichte stehen zu den evidenzbasierten Gesundheitsinformationen in einer mitunter sorgfältig zu modulierenden Komplementarität. Sie sind stark mit der Zielgruppenorientierung verbunden. Zum Asthma-Paket beispielsweise gehören Erfahrungsberichte von Patienten und Angehörigen im Alter von 9 bis 70 Jahren. In diesen Berichten können Betroffene und Angehörige ihre eigenen Fragen und Sorgen wiederfinden.

5. Das Erreichen von Zielen

Im Prinzip zeigen Websites schnell, ob sie manche ihrer Ziele erreichen. (vgl. IQWiG 2007) Viele Ziele evidenzbasierter Gesundheitsinformationen lassen sich jedoch nicht so einfach evaluieren. Neben dem Routinemonitoring der Website kann das Ausmaß, in dem die Website und die Gesundheitsinformationen ihre Ziele erreicht, durch folgende Maßnahmen bewertet werden:

- Nutzertests,
- Online-Umfragen unter den Nutzern,
- Beratung mit Nutzern und Patientenvertretern, und
- unabhängige Evaluation.

Für die Evaluation der Online-Informationen von Modellprojekten gemäß § 65b SGB V wurde von der Universität Bielefeld ein webbasierter Fragebogen entwickelt. (vgl. Schaeffer/Dierks/Hurrelmann/Keller/Krause/Schmidt-Kaehler 2004) Durch dessen Implementierung soll ein Leistungsvergleich (Benchmarking) zwischen www.gesundheitsinformation.de und den evaluierten Modellprojekten (15 Websites) ermöglicht werden. Eine Auswertung der ersten 2.561 ausgefüllten Fragebögen (im Jahr 2006) auf www.gesundheitsinformation.de ergab, bezogen auf zahlreiche Kriterien wie z.B. die Verständlichkeit, ein Ranking im mittleren Bereich im Vergleich zu den 15 anderen Websites. (vgl. Bastian/ Büchter/Yurdakul/Zschorlich 2006) Solche Nutzerbefragungen sind ein Teil des internen Routine-Monitoring der Website.

Die externe Evaluation und vor allem die qualitative Evaluation durch potenzielle Nutzer nehmen hinsichtlich der ständigen Weiterentwicklung der Informationen und der medialen Gestaltung der Website einen hohen Stellenwert ein. Dabei übernehmen externe Sachverständige die Durchführung der inhaltlichen Evaluation der einzelnen Informationsprodukte und -pakete durch potenzielle Nutzer. Weiterhin sollen, wenn möglich, alle Gesprächspartner bei der Erhebung von Erfahrungsberichten in die Evaluation der Informationsentwürfe einbezogen werden, an denen sie mitgearbeitet haben. Dass Ergebnisse der Evaluationen kontinuierlich in den Erstellungs- und Überarbeitungsprozess der Informationsprodukte einfließen, ist eine der Herausforderungen des operativen Prozesses. Grundsätzlich sollte das Informationsangebot des IQWiG:

- Sensibilität und Respekt vor dem Wissen, den Wertvorstellungen und Sorgen von Bürgern und Patienten, vor ihrer Autonomie und ihren kulturellen Unterschieden zeigen,
- sich um einen patientenzentrierten, nicht wertenden, nicht direktiven und neutralen Sprachstil bemühen, und
- auf die Zeit der Leser Rücksicht nehmen.

Die Bereitstellung von Informationen ist nicht der einzige Zweck von Gesundheitskommunikation. Ein besonderes Anliegen ist auch, Patienten und Bürgern emotionale Unterstützung zu bieten (vgl. Feldman-Stewart/Brennenstuhl/ Brundage 2007, 311-319); ferner soll sie bei der Stärkung der Patientenautonomie eine Rolle spielen. Gesundheitskommunikation muss patientenzentriert sein, wenn sie zum Patienten-Empowerment beitragen und emotional unterstützend wirken soll. Nach der Definition der Weltgesundheitsorganisation (WHO) beinhaltet der Begriff „Empowerment" im Gesundheitswesen die Fähigkeit, Entscheidungen zu treffen und Maßnahmen zu ergreifen, die im Einklang mit den eigenen Zielen stehen. (vgl. Nutbeam 1998, 349-364) Diese Fähigkeiten bilden die Voraussetzung für autonomes Denken und Handeln auf Seiten der Patienten. Gesundheitskommunikation zur Stärkung der Gesundheitskompetenz spricht an, was Patienten wissen möchten, zeigt Interesse an der und Respekt für die Meinung von Patienten und erkennt ihre Kompetenz an. (vgl. Dixon-Woods 2001; Kettunen/Liimatainen/Villberg/Perko 2006, 159-166; Virtanen/Leino-Kilpi/Salantera 2007, 140-146)

Historisch gesehen waren Patienteninformationen eher paternalistisch orientiert. Man ging davon aus, dass der Patient unwissend ist und vor Ungewissheit und belastenden Informationen geschützt werden muss: Ihm sollte gesagt werden, was er zu tun hat. Zu einem nicht unbedeutenden Grad ist dies auch heute noch ein Kennzeichen von Patienteninformationen und der Debatten um ihren aktuellen Stellenwert. (vgl. Dixon-Woods 2001) In Deutschland wird zuweilen argumentiert, die Patienten seien für evidenzbasierte und nicht direktive Informationen noch nicht reif, würden diese nicht verstehen oder wollen.

Wie Studien jedoch oft zeigen, erhalten Patienten in Deutschland weniger Informationen, als sie gern hätten (vgl. Dierks/Seidel/Schwartz/Horch 2006), und geben – im Vergleich zwischen Deutschland und ähnlichen Ländern – in Deutschland mehr Patienten an, dass ihnen nicht genügend Informationen zur Verfügung gestellt würden. (vgl. Sawicki 2005, 755-768; Van den Brink-Muinen/Verhaak/Bensing/Bahrs/Deveugele/Gask 2000, 115-127) Die Ziele evidenzbasierter Gesundheitsinformationen sind allerdings anspruchsvoll umzusetzen. Informationen auf dem aktuellen wissenschaftlichen Stand zu erstellen und zu halten, ist eine ressourcenintensive Aufgabe. Unabhängige Evaluationen von Websites, darunter auch nationale Portale, zeigen, dass die Informationen oft nicht-evidenzbasiert sind (vgl. Glenton/Paulsen/Oxman 2005, 7) – und dass sie generell nicht allgemeinverständlich genug sind. (vgl. Petch 2004) Wenn Patienten oder Bürger jedoch wissen wollen, ob es sich wirklich lohnt, eine Behandlung auszuprobieren und die damit verbundenen Schadensrisiken im Kauf zu nehmen, brauchen sie eine solide Auskunft, mit welchen Eventualitäten sie rechnen müssen. Verständliche evidenzbasierte Gesundheitsinformationen sind von daher für informierte Entscheidungen eine notwendige Voraussetzung: Das Wissen um Behandlungsalternativen und ihre möglichen Auswirkungen ist eine grundsätzliche Frage der Patientenrechte.

Literatur

Bastian, H./Kaiser, T./Matschewsky, S. (2005): Förderung allgemeiner Gesundheits- und Wissenschaftskenntnisse mittels Bürger- und Patienteninformationen: Die Rolle des IQWiG. Z Ärztl Fortbild Qualitätssich 2005; 99 (6): 379-385

Bastian, H./Büchter, R./Yurdakul, A./Zschorlich, B. (2006): Hooked on evidence-based consumer health information: The experience of a new bi-lingual national website. XIV Cochrane Colloquium. Programme and Abstract Book: 90. Dublin, Ireland

Coulter, A. (1998): Evidence based patient information is important, so there needs to be a national strategy to ensure it. BMJ 1998; 317 (7153): 225-226

Dierks, M.-L./Seidel, G./Schwartz, F.W./Horch, K. (2006): Bürger- und Patientenorientierung im Gesundheitswesen – Gesundheitsberichterstattung des Bundes – Heft 32. Berlin: Robert Koch Institut; 2006

Dixon-Woods, M. (2001): Writing wrongs? An analysis of published discourses about the use of patient information leaflets. Soc Sci Med 2001; 52 (9): 1417-1432

Entwistle, V.A./Sheldon, T.A./Sowden, A.J./Watt, I. (1998): Evidence-informed patient choice. Practical issues of involving patients in decisions about health care technologies. Int J Technol Assess Health Care 1998; 14 (2): 212-225

Feldman-Stewart, D./Brennenstuhl, S./Brundage, M.D. (2007): A purpose-based evaluation of information for patients: An approach to measuring effectiveness. Patient Educ Couns 2007; 65 (3): 311-319

Fox, S. (2006): Online health search 2006. Washington: Pew Internet & American Life Project

Glenton, C./Nilsen, E.S./Carlsen, B. (2006): Lay perceptions of evidence-based information – A qualitative evaluation of a website for back pain sufferers. BMC Health Serv Res 2006; 6: 34

Glenton, C./Paulsen, E.J./Oxman, A.D. (2005): Portals to Wonderland: health portals lead to confusing information about the effects of health care. BMC Med Informat Dec Mak 2005; 5:7

Herxheimer, A./McPherson, A./Miller, R./Shepperd, S./Yaphe, J./Ziebland, S. (2000): Database of patients' experiences (DIPEx): A multi-media approach to sharing experiences and information. Lancet 2000; 355 (9214): 1540-1543

Institut für Qualität und Wirtschaftlichkeit im Gesundheitswesen (IQWiG) : Allgemeine Methoden. Version 3 (Entwurf). Köln: IQWiG, November 2007

Kettunen, T./Liimatainen, L./Villberg, J./Perko, U. (2006): Developing empowering health counseling measurement. Preliminary results. Patient Educ Couns 2006; 64 (1-3): 159-166

Murero, M./D'Ancona, G./Karamanoukian, H. (2001): Use of the internet by patients before and after cardiac surgery: telephone survey. J Med Internet Res 2001; 3: E27

Nettleton, S./Burrows, R./O'Malley, L. (2005): The mundane realities of the everyday lay use of the internet for health, and their consequences for media convergence. Sociol Health Ill 2005; 27:972-992

Nutbeam, D. (1998): Health promotion glossary. Health Promot Int 1998; 13 (4): 349-364

Pennekamp, P.H./Diedrich, O./Schmitt, O./Kraft, C.N. (2006): Prävalenz und Stellenwert der Internetnutzung orthopädischer Patienten. Z Orthop Ihre Grenzgeb 2006; 144 (5): 459-463

Petch, T. (2004): Content analysis of selected health information websites: Final report. Vancouver: ACTION for Health, Centre for Clinical Epidemiology and Evaluation, Simon Fraser University

Poensgen, A./Larsson, S. (2001): Patients, physicians and the internet: Myth, reality, and implications. Boston: Boston Consulting Group

Richter, J.G./Becker, A./Specker, C./Monser, R./Schneider, M. (2004): Krankheitsbezogene Internetnutzung bei Patienten mit entzündlichen-rheumatischen Systemerkrankungen. Z Rheumatol 2004; 63 (3): 216-222

Sackett, D.L./Straus, S.E./Richardson, W.S./Rosenberg, W./Haynes, R.B. (2000): Evidence-based medicine: How to practice and teach EBM. London: Churchill-Livingstone

Sänger, S./Lang, B./Klemperer, D./Thomeczek, C./Dierks, M.-L. (2006): Manual Patienteninformation – Empfehlungen zur Erstellung evidenzbasierter Patienteninformationen. Berlin: ÄZQ; 2006. (ÄZQ Schriftenreihe; Vol 25)

Sawicki, P.T. (2005): Qualität der Gesundheitsversorgung in Deutschland – Ein randomisierter Sechs-Länder-Vergleich aus Patientensicht. Med Klin 2005; 100 (11): 755-768

Schaeffer, D./Dierks, M.-L./Hurrelmann, K./Keller, A./Krause, H./Schmidt-Kaehler, S. (2004): et al. Evaluation der Modellprojekte zur Patienten- und Verbraucherberatung nach § 65b Sozialgesetzbuch V – Abschlussbericht der wissenschaftlichen Begleitforschung für die Spitzenverbände der GKV. Bielefeld

Schmidt-Kaehler, S. (2004): Patienteninformation Online: Theoretische Grundlagen, Planung und Entwicklung eines Konzeptes für die Patientenschulung im Internet. Bern: Verlag Hans Huber; 2004

Schneider, N./Dierks, M.-L./Seidel, G./Schwartz, F.W. (2007): The federal government commissioner for patient issues in Germany: Initial analysis of the user inquiries. BMC Health Serv Res 2007; 7: 24

Steckelberg, A./Berger, B./Kopke, S./Heesen, C./Mühlhauser, I. (2005): Kriterien für evidenzbasierte Patienteninformationen. Z Ärztl Fortbild Qualitätssich 2005; 99 (6): 343-351

Van den Brink-Muinen, A./Verhaak, P.F./Bensing, J.M./Bahrs, O./Deveugele, M./Gask, L. (2000): et al. Doctor-patient communication in different European health care systems: Relevance and performance from the patients' perspective. Patient Educ Couns 2000; 39 (1): 115-127

Virtanen, H./Leino-Kilpi, H./Salantera, S. (2007): Empowering discourse in patient education. Patient Educ Couns 2007; 66 (2): 140-146.

Social Marketing und Kampagnen in der Prävention und Gesundheitsaufklärung

Elisabeth Pott

1. Definition und Konzepte

In den 50iger Jahren erschien ein Aufsatz von Gert O. Wiebe, auf den von vielen die Entstehung des Begriffs Social Marketing zurückgeführt wird (vgl. Wiebe, Gert D 1952). Die zentrale Frage lautete: „Why can't you sell brotherhood and rational thinking like you sell soap?". Wiebe hatte verschiedene Sozialkampagnen untersucht und festgestellt, dass sie in dem Maße erfolgreich waren, wie sie aus der Geschäftswelt bekannten Marketingstrategien ähnlich waren und Marketingvariablen wie das Design für das Produkt, die Vertriebsfähigkeit und die Kosten berücksichtigten.

Später wurde von dem amerikanischen Marketingforscher Philip Kotler und seinem Kollegen G. Zaltmann die Definition gefunden „Social Marketing ist die Planung, der Einsatz und die Kontrolle von Programmen zur Beeinflussung der Akzeptanz von sozialen Vorstellungen, in die Überlegungen zur Gestaltung des Produkts, des Preises, der Kommunikation, des Vertriebs und der Marketingforschung eingehen" (vgl. Kotler/Zaltmann 1971). Dem lag die Vorstellung zugrunde, dass

- soziale Vorstellungen zielgerichtet veränderbar sind und sich ihre Akzeptanz in der Gesellschaft beeinflussen lässt;
- dieser Einfluss systematisch und kontrolliert ausgeübt werden kann;
- auf dem Marktplatz der Ideen der Austausch sozialer Vorstellungen ähnlichen Regeln unterliegt wie der Austausch von Wirtschaftsgütern.

Seit etwa Mitte der 70er Jahre ist das Konzept des Social Marketing, im Unterschied zum kommerziellen Marketing, als Fokussierung auf soziale Aspekte des Marketings deutlich weiterentwickelt worden. Das heißt, im nichtkommerziellen Bereich wurden vermehrt die im kommerziellen Bereich bewährten Marketingmethoden angewendet, um Ziele möglichst wirksam zu erreichen.

Während im kommerziellen Bereich die Beziehung zwischen Kunde und Anbieter im Mittelpunkt steht, sind beim Social Marketing die Bedürfnisse der relevanten Anspruchsgruppen/Zielgruppen von zentraler Bedeutung.

In der Zwischenzeit ist der Begriff des Social Marketing fest etabliert. Allerdings hat sich das dahinter liegende Konzept in den letzten Jahren deutlich verändert. In den 70er Jahren, als die Idee des Social Marketing aufkam, war sie definiert vor allem als die Implementierung und die Kontrolle von Marketingprogrammen, die durch Maßnahmen der Produkt-, Preis-, Kommunikations- und der Distributionspolitik auf die Akzeptanz sozialer Ideen Einfluss nehmen sollten. Das Konzept wurde im Laufe der folgenden Jahre deutlich ausgeweitet, vertieft und verändert. Während früher Social Marketing mehr auf Imagebildung zielte, sind inzwischen gerade im Gesundheitsbereich viele Social Marketingmaßnahmen auch direkt auf Verhaltensänderungen ausgerichtet, z.B. in Kampagnen zur Förderung des Nichtrauchens, zum verantwortlichen Umgang mit Alkohol, für mehr Bewegung, für Infektionsschutz durch Safer Sex. Heute kann von einer Definition des Social Marketing, wie sie durch Bruhn und Tilmes definiert worden ist, ausgegangen werden. Social Marketing *„ist die Planung, Organisation, Durchführung und Kontrolle von Marketingstrategien und -aktivitäten gegenüber den verschiedenen Anspruchsgruppen von nicht kommerziellen Organisationen. Die Marketingstrategien können dabei entweder direkt oder indirekt auf die Lösung der verschiedenen sozialen Aufgaben gerichtet sein"* (vgl. Bruhn/Tilmes 1994).

Nicht gemeint mit Social Marketing sind die Marketingkonzepte kommerzieller Anbieter, die ein vermeintlich oder tatsächlich besonders gesundes oder im sozialen Bereich nützliches Produkt anbieten und mit dieser Marketingstrategie einen besonderen Marktvorteil suchen. In diesem Zusammenhang ist auch zu erwähnen, dass in der letzten Zeit und aktuell das Gesundheitsmotiv durchaus als Mittel des Produktmarketing genutzt wird. Bei dieser Vermarktungsstrategie wird häufig die Vorstellung vermittelt, dass gesund ist, wer sich Sportartikel oder Fitnessgeräte leistet, den Aufenthalt im Fitnessstudio oder Sonnenstudio finanziert, Lightprodukte konsumiert oder Wellnessangebote nutzt. Mit Gesundheit oder gesundheitlicher Aufklärung haben diese Marketingstrategien nichts zu tun.

Gerade weil Social Marketing aus den Ideen des kommerziellen Marketings hervorgegangen ist und Instrumente auch des kommerziellen Marketings nutzt, ist es wichtig, die Besonderheiten und Unterschiede deutlich zu machen. Dabei sind besonders hervorzuheben

- die Inhalte und Zielsetzungen des Social Marketing,
- die Mitarbeiter- und Organisationsstrukturen der Non-Profit-Organisationen,
- die Formen der Finanzierung,
- die Definition der Leistung,
- die Berücksichtigung unterschiedlicher Zielgruppen und Interessengruppen und
- die Konsequenz der Nachfrageorientierung.

Während das kommerzielle Marketing sich häufig an eindimensionalen Zielen orientiert, etwa den Absatzzahlen eines Produkts oder an einem Gewinn, der erzielt werden soll, besteht das Hauptziel von Social Marketingstrategien, gerade im Gesundheitsbereich, in der Regel in komplexen Zielen, die schwierig zu operationalisieren und zu kontrollieren sind. Erfolgsvoraussetzung ist, dass ein integriertes Marketingkonzept entwickelt wird und die Strategie des Social Marketing sich tatsächlich und messbar auf die Lösung definierter gesundheitlicher, sozialer Probleme richtet.

Social Marketing im Gesundheitsbereich

Wenn eine moderne, deutlich weiterentwickelte Definition von Social Marketing zugrunde gelegt wird, dann gibt es eine hohe Überschneidung mit der Definition von Gesundheitskampagnen. Im öffentlichen Sprachgebrauch gibt es deshalb heute eine weitgehende Gleichsetzung der Begriffe: „Präventionskampagne", „Kommunikationskampagne", „Social Marketing" und „PR-Kampagne". Deshalb muss deutlich gemacht werden, dass die Ziele zielgruppenbezogener und bevölkerungsbezogener Prävention in der Regel mit Kommunikationskampagnen erreicht werden, die Social Marketing Ansätze nutzen. Dabei müssen die Besonderheiten des jeweiligen Gesundheitsthemas berücksichtigt werden, die Strategien des Social Marketing an die thematischen Besonderheiten angepasst und die Marketingansätze mit modernen wissenschaftsbasierten Kommunikationskonzepten verknüpft werden.

2. Social Marketing versus Präventionskampagne

Wenn Social Marketingstrategien in Kommunikationskampagnen zur Prävention und gesundheitlichen Aufklärung angewendet werden, muss geprüft werden, wie die Konzepte des Marketing auf die Ziele, die Rahmenbedingungen, die Inhalte von Präventionsthemen angewendet werden können und wie sie im Rahmen der Institutionen und gegebenenfalls gemeinsam mit Kooperationspartnern, die für diese Aufgabe zuständig sind, eingesetzt werden können. Dabei geht es um die Nutzung von Marketingstrategien für bevölkerungsbezogene Prävention, das heißt, es geht um Strategien, die in der Gesamtbevölkerung und in bestimmten Teilzielgruppen wirksam werden sollen. Wir sprechen deshalb von Präventionskampagnen als übergeordnetem Begriff. Mit Kampagne ist eine systematisch geplante Kombination von Maßnahmen/Einzelprojekten zur Erreichung gesundheitsbezogener Ziele in der Gesamtbevölkerung oder definierten Zielgruppen gemeint. Das heißt, dass wir heute Kampagnen als ein Bündel von aufeinander bezogenen Maßnahmen verstehen, die in einem systematischen Prozess und auf verschiedenen Ebenen durchgeführt werden. In Präventionskampagnen werden also Strategien des Social Marketing genutzt, aber der übergeordnete Begriff, der das ganze System der Strategie beinhaltet, ist der Begriff der Kommunikationskampagne. Im Begriff der „Präventionskampagne" wird der Gegenstand und die Zielsetzung der Kampagne besonders deutlich, nämlich, dass es um Prävention eines bestimmten Gesundheitsproblems geht. Im Begriff der Kommunikationskampagne kommt besonders zum Ausdruck, dass das Präventionsziel über Kommunikation erreicht werden soll.

3. Von der Analyse der Ausgangssituation zum Interventionskonzept

1.1 Das Interventionskonzept

Abgeleitet von der Analyse der Ausgangssituation, insbesondere des Forschungsstands, werden in einem Interventionskonzept die erforderlichen Interventionsschritte der Kampagne beschrieben. Das Interventionskonzept steuert die Maßnahmen und Aktivitäten und bildet die Grundlage zur ständigen Überprüfung der Zielerreichung der Kampagne. Bevor eine Kampagne gestartet wird, muss aber nicht nur geklärt werden, was an wissenschaftlichen Kenntnissen zu dem in Frage stehenden Thema vorhanden ist, sondern was an Strukturen, hier präventionsrelevanten Strukturen, für das Kampagnenthema und für die Kampagnenziele vorhanden ist.

1.2 Strukturen

Die für die Prävention relevanten Strukturen sind die Träger und Akteure von Prävention auf der Bundes-, Landes- und kommunalen Ebene, die Sozialversicherungen und nichtstaatliche Organisationen, aber auch die Privatwirtschaft. Auf der kommunalen Ebene geht es um die vorhandene Infrastruktur z.B. mit Schulen, Kindergärten, aber auch Betrieben, Freizeiteinrichtungen, Vereinen. Das Vorhandensein von Beratungsangeboten und Einrichtungen der medizinischen Versorgung spielt eine wichtige Rolle. Schließlich muss im Sinne der Ausgangsanalyse geklärt werden, wie weit die zu prävenierende Krankheit bzw. die gesundheitsriskante Verhaltensweise in der Bevölkerung verbreitet ist, in welchen Zielgruppen sie besonders verbreitet ist, was die Risiken für die Entstehung dieser Krankheit bzw. was die Übertragungswege sind, aber auch was gegebenenfalls Schutzfaktoren sind bzw. wie diese Krankheit nicht übertragen werden kann. Es muss untersucht werden, welches Wissen in der Bevölkerung vorhanden ist, wie das gesundheits- oder krankheitsrelevante Verhalten in der Bevölkerung oder in den definierten Zielgruppen verbreitet ist, um daraus die Ziele, die Zielgruppenfestlegung und die Kommunikationsstrategie ableiten zu können.

3.3 Ziele / Zielgruppen

Bei der Festlegung der Präventionsziele bedarf es einer Prioritätensetzung. Angesichts konkurrierender Ziele, die in einem Themenfeld denkbar sind, ist es notwendig, die vorrangigen Ziele festzulegen, an denen sich die Strategie zuerst orientieren soll. Dabei spielen die Relevanz der möglicherweise konkurrierenden Themen und der Bedarf eine entscheidende Rolle, aber auch die Konkretheit der Ziele und ihre Realisierungsmöglichkeit. Bei der Festlegung von Zielgruppen müssen Kriterien für die Auswahl der Zielgruppen gefunden und die Besonderheiten der Zielgruppen untersucht werden, um zielgruppengerechte Strategien entwickeln zu können.

3.4 Modelle und Theorien

Für die Planung von Interventionsstrategien, mit denen die festgelegten Ziele erreicht werden können, bedarf es einer zugrunde liegenden Theorie und eines aus der Theorie abgeleiteten Konzepts. Wichtige Theorien sind z.B. das Selbstwirksamkeitskonzept, das Health-belief-Modell, die sozial-kognitive Lerntheorie und das Salutogenese Konzept. Dieses Konzept sollte soweit wie möglich in seiner Wirksamkeit erforscht, möglichst evidenzbasiert und in die vorhandenen Strukturen integrierbar sein, um die Erfolgsaussichten zu erhöhen. Das Konzept muss mit den Aktivitäten und Angeboten anderer Akteure abgestimmt werden. Eine Marktanalyse, welche Angebote es in diesem Bereich bereits gibt, welche davon wirksam und Erfolg versprechend sind, ist ausschlaggebend für die Frage, welche Maßnahmen implementiert werden sollen. Genauso wichtig ist die Klärung der Frage, mit welchen Kooperationspartnern gemeinsam die Umsetzung erfolgen soll. Das Konzept muss an die jeweiligen Kontextbedingungen des Arbeitsfeldes angepasst werden, die sehr unterschiedlich sein können. Die Prüfung der internen Voraussetzungen für die Umsetzung der Strategie muss vor allem auch die Ressourcen auf Angemessenheit hin überprüfen.

Um die Durchführung entsprechend planen zu können, geht es um die Überprüfung geeigneter Zugangswege, um die Entwicklung von zielgruppengerechten Vermittlungsformen und um die Entwicklung von Strategien, die die notwendigen Reichweiten in den betreffenden Zielgruppen auch sicherstellen. Diese Anforderungen müssen kontinuierlich überprüft werden.

3.5 Das Theoriemodell nach McGuire und Rogers

Das Theoriemodell, das die Bundeszentrale für gesundheitliche Aufklärung (BZgA) ihren Kommunikationskampagnen zur Prävention zugrunde legt, ist das Phasenmodell der Kampagnenwirkung nach McGuire und Rogers (vgl. McGuire und Rogers, in: Singhal, A./Rogers, E.: 1999).

In diesem Modell werden die verschiedenen Phasen erläutert, die notwendig sind, um von einer Kampagnennutzung über die bewusste Wahrnehmung der Botschaft zu einem Botschaftsverständnis und Handlungswissen zu kommen. In einem nächsten Schritt ist die Überzeugung auszubilden, die zu einer Verhaltensabsicht führt, z.B. in die Verhaltensabsicht, sich noch weiter zu informieren, oder das neue Verhalten zu praktizieren. Wenn daraufhin eine Verhaltensänderung erfolgt und nach erfolgter Verhaltensänderung Einsicht in die Vorteile dieser Verhaltensänderung entsteht, ist eine wichtige Voraussetzung dafür geschaffen, dass eine Beibehaltung der Verhaltensänderung erreicht wird.

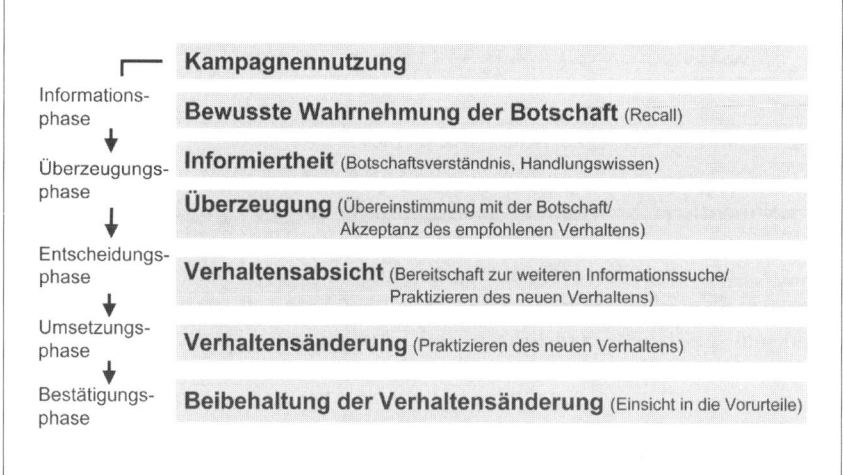

Abb. 1: Phasenmodell Kampagnenwirkungen nach McGuire/Rogers

4. Qualitätsgesicherte Planung und Umsetzung einer Präventionskampagne

Um ein solches Konzept umzusetzen, bedarf es einer zielorientierten Programmplanung. Die zielorientierte Programmplanung ist ein Instrument der systematischen, qualitätsgesicherten Entwicklung und Verbesserung von Präventionskampagnen. Der zielorientierten Programmplanung liegt die Strategie des Public-Health-Action-Cycle (PHAC) zugrunde.

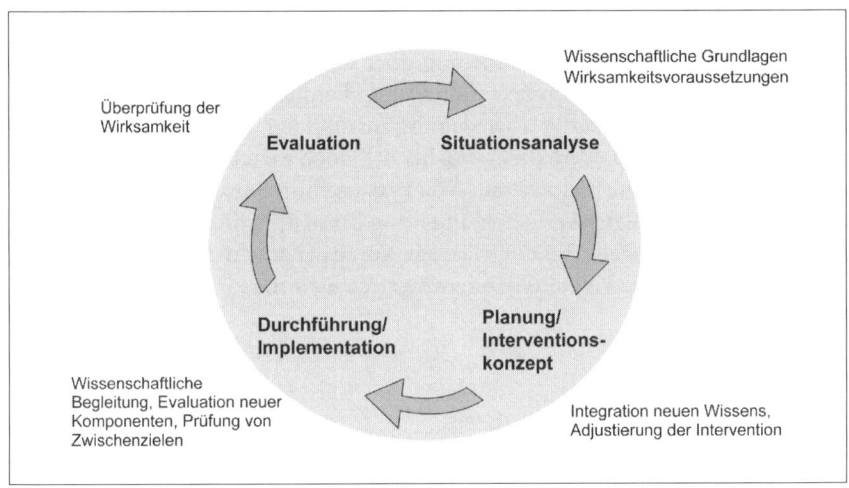

Abb. 2: Schritte des Public Health Action Cycle (PHAC)

Die zielorientierte Kampagnenplanung beginnt mit der Situationsanalyse der Ausgangssituation. Wissenschaftliche Erkenntnisse der verschiedenen Disziplinen, die in dem jeweiligen Themenzusammenhang von Bedeutung sind, werden überprüft. Ebenfalls werden die Rahmenbedingungen, z.B. gesundheitsrelevante Strukturen, gesetzliche Regelungen und bestehende Angebote, geklärt. Ausgehend von der Situationsanalyse wird das Interventionskonzept entwickelt. Das Interventionskonzept enthält die verschiedenen Maßnahmen, die im Hinblick auf die zu erreichenden Ziele für zielführend gehalten werden. Dieses Interventionskonzept verbindet diese Maßnahmen so, dass sie als integriertes, aufeinander abgestimmtes Maßnahmenbündel eingesetzt werden können. Aus dem Interventionskonzept wird der Interventionsplan abgeleitet, der die zeitliche Abfolge der einzelnen Maßnahmen und ihre Verknüpfung miteinander festlegt. Dieser Interventionsplan wird schrittweise umgesetzt.

Die Rolle der Evaluation

Gleichzeitig wird ein Evaluationskonzept erstellt und umgesetzt. Die Evaluationsergebnisse werden in die Weiterführung, Weiterentwicklung der Kampagne eingespeist, so dass es zu einem kontinuierlichen Optimierungsprozess bis zum Kampagnenabschluss kommt.

Das Evaluationskonzept, das in diesem Zusammenhang zur Überprüfung der Gesamtstrategie und der Einzelmaßnahmen dient, setzt sich zusammen aus der spezifischen Evaluation von Einzelmaßnahmen, z.b. Pretests von einzelnen Medien, der Evaluation von Einzelmaßnahmen, z.b. Broschüren, Veranstaltungsinstrumenten, und der Evaluation des Gesamtprogramms, z.b. des Monitorings zu Wissen, Einstellungen und Verhalten in regelmäßigen Abständen. Schließlich wird ein Indikatorensystem entwickelt, das das bekundete Wissen und Verhalten in Beziehung zur Nutzung der Präventionsangebote, den veränderten Strukturen und schließlich zur Entwicklung der Risiko-, Infektions- oder Krankheitsepidemiologie setzt. Als Beispiel kann das Indikatorensystem der nationalen AIDS-Präventionskampagne dienen.

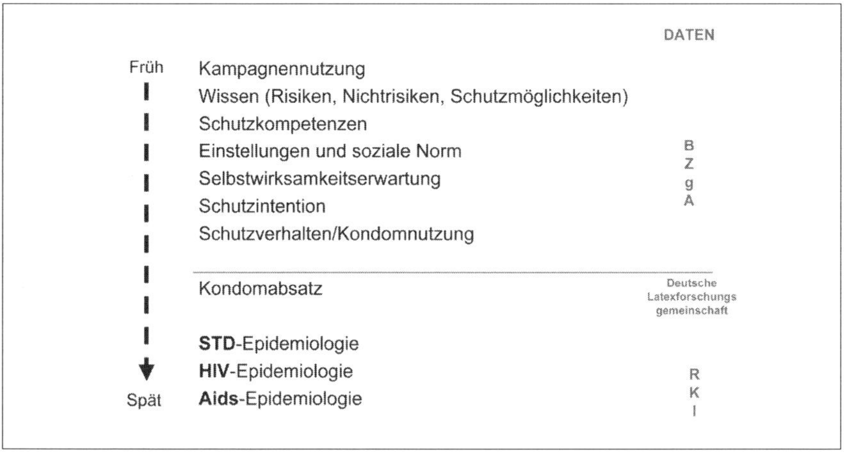

Abb. 3: Wirksamkeitsindikatoren der AIDS-Präventionskampagne (Quelle: Eigene Darstellung)

Evaluiert werden also die Einzelmaßnahmen, der Prozess und die Kampagnenwirkung insgesamt. Die Maßnahmen der Qualitätssicherung unterscheiden sich
je nach Themenfeld, Struktur und Art der Maßnahmen. Besonders zu erwähnen
ist, dass Voraussetzung für den Erfolg ein qualifiziertes Angebot und die Qualifikation der Akteure ist. Deshalb müssen Qualifizierungsangebote, um spezifische
Maßnahmen auch qualitätsgesichert umsetzen zu können, immer auch Bestandteil einer Kampagnenstrategie sein.

5. Die AIDS-Aufklärungskampagne als Beispiel für eine umfassende Präventionskampagne

Das umfassendste Beispiel für eine nationale Kampagne zur gesundheitlichen
Aufklärung und Prävention in Deutschland, die mit einem integrierten Social
Marketingkonzept umgesetzt wird, ist die Gesamtkampagne zur AIDS-Auf-
klärung „Gib AIDS keine Chance". Oberziel der Kampagne ist die möglichst
weitgehende Verhinderung von HIV-Neuinfektionen. Teilziele sind ein hoher
Wissensstand in der Bevölkerung und den speziellen Zielgruppen über Risiken,
Nicht-Risiken, Schutzmöglichkeiten, die Motivation und Befähigung zum
Schutzverhalten, zur Kondomnutzung in sexuellen Risikosituationen und die
Entwicklung eines solidarischen Klimas gegen die Ausgrenzung und Stigmatisie-
rung von Menschen mit HIV und AIDS.

Die Kampagnenstruktur sieht eine Kombination von massenkommunikativen Elementen mit unterschiedlichen massenkommunikativen Medien, wie
TV-Spots, Plakaten, Broschüren, Internet u.a., mit vielfältigen personalkommu-
nikativen Angeboten von der Telefonberatung, der persönlichen Einzelberatung
bis zu Veranstaltungsinstrumenten, wie Kleingruppendiskussionen oder Groß-
gruppenveranstaltungen, aber auch Qualifizierung von Multiplikatoren und
Arbeitsmaterialerstellung für Multiplikatoren oder auch Ausstellungen im Sinne
von interaktiven Kommunikationsangeboten vor.

Bei dieser Kampagne ist auch im größtmöglichen Umfang die Evaluation
einzelner Medien und Maßnahmen und die Evaluation der Wirksamkeit der Gesamtkampagne gewährleistet. Die nationale Kampagne zur AIDS-Prävention ist
das bekannteste Beispiel für eine umfassende, evaluierte Präventionskampagne,
die Social Marketingstrategien nutzt.

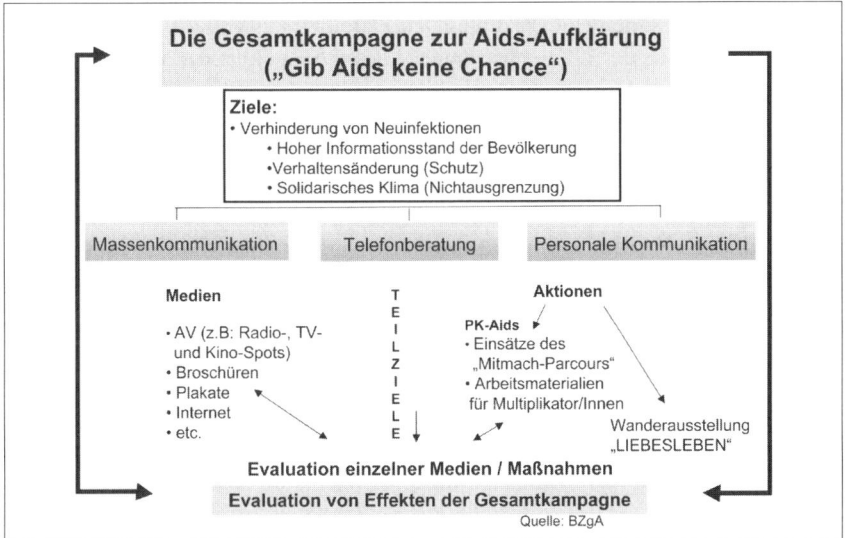

Abb. 4: Die Gesamtkampagne zur AIDS-Aufklärung

Die Ergebnisse der bisherigen Durchführung der Kampagne zeigen im internationalen Vergleich, dass mit einer wissenschaftlich begründeten, systematisch geplanten, langfristigen Kampagnenstrategie, die zielgruppenorientiert und die Gesamtbevölkerung ansprechend konzipiert ist, gute Erfolge erzielt werden können. Gleichzeitig wird an diesem Beispiel auch deutlich, wie sich die Ausgangslage verändern kann und wie immer wieder auf neue Herausforderungen im Sinne des oben beschriebenen Optimierungsprozesses reagiert werden muss.

- Prävalenz 2007: ca. 59.000 HIV-Infizierte*
- Inzidenz 2007: ca. 3.000 HIV-Neuinfektionen*
- Deutschland hat im westeuropäischen Vergleich 2005
  - die viertniedrigste Prävalenzrate (0,06 %)*
  - die drittniedrigste Inzidenzrate (0,003 %)**
- weitgehend stabiles Schutzverhalten in der Gesamtbevölkerung und in riskierten Gruppen***
- aber: steigende HIV-Inzidenz seit 2001*

Abb. 5: Situationsanalyse: HIV in Deutschland (*RKI 2007; **EuroHIV 2006; ***BZgA 2007)

Nach den vorliegenden epidemiologischen Daten gibt es seit 2001 jährlich einen
moderaten Anstieg der HIV-Infektionen. Dieser Anstieg ist u.a. zurückzuführen
auf die Tatsache, dass Menschen mit HIV/AIDS heute länger leben und wegen
der besseren Behandelbarkeit auch sexuell aktiv sind, sowie auf einen deutlichen
Anstieg anderer sexuell übertragbarer Krankheiten, insbesondere in Osteuropa,
und in den letzten Jahren auch in Deutschland. Letzteres stellt ein erhebliches
Zusatzrisiko für eine HIV-Infektion dar. Darüber hinaus ist AIDS eine therapier-
bare/chronische Krankheit geworden, was einen erheblichen „Entwarnungseffekt"
in den Hauptbetroffenengruppen ausgelöst hat. Diese Entwicklungen haben dazu
geführt, dass die Kampagne vor erheblichen neuen Herausforderungen steht:

- Die Kampagne einschließlich der Beratungsangebote vor Ort muss andere
  sexuell übertragbarer Krankheiten verstärkt in die Kampagnenbotschaften
  einbeziehen.
- Der Stellenwert einer frühzeitigen HIV und STD-Diagnostik in der Prävention steigt.
- Überoptimistischen Heilungserwartungen muss begegnet werden.
- Es müssen klare Präventionsbotschaften an die Menschen mit HIV und AIDS
  gerichtet werden, die aufgrund ihrer Behandlung glauben, andere nicht an-
  stecken zu können.
- HIV-Ärzte müssen verstärkt in die Prävention eingebunden werden.

Weil es in der Vergangenheit wenig umfassend evaluierte bevölkerungsbezogene
Kampagnen gab, aber auch weil wichtige Voraussetzungen für den Erfolg von
Kampagnen nicht gegeben waren, entstanden immer wieder Zweifel an der
Wirksamkeit von Aufklärungskampagnen. Durch empirische Forschung wur-
den die Gründe für mangelnde Wirksamkeit von Kampagnen besser untersucht.
Heute sind die wichtigsten Defizite bekannt. Als häufige Defizite haben sich
herausgestellt:

- unklare Zielgruppenfestlegung,
- mangelnde Erreichung der Zielgruppen,
- mangelnde Klarheit und Eindeutigkeit der Botschaften,
- kurzfristige, punktuelle Maßnahmen statt langfristiger, umfassender Angebote,
- mangelnde Analyse des Informationsstandes und der Bedarfe
- keine Evaluation,
- ausschließlich auf Wissensvermittlung abgestellte Strategien, Vernachlässigung
  emotionaler Ansprache,
- Fehlen eines integrierten Implementationskonzepts,

- fehlende Abstimmung von verhaltensbezogenen und strukturellen Maßnahmen
- und mangelhafte finanzielle Ausstattung.

6. Verhaltens- und Verhältnisprävention

Im Folgenden soll an Beispielen gezeigt werden, dass eine umfassende Präventionskampagne, nicht nur auf Verhaltensänderung zielen, sondern auch die Verhältnisse/Strukturen berücksichtigen muss. Darum gehört an den Anfang einer solchen Kampagnenentwicklung eine Analyse der Ausgangssituation, die auch die Rahmenbedingungen und Einflussfaktoren berücksichtigt. Diese Analyse muss ständig aktualisiert werden, wie der PHAC zeigt. Die Beispiele sollen zeigen, wie Verhaltens- und Verhältnisprävention in einer Gesamtstrategie ineinander greifen müssen, um optimale Ergebnisse zu erzielen.

6.1 Beispiel 1: Alkopopssteuergesetz

Das erste Beispiel ist das Alkopop-Steuergesetz und die begleitende Aufklärungskampagne. Bis ins Jahr 2001 war der Konsum von alkoholischen Getränken in der Gruppe der 12-25-jährigen jungen Menschen, der von der Bundeszentrale für gesundheitliche Aufklärung mit ihren Repräsentativuntersuchungen in 3-4-jährigen Abständen seit 1979 beobachtet wird, rückläufig (vgl. BZgA Drogenaffinitätsstudie 2004). Im Jahr 2004 zeigte sich, dass der Konsum in dieser Gruppe wieder angestiegen war, vor allem durch den Konsum alkoholischer Mixgetränke auf Spirituosenbasis, so genannter Alkopops. Eine vergleichende Untersuchung der Jahre 1998 und 2003 der BZgA zeigte, dass der Anstieg des Konsums von Alkopops besonders deutlich in der Altersgruppe der 14-17-Jährigen war. Alkopops waren in der Gruppe der 14-17-Jährigen die beliebtesten alkoholischen Getränke.

Weitere Analysen zeigten, dass die Marketingstrategien der Anbieter dieser Getränkeart mit einer besonders jugendgerechten Marketingstrategie die jüngeren Altersgruppen erfolgreich angesprochen hatten. Bemerkenswert ist, dass mehr als die Hälfte (54%) der jungen Befragten angaben, eigentlich keinen hochprozentigen Alkohol zu trinken. Über den Gebrauch von Alkopops konsumierten insgesamt 75% der Jugendlichen aber in hohem Maße doch Spirituosen. Der süße Geschmack der alkoholischen Mixgetränke überdeckte den Spirituosengeschmack und vermittelte den Eindruck eines Erfrischungsgetränkes. Im Jahr 2004 wurde das so genannte Alkopop-Steuergesetz erlassen, mit dem eine zusätzliche Steuer auf Alkopops erhoben wurde. Das Nettosteuermehraufkommen sollte anschließend für die Suchtprävention zur Verfügung gestellt werden. Gleichzeitig wurde die Maßnahme mit öffentlicher Aufklärung begleitet, die auf das Problem aufmerksam machte, dass gerade jüngere Jugendliche durch spirituosenhaltigen Alkopops besonders gefährdet sind, da sie den Alkoholgehalt unterschätzten, weil der Alkohol durch den Geschmack der Limonadenmischung stark überdeckt wurde. Nach Einführung des Alkopop-Steuergesetzes erfolgte ein deutliches Absinken des Konsums spirituosenhaltiger Alkopops.

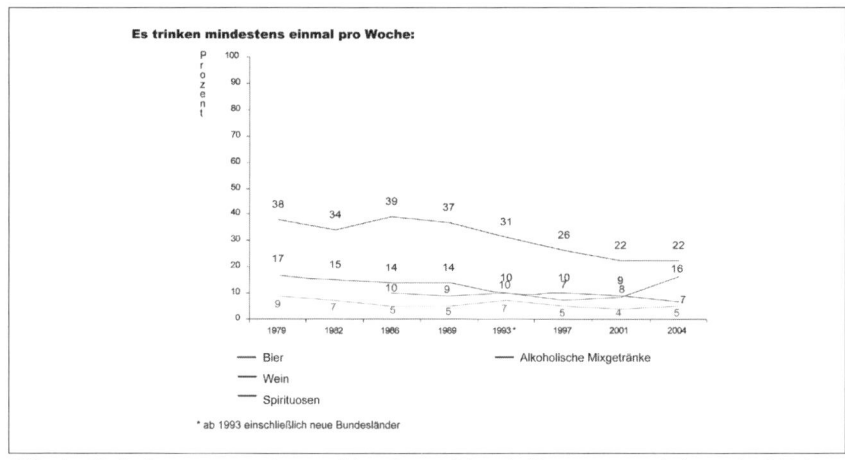

Abb. 6: Alkoholkonsum 1979 bis 2004 (12- bis 25-Jährige) (Repräsentativerhebung der BZgA, Köln, Drogenaffinität Jugendlicher)

Mädchen + Jungen	12 bis 15 Jahre			16 bis 17 Jahre		
	2004	2005	2007	2004	2005	2007
Gesamtalkohol	20,9	13,5	21,1	92,2	76,1	104,6
Spirituosenhaltige Alkopops	4,7	2,1	1,7	19,0	9,5	4,9
Bier-/Weinmischgetränke	2,0	3,2	3,7	7,6	9,6	13,1
Bier	8,5	6,4	11,0	41,8	40,1	58,1
Wein/Sekt	2,5	1,3	1,9	9,0	7,5	8,0
Spirituosen	2,1	0,8	2,2	6,6	6,6	10,8
Cocktails/Longdrinks 1,8	1,0	2,0	8,0	7,2	9,4	

Abb. 7: Alkoholmenge (g/Woche) (Repräsentativerhebung der BZgA, Köln, Drogenaffinität Jugendlicher)

Eine umfassende Alkoholpräventionskampagne konnte nicht durchgeführt werden, da aufgrund des sich verändernden Marktes – die Marktteilnehmer hatten in der Folge des Gesetzes ihr Angebot völlig verändert – keine zusätzlichen Steuereinnahmen aus der Sondersteuer für die Suchtprävention zur Verfügung gestellt werden konnten. Es kam deshalb zwar zu einem deutlichen Absinken spirituosenhaltiger Alkopops, aber der Genuss anderer Alkolika in derselben Altersgruppe stieg in den folgenden Jahren von 2004 bis 2007 deutlich an. Dieses Beispiel zeigt, dass eine Kombination von strukturellen und Kommunikationsmaßnahmen notwendig ist und dass das Fehlen eines Bereichs die Wirksamkeit insgesamt deutlich einschränkt.

6.2 Beispiel 2: Gesundheitsziel „Tabakkonsum reduzieren"

Ein zweites Beispiel für die notwendige Kombination von verhaltens- bzw. verhältnisbezogenen Maßnahmen kann am Beispiel des Gesundheitsziels „Tabakkonsum reduzieren" gezeigt werden. „Tabakkonsum reduzieren" wurde von der Bundesregierung im Jahr 2000 zu einem der fünf vorrangig zu behandelnden Gesundheitsziele erklärt. In diesem Fall wurde eine Quantifizierung des angestrebten Ziels vorgenommen. In der Altersgruppe der 12-17-jährigen waren im Jahr 2001 28 % Raucher. Diese Quote sollte auf 20 % im Jahr 2005 gesenkt werden. Es wurde eine Kampagnenstrategie entwickelt, die sowohl Maßnahmen

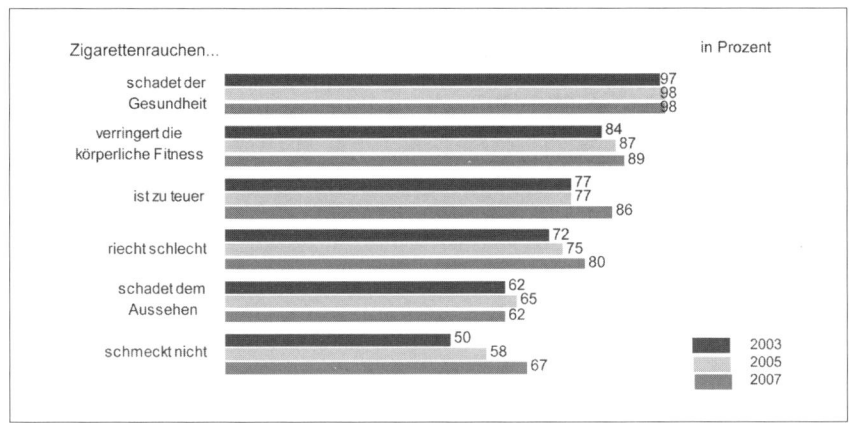

Abb. 8: Gründe für das Nichtrauchen (12- bis 19-jährige Nichtraucher) (Repräsentativerhebungen der BZgA, Köln, Förderung des Nichtrauchens 2005, 2007)

im Bereich der Verhältnisprävention vorsah, z.b. Tabaksteuererhöhungen und
Werbeeinschränkungen, als auch eine verhaltenspräventive Strategie, die bei jungen Menschen den Einstieg in das Tabakrauchen verhindern und den Ausstieg
aus dem Zigarettenkonsum erleichtern sollte und schließlich Maßnahmen umfassen sollte, die den Schutz vor Passivrauchen gewährleisten.

Im Bereich der strukturellen Maßnahmen wurde von 2002 bis 2005 fünf
Mal die Tabaksteuer um jeweils 1 bis 1,2 Cent pro Zigarette erhöht. Die Untersuchungen der Zielgruppen im Hinblick auf ihre Bereitschaft, das Rauchen
aufgrund der Steuererhöhung einzustellen, zeigte, dass der Anteil derer, die von
sich selber glaubten, nach der Steuererhöhung mit dem Rauchen aufzuhören,
deutlich höher war als der, der tatsächlich mit dem Rauchen aufgehört hat.

Neben den strukturellen Maßnahmen startete die BZgA in 2002 die Kampagne zur Förderung des Nichtrauchens bei Jugendlichen. Die Messung der
Reichweiten ergab, dass die Kampagne bis 2005 51 % in der Altersgruppe der
12-19-Jährigen bekannt war. Bei den rauchenden Jugendlichen war sie mit 58 %
noch bekannter als bei den nichtrauchenden mit 49 %. Das Wissen um die
Schadstoffe im Tabakrauch war deutlich verbessert.

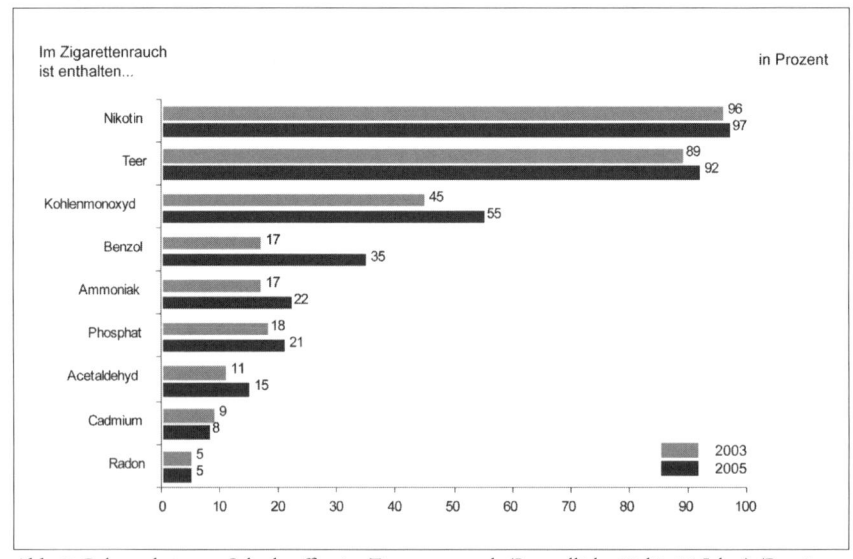

Abb. 9: Bekanntheit von Schadstoffen im Zigarettenrauch (Jugendliche 12 bis 19 Jahre) (Repräsentativerhebungen der BZgA, Köln, Förderung des Nichtrauchens 2005)

Zielsetzung der Jugendkampagne war es, „Nichtrauchen" zur gesellschaftlichen Norm für Jugendliche zu machen, „Nichtrauchen ist cool", wer raucht ist uncool. Die Kampagne sollte ihnen helfen, eine rational und emotional begründete Entscheidung für das Nichtrauchen zu treffen. Deshalb wurde in der Kampagne z.B. auch kommuniziert, dass selbst in 2001 zwei Drittel der Jugendlichen Nichtraucher waren. Das knüpft an der Erkenntnis an, dass der Mensch als soziales Wesen sich mit anderen vergleicht und an Gruppennormen orientiert. Für diese sozialen und emotionalen Aspekte wurde in der Kampagne mit gleichaltrigen Vorbildern gearbeitet. Die Zahl der rauchenden Jugendlichen war in der Altersgruppe der 12-17-Jährigen von 28 % in 2001 auf 20 % in 2005 gesunken.

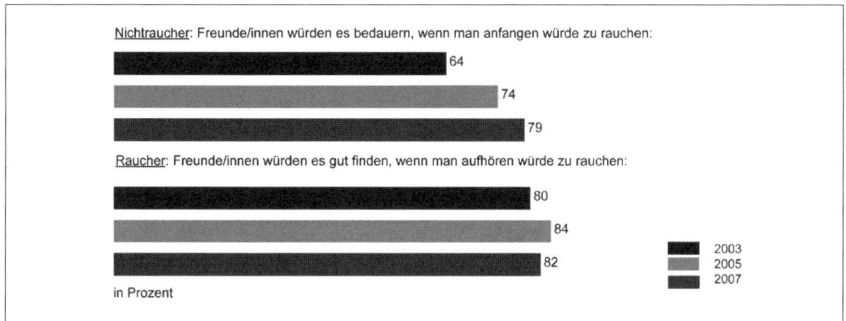

Abb. 10: Nichtrauchen als soziale Norm (Jugendliche 12 bis 19 Jahre) (Repräsentativerhebungen der BZgA, Köln, Förderung des Nichtrauchens 2005, 2007)

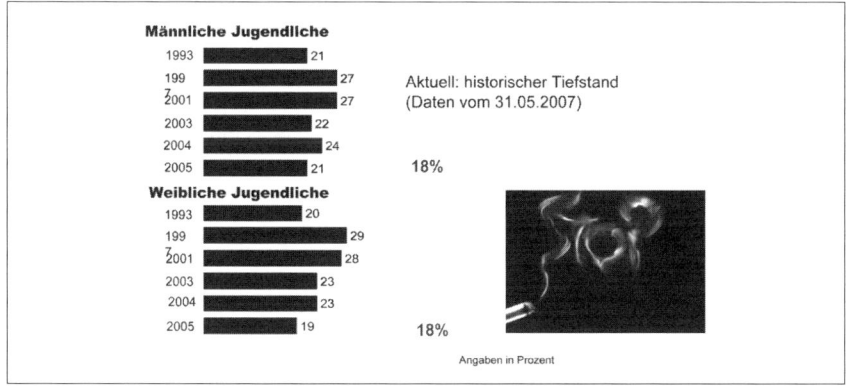

Abb. 11: Raucherquote nach Alter und Geschlecht 1993 bis 2005 (12- bis 17-Jährige) (Repräsentativerhebung der BZgA, Köln, Drogenaffinität Jugendlicher 2005)

7. Fazit

Präventionskampagnen wirken, wenn folgende Voraussetzungen erfüllt sind:

- wissenschaftlich begründete Strategien,
- umfangreiche Interventionen, die die entscheidenden Bereiche/Zielgruppen abdecken,
- Kombination von Verhaltens- und Verhältnisprävention,
- breite, massenmediale Bevölkerungsansprache,
- tiefergehende, personalkommunikative Zielgruppenarbeit,
- umfangreiche Evaluation und wissenschaftliche Begleitung,
- adäquate personelle, institutionelle und finanzielle Ressourcen.

Literatur

Andreasen, A. (1994): Social Marketing: Its Definition and Domain. Journal of Public Health and Marketing, 13 (1), 108-115
Andreasen, A. & Drumwright, M. (2001): Alliances and Ethics in Social Marketing. In A. Andreasen (Ed.): Ethics in Social Marketing (95-124). Washington: Goergetown University Press
Bonfadelli, Heinz/Friemel, Thomas (2006): Kommunikationskampagnen im Gesundheitsbereich. Konstanz: UVK Verlagsgesellschaft mbH
Bruhn, Manfred/Tilmes, Jörg (1994): Social Marketing: Einsatz des Marketing für nicht-kommerzielle Organisationen, Stuttgart: Kohlhammer
Bruhn, Manfred (2001): Relationship Marketing. Das Management von Kundenbeziehungen. München: Vahlen
Bruhn, Manfred (2005): Marketing für Nonprofit-Organisationen. Stuttgart: Kohlhammer
Bundeszentrale für gesundheitliche Aufklärung (BZgA) (1999): Wiederholungsbefra-gung AIDS im öffentlichen Bewußtsein der Bundesrepublik 1998: Endbericht, Köln: Selbstverlag BZgA
Bundeszentrale für gesundheitliche Aufklärung (BZgA) (2001): Wiederholungsbefra-gung AIDS im öffentlichen Bewußtsein der Bundesrepublik 2000: Endbericht, Köln: Selbstverlag BZgA
Bundeszentrale für gesundheitliche Aufklärung (2004): Drogenaffinitätsstudie der BZgA 2004; Repräsentative Erhebungen zu Bekanntheit, Kauf und Konsum von Alkopops 2003. Köln: Selbstverlag BZgA
Bundeszentrale für gesundheitliche Aufklärung (2006): Förderung des Nichtrauchens 2005. Repräsentative Erhebungen. Köln: Selbstverlag BZgA
Bundeszentrale für gesundheitliche Aufklärung (2007): Wiederholungsbefragung AIDS im öffentlichen Bewusstsein der Bundesrepublik Deutschland 2006: Endbericht, Köln: Selbstverlag BZgA
Bundeszentrale für gesundheitliche Aufklärung (2007): Förderung des Nichtrauchens bei Jugendlichen. Repräsentativbefragung. Kurzbericht. Köln: Selbstverlag BZgA
Kotler, Philip/Roberto, Eduardo (1989): Social Marketing. Strategies for Changing Behavior, New York: Free Press
Kotler, Philip & Zaltman, G. (1971): Social Marketing: In Approach to Planned Social Change. Journal of Marketing, 35 (3), 3-12

McGuire W.J. (1989): Theoretical Foundation of Campaigns. In: R.E. Rice and C. Atkin (Eds.): Public Communication Campaigns, Newbury Park, CA: Sage Publications

Meffert, H. & Bruhn, M. (2006): Dienstleistungsmarketing. Grundlagen – Konzepte – Methoden (5.Aufl.). Wiesbaden: Gabler

Pott, Elisabeth (1994): Wochenmarkt Gesundheit: Aufklärung oder Vermarktung. In: Kongreßdokumentation „Gesundheit und Medien", Düsseldorf, 23.04.1994

Pott, Elisabeth (2000): "Social marketing in health promotion: concepts and their impact on behaviour and service provision", Vortrag gehalten beim Kongreß Medicine Meets Millenium, 21 July – 20 August 2000, Hannover

Pott, Elisabeth (2007): AIDS-Prävention in Deutschland. In: Bundesgesundheitsblatt-Gesundheitsforschung-Gesundheitsschutz. Band 50. Heft 4. April 2007. Heidelberg: Springer

Pott, Elisabeth/Müller, Wolfgang/Töppich, Jürgen (1999): AIDS-Prävention in Deutsch-land. In: Präventivmedizin: Praxis Methoden Arbeitshilfen, Berlin: Springer

Robert-Koch-Institut (Hrsg.) (2001): HIV/AIDS-Bericht I/2001. In: Epidemiologisches Bulletin: Sonderausg. B/2001

Robert-Koch-Institut (Hrsg.) (2007): HIV-Infektionen und AIDS-Erkrankungen in Deutschland. In: Epidemiologisches Bulletin: Sonderausgabe B/2007

Rosenbrock, Rolf (1987): AIDS kann schneller besiegt werden: Gesundheitspolitik am Beispiel einer Infektionskrankheit, Hamburg: VSA-Verlag

Schwartz, F.W./Badura, B./Busse, R./Leidl, R./Raspe, H./Siegrist, J./Walter, U. (Hrsg.) (2003): Public Health Gesundheit und Gesundheitswesen. 2. Auflage 2003. Mün-chen, Jena: Urban & Fischer

Singhal, A./Rogers, E. (1999): Entertainment Education, A Communication Strategy for Social Change. LEA Publishers, Mahwah, New Jersey, London

Solomon, Douglas S. (2001): A social marketing perspective on communication cam-paigns". In: Rice, R.E./Atkin, C. (Eds.): Public communication campaigns, Newbury Park, CA: Sage Publications

Wiebe, Gert D. (1952): Merchandising commodities and citizenship on television. In: Public opinion quarterly 15(1952)679-691.

Unterschiede im Informationsverhalten und in der Entscheidungsfindung von Patienten bei der Auswahl von Kliniken

Sandra Braun-Grüneberg und Karin Wagner

1. Kliniken in der Patienten-Wahrnehmung

Auf dem Krankenhausmarkt sind Patientenbefragungen ein häufig eingesetztes Mittel, damit Kliniken ihre Leistungen auf die Ansprüche ihrer Patienten besser einstellen können. Dabei variieren die Anforderungen der Patienten unter anderem je nach Patientengruppe, regionaler Lage und Wettbewerbssituation auf dem jeweiligen Markt. Dazu kommt, dass die Bewertung eines geeigneten Krankenhauses für Patienten sich auf zwei Hauptkategorien konzentriert: einerseits eine medizinische Versorgungskomponente, andererseits eine „Hotel"-komponente. Während die Hotelkomponente, z.B. Komfort der Zimmer des jeweils betrachteten Krankenhauses, relativ einfach zu bewerten ist, jedoch von den individuellen Ansprüchen, Empfindungen und der Art der Krankheiten der Patienten und ihres speziellen Umfeldes abhängt, ist die Beurteilung der medizinischen Komponente ausgesprochen schwierig.

Trotz zahlreicher Versuche, eine Vergleichbarkeit zwischen Krankenhäusern hinsichtlich medizinischer Standards zu erreichen, ist der Krankenhausmarkt für Patienten intransparent. Doch „Mündigkeit braucht Information" (Debatin 2006, S. 9). Für einzelne Städte wie Berlin und Hamburg sowie Regionen wie das Rhein-Ruhr-Gebiet stehen Klinikführer zur Verfügung oder sind in Vorbereitung. Diese beziehen sich bisher aber nur auf eine kleine Auswahl an Indikationen. Gleiches gilt für die Qualitätsberichte, die die Kliniken seit einigen Jahren veröffentlichen müssen. Für medizinische Laien – also fast alle Patienten – ist deren Informationsgehalt aber eher gering, da sie sich an den für die Abrechnung ausschlaggebenden „Diagnosis Related Groups" (DRGs) orientieren. Andere medizinische Qualitätsdaten, die für Laien nachvollziehbar sind, werden bereits jetzt im Krankenhausalltag erhoben, gesammelt und zentral für alle Kliniken ausgewertet, z.B. Todesfallraten und Rückfallraten nach Operationen und anderen Behandlungen. Allerdings werden diese als direkte Vergleiche zwischen Krankenhäusern in der Regel nicht oder nur anonymisiert veröffentlicht. Sie sind daher für Patienten zur Wahl eines spezifischen Krankenhauses relativ wertlos.

Für die Patienten bleibt die Bewertung nicht-medizinischer Leistungen wie Service oder die Ausstattung von Zimmern, die auf ihren eigenen Erfahrungen oder denen von Bekannten und Verwandten beruhen. In diesem Beitrag sollen im ersten Teil die Ergebnisse der Befragungen von Patienten aus drei sehr unterschiedlichen Regionen gegenübergestellt und die für sie nützlichsten Informationsquellen ermittelt werden. Im darauf folgenden Teil werden die Wünsche von allen Patienten zusammengenommen und ihrer wirklichen Wahl gegenübergestellt. Die Auswertungen lassen zwei Schlüsse zu: Erstens geben die Abweichungen von Wunsch und Wirklichkeit den Kliniken Hinweise auf ihr Verbesserungspotential. Zweitens zeigt der Vergleich, dass sich bei der realen Wahl die Wichtigkeit der Faktoren verschiebt.

2. Merkmale der Befragung

2.1 Charakteristika der Kliniken

Die Patientenbefragung wurde im Februar 2007 anhand standardisierter persönlicher Interviews in drei Krankenhäusern durchgeführt. Dabei handelte es sich um je eine Klinik in einer Großstadt (G), am Rand einer Großstadt (GR) und auf dem Land (L). Die wichtigsten Merkmale der Krankenhäuser und die Anzahl der jeweils geführten Interviews sind in Tabelle 1 zusammengefasst.

Tab. 1: Gegenüberstellung der Krankenhäuser hinsichtlich der wichtigsten Charakteristika

Kriterium	Klinik L	Klinik G	Klinik GR
geografische Lage	Land	Großstadt	Großstadtrand
Art der Versorgungsstufe	Qualifizierte Regelversorgung	Schwerpunktversorgung	Maximalversorgung
Größe	500 bis 600 Betten	500 bis 600 Betten	mehr als 1.000 Betten
Arten der Spezialisierungen	insbesondere Mamma-/Brustzentrum, Hämatologie/Onkologie, Schlafmedizin	insbesondere Pneumologie, Orthopädie und Chirurgie	insbesondere Hämatologie/Onkologie, Nuklear- und Strahlenmedizin, Angio- und Kardiologie, Kinder- und Jugendmedizin, Frauenklinik und Geburtshilfe, Augenheilkunde, HNO
Anzahl der Interviews	163	75	169

Das in einer strukturschwachen Region befindliche Klinikum L ist ein Krankenhaus der qualifizierten Regelversorgung (2. Versorgungsstufe), das über fast 600 Betten verfügt. Im Klinikum werden jährlich rund 23.000 Patienten stationär und über 30.000 ambulant behandelt. Das Akutkrankenhaus hat sich zu einem Gesundheitszentrum entwickelt und verfügt über ein zertifiziertes Brustzentrum.

Das Klinikums G liegt in einem gutbürgerlichen Stadtbezirk einer Großstadt und verfügt über weniger als 600 Betten. 2006 wurden rund 17.000 Patienten stationär, über 200 teilstationär und etwa 50.000 ambulant versorgt. Es zählt zu den Krankenhäusern der Schwerpunktversorgung (3. Versorgungsstufe).

Das Klinikum GR ist ein Krankenhaus der Maximalversorgung (4. Versorgungsstufe) und verfügt über mehr als 1.000 Betten. Dort werden jährlich mehr als 40.000 Patienten stationär behandelt. Dazu kommen rund 180.000 ambulante Behandlungsfälle im Klinikum sowie 100.000 Behandlungsfälle im medizinischen Versorgungszentrum (MVZ). Entsprechend verfügen die Kliniken über zum Teil sehr unterschiedliche Fachkliniken und Spezialisierungen.

2.2 Charakteristika der Befragungsteilnehmer in den drei Kliniken

Die Auswahl der Patienten erfolgte nach dem Einweisungstag. Es wurden jeweils Patienten interviewt, die am Vortag bzw. am selben Tag eingewiesen worden waren. Bei Kindern unter 16 Jahren wurden die Eltern befragt. Da die Datenerhebung jeweils an zwei aufeinander folgenden Tagen durchgeführt wurde, kamen als potenzielle Teilnehmer die eingewiesenen Patienten von drei aufeinander folgenden Tagen in Frage. An der Studie nahmen insgesamt 407 Patienten teil.

2.2.1 Altersverteilung

Den größten Patientenanteil bildete mit durchschnittlich rund 42 % die Gruppe der 40 bis 65-Jährigen. Allerdings war die Differenz zwischen den beteiligten Krankenhäusern in diesem Segment relativ groß, wie Abbildung 1 zeigt. Während in GR nur etwa 30 % zu dieser Gruppe gehört, betrifft das in G mit 54 % mehr als die Hälfte aller Patienten. Eine kaum weniger große Gruppe bilden mit 40 % die Befragten über 65 Jahre. Dieser Anteil ist in allen untersuchten Krankenhäusern nahezu gleich. Bei der Gruppe der 20 bis 39-Jährigen gibt es starke Schwankungen um den Mittelwert von rund 11 %. Während in GR fast 17 % der Befragten zu diesem Alterssegment gehörten, erreicht der Anteil in G mit 5,4 % nicht einmal die Hälfte des Durchschnittswertes.

Ähnlich sieht die Situation bei den Kindern und Jugendlichen mit bis zu 19 Jahren aus: Während in GR etwa 12 % der Patienten jünger als 20 Jahre ist, betrifft das in G nur 2,7 % und in L nur 3,6 % aller Befragten. Der hohe Prozentsatz in GR erklärt sich aus der Klinikstruktur: Neben einer Frauenklinik mit integrierter

Geburtshilfe und Neugeborenenversorgung verfügt das Klinikum über eine eigene Fachabteilung für Kinderchirurgie, eine Klinik für Kinder- und Jugendmedizin sowie eine Klinik für Kinder- und Jugendpsychiatrie/-psychotherapie.

Für das Klinikum G ist insgesamt eine starke Fokussierung auf Erwachsene ab 40 Jahre erkennbar. Dazu dürften unter anderem die Spezialisierungen auf Lungenerkrankungen und Orthopädie beitragen, die überwiegend von Erwachsenen in Anspruch genommen werden.

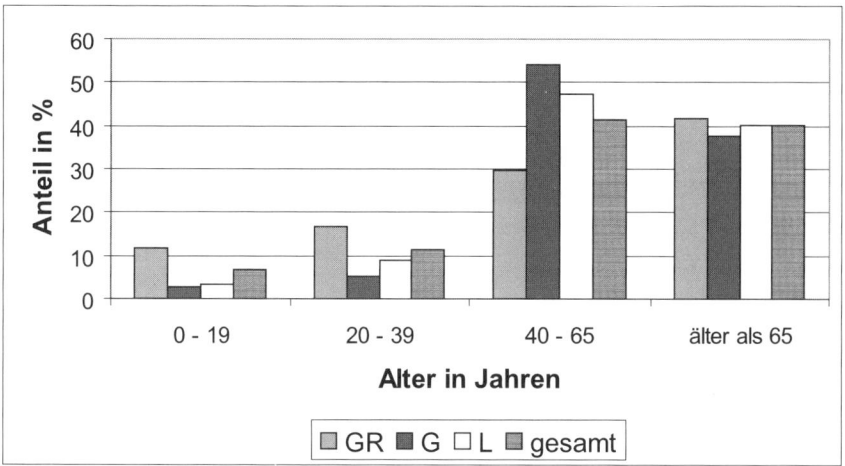

Abb. 1: Beobachtete Altersstruktur (Quelle: Eigene Erhebung)

2.2.2 Versichertenstatus

Im Bundesdurchschnitt lag der Anteil der gesetzlich Versicherten 2006 bei ca. 85 % (Bundesministeriums für Gesundheit 2006). Tabelle 2 zeigt die Verteilung von Privat- und Kassenpatienten mit und ohne Zusatzversicherung in den betrachteten Krankenhäusern. Werden diese Zahlen ergänzt um die jeweiligen fachlichen Spezialisierungen und die geografische Lage der Krankenhäuser, lässt sich daraus eine Art Patientenklientel ableiten.

Mit 12 % privat Versicherten bleibt das Klinikum G nur knapp unter dem Bundesdurchschnitt. Einerseits bietet es eine gesonderte Abteilung für Patienten mit privater Krankenversicherung (PKV) an. Andererseits wohnen im Umkreis vom Klinikum G überwiegend gut situierte Einwohner.

Im Gegensatz dazu erreichte die Gruppe der Privatversicherten in der Klinik L mit 3,6 % nur etwas mehr als die Hälfte des im Mittel beobachteten Durchschnittswertes. Dieser niedrige Wert war zu erwarten, da sich das Krankenhaus in einer sehr strukturschwachen ländlichen Region befindet, in der die Arbeitslosigkeit hoch und der Anteil der potenziellen PKV-Versicherten sehr niedrig ist. Eine nennenswerte Erhöhung des Privatpatientenanteils ist daher kaum zu erwarten.

Im Krankenhaus der Maximalversorgung GR liegt der Anteil der Privatpatienten etwas bei der Hälfte des Bundesdurchschnitts. Aufgrund der zahlreichen Spezialkliniken und des hohen Bekanntheitsgrades werden nicht nur Patienten behandelt, die in der Umgebung der Klinik wohnen. Neben ihnen lassen sich Patienten aus zahlreichen Bundesländern und zunehmend auch internationale Patienten einweisen. Die Patientenklientel ist insgesamt als sehr heterogen zu bezeichnen.

Tab. 2: Versicherungsstatus und Art der Patientenklientel in den drei Kliniken

	Klinik L	Klinik G	Klinik GR
Anteil Privatpatienten	3,6 %	12,0 %	7,4 %
Anteil gesetzlich versicherter Patienten mit/ohne Zusatzversicherung	95,3 %/ 1,2 %	84,0 %/ 4,0 %	88,3 %/ 4,3 %
Art der Patientenklientel	überwiegend Bewohner strukturschwacher Region mit hoher Arbeitslosenquote	überwiegend „Gutverdienende"/ viele Beamte schwer Lungenkranke – bundesweites Einzugsgebiet	sehr heterogen – diverse Spezialkliniken mit regionalem und bundesweitem Einzugsgebiet

3. Informationsquellen über Krankenhäuser für Patienten

Im Rahmen des Marketings haben Kliniken unterschiedliche Möglichkeiten, um über sich und ihre Leistungen zu informieren und so Patienten zu gewinnen bzw. zu binden. Dazu gehören unter anderem allgemeine und krankheitsspezifische Informationsbroschüren, Zeitungsartikel, der Internetauftritt – aber auch die offiziellen Qualitätsberichte der einzelnen Krankenhäuser. Eine zielgruppengenaue Information erfolgte in den betrachteten Krankenhäusern nur sehr eingeschränkt – bezogen auf bestimmte Indikationen. Welche Informationsquellen von den Patienten der einzelnen Krankenhäuser genutzt werden und welche davon von ihnen als nützlich beurteilt werden, wird nachfolgend betrachtet.

3.1 Art der Informationsquellen

Im Rahmen der Befragung waren fünf Informationsquellen fest vorgegeben, die um sonstige Informationsquellen ergänzt werden konnten. Es waren Mehrfachantworten möglich. Erstaunlicherweise hatte fast jeder zweite vor seiner Einweisung keinerlei Informationen eingeholt. Die übrigen Patienten nutzten ein bis zwei Quellen (1,45).

Abbildung 2 zeigt, dass die Patienten des Klinikums im ländlichen Raum sich häufiger informierten als in der Großstadt oder der Großstadtrandlage, obwohl für diese Patienten meist nur die Wahl zwischen diesem und einem weiteren Krankenhaus besteht. Diese geringe Auswahlmöglichkeit kann jedoch auch für einen Teil der Patienten der Kliniken G und GR zutreffen, wenn sie auf (teure) Spezialbehandlungen angewiesen sind, die nur von wenigen Krankenhäusern überhaupt oder im notwendigen Umfang angeboten werden.

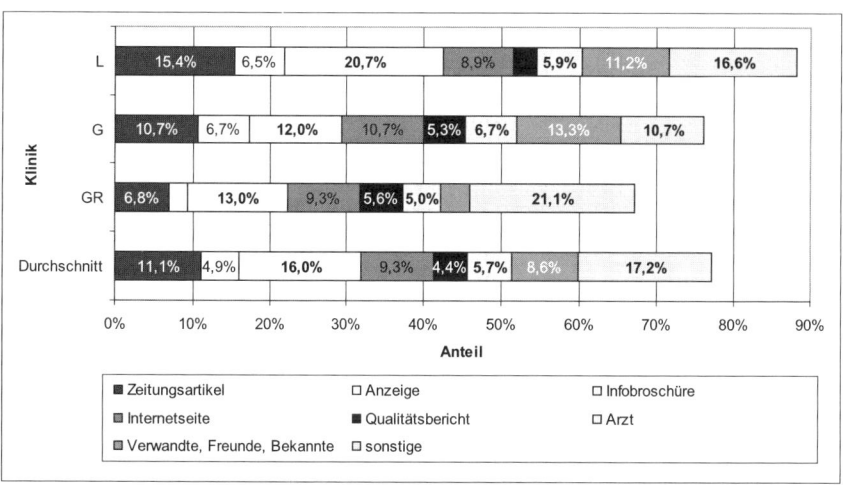

Abb. 2: Relative Anteile bei der Nutzung von Informationsquellen nach Krankenhäusern – inklusive der wichtigsten sonstigen Quellen (max. sechs Antworten möglich, 505 Antworten von 407 Befragten) (Quelle: Eigene Erhebung)

Von den vorgegebenen Informationsquellen (Zeitungsartikel über die Klinik, Anzeigen sowie Informationsbroschüren, Internetauftritt und Qualitätsberichte der Klinken) wurden die Informationsbroschüren am häufigsten genutzt. Diese beinhalteten allgemeine Informationen zum Krankenhaus und teilweise Infor-

mationen zu bestimmten Erkrankungen und deren Behandlungs- bzw. Heilmög-
lichkeiten. Im Klinikum L hatte etwa jeder fünfte Patient diese Quelle genutzt. In
den Kliniken GR und G war es rund jeder Achte. In beiden Häusern nutzten die
Patienten am zweithäufigsten das Internet zum Sammeln von Informationen –
über 9 % (GR) bzw. fast 11 % (G). Zwar nutzten auch im Klinikum L rund
9 % der Patienten das Internet zur Informationsbeschaffung – nannten jedoch
mit mehr als 15 % Nutzungsquote Zeitungsartikel als zweitwichtigste Quelle.
Diese Informationsquelle belegte mit rund 7 % im Krankenhaus GR den dritten
Rang. In der Klinik G zogen ebenso viele Patienten Zeitungsartikel wie das
Internet als Informationsquelle zu Rate. Trotz des Informationsgehaltes wurden
Qualitätsberichte nur sehr selten zur Informationsbeschaffung genutzt. Dies liegt
einerseits daran, dass viele Patienten diese Informationsquelle (noch) nicht kennen. Andererseits sind diese Berichte für die meisten Patienten nicht verständlich
genug aufbereitet.

Bei der Auswertung der sonstigen Quellen zeigte sich, dass neben den oben
genannten allgemein zugänglichen Informationsquellen vor allem Auskünfte von
Verwandten, Freunden und Bekannten bzw. von Ärzten eine Rolle spielten. Bei
der Klinik in der Großstadt war das persönliche Umfeld mit mehr als 13 % sogar
die Hauptinformationsquelle. Im ländlich gelegenen Klinikum L informierten
sich über 11 % der Befragten auf diese Weise. Im Krankenhaus der Maximalversorgung GR wurde diese Informationsquelle mit weniger als 4 % vergleichsweise wenig genutzt bzw. angegeben. Ärzte dienten zwischen 5 % (Klinik GR)
und 6,7 % (Klinik G) der Befragten als Informationsquelle über die betrachteten
Krankenhäuser.

3.2 Nützlichkeit aus Patientensicht

Nicht jede Informationsquelle ist für Patienten von gleichem Nutzen. Abbildung 3
ist zu entnehmen, dass von den fest vorgegebenen ersten fünf Informationsquellen
je Krankenhaus nur je vier genannt wurden, die insgesamt aber maximal von der
Hälfte der Patienten als besonders nützlich erachtet wurden.

Die Patienten der Klinik L nannten aus diesem Bereich die Internetseite
(17 %) sowie Zeitungsartikel und Informationsbroschüren (je 15 %) als hilf-
reichste Informationsquelle. Für ein Viertel der Befragten des stark spezialisierten
Krankenhauses in der Großstadt stehen die Internetseiten als beste Informationsquelle fest. Im größten Klinikum GR gehören Informationsbroschüren mit über
15 % zu den wichtigsten Informationsmaterialien – knapp jeder Achte verließ
sich auf den Internetauftritt bzw. auf den Qualitätsbericht der Klinik.

Als weitaus nützlicher werden die nicht allgemein zugänglichen Informationen aus dritter Hand angesehen, die für insgesamt 45 bis 50 % der Befragten besonders nützlich erscheinen. Den Spitzenplatz nehmen in allen drei Krankenhäusern die Informationen aus dem persönlichen Umfeld der Patienten ein. Für die Kliniken GR und L liegt der Anteil zwischen rund 26 und 27 % – für das Großstadtkrankenhaus G sogar bei 45 %. Hinzu kommen Auskünfte und Hinweise von Ärzten, die – zumindest in zwei der drei Kliniken – als besonders nützlich eingeschätzt werden. In den Kliniken GR und L bezeichneten 18,2 bzw. 19,6 % der Befragten diese Quelle als die Nützlichste.

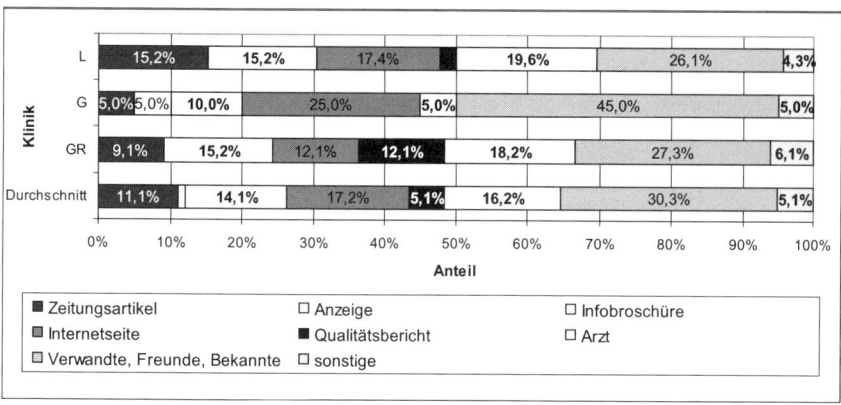

Abb. 3: Nützlichste Informationsquelle nach Nennungen – inklusive der wichtigsten sonstigen Quellen (99 Antworten von 407 Befragten) (Quelle: Eigene Erhebung)

4. Auswahl von Kliniken

Wonach würden Patienten ein Krankenhaus auswählen, wenn sie frei entscheiden könnten? Und nach welchen Kriterien haben sie das jeweilige Klinikum ausgewählt, in dem sie behandelt werden? Gibt es viele Übereinstimmungen oder große Unterschiede zwischen Wunsch und Realität bei der Krankenhauswahl? Mit diesen Fragen beschäftigen sich die nachfolgenden Kapitel.

4.1 Entscheidungskriterien

Sowohl die Frage nach den Kriterien für das „Wunschkrankenhaus" als auch nach den Auswahlkriterien des jeweils behandelnden Krankenhauses wurden offen gestellt. So sollte sichergestellt werden, dass auch Auswahlkriterien genannt werden, die nicht vermutet wurden. Aus den Freitextangaben wurden – wie in Tabelle 3 dargestellt – 23 Dimensionen gebildet und in sieben Clustern zusammengefasst. Das Antwortspektrum wurde bei der konkreten Auswahl um die Antwortmöglichkeit „Einweisung durch Notarzt" bzw. „krankenhausspezifische Einweisung" ergänzt, um jene Patienten zu berücksichtigen, die keinen Einfluss auf die Auswahl ihrer Klinik hatten.

Tab. 3: Auswahlkriterien (Dimensionen) und zugehörige Cluster für das „Wunschkrankenhaus" der Patienten (Quelle: Eigene Erhebung)

Cluster	Dimensionen
Empfehlungen	eigene Erfahrungen/Empfehlungen – 1./2. Hand – nicht med. (Persönliche Erfahrung bzw. von Verwandten/Freunden/Bekannten mit der Klinik)
	Empfehlung des Haus- oder Facharztes
	Guter Ruf
Personal	Ärzte (Fachärztliche Kompetenz, soziale Kompetenz, Vertrauen zu den Ärzten)
	Pflege- und Betreuungspersonal (Betreuungspersonal: freundliches und kompetentes Pflegepersonal)
	Personal allgemein (medizinisches und nicht-medizinisches Personal, allgemeine fachliche Kompetenz, gute Behandlung, wieder gesund werden)
	Personal ausreichend, nicht überlastet
Klinik: Angebot, Ausstattung, Kooperationen	Spezialklinik/Spezialbehandlung/neueste Behandlungsmethoden/gute technische Ausstattung
	Weiterbehandlung (Weiterbehandlung im gleichen Haus/Nachbehandlung; Interdisziplinarität der Klinik)
	Allgemeinzustand des Hauses: Sauberkeit, Ordnung, Erscheinungsbild, Bausubstanz, Funktionstüchtigkeit nichtmedizinischer Ausstattungen (z.B. Fahrstühle)
	Gute (medizin-)technische Ausstattung
Prozesse und Logistik	Gut strukturierte Abläufe, kurze Wartezeiten
	Gute Terminverfügbarkeit
	Orientierung/Beschilderung/Gebäudestruktur
Hoteldienstleistungen	Komfort und Service
	Verpflegung
	Gute, moderne Unterbringung/Rooming inn
	Max. 2-Bettzimmer
...	

Cluster	Dimensionen
...	
Wohnortnähe, Erreichbarkeit, Lage	Wohnortnähe
	Erreichbarkeit
	Lage
Sonstiges	Sicherheit, Geborgenheit, Wohlbefinden, zuvorkommende Behandlung, Vertrauen
	Information und Kommunikation (Information und Aufklärung; Kommunikation/ Kontakt Patient und Personal)

4.2 Das ideale Krankenhaus

Um zu erfahren, welche Eigenschaften ein ideales Krankenhaus aus Patientensicht aufweisen sollte, wurden die Interviewpartner gebeten, die für sie wichtigsten Punkte für die Wahl einer fiktiven Klinik zu nennen. Die Anzahl der Angaben war auf maximal fünf Nennungen begrenzt. Im Durchschnitt wurden zwei bis drei Punkte genannt. Die Antworten sind als Cluster in Abbildung 4 dargestellt. Ergänzend dazu sind in Abbildung 5 die häufigsten Antworten im Detail dargestellt – beschränkt auf die Äußerungen, die jeweils von mehr als 5 % der Befragten abgegeben wurden.

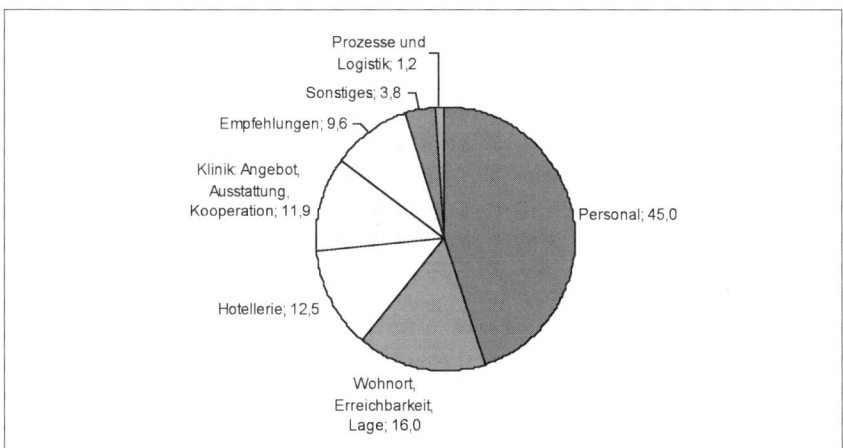

Abb. 4: Die wichtigsten Merkmale eines idealen Krankenhauses aus Patientensicht – dargestellt nach Antwortclustern (max. fünf Antworten möglich, 1.079 Antworten von 407 Befragten) (Quelle: Eigene Erhebung)

Die Kompetenz des medizinischen und nicht-medizinischen Personals sowie sein Umgang mit den Patienten haben bei der Auswahl offenbar erste Priorität (Abbildung 4). Der Schwerpunkt der Nennungen liegt bei einer detaillierten Betrachtung – siehe Abbildung 5 – mit mehr als 18 % auf der Kompetenz der behandelnden Ärzte. Rund 12 % der Befragten legt Wert auf freundliches und kompetentes Betreuungs- und Pflegepersonal. Für knapp jeden Zehnten ist die fachliche Kompetenz des Krankenhauspersonals insgesamt entscheidend.

Weitere wichtige Auswahlkriterien waren für 6 % der Befragten die Nähe zum eigenen Wohnsitz und für 6,6 % eine gute Erreichbarkeit der Klinik – unabhängig vom Verkehrsmittel. Zusammen mit der Lage des Krankenhauses wurde dieser Antwortkomplex mit 16 % am zweithäufigsten genannt (siehe Abbildung 4).

An dritter Stelle der Clusterbetrachtung in Abbildung 4 steht mit 12,5 % die Summe der Kriterien, die nicht zur medizinischen Versorgung eines Krankenhauses gehören und daher unter Hoteldienstleistungen zusammengefasst wurden. Dazu zählen insbesondere Wünsche nach Komfort und Service, einer guten Verpflegung und einer angenehmen, modernen Unterbringung. Einige der Befragten legten ausdrücklich Wert auf Zimmer, die mit maximal zwei Betten ausgestattet sind.

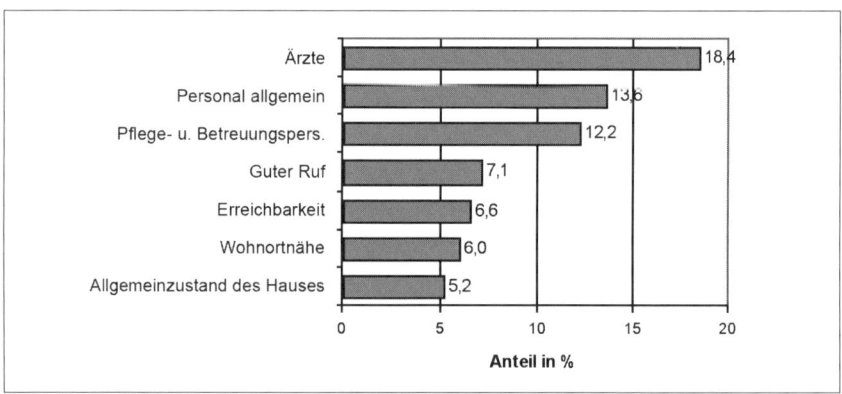

Abb. 5: Anteil einzelner Antworten, die von mehr als 5 % der Befragten genannt wurden (max. fünf Antworten möglich, 1.079 Antworten von 407 Befragten) (Quelle: Eigene Erhebung)

Das Angebot einer Klinik, ihre technische und räumliche Ausstattung und Kooperationen mit Fach- und Hausärzten waren insgesamt mit einem Anteil von fast 12 % für die Patienten etwa genauso wichtig wie der Hotelbereich. Die

Antwortengruppe Klinik umfasst unter anderem Aspekte wie das Angebot an Spezialbehandlungen und neuen Behandlungsmethoden sowie moderne Diagnose- und Behandlungsgeräte. Hinzu kommt die interdisziplinäre Zusammenarbeit zwischen den einzelnen medizinischen Fachabteilungen, die räumliche Nähe zu weiterbehandelnden Fach- und Hausärzten (zum Teil auf dem Klinikgelände) und der gute Allgemeinzustand des Hauses. Der Zustand des Hauses ist – wie Abbildung 5 zeigt – für sich allein betrachtet für 5,2 % der Befragten ein wichtiges Auswahlkriterium, das unter anderem Ordnung und Sauberkeit in den Räumlichkeiten und Hygiene berücksichtigt, auch wenn das von vielen Befragten als selbstverständlich angesehen wurde. Auch der Zustand der Bausubstanz und die Funktionstüchtigkeit von nicht-medizinischen Ausstattungen wie z.B. Fahrstühlen spielten in diesem Punkt eine Rolle.

Mehr als 7 % der befragten Patienten legt Wert auf den „guten Ruf" der potenziellen Klinik, ohne dies näher zu spezifizieren. Er macht den größten Anteil im Antwortcluster Empfehlungen aus, das in den insgesamt 9,6 % der Nennungen auch Empfehlungen von Haus- und Fachärzten sowie von Familienangehörigen, Freunden und Bekannt umfasst – ergänzt um den Bereich der eigenen Erfahrungen.

Die Behandlungsqualität wurde nur von 3,9 % der Befragten explizit als Merkmal eines idealen Krankenhauses genannt. Dies scheint auf den ersten Blick überraschend. Doch handelt es sich bei Behandlungsqualität eher um einen Fachbegriff bzw. ein abstraktes Konzept, der im allgemeinen Sprachgebrauch (noch) nicht sehr verbreitet ist. Aus einzelnen Interviews kann darüber hinaus abgeleitet werden, dass eine gute Qualität der Behandlung mit der Kompetenz der Ärzte gleichgesetzt wurde. Gut strukturierte Abläufe, kurze Wartezeiten sowie eine gute Orientierung und Ausschilderung auf dem Krankenhausgelände, die in das Antwortcluster Prozesse und Logistik eingingen, spielen mit 1,2 % der Nennungen eine untergeordnete Rolle. Entweder wird dies von den Patienten als selbstverständlich vorausgesetzt oder als nicht nennenswert beeinflussbar angesehen.

4.3 Die Auswahl in der Realität

Bei der Frage nach den wichtigsten Gründen für die Auswahl der jeweils aktuell behandelnden Klinik konnten bis zu drei Gründe genannt werden. Insgesamt 19 % der Befragten wurden entweder durch den Notarzt eingeliefert oder hatten von ihrem behandelnden Arzt eine klinikbezogene Einweisung erhalten, so dass sie keine Wahlmöglichkeit hatten. Die übrigen insgesamt 517 Antworten verteilen sich wie in Abbildung 6 dargestellt. Auch diesmal ergänzt Abbildung 7 die Aussagen um die häufigsten Antworten im Detail mit der Beschränkung auf diejenigen, die jeweils von mehr als 5 % der Befragten genannt wurden.

In der Realität wählte fast jeder zweite Befragte das konkrete Klinikum aufgrund einer Empfehlung oder der eigenen Erfahrung aus. In diesem Antwortcluster sind Kriterien wie der Ruf der im jeweiligen Klinikum tätigen Ärzte[1] bzw. konkreter Chefärzte ebenso enthalten wie Empfehlungen von Haus-/Fachärzten sowie von Nicht-Medizinern aus dem Familien-, Freundes- und Bekanntenkreis. Abbildung 7 zeigt, dass diese drei Antwortgruppen die Skala der Auswahlkriterien anführen. Bezogen auf alle drei Kliniken wählten mehr als 21 % der Befragten nach eigenen Erfahrungen oder denen ihres Umfelds aus. Jeweils knapp 14 % verlassen sich auf die Empfehlung von Medizinern oder den guten Ruf des Klinikums. Bemerkenswert ist, dass die Qualität der Behandlung nur für 1 % der Befragten ein Auswahlkriterium ist. Entweder kann die Behandlungsqualität von den Patienten nicht beurteilt werden oder sie wird mit der Kompetenz der Ärzte gleichgesetzt. Eine Patientin äußerte dazu: „Mir ist wichtig, dass ich wieder gesund hier raus komme. Und davon gehe ich aus bei den Ärzten hier."

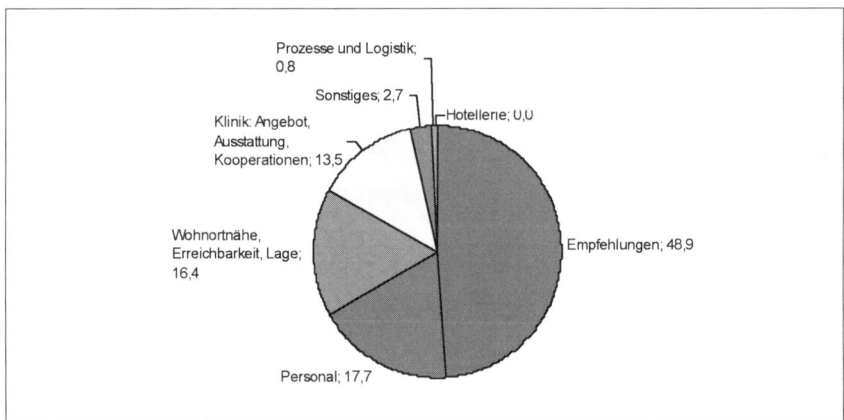

Abb. 6: Gründe für die Auswahl des behandelnden Klinikums (Mehrfachnennungen möglich, 517 Antworten von 407 Befragten) (Quelle: Eigene Erhebung)

---

1   Die Patienten unterschieden zwischen Ruf der Klinik (im Kriterium Guter Ruf) und Ruf der Ärzte (im Kriterium Ärzte), obwohl jede der beiden Ausprägungen Einfluss auf die jeweils andere hat. In den Auswertungen gehen beide Aussagen getrennt in die Betrachtung und Interpretation ein. Auf eine mögliche Schnittmenge kann nicht eingegangen werden, da diese nicht genau definiert werden kann.

In der Gesamtbetrachtung an zweiter und dritter Stelle fast gleichauf finden sich die Antwortpakete zum Personal (16,7 %) sowie Wohnortnähe, Erreichbarkeit und Lage (16,4 %). Bei der Detailbetrachtung bildet das Auswahlkriterium Ärzte rund ein Achtel der Antworten. Die Wohnortnähe wurde zu über 11 % genannt. Gefolgt werden diese Antwortkomplexe mit 13,5 % vom Behandlungsangebot des Klinikums, seiner Ausstattung und den eingegangenen Kooperationen. Den größten Anteil in diesem Bereich nimmt mit insgesamt 11 % das Angebot an Spezialbehandlungen und neuesten Behandlungsmethoden ein. Für andere war mitentscheidend, dass sie im gleichen Haus weiter- oder nachbehandelt werden bzw. dass sich die Praxis ihres Haus- oder Facharztes auf dem Klinikgelände oder in seinem direkten Umfeld befindet.

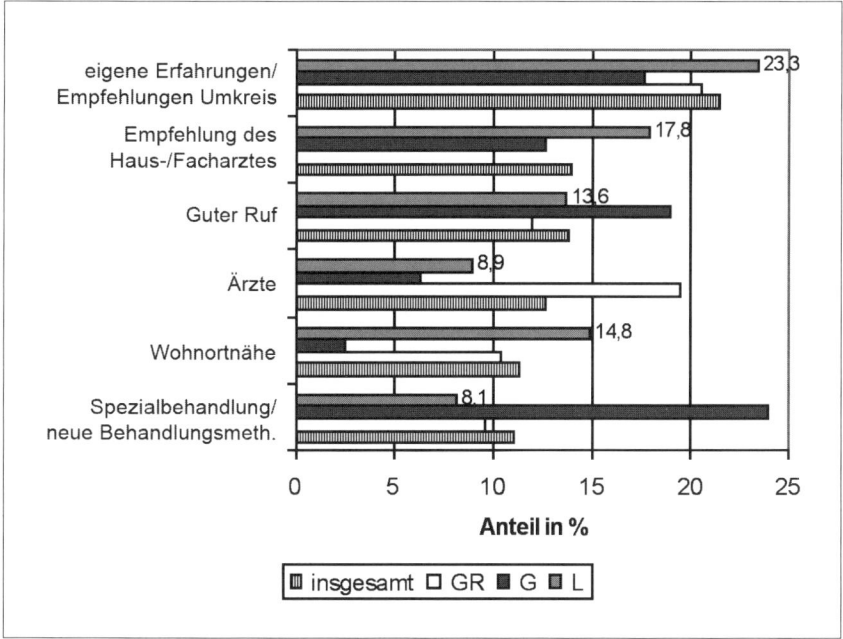

Abb. 7: Anteil einzelner Auswahlkriterien für den aktuellen Krankenhausaufenthalt, die insgesamt von mehr als 5 % der Befragten genannt wurden – dargestellt im Vergleich zu den Einzelhäusern (max. drei Antworten möglich, 517 Antworten von 407 Befragten) (Quelle: Eigene Erhebung)

Von untergeordneter Bedeutung sind die im Cluster „Prozesse und Logistik" zu-
sammengefassten Kriterien wie gute Orientierung im Klinikum, gut strukturierte
Abläufe und eine schnelle Terminverfügbarkeit, auch wenn letzteres für den
Einzelfall entscheidend sein kann. Ebenfalls nur sehr selten wurden Bedürfnisse
nach Sicherheit, Geborgenheit, Wohlbefinden und Vertrauen genannt, die sich
zusammen mit Information und Kommunikation unter dem Punkt „Sonstiges"
verbergen. Hoteldienstleistungen treten überhaupt nicht in Erscheinung, wenn
es um die konkrete Wahl des Klinikums geht. Keines der Häuser ist offenbar
aufgrund des guten Komforts und Services, der schmackhaften und reichhaltigen
Verpflegung oder der modernen Unterbringung bekannt. Oder diese Kriterien
sind für die konkrete Wahl nicht entscheidend. Dies fasste eine der interviewten
Patientinnen in etwa so zusammen „Ich bin doch hier in einem Krankenhaus –
nicht im Hotel."

Abbildung 7 bildet die Auswahlkriterien der drei Krankenhäuser im direkten
Vergleich ab. Die zum Teil erheblichen Unterschiede lassen sich einerseits mit der
unterschiedlichen Versorgungsstufe und Patientenklientel erklären. Bei der Betrachtung der Wohnortnähe wird andererseits deutlich, dass für die Patienten des
mitten in der Großstadt gelegenen Klinikums G (2,5 %) genügend andere Krankenhäuser in der Umgebung zu finden sind[2]. Wer im ländlich gelegenen Krankenhaus behandelt wird, hatte in der Regel nur die Wahl zwischen diesem und
einem weiter entfernten oder schlechter erreichbaren Krankenhaus in der Region,
was sich in einem Anteil von 15 % niederschlägt. Dafür ist ihre Auswahl nur zu
8 % auf das Angebot an Spezialkliniken und –behandlungen zurückzuführen, da
es sich in L um ein Krankenhaus der qualifizierten Regelversorgung handelt.

Bei einer Nennung von fast 24 % ist bei Krankenhaus G klar der Charakter
einer Spezialklinik zu erkennen – mit Spezialbehandlungen und neuesten Behandlungsmethoden in der Lungenklinik und der orthopädischen Klinik. Dies
unterstreicht auch der mit annähernd 19 % der relativ hohe Wert beim „Ruf der
Klinik". Verwunderlich ist jedoch die mit rund 6 % seltene Nennung der ärztlichen Kompetenz. Mögliche Erklärungen sind, dass die Kompetenz der Ärzte als
selbstverständlich vorausgesetzt wird oder dass diese unter dem Begriff Ruf der
Klinik subsumiert wurde.

Für die Befragten des Klinikums am Großstadtrand sind eigene Erfahrung
bzw. solchen aus dem privaten Umfeld der Patienten (20,4 %) bei der Auswahl
des Krankenhauses ungefähr genauso wichtig wie die Kompetenz und der Ruf
der Klinikärzte (19,4 %). Daran schließt sich mit knapp 12 % der Ruf des Klini-

---

2   Es ist daher für dieses Klinikum ausgesprochen wichtig, sich von den nahen Konkurrenten
    positiv abzusetzen.

kums an, gefolgt von der Wohnortnähe und der Empfehlung des behandelnden Arztes. Diese Konstellation birgt die Gefahr, dass das Ausscheiden von Spezialisten in der Öffentlichkeit mit einem gravierenden Kompetenzverlust gleichgesetzt werden könnte, wenn nicht rechtzeitig adäquater Ersatz ausgebildet und bekannt gemacht wird. Ähnlich wie beim Weggang von renommierten Ärzten ist es in diesem Fall schwer, das Abwandern von Patienten zu verhindern.

4.4 Wunsch und Wirklichkeit

Besonders interessant ist, ob die konkrete Auswahl der behandelnden Klinik nach den gleichen Kriterien erfolgte, die von den Patienten allgemein für die Wahl eines Krankenhauses angegeben werden. Dazu wurden jeweils diejenigen Gründe gegenübergestellt, deren Anteil in mindestens einer der beiden Kategorien über 15 % betrug. Da für die konkrete Auswahl der aktuellen Klinik nur maximal drei Antworten möglich waren, bei der allgemeinen Auswahl eines Krankenhauses jedoch fünf, wurden für den Vergleich bei der letztgenannten Frage nur die ersten drei Antworten berücksichtigt.

Wie Abbildung 8 zeigt, besteht bei den Kriterien „Guter Ruf" und Wohnortnähe nahezu Übereinstimmung. Der Ruf des Krankenhauses wurde bei beiden Fragen annähernd von jedem fünften Patienten genannt, die Wohnortnähe von ca. 15 % bzw. 17 %. Die größten Abweichungen mit jeweils rund 30 Prozentpunkten finden sich in den drei Rubriken Pflege- und Betreuungspersonal, Ärzte sowie Erfahrungen mit dem Krankenhaus (persönlich bzw. aus dem Familien-, Freunds- oder Bekanntenkreis). Dennoch bestehen zwischen allen drei Differenzen erhebliche qualitative Unterschiede.

So gaben drei von zehn Befragten an, dass ihnen im idealen Krankenhaus die fachliche und soziale Kompetenz sowie die Freundlichkeit und Hilfsbereitschaft der Schwestern und Pfleger wichtig sind. Im konkreten Fall wurde das Kriterium Pflege- und Betreuungspersonal jedoch überhaupt nicht genannt. Entweder verliert dieses Kriterium in der Praxis völlig an Bedeutung – eventuell weil es für Patienten nicht einschätzbar oder beeinflussbar ist. Oder gutes Pflege- und Betreuungspersonal wird in den betrachteten Kliniken als selbstverständlich vorausgesetzt. Die Ärzte wurden von fast der Hälfte der Befragten als das mit Abstand wichtigste Auswahlkriterium zur allgemeinen Wahl eines Krankenhauses angegeben. Bei der Wahl des behandelnden Krankenhauses gab diesen Grund noch jeder Fünfte an. Vermutlich können sich mehr gezielte Informationen über die Qualifikation und die Kompetenz der Ärzte sowie des Pflegepersonals positiv auf die Wahl eines Krankenhauses auswirken.

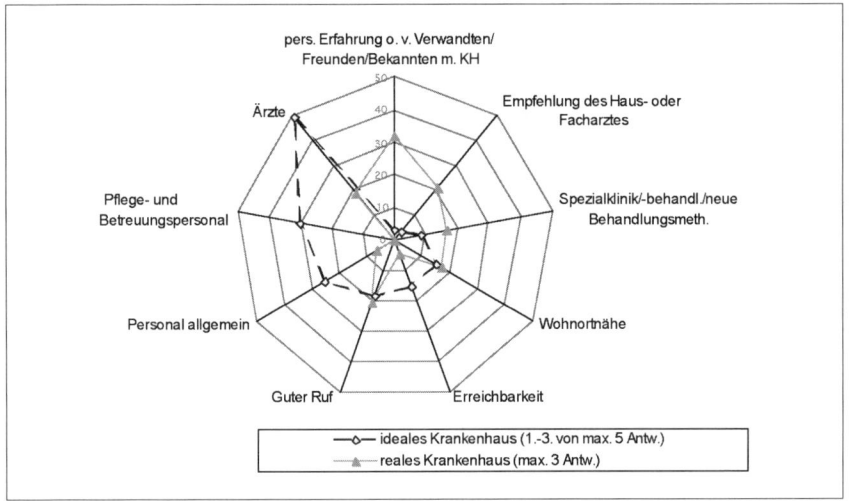

Abb. 8: Vergleich der Kriterien bei der allgemeinen Auswahl eines Krankenhauses (391 Antworten) und bei der konkreten Auswahl des jeweils behandelnden Klinikums (342[3] Antworten von 407 Befragten)

In der Realität ist offenbar das Kriterium der bisherigen Erfahrungen mit dem Krankenhaus ausschlaggebend für die Klinikwahl, da es von einem Drittel der Befragten benannt wurde. Gerade einmal 3,1 % würden allgemein ein Krankenhaus aufgrund von persönlichen Erfahrungswerten oder Empfehlungen ihnen nahe stehenden Personen aussuchen. Ähnlich niedrig liegt der Anteil für Empfehlungen des behandelnden Haus- und/oder Facharztes bei den Wunschauswahlkriterien. Bei der konkreten Wahl der Klinik verlassen sich jedoch mehr als 20 % der befragten Patienten auf die Empfehlung ihres Arztes. Im Bereich Personal wurde von einigen Befragten die Zusammenfassung „Personal allgemein" gebraucht – zum Teil, um auch das Laborpersonal, Reinigungskräfte und sonstige Mitarbeiter mit einzubeziehen.

Im Punkt Erreichbarkeit ist erkennbar, dass dieses Auswahlkriterium im Allgemeinen als ebenso wichtig wie die Wohnortnähe eingeschätzt wird (knapp über 15 %). Konkret für das jeweils behandelnde Klinikum liegt der Wert jedoch mit weniger als 5 % rund zwei Drittel niedriger. Dies spiegelt sich auch in dem

---

3 Der Unterschied ergibt sich durch die Herausrechnung derjenigen Patienten, die im konkreten Fall keine Wahlmöglichkeit zwischen verschiedenen Krankenhäusern hatten (z.B. Notaufnahmen).

knapp 58 %-igen Anteil von Patienten wider, die das Klinikum nicht mit öffentlichen Verkehrsmitteln erreicht haben – sondern meist mit dem Auto anreisten oder gebracht wurden. Weitere 15 % beurteilten die entsprechende Erreichbarkeit der Kliniken sogar mit schlecht oder sehr schlecht. Offensichtlich sind die drei Kliniken aus Sicht der Patienten nicht so gut erreichbar, als dass dies einen positiven Einfluss auf die konkrete Klinikwahl hat.

Positiv hervorzuheben ist, dass die betrachteten Kliniken von fast 17 % der Befragten für die laufende Behandlung gewählt wurden, weil sie anerkannte Spezialkliniken sind bzw. betreiben. Offenbar ist diesen Patienten wichtig und bekannt, dass die gewählten Krankenhäuser Spezialbehandlungen und neue Behandlungsmethoden anbieten sowie über aktuelle Medizintechnik verfügt. Der Anteil dieses Kriteriums lag mit 8,4 % bei der Wunschauswahl eines Krankenhauses nur halb so hoch.

5. Fazit und Ausblick

Die Vergleichsstudie ergab, dass sich die Patienten bisher relativ wenig über die Kliniken, in die sie eingewiesen werden, informiert haben. Nur jeder zweite der befragten Patienten hatte vor seiner Einweisung Informationen eingeholt. Von dem Ziel, dass die Mehrheit der Patienten eigenverantwortlich und gut informiert Entscheidungen im Gesundheitssystem trifft oder daran mitwirkt, scheint man noch weit entfernt zu sein.

Die Studie zeigt zudem, dass nicht nur das Informationsverhalten der Patienten und die Beurteilung des Nutzens der Informationen sehr unterschiedlich ausfallen, sondern dass auch je nach Patientenklientel die Auswahlkriterien verschieden beurteilt werden. Dadurch wird es für das Marketing der Kliniken äußerst schwierig, den Patienten auf ihre persönlichen Bedürfnisse zugeschnittene Informationen zu liefern. Um Patienten zu gewinnen, ist es deshalb für Krankenhäuser wichtig zu erkennen, welche Merkmale der Versicherten und Patienten für eine Segmentierung relevant sind.

Große Probleme stellen die für die Mehrheit der Patienten fehlende Verständlichkeit der Informationsangebote über Krankheitsbilder und Behandlungsmethoden sowie die schlechte Vergleichbarkeit der Qualitätsberichte dar. Sie haben daher keinen entsprechenden Einfluss auf das Auswahlverhalten von Patienten. Für bessere Vergleichsmöglichkeiten sind für Laien verständliche Statistiken nötig.

Wohl aufgrund der fehlenden Vergleichbarkeit von medizinischen Leistungen und Serviceangeboten weichen die Wunschvorstellungen der Patienten hinsichtlich ihres idealen Krankenhauses entschieden von der Wirklichkeit ab. In der

Realität werden die Empfehlungen von Verwandten, Freunden und Bekannten sowie der Haus- oder Fachärzte von fast der Hälfte der Befragten als das mit Abstand wichtigste Auswahlkriterium zur tatsächlichen Wahl einer Klinik angegeben. Die eigene Einschätzung der Kompetenz der Ärzte, die beim idealen Krankenhaus einen sehr hohen Rang einnahm, fällt dagegen weit zurück. Auch die gute Erreichbarkeit des Krankenhauses stellt sich als ein wichtiges Wunschkriterium dar, das bei der realen Auswahl aber kaum eine Rolle spielt.

Zukünftig wird die Informationsbereitstellung und -beschaffung im Internet weiter an Bedeutung gewinnen. Deshalb wird es noch wichtiger, Internetauftritte so zu gestalten, dass Patienten in einer verständlichen Sprache über die behandelnden Ärzteteams, das medizinische Angebot, die medizintechnische Ausstattung sowie Qualitätsindikatoren informiert werden. Darüber hinaus sind allgemeine Informationen zum Serviceangebot der Krankenhäuser (Zimmer, Cafeteria, Aufenthaltsräume, Bibliothek, Parkplätze, Anbindung an öffentliche Verkehrsmittel usw.) für die Entscheidungsfindung der Patienten hilfreich. Es ist denkbar, eine Beurteilung durch ehemalige Patienten nach bestimmten Kriterien durchführen zu lassen – ähnlich wie bei der Beurteilung von Hotels – und zu veröffentlichen. Alternativ können die Ergebnisse von internen Patientenbefragungen zur Zufriedenheit veröffentlicht werden. Auch wenn es schwierig ist, Krankenhäuser mit unterschiedlichen Merkmalen zu vergleichen, helfen solche Untersuchungen und Veröffentlichungen den Patienten, eine informierte Entscheidung bei der Auswahl eines Krankenhauses zu treffen. Je nachdem, um welche Patienten in welchem Gebiet für welche Art von Klinik geworben werden soll, müssen die Internetseiten wie auch weitere Informationsquellen differenziert nach Patientengruppen gestaltet werden. Das erleichtert allen Patienten, die sich informieren wollen, eine mündige Entscheidung.

Literatur

Bundesministerium für Gesundheit (2006): GKV-Versicherte nach Alter und Wohnort. GKV-Statistik KM6 zum 1. Juli 2007, Berlin

Debatin, Jörg F. (2006): "Mündigkeit braucht Information". In: Der Tagesspiegel: Klinikführer. Berliner Krankenhäuser im Vergleich, Berlin, 9

Preuß, Klaus Jürgen/Räbiger, Jutta/Roski, Joachim (2007): Über die Integrierte Versorgung zu mehr Transparenz, Patientenautonomie und echtem Qualitätswettbewerb – Plädoyer für eine „Stiftung Warentest" im Gesundheitswesen. In: Wagner, Karin/Lenz, Immo (Hrsg.): Erfolgreiche Wege in die Integrierte Versorgung, Stuttgart, Kohlhammer, 125 – 142.

Der erweiterte Kundenbegriff in der Pflege – Konsequenzen für Qualität, Marketing und Kommunikation

Günter Meyer

1. Pflegebedürftige als Kunden: Autonomie und Fürsorge

Seit Jahren schon setzt sich bei vielen ambulanten Pflegediensten der Begriff Kunde anstelle von Patient durch. Damit verbunden steht der Anspruch, pflegerische Leistungen als Dienstleistungen anzusehen und unter markwirtschaftlichen Bedingungen anzubieten. Wenn man diese Entwicklung einmal näher betrachtet, drängt sich die Frage auf, wie sehr diese Veränderung der Terminologie die Veränderungen und Herausforderungen im Gesundheitswesen spiegelt.

Eine analytische Betrachtung des Begriffs aus der Perspektive der Pflege erlaubt einen Einblick in die sich verändernde Welt der Krankenversorgung und verdeutlicht die Möglichkeiten und Grenzen der Leistungserbringung im Gesundheitswesen. Was bedeutet die Kundenorientierung in der ambulanten Pflege?

Spätestens mit der Einführung der Pflegeversicherung 1995 setzte sich ein leistungsbezogenes Finanzierungsmodell durch und löste die pauschalisierte Finanzierung ab. Die Philosophie hinter dem neuen Gedanken war die Schaffung eines Einkaufsmodells für Pflegeleistungen unter marktwirtschaftlichen Bedingungen. Damit verbunden sollte die Autonomie der betroffenen Pflegebedürftigen gestärkt und deren Selbstbestimmungsrecht gefördert werden. Dieses „gesellschaftlich legitimierte Gestaltungsprinzip"[1] sollte die Altenbetreuung modernisieren und die Pflege auf die veränderten „Kundenwünsche" ausrichten und Antworten geben auf die zunehmende Individualisierung in unserer Gesellschaft. Bedingt durch die Herausforderungen infolge der demographischen Entwicklung spielte auch der Gedanke der ökonomischen Effizienz eine Rolle. Der politische Wille hinter dem Pflegeversicherungsgesetz beabsichtigte einen finanziellen Schutz für Pflegebedürftige zu schaffen, jedoch ohne den Anspruch einer kompletten finanziellen Übernahme. Damit wurde in der Pflege ein Paradigmenwechsel geschaffen. Das Gesundheitssystem war bis dahin geprägt von einem kompletten Versicherungsschutz. Infolge einer Zunahme pflegebedürftiger Menschen, die außerhalb des Krankenkassenschutzes standen und deshalb drohten, in die Sozialhilfe abzurutschen, musste eine neue Form der Absicherung gefunden werden.

Mit dem neu geschaffenen Pflegeversicherungsgesetz wurde eine Art „Teilkaskoversicherung" geschaffen, die sowohl Schutz als auch Eigenverantwortung festlegte. Der Pflegebedürftige sollte als Kunde individuelle Pflegeleistungen einkaufen können und vom Wettbewerb konkurrierender Pflegdienste profitieren. Im Rahmen der gesetzlichen Vorgaben definierten die Pflegekassen die einzelnen Leistungskomplexe, die der betroffene Pflegebedürftige von nun an „einkaufen"

1   Schüller, A.: Das Neue für die Alten. Eine Untersuchung moderner Organisationsformen in der Altenbetreuung. Europäische Hochschulschriften. Frankfurt am Main 2000, 96

konnte. Der Gesetzgeber gab hierfür eine Grundlage vor, wonach der Pflege-bedürftige als Kunde gestärkt werden sollte. Im § 2 SGB XI wird das Selbstbe-stimmungsrecht hervorgehoben und im Abs. 2 wie folgt definiert: „Die Pflege-bedürftigen können zwischen Einrichtungen und Diensten verschiedener Träger wählen. Ihren Wünschen zur Gestaltung der Hilfe soll, soweit sie angemessen sind, im Rahmen des Leistungsrechts entsprochen werden."

In diesem Sinne ist der Pflegebedürftige ein Kunde, der, wenn man sich seiner etymologischen Herkunft vergewissert, einen „kundigen" Empfänger einer Dienstleistung darstellt. Von der althochdeutschen Bedeutung abgeleitet, be-deutete kundo ursprünglich Verkünder oder auch Zeuge und wandelte sich im mittelhochdeutschen dann zum kunde, worunter u.a. Kenntnis und Bekannt-schaft verstanden wurde. Folgerichtig galt: Kunde ist, wer sich kundig gemacht hat, gleichzeitig aber auch, wem man eine Kunde nicht vorenthalten kann[2]. Der Kunde in diesem begrifflichen Verständnis nimmt ein Geschäftsangebot wahr und entscheidet selbst über den Einkauf einer Leistung.

Bezogen auf die Pflegeleistungen kann der betroffene Versicherte gemäß seiner attestierten Pflegebedürftigkeit einzelne Leistungskomplexe einkaufen, die dann – allerdings in vorgegebenen Grenzen – von der Pflegekasse bezahlt werden. Die Stärkung des ethischen Prinzips der Autonomie lässt die Frage aufkommen, ob die Ethik der Fürsorge damit gemindert wird. Ulrich Eibach mischt sich in diese Diskussion mit der Sorge: „Eine Ethik der Autonomie, die nicht eingebettet ist in eine Ethik der Fürsorge und des Lebensschutzes, bietet letztlich umso weniger Schutz für das Leben, je weniger die Menschen in der Lage sind, ihre Interessen selbsttätig geltend zu machen, und überhaupt keinen Schutz, wenn die Fähigkeit zur Durchsetzung eigener Interessen verloren gegangen ist oder nie vorhanden sein wird. Dann wird das Fehlen solcher Freiheit zur Bedrohung des Lebens-rechts, denn dann entscheiden die Freiheitsbesitzer über das Lebensrecht und Leben der ‚Freiheitslosen'. Bei dieser Ethik der Autonomie, die nicht einer Ethik der Fürsorge ein- und untergeordnet ist, handelt es sich also letztlich nur um eine Ethik der Starken, die – wie im Sozialdarwinismus, wenn auch vielleicht mit anderer Begründung – ein Recht der Herrschaft über die schwachen Glieder der Gesellschaft bis hin zu deren Vernichtung postulieren. Und zwar um ihr eigenes Glück zu steigern. Eine solche Ethik ohne Fürsorge ist nur stark in der Ehrfurcht vor dem eigenen Leben, dem eigenen Glück. Sie wird zur Bedrohung des Lebensschutzes und Lebensrechts der Schwächsten"[3].

---

2 Schnell, M.W.: Der Patient als Kunde? Genealogische Bemerkungen zu einem ethisch-ökono-mischen Zwitter. In: Pflege und Gesellschaft 4, Nr. 3, 65-68
3 Eibach, U.: Medizinethik und Leidbewältigung. Dargestellt am Beispiel der vorgeburtlichen Diagnostik, in: Evangelische Kommentare 30, 1997, 342-344

2. Ambulant betreute Wohngemeinschaften

Die Diskussion um die Stärkung der Autonomie bei Beibehaltung der öffentlichen Fürsorge wurde in jüngster Zeit besonders deutlich im Umgang mit ambulant betreuten Wohngemeinschaften geführt. Diese Wohnform wurde vor über zehn Jahren als Alternative zu stationären Versorgungsstrukturen entwickelt, auch mit dem Ziel außerhalb des Korsetts des Heimgesetzes, einen Freiraum für individuelle Wünsche und Kreativitäten zu schaffen. Dem Schutz des Heimgesetzes entfloh man, weil es als Enge und Bevormundung wahrgenommen wurde und keinen Freiraum für ein selbstbestimmtes Leben im Alter und in Demenz bot.

In der Regel leben sechs bis zehn Menschen mit Demenz in einer großen gemeinschaftlichen Wohnung zusammen, wobei jeder Bewohner einen eigenen Mietvertrag und ein eigenes Zimmer besitzt. Es gehört zur Grundphilosophie dieser Wohnidee, dass der Mietvertrag an keine Serviceleistungen und an keinen Pflegevertrag gebunden ist, um damit die Wahlfreiheit und eine weitestgehende Gestaltungsfreiheit gewährleisten zu können. Die Bewohner und ihre Angehörigen bestimmen selbst, von welcher Pflegestation die Versorgung übernommen werden soll. Durch die Trennung von Mietvertrag und Pflegevertrag stellen die Wohngemeinschaften keine Einrichtungen dar. Mit dem Status der eigenen Häuslichkeit haben die betroffenen Menschen alle Rechte und Pflichten, ihr Wohnumfeld selbst zu gestalten. Für die pflegerische Betreuung werden Pflegedienste beauftragt, die eine „rund um die Uhr"-Versorgung sicherstellen müssen. Die Finanzierung erfolgt im Rahmen der ambulanten Leistungen. Für jeden Bewohner wird ein eigener Pflegebedarf ermittelt und im Pflegevertrag festgelegt. Wohnraum sowie Pflege- und Betreuungsangebot müssen in ambulanten Wohngemeinschaften von unterschiedlichen Anbietern bereitgestellt werden. Es muss sichergestellt werden, dass die Bewohner weiterhin eine Wahlfreiheit bezüglich der Pflege haben, ohne dass dabei der Wohnstatus gefährdet ist. Im Gegensatz zu stationären Wohngruppen können die Betroffenen, bzw. ihre Angehörigen, den Pflegedienst jederzeit kündigen, ohne dass sie dabei den Wohnstatus aufgeben müssen.

Doch mit der Autonomie entstand ein Freiraum, der es schwarzen Schafen einfach machte, sich ebenfalls zu verbreiten. Daher wird nun von einigen die Einführung einer externen Qualitätskontrolle gefordert. Es stellt sich die Frage, ob damit das Rad nicht zurückgedreht und eine Art Miniheimgesetz geschaffen wird. Die Ambivalenz in der Schaffung von selbstbestimmten Freiräumen besteht darin, dass der Patient als Kunde nicht nur frei und autonom sein darf, sondern dass er es auch sein muss. Mit den ersten negativen Berichten, z.B. Frontal 21-Sendung am 23. Mai 2006, verlor das zunächst hoch gelobte Modell teilweise seine positive Konnotation und stand im Kreuzfeuer einer öffentlichen Diskussion. Sabine Tschainer analysiert den Konflikt als Spannungsfeld zwischen Flexibilität und familiärer Häuslichkeit auf der einen und Verwaltungswesen und/oder bürokratischer Kontrolle auf der anderen Seite.[4]

Die Alzheimer Gesellschaft Brandenburg schreibt in ihrem Leitfaden zur ambulanten Betreuung von Menschen mit Demenz in Wohngemeinschaften: „Die Aufrechterhaltung der eigenen Selbstständigkeit in Bezug auf Entscheidungen und Handlungen ist für das Selbstwertgefühl und die Lebensqualität für alle Menschen von zentraler Bedeutung. Vor diesem Hintergrund wird der Selbstvertretung der Mitglieder konzeptionell ein entsprechender Wert zugemessen. Bei Menschen mit Demenz muss selbstverständlich krankheitsbedingt von Einschränkungen in Bezug auf ihre Entscheidungs- und Handlungskompetenz ausgegangen werden. Die Ausprägungen dieser Kompetenzeinschränkung sind aber je nach Krankheitsstadium und individuellen Bedingungen unterschiedlich ausgeprägt. In der Praxis der Betreuung von Menschen mit Demenz, insbesondere auch in Wohngemeinschaften, zeigt sich, dass diese durchaus eigene Entscheidungen, wenn auch meist auf einem geringen Komplexitätsniveau, treffen können. Es zeigt sich, dass ihre Entscheidungs- und Handlungskompetenzen förderfähig sind."[5]

3. Paternalismus und Autonomie

An diesem Beispiel wird der Wertewandel vom Paternalismus zur Betonung der individuellen Autonomie besonders deutlich. Der Wandel unserer Gesellschaft und damit verbunden die zunehmende Individualisierung unserer Lebensstile hat schließlich alle Bereiche unseres Lebens erfasst und somit auch unser Gesundheitswesen.

Während die überlieferte Heilkunst aus dem 19. und frühen 20. Jahrhundert geprägt war von einer vollständigen Fremdbestimmung, setzte sich in den sechziger und siebziger Jahren des 20. Jahrhunderts ein neuer Anspruch auf ganzheitliche Betrachtung und Selbstbestimmung durch. Aus der historischen Betrachtung gesehen ist die älteste Rollendefinition zwischen Professionellen im

---

4   Tschainer, S./Hörmann, B.: Modellprojekte im Rahmen des Pflegeleistungs-Ergänzungsgesetzes in Bayern, fachlich-wissenschaftliche Begleitung im Auftrag des Bayerischen Staatsministeriums für Arbeit und Sozialordnung, Familie und Frauen sowie der Arbeitsgemeinschaft der Pflegekassenverbände in Bayern. Zwischenbericht 2005, München 2006, 51

5   Alzheimer Gesellschaft Brandenburg (Hrsg.): Ambulante Betreuung von Menschen mit Demenz in Wohngemeinschaften. Leitfaden zur Struktur- und Prozessqualität, 2006, 5

Gesundheitswesen die zwischen Arzt und Patient im Sinne eines „benevolenten Paternalismus"[6]. Diese asymmetrische Beziehung war charakterisiert von einem Bestreben nach dem Guten. Der Arzt hatte die Entscheidungsmacht und der Patient fügte sich diesen Entscheidungen ganz im etymologischen Sinne des Wortes Patient als erduldender, unmündiger und passiv leidender Kranker.

1948 definierte die WHO Gesundheit dann als einen Zustand des vollständigen körperlichen, geistigen und sozialen Wohlbefindens, womit nicht nur das Freisein von Krankheit gemeint war. 1986 revidierte die WHO ihre Definition in der so genannten Ottawa-Charta und beschrieb Gesundheit als ein befriedigendes Maß an Funktionsfähigkeit in physischer, sozialer und wirtschaftlicher Hinsicht und Selbstbetreuungsfähigkeit bis ins hohe Alter. Damit wurde die Selbstbestimmung zu einem Faktor in der Gesundheit.

Stärker als im deutschsprachigen Raum war im anglo-amerikanischen Raum auch die Pflegewissenschaft an diesem Willensbildungsprozess beteiligt. Das Prinzip der Selbstpflegekompetenz in den Pflegetheorien von Dorothea Orem mag als ein Beispiel hierfür genügen.

Den Wandel in der bundesdeutschen Pflege datieren einige Autoren auf den Beginn der 80er Jahre. Klaus Müller und Ulrike Thielhorn beschreiben diese Entwicklung wie folgt: „Beeinflusst wurde dieser Prozess von den anglo-amerikanischen Pflegetheorien, die patientenorientiert sind und Ausrichtung der Pflegeplanungen an den ganzheitlichen Erfordernissen der zu betreuenden Menschen propagieren. In der Proklamation einer patientenorientierten Pflege ist eine Abgrenzung vom bio-medizinischen Krankheitsverständnis zu sehen. Pflegehandlungen sollen möglichst patienteninitiiert sein und das Wohlbefinden und die Zufriedenheit der Menschen fördern. Hierfür ist es notwendig, die Sicht der Patienten auf ihren Pflegeprozess zu erheben und sie im Rahmen einer gemeinsamen Pflegeplanung umzusetzen. In der Pflege fand diese neue Perspektive Ausdruck in der Formulierung ganzheitlicher Pflegekonzepte, die eine umfassende Betreuung des kranken Menschen sicherstellen sollten."[7]

Begleitet wurde diese Entwicklung durch die deutsche Rechtssprechung. Aus der juristischen Betrachtungsweise ist jede medizinische Handlung ohne Einwilligung der Patienten eine Körperverletzung, auch wenn sie zur Lebenserhaltung

---

6   Vgl. Dierks, M.-L./Siebeneick, S./Rössler, S.: Patienten, Versicherte, Kunden – eine neue Definition des Patienten? In: Dierks M.-L./Bitzer, E.M./Lerch, M./Martin, S./Röseler, S./Schienkiewitz, A. et al. Patientensouveränität – Der autonome Patient im Mittelpunkt. Stuttgart: Arbeitsbericht Nr. 195 der Akademie für Technikfolgenabschätzung in Baden-Württemberg; 2001, 7

7   Müller, K./Thielhorn, U.: Zufriedene Kunden? Die Qualität ambulanter Pflege aus der Sicht der Patienten, Stuttgart, Berlin, Köln 2000, 24

dient. Der Bundesgerichtshof begründet die Rechtmäßigkeit ärztlicher Eingriffe grundsätzlich mit der Einwilligung des Patienten. Dabei fordern die Richter, dass der Patient über den Verlauf des Eingriffs, seine Erfolgsaussichten, seine Risiken und mögliche Alternativen aufgeklärt werden muss. Nur so könne das Selbstbestimmungsrecht und das Recht auf körperliche Unversehrtheit gewahrt bleiben.

Ob diese Entwicklung bis heute dazu geführt hat, das Autoritätsgefälle zu nivellieren, wird von einigen Autoren hinterfragt. Dabei werden wir in der Literatur mit der These konfrontiert, dass der überwunden geglaubte Paternalismus lediglich einen Formwandel durchlaufen habe und in Form eines Neo-Paternalismus weiter vorherrsche.[8] Ist der Patient überhaupt in der Lage, autonome Entscheidungen zu treffen? Müssen wir nicht vielmehr davon ausgehen, dass der Patient in hohem Maße durch die ärztlichen und pflegerischen Informationen beeinflusst wird? Besonders in der ambulanten psychiatrischen Krankenpflege wird die Leistung zwar akzeptiert, ohne jedoch immer wirklich gewünscht zu sein.

In der Psychiatrie muss die Akzeptanz oft erst erarbeitet werden. Denn psychiatrische Erkrankungen gehen immer mit einer Beziehungsstörung einher. Dies bewirkt, dass viele psychisch erkrankte Menschen in großer Isolation leben und nicht mehr in der Lage sind, für sie lebensnotwendige Kontakte zu knüpfen. Deshalb kommt in der psychiatrischen Pflege dem Beziehungsprozess als notwendige Basis und als Methode der psychiatrischen Pflege eine besondere Rolle zu. Versteht man unter Kundenorientierung eine Ausrichtung auf die Wünsche und Erwartungen des Patienten, dann ließe sich psychiatrische Krankenpflege nur noch bedingt umsetzen. Dennoch ist auch die psychiatrische Krankenpflege abhängig von der Compliance, so dass die Expertenkommission der Bundesregierung 1988 zu dem Ergebnis kommt: „Psychiatrische Pflege muss insofern von der somatischen Pflege unterschieden werden, als sie nicht allein bedeutet, bei den Alltagsverrichtungen unmittelbar helfend in den Handlungsbedarf einzugreifen oder ärztlich verordnete abgrenzbare Einzelleistungen wie Medikamentenvergabe oder Verbandswechsel durchzuführen. Sie muss vielmehr bedeuten, dem psychisch Kranken Hilfe zu geben, dass er die Regeln der Sorge des Menschen für sich selbst und des mitmenschlichen Umgangs als Element des eigenen Handlungsrepertoires wahrnimmt und umsetzt …"[9]

---

8 Dierks, M.-L./Siebeneick, S./Rössler, S.: Patienten, Versicherte, Kunden – eine neue Definition des Patienten? In: Dierks M.-L./Bitzer, E.M./Lerch, M./Martin, S./Röseler, S./Schienkiewitz, A. et al. Patientensouveränität – Der autonome Patient im Mittelpunkt. Stuttgart: Arbeitsbericht Nr. 195 der Akademie für Technikfolgenabschätzung in Baden-Württemberg; 2001, 8
9 Expertenkommission der Bundesregierung Psychiatrie 1988

Wie ist also umzugehen mit dem Patienten in der Psychiatrie? Verkäufer passen sich den Kunden an, die psychiatrische Pflege lebt aber vom Spannungsverhältnis, in dem eine Akzeptanz immer aufs Neue erarbeitet werden muss.

Die Frage nach einer gleichberechtigten Beteiligung der Patienten an sie betreffende medizinische und pflegerische Entscheidungen wird in der medizinethischen Diskussion mit dem Terminus „informed decision making" bzw. mit „informed consent" umschrieben. Analysiert man sämtliche Faktoren für eine Genesung, so lässt sich schnell feststellen, dass professionelle Leistungen nur dann gelingen können, wenn der Kranke oder Pflegebedürftige als „beteiligter Experte" am Prozess mitwirkt und selbst aktiv mitarbeitet an seiner Prozess- und Ergebnisqualität. Voraussetzung ist eine angemessene Beratung und Schulung von Patienten im Kontext seines biographischen Hintergrundes. Mit dieser Stärkung der Patientensouveränität kann die Grundlage eines vertrauensvollen Verhältnisses geschaffen werden, ohne die bestehende Beziehungsasymmetrie leugnen zu müssen. Patienten werden als bewusste Koproduzenten miteingebunden, damit sie aktiv beteiligt sind an der Wiedererlangung ihrer Gesundheit. Gerade im Umgang mit chronischen Erkrankungen ist die Einbeziehung der Betroffenen von grundlegender Bedeutung. Eine besondere Rolle spielen dabei die Selbsthilfegruppen mit ihrem Anspruch, einen Expertenstatus aus der Betroffenheit zu entwickeln. Sie unterstützen die Compliance und entwickeln eigene Vorstellungen im Umgang mit der Krankheit.

Die Alzheimer Gesellschaft Brandenburg spricht beispielsweise in ihrem Leitfaden zu ambulant betreuten Wohngemeinschaften von der Stärkung der Kundensouveränität in der Beziehung zum ambulanten Pflegedienst. In der Bundesrepublik Deutschland wird die Zahl der Selbsthilfegruppen auf über 70.000 geschätzt, in denen ca. 3 Mio. Menschen, Betroffene und Angehörige organisiert sind. Die positiven Auswirkungen von Selbsthilfegruppen haben längst auch die Krankenkassen erkannt und haben deshalb im Jahr 2000 einheitliche Grundsätze zur Förderung der Selbsthilfe beschlossen. Neben den finanziellen Förderungen wurden auch Möglichkeiten der immateriellen Unterstützung ausgelotet, um im sächlichen und strukturellen Bereich Hilfe anbieten zu können. Die Spitzenorganisationen waren an der Erarbeitung der Grundsätze unter dem Dach des Paritätischen Wohlfahrtsverbandes beteiligt. Eine Ursache für den Zulauf zu Selbsthilfegruppen liegt im veränderten Rollenverständnis und dem Wunsch nach aktiver Mitwirkung. Diese aktive Gestaltungsmöglichkeit wird von den Betroffenen durchaus als Wunsch nach Kundenorientierung verstanden. Nicht umsonst verwendet die Alzheimer Gesellschaft Brandenburg den Begriff Kunde in ihrem Leitfaden und macht damit deutlich, dass der Anspruch auf die Deutungsmacht in der Gesundheit von den Betroffenen selbst erhoben wird.

4. Erweiterter Kundenbegriff

Was bedeutet nun die Metamorphose von Patienten in Kunden für den ambulanten Pflegedienst in seiner alltäglichen Arbeit? Es fällt auf, dass der Begriff Kunde am häufigsten in Beiträgen zu Qualität und Qualitätssicherung verwendet wird. Schaut man in die Richtlinien für die MDK Qualitätsprüfungen in der ambulanten Pflege, so wird als Grundlage für ein funktionierendes Qualitätsmanagement der PDCA-Zyklus angeführt. Der aus vier Elementen bestehende Kreislauf beschreibt die Verantwortung der Leitung in der Qualitätssicherung vor dem Hintergrund der Kundenorientierung.

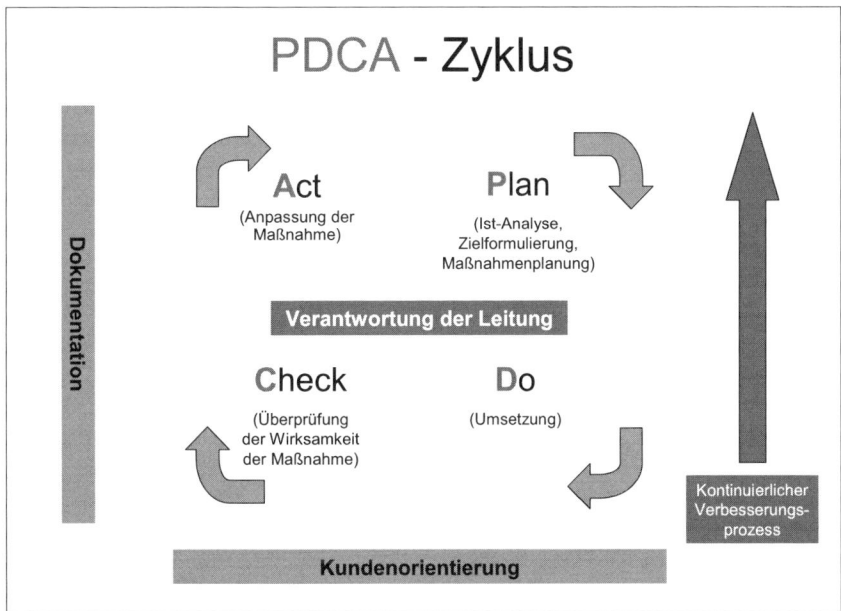

Abb. 1: PDCA-Zyklus des Qualitätsmanagements (Quelle: Medizinischer Dienst der Spitzenverbände der Krankenkassen e.V. (MDS): Grundlagen der MDK-Qualitätsprüfungen in der ambulanten Pflege, Essen 2005)

Mit der Übernahme des PDCA-Zyklus wird der Begriff Kunde vom MDK für das Qualitätsmanagement eingeführt, während ansonsten durchgängig von der Zufriedenheit der Pflegebedürftigen gesprochen wird. Was bedeutet nun Kunde im Qualitätsmanagement?

Im Sinne des TQM werden als Kunden im weiteren Sinne alle Personen betrachtet, die direkt oder indirekt mit dem Unternehmen verbunden sind – seine
Klienten, seine Mitarbeiter, seine Kooperationspartner sowie die interessierte Öffentlichkeit. Gerade in der ambulanten Pflege wird deutlich, dass ein erweiterter
Kundenbegriff notwendig ist und Sinn macht. Oft sind es nicht die betroffenen
Pflegebedürftigen, die aktiv einen Pflegedienst suchen und eine Entscheidung
für einen bestimmten Pflegedienst treffen, sondern deren Angehörige, Ärzte, Betreuer, Krankenhäuser und Kostenträger. Im Qualitätsmanagement nach ISO
9000 subsumiert man den erweiterten Kundenbegriff unter dem Begriff Partner.
Man könnte auch von Anspruchsgruppen oder Stakeholdern sprechen. All diese
Partner oder Stakeholder bestimmen durch ihre Interessen, Ansprüche, Vorstellungen und Möglichkeiten, wie die Entscheidungen der Kunden im Pflegebe-
reich getroffen werden. Dies betrifft nicht nur das Qualitätsmanagement, sondern das gesamte Marketing, ja die gesamte Führung von Pflegeeinrichtungen.
Diese Überlegungen lassen sich analog auf andere Anbieter im Gesundheitswesen übertragen.

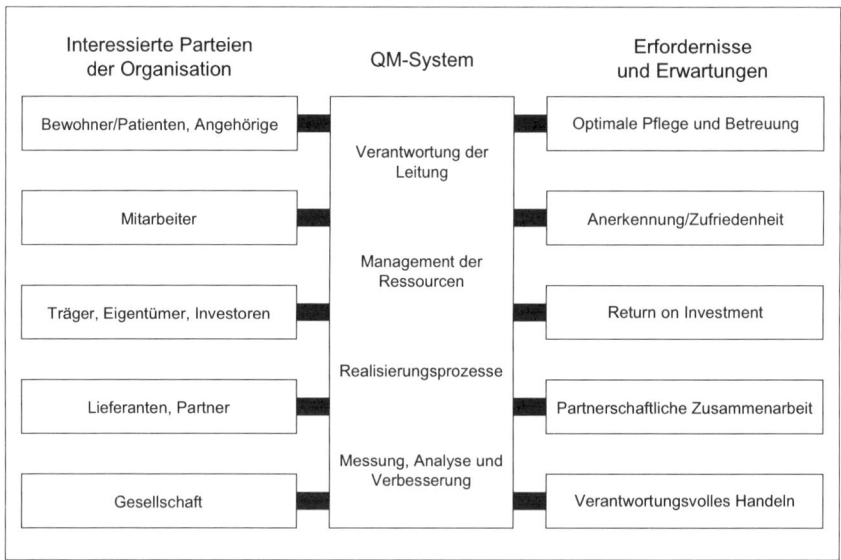

Abb. 2: Modell für Einrichtungen der stationären und ambulanten Altenhilfe auf Basis der ISO 9004
(Quelle: Illison, M./Kerner, J.G.: Praxisleitfaden Qualitätsmanagement in der Altenpflege,
Ulm (EQZert) 2001)

Die Zielsetzung einer Kundenorientierung im Rahmen der ISO 9000 besteht in der Anforderung, den Kunden kennen zu lernen, um gezielte Maßnahmen zur Erfüllung der Kundenanforderungen einleiten zu können. Dies wird dadurch erschwert, dass die unterschiedlichen Gruppen im erweiterten Kundenkreis durchaus verschiedene Vorstellungen und Wünsche haben. Obwohl die Patienten als direkt Betroffene und zu Pflegenden natürlich im Mittelpunkt stehen, werden ihre Entscheidungen von den anderen Stakeholdern mit getroffen. Das ist durchaus analog zu der Situation, dass der Bauherr eines Hauses seine Vorstellungen und Wünsche realisieren will, dabei aber entscheidend von Architekten, Kreditgebern, Familienangehörigen, vielen weiteren Stakeholdern sowie technischen, gesetzlichen und weiteren Rahmenbedingungen beeinflusst wird. Der Bauherr kann nicht autonom alle seine Vorstellungen umsetzen. Ein erfolgreicher Bauunternehmer muss mit den Wünschen all dieser „Partner" im Entscheidungsprozess umgehen.

Dabei ist es notwendig, über den Grad der Kundenzufriedenheit informiert zu sein, auch um vor diesem Hintergrund die eigene Wettbewerbsfähigkeit ständig neu bewerten zu können. Dabei wäre es wichtig, die Zufriedenheit der verschiedenen Beteiligten am Entscheidungsprozess zu ermitteln.

5. Kundenorientierung und Kundenzufriedenheit

Trotz abweichender Terminologien sind die Überschneidungen hinsichtlich der Vorstellung einer Kundennähe zwischen TQM und ISO sehr groß. In beiden Systemen spielt die Kommunikation als Grundlage für eine Vertrauenskultur eine große Rolle. Die *Wahrnehmung des Kunden* ist für das Unternehmen die Realität. Scheerer führt die Kundengefühle als Tatsachen ein und fordert für das Qualitätsmanagement: „Vielmehr muss dafür gesorgt werden, dass sich der Kunde bei einem Gespräch wohl fühlt, dass er ernst genommen und nicht überfahren wird, kurz, dass sein Selbstwertgefühl nicht verletzt wird. Er muss Vertrauen zu seinem Gesprächspartner und damit zum Unternehmen fassen."[10]

Will man nun im Sinne eines TQM eine Kundenorientierung erreichen, sollten die einzelnen Partner näher analysiert werden. Die Grundphilosophie einer solchen Analyse ist der Aufbau eines *Beziehungsmanagements,* um damit eine Basis für loyale Kunden zu schaffen. Voraussetzung für jede Beziehungsgestaltung ist die Kommunikation, die bezogen auf die Heterogenität der Kunden in der ambulanten Pflege sehr unterschiedlich gestaltet werden muss.

---

10 Scheerer, H.: Kundengefühle sind Tatsachen, in HBM, 2, 1994, 9

Damit wird deutlich, dass die Kundenorientierung aus dem TQM nicht eins
zu eins im Gesundheitswesen übertragbar ist. Wie die Beispiele aus der Psychiatrie gezeigt haben, liegen die Intentionen der Betroffenen oft konträr zu den therapeutischen Absichten. Dennoch geht es in der Kundenorientierung darum, die
Zufriedenheit der Pflegebedürftigen als ständiges Ziel zu formulieren. Das folgende
Beispiel der Concito GmbH macht deutlich, dass die Leitsätze zum kundenorientierten Verhalten durchaus auf die Pflege übertragbar wären und vergleichbar mit dem Kundenbegriff der Alzheimer Gesellschaft Brandenburg sind. Diese
Leitsätze lesen sich wie eine Anweisung für Pflegekräfte in der täglichen Arbeit.

Leitsätze zum
kundenorientierten Verhalten

- Der Kunde hat immer Vorrang – laß alles stehen und liegen,
  der Kunde darf sich nicht als Störer der internen Vorgänge
  fühlen. Er unterbricht nicht Deine Arbeit, er ist Sinn und Zweck
  Deiner Arbeit.

- Nicht Du tust dem Kunden einen Gefallen, wenn Du ihn
  bedienst, sondern er Dir, wenn Du ihn bedienen darfst.

- Rede den Kunden beim Namen an: er ist keine Nummer,
  sondern ein Mensch mit Gefühlen und Bedürfnissen wie Du.

- Erkläre, was Du tust, aber sei kein Fachidiot; versuche nicht,
  die eigene Überlegenheit zu beweisen, manche Kunden wissen
  besser Bescheid als Du.

- Entschuldige Dich, wenn etwas schiefgegangen ist, wenn der
  Kunde warten mußte, wenn …

- Nimm die Verantwortung für Fehlleistungen auf Dich – für den
  Kunden bist Du der Lieferant. Suche nicht nach „schuldigen"
  Kollegen oder Umständen.

- Der Kunde muß als Sieger aus einer Reklamationsdiskussion
  hervorgehen, nicht Du!

- Gib zu, wenn Du etwas nicht weißt, es macht Dich
  glaubwürdiger als voreilige Urteile.

- Wenn es Meinungsverschiedenheiten zwischen Kollegen gibt,
  diskutiere nicht vor dem Kunden, er ist daran nicht interessiert.

- Der Kunde zahlt Dein Gehalt. Er ist also kein Außenstehender,
  sondern der wichtigste Teil des Geschäfts.

Abb. 3:   Leitsätze zum kundenorientierten Verhalten (Quelle: Malorny, C.:
TQM umsetzen, Stuttgart 1999, 436)

Im Angesicht dieser Geisteshaltung hat die IKK eine *Patientenbefragung* durchgeführt, wie die Qualität von Pflegekräften aus Kundensicht wahrgenommen wird. Sie beauftragte dafür das Saarbrücker Institut für Sozialforschung, Interviews mit Pflegebedürftigen durchzuführen.

Grundlage der Untersuchung waren 40 Patienten von 4 niedersächsischen Pflegediensten. Die telefonisch durchgeführten Interviews dauerten ca. 45 Minuten und sollten ein objektives Bild der subjektiven Sichtweisen der Pflegekunden wiedergeben.[11] Das Institut kam dabei zu dem Ergebnis, dass die Kunden/Patienten sehr klare Vorstellungen über ihre Situation besaßen und darüber, was eine gute Versorgung darstelle. Bezogen auf den Pflegedienst forderten die Betroffenen personelle Kontinuität, Freundlichkeit, Pünktlichkeit und Respekt.

Jedoch entsteht Kundenzufriedenheit nicht einfach im Einhalten dieser Kriterien, sondern sie entsteht in der wahrgenommenen Erfahrung. Hermann Simon und Christian Homburg untermauern diesen Prozess auf der gedanklichen Grundlage von Bateson: „Generell wird Kundenzufriedenheit als das Ergebnis eines komplexen psychischen Vergleichprozesses verstanden. Der Kunde vergleicht seine wahrgenommen Erfahrungen nach dem Gebrauch eines Produktes oder einer Dienstleistung, die so genannte Ist-Leistung, mit den Erwartungen, Wünschen, individuellen Normen oder einem anderen Vergleichsstandard vor der Nutzung. Wird diese zugrunde gelegte Soll-Leistung bestätigt oder übertroffen, entsteht Zufriedenheit beim Kunden. Zufriedenheit wird in diesem Zusammenhang häufig als die emotionale Reaktion auf einen kognitiven Vergleichsprozess angesehen."[12]

Um Unzufriedenheit wahrzunehmen, sind die Pflegedienste angehalten, ein Beschwerdemanagement zu implementieren. Gemäß den Qualitätskriterien nach § 80 SGB XI prüft der MDK die Regelung im Umgang mit Beschwerden. Das *Beschwerdemanagement* wird als unverzichtbarer Bestandteil eines Qualitätsmanagements verstanden, um in den Einrichtung einen offenen Umgang mit Beschwerden zu ermöglichen. Es soll als ein Instrument verstanden werden, um sich der eigenen Schwachstellen bewusst werden zu können. Die Etablierung eines Beschwerdemanagements wird somit zur Voraussetzung für eine Kundenorientierung in der Pflege.

Worin bestehen die Hauptaufgaben eines gut funktionierenden Beschwerdemanagements? Am Anfang steht die *Beschwerdestimulation*. Einige Autoren weisen darauf hin, dass sich nur zwischen 10 bis 15 % unzufriedener Kunden

---

11 Siehe Häusliche Pflege, 2, 2001, 31
12 Simon, H./Homburg, C.: Kundenzufriedenheit: Konzepte – Methoden – Erfahrungen. Wiesbaden 1995, 31

überhaupt beschweren.[13] Um diesem „Eisbergeffekt" begegnen zu können, ist es notwendig, aktiv auf den Kunden zuzugehen. Es ist für den Kunden vielfach einfacher, das Produkt zu wechseln als seine Beschwerde zu äußern. In den Untersuchungen der IKK zu Patientenzufriedenheit wurde ebenfalls festgestellt, dass eine signifikante Gruppe bereits mehrere Pflegedienste hinter sich hatte. Auf die aktive Gestaltung des Beschwerdemanagements folgt eine feste Regelung der *Beschwerdeaufnahme*. Diesen Prozess einigermaßen objektiv für den Pflegedienst zu gestalten, bedarf es in der Regel einer längeren Auseinandersetzung. Für die Beschwerdeaufnahme muss zunächst geklärt werden, was grundsätzlich eine Beschwerde darstellt. Es gehört zum Alltag vieler Pflegeanbieter, häufige Anrufe von Menschen mit Demenz aus der täglichen Versorgung entgegen zu nehmen. Aufgrund der kognitiven Einbußen und des fehlenden Kurzzeitgedächtnisses sind die täglichen Einsätze schnell vergessen und führen zu unzufriedenen Anrufen, obwohl die Leistung gut erbracht wurde. Dieses Beispiel mag etwas pointiert verdeutlichen, wie komplex eine Beschwerdedefinition innerhalb der Pflege sein kann. Sind die Grundlagen geklärt, sollte jeder Mitarbeiter in der Lage sein eine Beschwerde entgegenzunehmen. Ein standardisiertes Vorgehen erleichtert ein einheitliches Vorgehen der Beschwerdeaufnahme und eignet sich besser für spätere Auswertungen. Die Beschwerdeaufnahme stellt hohe kommunikative Anforderungen an die Mitarbeiter.

Dem Beschwerdeführer sollte zu jedem Zeitpunkt das Gefühl vermittelt werden, dass man ihm sachlich, interessiert und freundlich begegnet. Auf die Beschwerdeaufnahme folgt die *Beschwerdebearbeitung* mit der Zusicherung einer Rückmeldung innerhalb einer vorgegebenen Frist. Jede Beschwerde sollte aufbewahrt werden, um in einem größeren zeitlichen Zyklus eine Auswertung vornehmen zu können. Damit ist der Kreislauf eines Beschwerdemanagements beschrieben. Hinter dem Gelingen eines Beschwerdemanagements steht die Geisteshaltung der Führungskräfte und Mitarbeiter. Die Pflege ist besonders anfällig, in der Beschwerde einen persönlichen Angriff zu sehen. Analog den Theorien von Seidel und Stauss[14] sollten die Mitarbeiter folgenden *psychologischen Lernprozess* durchmachen:

1. Die Pflegekräfte müssen in der Lage sein, ihre eigenen Fehler einzugestehen.
2. In der alltäglichen Pflegepraxis steht die Analyse der Problemursachen und Problemlösung im Vordergrund und nicht primär die Benennung von Schuldigen.

---

13 Malorny, C.: TQM umsetzen. Stuttgart 1999, 438
14 Seidel, W./Stauss, B.: Beschwerdemanagement, in: QZ 40, 1995, 8, 915 ff.

3. Pflegedienstleitungen sollten Mitarbeiter, denen im Bemühen um eine kundennahe Lösung Fehler unterlaufen sind, zwar korrigieren, nicht aber bestrafen.
4. Den Pflegekräften sollten Verantwortung übertragen und Entscheidungsspielräume gewährt werden.
5. Innerhalb des Pflegedienstes sollten vorbildliche Reaktionen auf Kundenbeschwerden ausgezeichnet werden.

Mit dem Beschwerdemanagement fördert der Pflegedienst seine Beziehung zu den Kunden und stärkt damit gleichzeitig die Kundensouveränität. Damit hat er ein Instrument, um Kunden an sich zu binden. Doch um im Wettbewerb bestehen zu können, reicht die Zufriedenheit der bestehenden Kunden nicht aus. Für den Pflegedienst ist es notwendig darüber hinaus Marketingstrategien zu entwickeln, um an neue „Kunden" zu gelangen.

In diesem Sinne sind die Einrichtungen aufgefordert, ein Marketingkonzept bezogen auf die neue Kundenorientierung zu entwickeln. An dieser Stelle wird die Ökonomisierung des Gesundheitswesens besonders deutlich. Autoren wie Klaus Dörner kritisieren genau diese Entwicklung. In seiner These „Gesundheit entzieht sich der Bezahlbarkeit" schreibt er: „Wenn also Dienst an der Gesundheit zum Gegenteil, nämlich zur Dienstleistung und damit zur Ware wird, wenn jede medizinische Einrichtung zur Expansion verurteilt ist und wenn man sich gezwungen sieht, nur gute Kunden möglichst lebenslang zu halten und zu melken, schlechte Kunden aber an die Konkurrenz abzudrücken, muss man sich nicht wundern, wenn schließlich künstliche Bedürfnisse erfunden werden, die man als Wunscherfüllung für den Kunden zu befriedigen verspricht, wenn sachlich nicht notwendige Spezialisierungen entstehen und wenn bereits noch nicht völlig ausgetestete Produkte und Verfahren vermarktet werden. Die unsichtbare Hand des Marktes verurteilt alle Mitspieler im Medizin- und Sozialsystem dazu, sich im zunehmend verzweifelten Lebenskampf auf ihr Eigeninteresse zurückzuziehen ..."[15]

Dörner vergisst in seiner Kritik die Kehrseite zu beschreiben. Ein Gesundheitswesen, das sich nicht am Kunden und damit am Markt orientiert, führt zu Gleichgültigkeit und Ignoranz. Man schaue nur auf das englische System, um einen Eindruck zu gewinnen, wie wenig hier auf eine individuelle Betreuung Rücksicht genommen wird. Das staatliche Gesundheitssystem in England ist nicht am Markt orientiert und produziert eine große Unzufriedenheit. Lange

---

15 Dörner, K.: Die Gesundheitsfalle. Woran unsere Medizin krankt. Zwölf Thesen zu ihrer Heilung. München 2003, 47

Wartezeiten, fehlendes Interesse an Differenzialdiagnostik sowie eine oberfläch-
liche Gleichgültigkeit in den Beziehungen zu Arzt und Pflegekräften werden immer wieder als Kritikpunkte angeführt.

6. Pflegedienste und Marketing

Wenn der Pflegedienst im Marketing eine strategische Herausforderung für die
Kundenorientierung erkennt, liegt darin auch die große Chance auf die *gewach-
sene Kundensouveränität* adäquat zu reagieren. Die Alzheimer Gesellschaften
mögen hier als Beispiel angeführt werden, indem sie ihre Mitglieder stärken als
souveräne Kunden, um unbeeinflusst ihren Pflegedienst wählen zu können. Mit
der Hinwendung zu einer Kundenorientierung ist auch die Anspruchshaltung
der Pflegebedürftigen gestiegen. Damit wird deutlich, wie wichtig Marketing für
Pflegedienste geworden ist, als ein Instrument im Führen des Unternehmens vom
Markt her. Marketing verlangt von den Pflegediensten eine strategische Ausrichtung, um eine fehlende Auslastung vorhandener Ressourcen zu verhindern.

Unternehmen entwickeln im gleichen Markt ganz unterschiedliche Strategien. „Ein kundenorientierter Supermarkt achtet z.B. auf ein biologisches Sor-
timent und ausgezeichnete Produktqualität, ein verkaufsorientierter Konkurrent
stellt billige No-Name Produkte auf Holzpaletten zur Abholung bereit und hält
aus Kostenüberlegungen den Personalstand sehr gering. Beide Unternehmen
können erfolgreich sein. Sie unterscheiden sich jedoch erstens hinsichtlich ihres
Systemzustandes, der die Form der Bezugnahmen auf die bzw. Beobachtung der
Umwelt determiniert und zweitens in der Art und Weise, wie diese Beobachtungen verarbeitet werden und z.B. in Strukturen, Entscheidungen und Programme eingehen."[16]

Damit wird ein Grundkonflikt in der Pflege deutlich, dass man in erster Linie den
„kundenorientierten Supermarkt", nicht aber den „verkaufsorientierten Anbieter" von No-Name Produkten haben möchte. Diese Diskussion lässt sich auch
in anderen Industriezweigen beobachten, ob der primäre Zweck eines Unternehmens das Erstellen von Gütern oder die Erbringung von Leistungen ist oder
das Gewinnen von Kunden. Die Hinwendung zur Kundenorientierung lässt
sich einbetten in die historische Entwicklung des Marketings seit dem Zweiten
Weltkrieg. Die fünfziger Jahre waren geprägt von einer Produktionsorientierung.

---

16 Schüller, A.: Das Neue für die Alten. Eine Untersuchung moderner Organisationsformen in
    der Altenbetreuung. Europäische Hochschulschriften, Reihe 5 Volks- und Betriebswissenschaft,
    Bd. 2575, Wien 1998, 99

Ziel war es, billiger, schneller und effizienter zu produzieren. In den sechziger Jahren richteten sich die Unternehmen mehr nach der Produktkonzeption aus und konzentrierten ihre Anstrengungen auf Innovation und Verbesserung der Produktqualität. Darauf aufbauend entstand in den siebziger Jahren die Verkaufsorientierung. Die Marketingaufgaben bestanden darin, Verkaufsstrategien zu entwickeln. In den achtziger Jahren waren die Märkte geprägt von Sättigungserscheinungen. Um überleben zu können, orientierte sich das Marketing nach dem Markt und dem Kunden. Eine Definition dieses Marketing-Konzeptes lieferte Kotler 1982: „Im wesentlichen bedeutet die Marketing-Konzeption eine Kundenorientierung, die, von integriertem Marketing unterstützt, auf die Erzeugung von Kundenzufriedenheit ausgerichtet ist und in ihr den Schlüssel zur Erfüllung der Organisationsziele sieht."[17] In diesem Sinne muss der Pflegedienst den Markt beobachten und ständig neu bewerten. Für eine positive Hinwendung zum Marketing ist es jedoch notwendig, die bestehende negative Konnotation des Begriffes abzubauen. Immer noch glauben viele Pflegeanbieter, Marketing bestünde nur aus Öffentlichkeitsarbeit und Werbung.[18] Hier ist noch einige Überzeugungsarbeit notwendig.

Um Pflegedienste zukunftsfähig zu gestalten, ist eine strategische Marketingausrichtung auf den sich ständig verändernden Markt notwendig. Damit verbunden müssen neue Leistungen konzipiert, das bestehende Angebot angepasst und die Kommunikationsstrategien verfeinert werden. Die zentrale Orientierungsgröße stellt die Zufriedenheit der Kunden dar. Hierbei wird es für die Pflegeanbieter essentiell, von dem bereits beschriebenen erweiterten Kundenbegriff auszugehen. Das Marketing-Management-Konzept muss ausgelegt werden auf Ärzte, Betreuer, Krankenhäuser und Kostenträger. Nur wenn bezogen auf diese Partner/Kunden Zufriedenheit aufgebaut werden kann, besteht die Chance am Markt zu bestehen. Service und Leistungsangebote sind in diesem Kontext zu begreifen und entsprechend anzupassen. In den DIN ISO 9004 Normen stellt die Beurteilung durch den Kunden das endgültige Maß für die Qualität einer Dienstleistung dar. Grundlage für die Ermittlung von Kundenzufriedenheit ist die regelmäßige Kontrolle hinsichtlich des Zielerreichungsgrades. Letztendlich ist jeder Anbieter aufgefordert eine eigene Kundenzufriedenheitsforschung zu betreiben.

Die Pflegedienste sind gut beraten, die verschiedenen Partner (Kunden) differenziert zu betrachten und jeweils für die einzelnen Gruppen spezifische Kommunikations- und Marketingstrategien zu entwickeln. Pflegende Angehörige,

---

17 Kotler, P.: Marketing Management. 4. Auflage. Stuttgart, 1982, 33
18 Sehlbach, O.: Marketing und Öffentlichkeitsarbeit. Kundenorientierung als strategische Herausforderung für ambulante Dienste. In: Häusliche Pflege, 7, 1996

Betreuer, Ärzte, Krankenhäuser und Kostenträger haben sehr unterschiedliche Sichtweisen und Vorstellungen, was Qualität in der Pflege bedeuten soll und kann.

Das Informationsbedürfnis der Angehörigen zielt in der Regel auf die qualitativen Voraussetzungen der einzelnen Mitarbeiter und auf mögliche finanzielle Belastungen, die auftreten können. Professionelle Betreuer wünschen dagegen eine funktionierende Sozialarbeit, die gezielte Vorarbeit für notwendige Formalien leisten kann. Ärzte wünschen sich qualifizierte Pflegekräfte als Ansprechpartner, Krankenhäuser und Sozialbehörden dagegen kommunizieren lieber mit Sozialarbeitern. Kostenträger blicken auf die Umsetzung der Qualitätsrichtlinien nach § 80 SGB XI sowie die Einhaltung der vertraglichen Maßstäbe, Krankenhäuser wollen dagegen wissen, ob man ein Überleitungsmanagement nachweisen kann. Diese wenigen Beispiele machen deutlich, welche unterschiedlichen Anforderungen gestellt werden und lassen erahnen, wie unterschiedlich die einzelnen Partner angesprochen werden müssen.

Auf diesen Erkenntnissen aufbauend, müssen auch die Marketingstrategien analog angepasst werden. Die Flyer beispielsweise für Angehörige sollten dabei andere Informationen in den Vordergrund stellen als die Informationsbroschüren für Ärzte und Betreuer. Damit adäquat auf den jeweiligen Informationsbedarf und das Kommunikationsverhalten reagiert werden kann, sollten auch die Medien näher analysiert werden, um hier eine gezielte Strategie aufbauen zu können. Dabei spielt das Internet eine zunehmend wichtigere Rolle. Hier lässt sich vor allem bei den pflegenden Angehörigen eine zunehmende Nutzung feststellen, während Ärzte noch stärker konventionelle Wege bevorzugen. Wünschenswert für die Zukunft wäre es, diese Erfahrungen aus der Praxis einmal wissenschaftlich evaluieren zu lassen.

Für die Pflegedienste besteht die Herausforderung, den kundenrelevanten Mehrwert durch gezielte Ansprache zu erreichen. Im Total Quality Management spricht man auch von der Aura eines Produktes, die dessen immateriellen Mehrwert bestimmt. Über diese Aura lässt sich eine besondere Kundenbindung aufbauen. Das setzt einen regelmäßigen Austausch zwischen Kunden und Unternehmen voraus. In der ambulanten Pflege muss dieser Austausch an den Alltagsbedingungen und praktischen Anforderungen der unterschiedlichen Partner angepasst werden. Nur so hat der Pflegedienst eine Chance, den Kunden zu einem Partner des Unternehmens zu machen.

Die Unternehmenspolitik sollte die Mitarbeiter gezielt für die Kundenbindung nutzen und die jeweiligen Mitarbeiterstrukturen für das Unternehmen gezielt einsetzen. Eine mögliche Herangehensweise könnte ein interdisziplinäres Kundenteam sein, zuständig für eine effiziente und gezielte Koordination der unterschiedlichen Kommunikationsanforderungen. Besonders im Umgang mit psychiatrisch erkrankten Kunden und deren Angehörigen ist ein interdisziplinäres Team hilfreich. Da die Angehörigen häufig überfordert sind und sich nicht am aktivierenden Pflegeprozess beteiligen können, ist es wichtig, ihnen im Sinne der ganzheitlichen Betrachtungsweise und Versorgung beratend zur Seite zu stehen und eine langsame Annäherung an die jeweilige Pflegesituation zu ermöglichen. Diese vorrangig von Pflegefachkräften durchgeführte Aufgabe bedarf einer zusätzlichen Unterstützung in der Beratung durch die Sozialarbeiter.

Für viele Betroffenen ist der Pflegedienst, neben dem niedergelassenen Arzt, eine erste Anlaufstelle, um ihre Sorgen und Anliegen besprechen zu können. Dabei fungieren die Sozialstationen als Lotsen in dem undurchschaubaren System von Hilfeleistungen. Im Idealfall übernehmen ausgebildete Case Manager die Funktion des Lotsen und ermöglichen eine individuell am Bedarf orientierte Beratung. Die Pflege und psychosoziale Betreuung beinhaltet die Einbeziehung aller Ressourcen und Selbsthilfestrategien der Betroffenen und deren regionale Einbindung mit allen komplementären Angeboten. Eine wichtige Schnittstelle zu diesen komplementären Angeboten wird in den örtlichen Gremien und Verbünden geschaffen. Hier wirken alle Beteiligten zusammen, ob Sozialdienste, Krankenhäuser, Heime, Tagesstätten, Selbsthilfegruppen oder ehrenamtliche Dienste. In Berlin beispielsweise existieren in allen Bezirken geriatrisch-gerontopsychiatrische Verbünde, um eine verbindliche Zusammenarbeit mit festen Qualitätsregeln zu ermöglichen.

Neben dem inhaltlichen Anspruch einer effektiven Zusammenarbeit zählt die aktive Gremienarbeit aber auch zu den elementaren Marketingstrategien eines Pflegedienstes. Vergleichbar einer griechischen Agora präsentiert sich das Unternehmen hier einer für es relevanten Öffentlichkeit. Mit der Präsentation eines interdisziplinären Teams werden die Grundlagen für eine positive Öffentlichkeitsarbeit geschaffen. Die Wirkung dieser aktiven Mitarbeit ist nicht zu unterschätzen. Hier lassen sich Akzeptanz und Vertrauen aufbauen, als Voraussetzung für jede Zusammenarbeit mit Partnern und Kunden.

Ein weiterer Faktor wird in den nächsten Jahren an Bedeutung gewinnen und damit obligatorischer Bestandteil jeglicher Marketingstrategie: der Nachweis regelmäßiger externer Qualitätsüberprüfungen und die Offenlegung der Ergebnisse. Diese Forderung nach Transparenz wird man nur offensiv und nicht defensiv beantworten dürfen. Pflegedienste müssen sich an den Gedanken gewöhnen, dass Akzeptanz und Vertrauen nur noch durch eine radikale Transparenz erreicht werden können.

Neben diesen Marketingstrategien, die sich nach außen richten, ist das Unternehmen gut beraten, gleichzeitig eine strategische Ausrichtung nach innen zu entwickeln, als *internes Marketing*, um Mitarbeiter zu gewinnen und zu halten. Als ein Instrument hierfür gewinnt das *Empowerment* immer mehr an Bedeutung. Die Philosophie hinter dieser Terminologie besteht aus einer Stärkung der Mitarbeiterkompetenzen. Aufbauend auf eine gezielte Weiterbildung sollen die Mitarbeiter mehr Verantwortung übernehmen und größere Autonomien erfahren in Bezug auf ihr Handeln. Damit werden Mitarbeiter in die Lage versetzt, direkter und unmittelbarer auf Kundenwünsche reagieren zu können.

Durch die Gründung so genannter Empowerment-Zirkel lassen sich fachübergreifende Teams aufbauen, die mit zusätzlichen Kompetenzen ausgestattet werden. Auf diese Art und Weise partizipieren Mitarbeiter an betrieblichen Entscheidungen und sind beteiligt an unternehmerischen Gestaltungen. Die Fähigkeiten der Mitarbeiter zu fördern und auch in Anspruch zu nehmen, soll die Motivation innerhalb der Belegschaft fördern. Das Instrument eignet sich gut, um innerhalb des Pflegedienstes Teams zu bilden, die z.B. kollektiv Einsparungsmodelle kreieren und umsetzen, effiziente Prozesse beschreiben und neue Qualitätsziele festlegen. Nach Norbert Herriger eignet sich Empowerment auch als methodisches Instrument für die soziale und pflegerische Arbeit. Während die meisten Pflegeplanungen auf ein Defizitmodell aufgebaut sind, versucht Empowerment die Autonomie zu stärken. Es ist eine Abkehr von einem defizitären Blick durch eine Hinwendung auf die Stärken und Fähigkeiten. Damit schließt sich mit Empowerment der Kreis, durch die Hinwendung zum Patienten/Kunden mit dem Anspruch die Souveränität zu stärken, indem die Fähigkeit zu Selbstverantwortung gefördert wird.

7. Fazit und Ausblick

Der Kunde in der Pflege muss also aus ganz unterschiedlichen Perspektiven betrachtet werden. Hinter dem terminologischen Wandel steckt die Veränderung des Gesundheitswesens und damit auch ein Anspruch an die Pflege. Der Kundenbegriff mag immer noch ein Reizwort in vielen Debatten sein, aber er hilft gleichzeitig, vom Helfersyndrom in der Pflege loszukommen, denn Pflege-Mitarbeiter neigen immer noch dazu, ihr Fürsorgeprinzip überzubewerten.

Allerdings greift die ausschließliche Konzentration auf die betroffenen Patienten als Kunden zu kurz. Am Entscheidungsprozess für den „Einkauf" von Pflegeleistungen sind eine ganze Reihe von weiteren Personen und Institutionen beteiligt. Dazu gehören wesentliche professionelle Entscheidungsbeeinflusser, z.B. Ärzte, Therapeuten, aber auch unprofessionelle Entscheidungsbeeinflusser, z.B. Angehörige, Freunde und Mitpatienten. Schließlich gehören institutionelle

Einflussnehmer dazu, wie Kostenträger/Krankenversicherungen, Krankenhäuser. Und es gehören Entscheidungsbeeinflusser dazu, wie Patientenorganisationen, Betroffenengruppen. Hier ist noch an einer weiteren Begriffsklärung zu arbeiten. Dabei kann auf die begrifflichen Vorarbeiten aus dem Qualitätsmanagement sowie aus der Entscheidungstheorie zurückgegriffen werden. Für das Pflegeunternehmen entscheidend sind die Mitarbeiter, denen ein eigener Marketingteil, das interne Marketing, zu widmen ist.

Diese unterschiedlichen Gruppen erfordern auch eine unterschiedliche Kommunikation. Das betrifft die Inhalte der Kommunikation, den Kommunikationsstil und die Ziele der Kommunikation. Hier tut sich ein neues Arbeitsgebiet für das Marketing im Gesundheitswesen auf.

In der ethischen Herausforderung steht auf der gleichen Höhe wie das Fürsorgeprinzip das Prinzip der Autonomie. Da die Ethik keine Hierarchien kennt, sind beide Prinzipien gleichberechtigt zu sehen. In der alltäglichen Arbeit müssen die Gewichtungen immer wieder neu ausgelotet werden. Besonders in der Psychiatrie erfordert die Beachtung beider ethischen Grundsätze ein Höchstmass an Sensibilität. Doch mit dem Begriff Empowerment, dass sich vereinbaren lässt mit dem trialogischen Modell in der Psychiatrie, ist eine Grundlage geschaffen worden, das Selbstbestimmungsrecht des „Kunden" zu achten, ohne den eigenen Fürsorgeauftrag aufzugeben.

Literatur

Alzheimer Gesellschaft Brandenburg (Hrsg.) (2006): Ambulante Betreuung von Menschen mit Demenz in Wohngemeinschaften. Leitfaden zur Struktur- und Prozessqualität
Bundesminister für Jugend, Familie, Frauen und Gesundheit (Hrsg.) (1988): Empfehlungen der Expertenkommission der Bundesregierung zur Reform der Versorgung im psychiatrischen und psychotherapeutisch psychosomatischen Bereich. Bonn
Dierks, M.-L./Bitzer, E.M./Lerch, M./Martin, S./Röseler, S./Schienkiewitz, A./Siebeneick, S. und Schwartz, F.W. (2001): Patientensouveränität. Der autonome Patient im Mittelpunkt. Stuttgart: Arbeitsbericht Nr. 195 der Akademie für Technikfolgenabschätzung in Baden-Württemberg
Dierks, M.-L./Siebeneick, S./Rössler, S. (2001): Patienten, Versicherte, Kunden – eine neue Definition des Patienten? In: Dierks, M.-L./Bitzer, E.M./Lerch, M./Martin, S./Röseler, S./Schienkiewitz, A. et al.: Patientensouveränität – Der autonome Patient im Mittelpunkt. Stuttgart: Arbeitsbericht Nr. 195 der Akademie für Technikfolgenabschätzung in Baden-Württemberg
Dörner, K. (2003): Die Gesundheitsfalle. Woran unsere Medizin krankt. Zwölf Thesen zu ihrer Heilung. München: Econ Verlag
Eibach, U. (1997): Medizinethik und Leidbewältigung. Dargestellt am Beispiel der vorgeburtlichen Diagnostik. In: Evangelische Kommentare 30, 342-344
Illison, Markus/Kerner, Jürgen G. (2001): Praxisleitfaden Qualitätsmanagement in der Altenpflege. Ulm (EQZert)
Kotler, P. (1982): Marketing Management. 4. Auflage. Stuttgart: Schäffer-Poeschel Verlag

Malorny, C. (1999): TQM umsetzen. Stuttgart: Schäffer-Poeschel Verlag

Medizinischer Dienst der Spitzenverbände der Krankenkassen e.V. (MDS) (Hrsg.) (2005): Grundlagen der MDK-Qualitätsprüfungen in der ambulanten Pflege, Essen

Müller, K./Thielhorn, U. (2000): Zufriedene Kunden? Die Qualität ambulanter Pflege aus der Sicht der Patienten. Stuttgart, Berlin, Köln: W. Kohlhammer GmbH

Scheerer, H. (1994): Kundengefühle sind Tatsachen. In: Harvard Manager; 16. Jg., Nr. 2, 9-13

Schnell, M.W. (1999): Der Patient als Kunde? Genealogische Bemerkungen zu einem ethisch-ökonomischen Zwitter. In: Pflege und Gesellschaft 4, Nr. 3, 65-68

Schüller, A. (2000): Das Neue für die Alten. Eine Untersuchung moderner Organisationsformen in der Altenbetreuung. In: Europäische Hochschulschriften. Reihe 5, Volks- und Betriebswirtschaft 2575 (zugl. Diss. Wirtschaftsuniversität Wien 1998)

Sehlbach, O. (1996): Marketing und Öffentlichkeitsarbeit. Kundenorientierung als strategische Herausforderung für ambulante Dienste. In: Häusliche Pflege, 7, 46-49

Seidel, W./Stauss, B. (1995): Beschwerdemanagement. Personalpolitische Konsequenzen für DLU. In: Qualität und Zuverlässigkeit: QZ; Qualitätsmanagement in Industrie und DL, Band 40, Heft 8, 915 ff.

Simon, H./Homburg, C. (1995): Kundenzufriedenheit: Konzepte – Methoden – Erfahrungen. Wiesbaden: Gabler Verlag

Tschainer, S./Hörmann, B. (2006): Modellprojekte im Rahmen des Pflegeleistungs-Ergänzungsgesetzes in Bayern, fachlich-wissenschaftliche Begleitung im Auftrag des Bayerischen Staatsministeriums für Arbeit und Sozialordnung, Familie und Frauen sowie der Arbeitsgemeinschaft der Pflegekassenverbände in Bayern. München.

IV. Anwendungsfelder

Evidenzbasiertes Marketing für Pharmaunternehmen – Ein neues Paradigma

Thomas Ecker, Klaus-Jürgen Preuß und Reinhold Roski

1. Evidenzbasiertes Marketing

Marketing im Gesundheitswesen ist ein besonderer Sachverhalt. Große Teile der Bevölkerung sehen das Gesundheitswesen nicht als Wirtschaftszweig der Volkswirtschaft an, sondern als Teil des Sozialwesens. Ähnlich ist die Herangehensweise vieler Gesundheitspolitiker, die sich mehr als Umverteiler, Erweiterer und Wächter sozialer Errungenschaften verstehen, denn als Rahmensetzer für eine marktwirtschaftliche Gestaltung des Gesundheitssektors. Bei dieser mentalen Ausgangslage wird Marketing oft als Feind identifiziert. Durch Marketing kommt es zu dem viel zitierten Überkonsum an Pharmaka, zur Überinanspruchnahme von nicht wirklich wirksamen Gesundheitsleistungen, zu Parallelstrukturen und zu Leistungen (Individuelle Gesundheitsleistungen (IGeL)), die eigentlich nicht gebraucht werden. Das Feindbild Marketing ist fest gefügt und die mehr als 20.000 Pharmareferenten, die im Auftrag des Pharma-Marketings tagtäglich unterwegs sind, tragen nur zur Verfestigung der Vorurteile bei.

Bei den verschiedenen Leistungsanbietern und Kostenträgern im Gesundheitssektor gibt es erhebliche Unterschiede in Bezug auf Marketing. Die Pharmabranche und zunehmend auch die Medizintechnik-Branche verfügen über eine ausdifferenzierte Marketingfunktion. Die Krankenhäuser hingegen, die mit einem mehr als doppelt so großen Kostenblock im Gesundheitswesen (ca. 65 Mrd. € im Jahr 2007) vertreten sind, haben Marketing erst in Ansätzen eingeführt. Auch kann man den Professionalisierungsgrad des Marketings im Krankenhaussektor als noch wenig entwickelt bezeichnen. Ähnlich zeigt sich das Bild im Reha-Kliniksektor. Einzig die privaten und börsennotierten Krankenhausketten beginnen, professionelle Marketingstrukturen aufzubauen. Auf der Ebene der niedergelassenen Ärzte, Zahnärzte und Psychotherapeuten gibt es kaum professionalisiertes Marketing. Allerdings machen sich Praxisinhaber zunehmend Gedanken über Marketing, denn der Wettbewerb durch neue Versorgungs- und Vertragsformen sorgt für Unruhe. Die Pflege ist bislang von allen Leistungserbringern im Gesundheitssektor am weitesten von der Einführung eines professionellen Marketings entfernt.

Vieles in Richtung einer Weiterentwicklung der Marketingfunktion tut sich auf der Seite der Kostenträger. Das gilt sowohl für die privatwirtschaftlich organisierte Private Krankenversicherung (PKV) als auch für die solidarisch organisierte Gesetzliche Krankenversicherung (GKV). Die durch die jüngste Gesundheitsreform möglich gewordene Tarifvielfalt (Wahltarife und neuer Basistarif in der PKV) sowie das stetig wachsende Angebot mannigfaltiger innovativer Versorgungsmodelle verlangen nach einem entsprechend ausgerichteten Marketing, denn sonst werden sie durch Versicherte bzw. Patienten nicht akzeptiert.

Selbst die Politik und die sie vertretenden Institutionen greifen zunehmend zu den Methoden und Instrumenten des Marketings, um ihre Gesetze, Verordnungen und Konzepte der wählenden Bevölkerung zu vermitteln. So gibt beispielsweise das Bundesministerium für Gesundheit eine eigene Zeitung heraus, die „Gesunde Zeitung" (vgl. Gesunde Zeitung 2007).

Die im Verlauf von Jahrzehnten durch Vorurteile und auch durch fehlgeleitetes Marketing verfestigten Feindbilder bedürfen einer Korrektur. Dies wird nicht durch die Regulierung des Marketings durch die Gesundheitspolitik bzw. Regulierungsinstitutionen gelingen und auch nicht durch eine freiwillige Selbstkontrolle der Branche im Sinne eines Kodex, sondern nur durch eine grundlegende Neuausrichtung, die Fokussierung auf ein evidenzbasiertes Marketing.

Diese Entwicklung folgt logisch der Entwicklung der medizinischen Wissenschaft in den letzten zwei Jahrzehnten. Die inzwischen weltweit durchgesetzte und akzeptierte Evidenzbasierung der Medizin zieht eine entsprechende Neuausrichtung des Marketings nach sich. Die Methoden und Instrumente der evidenzbasierten Medizin liefern dem Marketing eine Fülle an Material und Konzepten, die sich zu dem innovativen Konzept eines evidenzbasierten Marketing (EBM) zusammenfügen.

Porter und Olmsted Teisberg haben in ihrem Buch „Redefining Healthcare – Creating Value-Based Competition on Results" (2006) aufgezeigt, was die Branche verändern muss, um die Probleme im Gesundheitswesen zu lösen. Der Fokus muss auf einen Wettbewerb um die Ergebnisse der qualitativ besten und ökonomisch tragbaren Versorgung gelegt werden. Dabei geht es nicht mehr um einzelne Arzneimittel oder Medizinprodukte, sondern um komplette Versorgungsabschnitte, oder sogar um den gesamten Versorgungszyklus. Durch besseres Verständnis des ‚care cycles' und durch ‚economies of scale' sowie einen qualitätsorientierten Versorgungsansatz können Versorgungsleistungen künftig preisgünstiger erbracht werden. Porters und Olmsted Teisbergs Hypothese geht davon aus, dass eine hohe Qualität der Versorgung letztendlich preiswerter ist als ein schlechtes Qualitätsniveau und dass der Wettbewerb im Gesundheitssystem künftig überwiegend regional und nur in ausgesuchten Feldern national ausgerichtet sein wird.

Das von Porter und Olmsted Teisberg geforderte Redesign der Prozesse bei der Erbringung von Gesundheitsleistungen gilt auch für das Marketing. Mit einem klassischen Marketing-Ansatz wird man den zukünftig geltenden Regeln nicht mehr gerecht. Nur durch ein paralleles Re-Design des Marketings – im Sinne der evidenzbasierten Medizin – wird man erfolgreich bestehen können.

Dieses Re-Design des Marketings im Gesundheitswesen wird sich in Abhängigkeit vom Leistungssektor mit unterschiedlicher Vehemenz und Geschwindigkeit vollziehen. Die Pharma- und die Medizinprodukte-Branche werden die ersten sein, die dem neuen Paradigma folgen werden.

Mit der sich langsam durchsetzenden Erkenntnis, dass ein evidenzbasiertes Marketing viele neue Chancen bietet, werden sich vor allem forschende und innovative Unternehmen diesem Konzept zuwenden. Vielleicht kommt es in den nächsten Jahren sogar zu einem entsprechend ausgerichteten Qualitäts-Management im Marketing. Dann wird es auch eine erste Leitlinie zum evidenzbasierten Marketing geben. Fortschrittliche Unternehmen werden diese Leitlinie als konstitutiv für ihr Marketing ansehen und auf ihre Einhaltung hinwirken. Parallel wird sich eine Zertifizierung des Marketings durchsetzen, die dem Marketing die Kompetenz und Qualifikation nach den Methoden der evidenzbasierten Medizin testiert. Damit wird ein evidenzbasiertes Marketing eher zur Pflicht- als zur Wahlleistung für die Unternehmen werden.

2. Veränderung der Leistungsstrukturen, der Entscheidungs- mechanismen und Prozesse im Gesundheitswesen – ein Paradigmenwandel

Der Gesundheitssektor zählt zu den wachstumsstärksten Wirtschaftsbereichen in Deutschland. Im Jahre 2007 arbeitet beinahe jeder 12. Erwerbstätige im oder für das Gesundheitswesen, mit wachsender Tendenz. Bis zum Jahr 2030, so schätzen Wirtschaftsexperten, wird die Bruttowertschöpfung im Gesundheitsbereich real um rund 50 % zunehmen. Dieses Wachstum wird per Saldo 700.000 neue Arbeitsplätze schaffen (vgl. Prognos 2007).

Das wird auch in der veränderten Gesundheitspolitik der letzten Jahre deutlich sichtbar, denn zunehmend wird durch die Reformgesetze auf Markt und Wettbewerb gesetzt statt immer stärkerer Regulierung und Umverteilung. Der Staat zieht sich zurück aus den Details der Gesundheitsversorgung und übergibt die Verantwortung hierfür an die entsprechenden Anbieter und Akteure. Er beschränkt sich zukünftig auf die Setzung des gesetzlichen Rahmens und die Mechanismen der Finanzierung.

Mit dieser Richtungsänderung der Politik entstehen leistungsfähige Dienstleistungs- und Kostenträger-Organisationen. Das überwiegend klein parzellierte Gesundheitswesen wird zu einer qualitätsorientierten und leistungsfähigen Dienstleistungsbranche, denn nur so werden sich die Probleme einer alternden Gesellschaft überhaupt lösen lassen. Diese Veränderung bereitet den Boden für ein begleitendes professionelles Healthcare Marketing auf allen Ebenen.

Schnell und konsequent erfolgt augenblicklich die Konsolidierung der Marktstrukturen. Zunächst kommt es zur horizontalen Integration, also zur Kettenbildung. Es gibt hierfür Beispiele in fast allen Leistungssektoren. Die vertikale Integration, obwohl in vielen Leistungsbereichen sinnvoll und politisch gewollt, (IV-Modelle, MVZs und Kopfpauschalen) steckt noch in den Anfängen. Doch zukünftig werden sich eher populations- und nicht mehr indikationsbasierte Versorgungssysteme entwickeln.

Durch die Gesundheitspolitik gefördert werden die Krankenkassen als Verhandlungspartner und demnächst auch über kassenartenübergreifende Fusionen zu volumenstarken Einkaufsgruppen ausgebaut. Parallel wird die Fusion der Kostenträger-Verbände zu schlagkräftigen Größenordnungen forciert. In Zukunft werden wenige große Einzelkassen und der neu gegründete „Spitzenverband Bund der Krankenkassen" – statt der sieben spezifischen Bundesverbände der gesetzlichen Krankenkassen – die Einkaufs- und Leistungspolitik dominieren. Auf der Leistungserbringer- wie auf der Kostenträgerseite entstehen also ebenbürtige Gegner. 1991 gab es noch 1.209 Kassen. 2006 hatten die 50 größten der 254 Krankenkassen 87 Prozent der Mitglieder. 200 Kassen haben weniger als 100.000, davon die Hälfte weniger als 10.000 Mitglieder (vgl. tagesschau.de 2006). Letztlich werden ca. 50 große Kassen übrig bleiben, die über eine entsprechende Marktmacht verfügen.

Die Konzentration der Leistungserbringer und die damit einhergehende Konzentration der Entscheider gehen mit einer Erhöhung der Komplexität der Entscheidungsmechanismen und der zu berücksichtigenden Kriterien einher. Für viele Jahrzehnte gab es fast ausschließlich das so genannte Business-to-Professional-Marketing, d.h. im wesentlichen Pharmareferenten zu Ärzten und Apothekern. Die Marketinganstrengungen der Pharmaunternehmen waren auf die verschreibenden Ärzte oder empfehlenden Apotheker ausgerichtet (vgl. z.B. Lonsert/Preuß/Kucher 1995; Lonsert/Harms 2005, 44 ff.; Trilling 2008). Hierzu bedurfte es vieler Außendienste und entsprechend vieler Mitarbeiter.

Das traditionelle Marketing-Modell entwickelt sich zunehmend zu einem Business-to-Business-Marketing (BtB Marketing), unter Ausschluss der einzelnen Ärzte. Zielgruppe sind die großen Einkäufer und Entscheidungsverbünde. Diesem Trend werden sich die eingesetzten Marketing-Instrumente und das generelle Marketing-Konzept schnell anpassen müssen, sonst wird man die neuen Zielgruppen und Kunden nicht mehr erreichen. Zukünftig stehen sich professionelle Buying-Center und Key Account Management-Strukturen bzw. Selling Center gegenüber.

3. Versorgungsforschung und evidenzbasiertes Marketing

Die klinische Forschung bedarf der Ergänzung durch eine entsprechende Versorgungsforschung. Unter Versorgungsforschung versteht man die Beschreibung und Analyse der Gesundheitsversorgung der Bevölkerung unter Alltagsbedingungen. Man geht also der Frage nach, welche Form der Versorgung mit welcher Wirksamkeit und zu welchen Kosten letztlich beim Bürger ankommt. Zugleich geht es der Versorgungsforschung darum, die Qualität, Humanität und wirtschaftliche Effizienz der Versorgung zu fördern und erkannte Defizite zu beseitigen.

In Deutschland steht die Versorgungsforschung noch am Anfang eines langen Weges. Doch wird inzwischen allen Verantwortlichen im Gesundheitswesen klar, dass es ohne eine breite und qualifizierte Versorgungsforschung nicht weiter gehen kann. Der multidisziplinäre Ansatz und die aus verschiedenen Fachdisziplinen stammenden Instrumente und Methoden machen es der neuen Wissenschaft allerdings nicht leicht, ihren angemessenen Platz zu finden.

Erst die Versorgungsforschung liefert die Evidenz für die Wirksamkeit eines Arzneimittels unter realen Alltagsbedingungen. Allerdings bezieht sich die Versorgungsforschung nicht primär und ausschließlich auf die Therapie. Versorgungsforschung bezieht sich auf den gesamten Care-Zyklus, d.h. auf die Qualität der Diagnostik, die Evaluation aller möglichen alternativen therapeutischen Ansätze, die Qualität der hiermit erzielten Outcomes und die Kosten.

Darüber hinaus ist die Versorgungsforschung ein Anwalt der Patienten, denn sie untersucht deren Wünsche und Präferenzen und betrachtet auch die Lebensqualität als primär wichtige Versorgungsdimension. Ergebnisse der Versorgungsforschung liefern darum einem evidenzbasierten Marketing eine Fülle von Daten, Fakten und Argumenten (vgl. z.B. Forum Versorgungsforschung 2008 des Ärztlichen Zentrums für Qualität in der Medizin (ÄZQ)).

4. Evidenzbasiertes Marketing für Pharmaunternehmen

Mit der Einführung des evidenzbasierten Marketings wird ein großer Schritt in Richtung Transparenz und Objektivität getan. Parallel zur Objektivierung der Medizin über die Schritte der Trias nach Donabedian (Struktur-, Prozess- und Ergebnisqualität) (vgl. Donabedian 1980) wird auch das Marketing sich entsprechend anpassen müssen. Marketing-Management nach den Prinzipien der evidenzbasierten Medizin ist ein Paradigmenwandel. Es kommt nicht mehr vorrangig darauf an, den größten ‚share of voice' zu erreichen, sondern qualitativer Gehalt steht im Mittelpunkt. Es kommt also auf die Qualität der Aussagen und die geeignete Form der Übermittlung von komplexen wissenschaftlichen Inhalten an. Hierzu stehen dem evidenzbasierten Marketing eine Reihe von spezifischen Instrumenten wie Care Maps, EBM-Dossiers, HTA-Berichte, Meta-Analysen, Leitlinien-Synopsen und gesundheitsökonomische Modellierungen zur Verfügung.

Das evidenzbasierte Marketing bewegt sich zentral an der Kernleistung des Produktes. Es ist nicht das Ziel, Zusatznutzen zu finden, auch wenn er kaum nachweisbar ist, und diesen zu kommunizieren. Nur die zentrale Stärke des Produktes, die bessere Versorgungsleistung, kann im Fokus des evidenzbasierten Marketings stehen. Die scharfe Profilierung am bestehenden Therapie-Standard, das Abschneiden bei den relevanten Outcome-Parametern oder das qualitative Delta in einem ,head-to-head' Vergleich stellen die Essenz des evidenzbasierten Marketings dar. Auch der Kosten-Nutzen-Betrachtung wird im EBM-Ansatz eine hohe Bedeutung zugemessen, denn in Zeiten beschränkter Ressourcen ist es eine ethische Verpflichtung, die vorhandenen Mittel möglichst nutzenstiftend einzusetzen.

Die Kommunikation im evidenzbasierten Marketing wird komplexer, aber fokussierter. Die Kommunikation der belastbaren Ergebnisse erfolgt ohne Überhöhungen oder gar Verfälschungen in sachlich und sprachlich angemessener Form. Alle Quellen und Daten werden offen gelegt. Es gehört zu den Stärken des evidenzbasierten Marketings, dass auch gegebene Schwächen oder Defizite der Leistung offen kommuniziert werden. Dadurch wird Vertrauen zu den Verhandlungspartnern aufbaut. Marketing und die Geschäftsbeziehungen sind langfristig angelegt (vgl. z.B. Witzel 2006).

5. Methoden und Instrumente des evidenzbasierten Marketings

5.1 Grundlegende Instrumente: Product, Place, Price, Pomotion

Das vorherrschende „klassische" Marketing-Mix von Pharmaunternehmen aus Anzeigen, Foldern, Mailings und Veranstaltungen (AFMV) ist im neuen Gesundheitsmarkt keine zielgruppengerechte Lösung mehr, denn den Außendienstmitarbeitern sitzen heute und erst recht zukünftig keine einzelnen niedergelassenen Ärzte mehr gegenüber, sondern auf der nächsten Aggregationsebene Teams von gut ausgebildeten Healthcare Managern. Diese Professionals kennen die vielen unterschiedlichen Facetten und neuen Spielregeln des Gesundheitssystems. Sie sind entsprechend ausgebildet, d.h. Zusatzqualifikationen in Gesundheitsökonomie, Public Health oder Qualitäts- und Krankenhausmanagement sind eher die Regel als die Ausnahme.

Auch das Visualisieren von selektiven Ergebnissen aus Einzelstudien in Gesprächs-Foldern ist kein akzeptierter Lösungsweg mehr. Diese oft an ‚scientific fake' grenzende Darstellung wird durch die qualifizierten Experten der anderen Seite schnell entlarvt und das Verspielen von Glaubwürdigkeit und Vertrauen durch derartige Ansätze ist bei einen BtB-Modell beinahe tödlich. Auch Ausschreibungen werden stark zunehmen, und dann muss man mit qualifizierten Daten und Fakten punkten, sonst bleibt nur der Preis.

An die in der veränderten Realität eingesetzten Außendienst-Mitarbeiter werden viel höhere intellektuelle und fachliche Anforderungen gestellt, denn es genügt nicht, die Daten eines Health Technology Assessments, die Überlegenheit eines Literatur Reviews oder die besseren Outcomes in einer Quality of Life Studie dabei zu haben. Sie müssen die Daten und Fakten auch tiefgehend verstehen und überzeugend darlegen können.

Die Erarbeitung von professionellen Entscheidungsunterlagen wie Literatur Reviews, gesundheitsökonomischen Studien, EBM-Dossiers oder Leitlinien-Synopsen kostet Zeit, Expertise und auch finanzielle Ressourcen. Grundsätzlich geben das methodische Konzept und die Instrumente der evidenzbasierten Medizin die Richtung vor. Ihnen wird die Ausgestaltung des evidenzbasierten Marketings folgen. Hierbei kommt es auf die Beachtung der Prinzipien von D. Sackett an (vgl. Sacket 1981; Sacket u.a. 2000):

- Den kritischen Umgang mit wissenschaftlicher Literatur.
- Die Verwendung wissenschaftlich gesicherten Wissens (Evidenz) in der klinischen Praxis.
- Die Evaluation des eigenen (in der Regel ärztlichen) Handelns.

Grundsätzlich kann man den EBM-Mix nach dem Muster der bekannten 4 P's darstellen: Product, Place, Price, Pomotion.

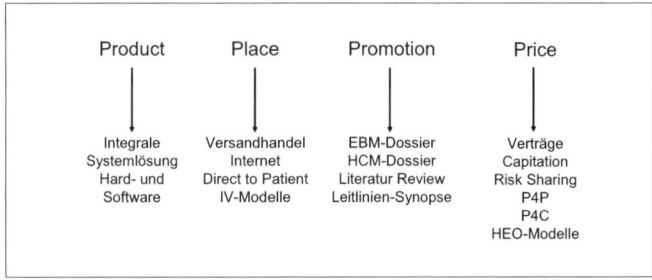

Abb. 1: Der evidenzbasierte Marketing-Mix (Quelle: Eigene Darstellung)

Das *Produkt* (Product) wird möglichst bereits in der Entwicklung, d.h. während der klinischen Phasen II und III in Richtung eines evidenzbasierten Marketings profiliert. Hier wird dann nicht nur das Nötigste getan, um eine Zulassung zu erreichen, sondern die für eine erfolgreiche Vermarktung essentiellen Studien werden bereits hier initiiert und nicht erst nach der Markteinführung auf Druck von Zulassungsinstitutionen scheibchenweise nachgeschoben. Die Versäumnisse der Phasen II und III sind allzu oft die Ursache für ein fehlgeleitetes Marketing. Nach der Markteinführung wird durch begleitende Versorgungsforschung die Profilierung und Positionierung in den realen Versorgungs-Settings optimiert.

Place, verstanden als Vertrieb und physische Distribution, lässt sich kaum durch ein EBM beeinflussen. Allerdings fallen named patient-Ansätze oder IV-Modelle mit einer zentral agierenden Versandapotheke durchaus in eine eigene und neue Kategorie. Dennoch ist Place nicht die dominierende Kategorie im evidenzbasierten Marketing-Mix.

Promotion im evidenzbasierten Marketing unterscheidet sich in erheblichem Maße von der klassischen Marketing-Kommunikation. Sie wendet sich an andere Zielgruppen mit einem höheren Anspruchsniveau. Entscheidungen über den Einsatz von Arzneimitteln basieren immer stärker auf systematischen und evidenzbasierten Analysen. Typische Entscheidungsgremien sind Arzneimittelkommissionen von Krankenhäusern, Verbünde niedergelassener Leistungserbringer in MVZ- oder IV-Modellen, Krankenkassen und Kassenärztliche Vereinigungen. Entscheidungsbeeinflusser sind z.B. Herausgeber einschlägiger Informationsquellen zur Pharmakotherapie oder wissenschaftliche Gesellschaften. Der Hersteller ist daher gefordert, diesen Entscheider-Teams jeweils passende und überzeugende Argumente vorzulegen.

Die evidenzbasierte Medizin verfügt über ein eigenes Portfolio an Kommunikations-Instrumenten. Die wichtigsten werden nachfolgend erläutert.

Health Technology Assessment (HTA) bezeichnet die systematische Bewertung von medizinischen Technologien. Unter medizinischen Technologien versteht man dabei Arzneimittel, Medizinprodukte, medizinische und chirurgische Prozeduren, aber auch Organisations- und Supportsysteme, in denen medizinische Versorgung erbracht wird.

Dabei werden Sicherheit, Wirksamkeit und Kosten unter Berücksichtigung sozialer, rechtlicher und ethischer Effekte dem Nutzen gegenüber gestellt. Daraus werden Handlungsempfehlungen erarbeitet, die sich z.B. auf die Zulassung oder die Erstattungsfähigkeit beziehen. Das Ergebnis einer HTA-Studie sollten fundierte Entscheidungsgrundlagen und Empfehlungen auf Makroebene sein. In Deutschland wird HTA vor allem zur Entscheidungsfindung bei der Kostenübernahme von Innovationen in den Leistungskatalog der Gesetzlichen

Krankenversicherung eingesetzt. Ein HTA-Bericht greift auf die Methoden und Instrumente der evidenzbasierten Medizin zurück, geht aber durch seine gesellschaftliche und ökonomisch volkswirtschaftliche Perspektive darüber hinaus. HTAs sind ein Weg zu einer evidenzbasierten Healthcare Policy.

Die heute häufig zu findende Argumentation mit einzelnen Aspekten, z.B. einzelnen Studien bzw. einzelnen, häufig nur „anekdotisch" belegten Produkteigenschaften verliert zunehmend an Bedeutung. Die Gesprächsunterlagen der Zukunft erfordern eine überzeugende, valide und vor allem systematische Darstellung aller Produkteigenschaften (Pharmazeutik, Pharmakologie, Klinik, Sicherheit, Ökonomie) in einem einzigen Dokument. Dieses Dokument muss den Umfang einer Datenbank abbilden können, zugleich aber die gewünschten Informationen sehr schnell bereitstellen. Es wird als *EBM-Dossier*® bezeichnet.

Das EBM-Dossier® folgt der Logik und Gliederung der Zusammenstellung von wissenschaftlichen Unterlagen bei der Zulassung von Arzneimitteln. Die zentralen Abschnitte hierbei sind: Die Pharmazeutik, die Pharmakologie, d.h. der Wirkmechanismus, die klinische Wirksamkeit, d.h. möglichst nur randomisierte Studien oder, noch besser, Meta-Analysen, die Sicherheit und Unbedenklichkeit sowie die Ökonomie, d.h. die Kosten-Nutzen-Relation. Oft wird eine weitere Rubrik ergänzt. Dann wird die sechste Dimension des Competitive Benchmarkings hinzugefügt, um den Vergleich mit den relevanten Wettbewerbern führen zu können. Dieser Vergleich erfolgt auf Basis möglichst unabhängiger Daten, z.B. der Fachinformationen.

Das EBM-Dossier® ist erforderlich für alle neuen Produkte, kann für innovative galenische Darreichungsformen genutzt werden und ist äußerst sinnvoll für alle bereits erfolgreichen Produkte, wo vielleicht die Nutzenbewertung durch offizielle Institutionen (IQWiG etc.) bevorsteht.

Cochrane Reviews (vgl. Cochrane 2008) sind systematische Übersichtsarbeiten, die alle zu einer therapeutischen Fragestellung relevanten Studien und andere Forschungsergebnisse zusammenfassen. Die Reviews werden von Cochrane Review Gruppen erstellt, die problemorientiert (z.B. Mamma-Karzinom), interventionsbasiert (z.B. Ernährung) oder an Bereichen der medizinischen Versorgung orientiert (z.B. Primärversorgung) sein können. Die Autoren eines Cochrane Reviews können aus ganz unterschiedlichen Ländern und Fachrichtungen kommen. In der Regel tun sich multidisziplinäre Teams zusammen, so dass z.B. klinische Experten (Fachärzte), Methodiker der klinischen Epidemiologie, Recherchespezialisten und Statistiker gemeinsam an einer Übersicht arbeiten. Ein Cochrane Review ist ein zentrales Instrument in einem EBM-Mix.

Leitlinien-Synopsen: Leitlinien sind das Skelett der evidenzbasierten Therapie. Leitlinien werden durch ganz unterschiedliche Organisationen oder Kompetenzträger erarbeitet und herausgegeben. Die Leitlinien mit der höchsten Evidenz sind sehr starke Argumente für ein Produkt oder Therapieverfahren.

Durch Leitlinien soll eine Verbesserung der gesundheitlichen Versorgung erreicht werden, eine Optimierung der Allokation von begrenzten Ressourcen sowie eine Verminderung von unerwünschten Qualitätsschwankungen im Bereich der medizinischen Versorgung. Der EBM-Manager kennt alle relevanten Leitlinien zu seinem Produkt respektive Therapieverfahren. Er scannt regelmäßig nationale und internationale Leitlinien, um den aktuellen Stand des Wissens in die Kommunikation einfließen zu lassen. Er arbeitet mit bei der Patientenversion der Leitlinien. Er liefert den Fachgremien relevante wissenschaftliche Studien, um eine leitliniengerechte Berücksichtigung seines Produktes zu erzielen (vgl. Versorgungsleitlinien.de 2008).

EBM-Claims Check: Die durch das Marketing gewählten und in der Kommunikation in den Vordergrund gestellten Kernbotschaften für den Nutzen und den Einsatz eines Produktes oder einer medizinischen Dienstleistung entspringen oft mehr der Kreativität der zuständigen Produktmanager, als dass sie durch Daten oder Fakten belegt werden können. Diese Kreativität wird durch die Kunden einerseits bewundert und andererseits hat sie wesentlich zu dem negativen Image des Marketings beigetragen.

Das evidenzbasierte Marketing setzt vor allem auf belastbare Aussagen (Claims) und nachprüfbare Botschaften, die sich durch entsprechende Daten und Fakten aus qualitativ hochwertigen klinischen Studien oder aus Daten der Versorgungsforschung belegen lassen. Die eigenen Claims werden nach einem speziellen Rating, einem so genannten EBM-Claims Check unterzogen. Allerdings profiliert der EBM-Manager auch seine Claims gegen die Wettbewerber nach diesem Verfahren.

Claims, die den EBM-Check nicht bestehen, werden aus der Kommunikation herausgenommen. Schwache Claims werden durch entsprechende Studien oder anderweitig verfügbare Evidenz korrigiert oder aufgewertet.

Der *Preis* (Price) steht natürlich immer im Fokus der Überlegungen von Marketingverantwortlichen. Durch Ausschreibungen der gesetzlichen Krankenversicherungen für Generika wird diese Brisanz entscheidend verschärft. Zukünftig wird eine Kosten-Nutzen-Bewertung auch in Deutschland der Regelfall sein. Das gilt für neue, innovative Medikamente, Medizinprodukte und auch für Therapieverfahren ebenso wie für die Evaluation älterer und in der Praxis bewährter Verfahren. Für dieses Assessment, gleich bei welcher Institution und nach welcher Methodik es durchgeführt wird, sind evidenzbasierte Daten die Grundlage.

Vertragslösungen: Der „freie" Preis im Arzneimittelsektor ist zwar möglich, wird aber künftig weniger der Realität entsprechen, denn Preise werden künftig durch Verträge mit den Kostenträgern geregelt. Vertragslösungen wird folglich zukünftig eine noch größere Bedeutung als ohnehin zukommen. Besonders im Arzneimittel- und Medizinproduktsektor werden innovative Vertragskonstrukte künftig über Erfolg und Misserfolg entscheiden. Experten gehen davon aus, dass zum Jahreswechsel 2007/2008 mehr als 80 innovative Vertragskonstrukte – für Nicht-Generika-Produkte – in Vorbereitung sind. Der Sprung aus dem Generikasektor zu den innovativen Arzneimitteln wird weniger als zwölf Monate benötigen. Hier entfaltet sich eine ungeahnte Dynamik.

Anders als bei den bisher geschlossenen Rabattverträgen zu Generika geht es zukünftig um komplexe Vertragsmodelle mit einer Reihe von unterschiedlichen Determinanten und Variablen. Das Spektrum der verfügbaren Modelle reicht vom einfachen Rabattvertrag ohne Umsatzgarantie bis zum komplexen Pay for Cure-Vertrag in der Onkologie. In Abhängigkeit von der EBM-Produktleistung sowie der erreichten Phase des Produktes im Lebenszyklus werden andere Vertragskonstruktionen im Fokus stehen.

Ein *Capitation-Vertrag* eignet sich eher für die komplette Abdeckung einer Indikation. Ein *Risk- oder Cost-Sharing Modell* kann für eine Innovation richtig sein. *Mehrwertverträge* eignen sich in vielen Phasen des Lebenszyklus und für ganz unterschiedliche Produktklassen, die Ihre Stärke in der Vermeidung von Komplikationen oder Langzeitfolgen haben. *Pay for Performance-Verträge* hingegen haben immer einen direkten Bezug zu einem speziellen Versorgungs-Setting und zielen vorrangig auf die Verbesserung der Prozessqualität ab.

Jeder Vertragstypus hat einen anderen Impact auf die Qualität der Versorgung. Auch die Kosten der Versorgung können durch die unterschiedlichen Vertragsmodelle in vollkommen gegensätzlicher Richtung beeinflusst werden. Nicht zu unterschätzen ist der mit der Entwicklung von einem Vertragskonstrukt und vor allem seiner Umsetzung in der Versorgungsrealität verbundene Managementaufwand. Darüber hinaus hat jeder Vertragstypus auch seine spezifischen Laufzeiten. Allen Vertragskonstrukten ist gemein, dass sie bei ihrer Entwicklung auf Daten und Methoden aus der evidenzbasierten Medizin bzw. der Versorgungsforschung zurückgreifen, wenn sie wirklich erfolgreich sein wollen.

5.2 Weitere Konzepte und Instrumente

Die Säulen des evidenzbasierten Marketings werden durch eine Reihe weiterer Instrumente oder Versorgungskonzepte flankiert.

Positionierung: Bei dieser zentralen Frage können kreative Positionierungs-Optionen durch die Instrumente des EBMs genutzt werden. Beispielsweise die

Zahl und Qualität der klinischen Studien, die Zahl der in klinischen Studien behandelten Patienten zum Markteintritt, die Positionierung im Feld der gängigen Arzneimittelbewertungen, also: was sagt das IQWiG, der AVR, die AKdÄ, etc. Ein anderer Weg ist die Positionierung nach spezifischen Versorgungs-Settings. Hierbei können dann Erkenntnisse aus der Versorgungsforschung einfließen.

Auf alle Fälle soll die Positionierung und der ‚reason why' in einem EBM-Konzept nicht irgendwelchen Randbereichen das Wort reden, sondern sich im zentralen Leistungsbereich bewegen. Darüber hinaus sollte sich die Positionierung ebenso wie der ‚reason why' einerseits durch belegbare Fakten und Daten stützen lassen und andererseits durch eine gewisse Praxistauglichkeit abheben.

Segmentierung: Die Segmentierung folgt im klassischen Marketing den potentiellen bzw. den relevanten Zielgruppen. In einem EBM-Ansatz könnte die Segmentierung den Care Settings folgen, also ambulantes Setting, teilstationäres Setting, Hospital Setting oder Reha Setting.

Die Relevanz der Versorgungs-Settings und ihrer jeweils spezifischen Rahmenbedingungen wird in den Konzepten des Marketings bis heute zu wenig reflektiert. Solange der Fokus des Marketings das Arzneimittel ist und nicht der Beitrag des Arzneimittels im Kontext des gesamten therapeutischen Ansatzes, greift der Ansatz einfach zu kurz.

Medical Care Maps: Die saubere Herausarbeitung der state-of-the-art Behandlung in den unterschiedlichen Versorgungssektoren ist die Aufgabe von professionell erstellten Medical Care Maps. Medical Care Maps bilden das Gegenstück zu Leitlinien. Allerdings gehen die Medical Care Maps über die Leitlinien hinaus. Eine wichtige Rubrik sind Stufen-Therapieschemata. Aber auch alle therapeutischen Maßnahmen, die sich nicht in Leitlinien oder Stufen-Therapieschemata wiederfinden, werden in den Medical Care Maps abgebildet. Medical Care Maps folgen weniger der Theorie, also dem, wie es eigentlich sein sollte, sondern bilden die therapeutische Realität ab, so wie sie wirklich ist. Medical Care Maps folgen dabei spezifischen Versorgungs-Settings, sie greifen auf Leitlinien, Empfehlungen der Fachgesellschaften, Verordnungsdaten sowie Daten aus der empirischen Versorgungsforschung zurück.

Healthcare Maps: Unter Healthcare Maps versteht man die Darstellung der relevanten Versorgungsstrukturen einer Region (z.B. Großstadt, Bundesland oder KV-Region). Wie ist die Versorgungssituation mit Blick auf die Zahl, Qualität und Anzahl der Ärztenetze? Wie viele MVZs gibt es? Wie viele GKV-Patienten werden nicht mehr durch die kassenärztliche Regelversorgung, sondern durch Vertragsmodelle wie Hausarzt-Modelle oder Integrierte Versorgung versorgt? Welche teilstationären Angebote gibt es und welche Kapazitäten werden für das ambulante Operieren nach § 115 SGB V vorgehalten? Welche Klinik führt welche Eingriffe in welcher Häufigkeit durch? Welche Zahn-Franchise-Systeme sind aktiv und wie viele Partner gibt es? Welche Apotheken-Kooperativen sind mit wie vielen Mitgliedern aktiv? Welche Internet- bzw. Versandapotheken sind im Gebiet aktiv?

Diese Healthcare Maps werden auf die speziellen Bedürfnisse der Pharmaunternehmen zugeschnitten und liefern ein Bild der Versorgungsrealität. Sie sind Grundlage für die Segmentierung und den Außendiensteinsatz.

Disease Management Programmen (DMPs) und künftig den *Behaviour Modifying Programmen* (BMPs) – also Programm zur Veränderung eines gesundheitsschädigenden Lebensstils – wird die Zukunft gehören. Auch das individuelle *Health Coaching* wird zu den stark nachgefragten Bereichen in der Versorgung gehören. Für die Konzeption von qualitativ hochwertigen und effektiven DMPs und BMPs benötigt man solide Daten aus der Versorgungsforschung und unterschiedliche Instrumente aus der evidenzbasierten Medizin. Die für den kosteneffektiven Einsatz der DMPs unerlässliche Risiko-Stratifizierung, die auch maßgeblich den medizinischen Outcome bestimmt, benötigt man Daten der Versorgungsforschung und Instrumente der evidenzbasierten Medizin.

Ungeachtet der hausgemachten Probleme (ausufernde Administration, fehlende Patientenzentrierung, Koppelung an den RSA, ungenügende Risikostratifizierung etc.) werden inzwischen (2007) mehr als 4.500.000 Patienten durch strukturierte Behandlungsprogramme (DMPs) versorgt. Die Module der laufenden Programme werden in den nächsten Jahren optimiert bzw. reorganisiert und weitere neue DMPs in die Versorgung eingeführt werden. Denn nur durch effiziente und effektive DMPs für die großen Volkskrankheiten wird sich eine nachhaltige und kosteneffiziente Versorgung der Bevölkerungsmehrheit sicherstellen lassen. Für das Jahr 2012 erwarten Sachkenner, dass mehr als 7.000.000 Patienten durch entsprechende DMPs versorgt werden.

Dort, wo Disease Management Konzepte nicht greifen, wird man künftig vermehrt *Case Management* Konzepte einsetzen. In den Varianten des Major oder Minor Case Managements werden sie vor allem bei so genannten ‚catastrophic cases' oder als Module in DMPs eingesetzt. Case Management in der gesundheitlichen Versorgung ist ursprünglich eine amerikanische Management-Strategie mit dem Ziel, die Versorgung von Versicherten in einer akuten Krankheitsepisode so zu steuern, dass in einem abgestimmten Prozess die individuell notwendigen Gesundheitsleistungen zeitnah zur Verfügung gestellt werden.

Case Management arbeitet hierzu mit einem Ablaufschema, um den Versorgungsbedarf eines Patienten in einem bestimmten Zeitraum quer zu unterschiedlichen Zuständigkeiten von Einrichtungen, Ämtern und Dienstleistungen zu planen, zu koordinieren, zu implementieren, zu überwachen und zu evaluieren.

Dabei verfolgt Case Management das Ziel, die Qualität der Versorgung so zu sichern, dass auch langfristig entstehende Kosten gesenkt werden. Diese Form der medizinischen Fallführung geschieht durch so genannte Case Manager, die für die fortlaufende Fallbeobachtung, die Organisation eines optimalen Behandlungsprozesses und die Betreuung des Patienten auch zur Stärkung seiner Compliance zuständig sind. Case Management wird auch häufig gezielt zur Fallführung bei akuten und sehr kostenintensiven Erkrankungen (Major CM) sowie bei chronischen Erkrankungen im Rahmen von Disease Management-Programmen eingesetzt (Minor CM).

Der EBM-Manager wird bei Produkten oder Therapieverfahren, die einen Case Management Ansatz nach sich ziehen, diesen frühzeitig in sein Marktkonzept einbeziehen.

Phase IV Studien und Anwendungsbeobachtungen (AWBs): Diese in den achtziger Jahren als Feldstudien eingeführten Instrumente wurden im Laufe der Zeit immer weniger zur Gewinnung von Erkenntnissen genutzt, sonder eher zur schnelleren Marktdiffusion. Auch die neue Namensgebung der Anwendungsbeobachtungen als Therapieoptimierungs-Studien ändert diesen Sachverhalt nicht. In einem evidenzbasierten Marketing-Konzept spielen diese verkappten Promotions-Instrumente keine wichtige Rolle mehr. Stattdessen wird eine echte Anwendungsforschung durch Konzepte der empirischen Versorgungsforschung präferiert.

Mini-Symposien und Workshops: Ähnlich wie die Feldstudien und AWBs dienten die Mini-Symposien, Workshops und Marktforschungs-Interviews im Wesentlichen der Marktpenetration und weniger der Vermittlung respektive Gewinnung von Erkenntnissen. In einem evidenzbasierten Marketing spielen diese Aktivitäten keine Rolle mehr. Man setzt hier wirksamere Continuing Medical Education (CME)-Konzepte dagegen ein und bindet die Ärzte im Rahmen von Versorgungsforschungs-Aktivitäten mit ein. Eine angemessene Honorierung ist in diesen Fällen wichtig und auch sinnvoll.

6. Zielgruppen und Ansprechpartner für ein evidenzbasiertes Marketing

6.1 Kostenträger und Leistungsanbieter

Evidenzbasiertes Marketing richtet sich an die neu entstehenden Kunden und professionellen Einkaufs- bzw. Entscheidungsstrukturen in einem durch Konzentrationsprozesse auf der Leistungserbringerebene bedingten BtB-Geschäftsmodell. Das bisher dominierende Business-to-Professional (BtP)-Marketing verfängt bei den neuen Strukturen und Entscheidern immer weniger.

Die Konsolidierung der *Kostenträger* schreitet voran, wird aber noch die nächsten 5 bis 7 Jahre weiter gehen. Erst wenn auf Kostenträger- und Leistungserbringerseite jeweils wettbewerbsfähige Oligopole entstanden sind, kommen die neuen BtB-Strukturen voll zur Geltung. Mit der Konsolidierung steigt auch das Kompetenzniveau und konsekutiv werden die Beschaffung, der Leistungseinkauf sowie das Vertragsmanagement professionalisiert.

Beschaffung, Leistungseinkauf und Vertragsmanagement werden in den *gesetzlichen Krankenversicherungen (GKV)* bereits im Sinne eines BtB-Geschäftsmodelles organisiert (vgl. Schreyögg/Busse 2006, 36 ff.). Parallel steigt die Zahl der Ausschreibungen und vertragsgekoppelten Versorgungsangebote. Nur noch in Ausnahmefällen und bei finanziell eher geringfügigen Entscheidungen sind Einzelfallentscheidungen dominierend. Die Mehrzahl der Leistungseinkäufe wird über kollektive und zunehmend auch selektive Verträge geregelt. Die jüngsten Verträge der AOK mit den Medi-Verbünden zeigen, dass es nicht nur um Arzneimittel geht.

Die *privaten Krankenversicherungen (PKV)* haben das Leistungsmanagement erst in Ansätzen entdeckt, denn auf Grund der Natur der PKVen gehören Verträge mit den Leistungserbringern eher zu den Ausnahmen denn zum Regelfall. Allerdings sind sie beim Kostenmanagement gut ansprechbar. Anbieter von Zahnersatz haben hier bereits Erfahrungen gemacht. Auch die privaten Krankenversicherungen haben die Zeichen der Zeit erkannt und messen der aktiven Steuerung der Versorgung und der Leistungsinanspruchnahme (Utilization Management) heute eine viel größere Bedeutung bei. Innovative PKVen haben eigene Versorgungsstrukturen aufgebaut (godentis® und goMedus® der DKV®) und alle PKV-Unternehmen sind Anteileigner der privaten SANA® Klinikkette. Die großen PKVen verfügen inzwischen über kompetente Fachleute für den Leistungseinkauf, das Versorgungsmanagement oder Vertragsregelungen. Die kleineren PKV-Unternehmen haben bisher noch keine derartigen Strukturen und lassen sich durch die Experten des PKV-Verbandes vertreten, hier greift also eine Verbandsregelung.

Einzelne Leistungserbringer wie Arztpraxen oder die Offizin-Apotheken werden sich zukünftig über ein Qualitätsmanagement profilieren und durch ein Benchmarking für einen Versorgungsvertrag qualifizieren müssen. Mit den jetzt vorliegenden Ausschreibungen für die ambulante Versorgung ganzer Regionen durch die AOK und den Ersatzkassenverband wird dieser Prozess stark beschleunigt.

Die Historie der *Ärztenetze* reicht bis in den Anfang der 90er Jahre zurück. Inzwischen existieren die ersten Verbünde seit mehr als 10 Jahren. Aus den anfänglich sehr amateurhaft gemanagten Netzen sind teilweise professionell organisierte

Strukturen geworden. Durch die Bevorzugung populationsbasierter IV-Modelle durch die Gesundheitspolitik und folglich auch durch die Kassen mutieren inzwischen die innovativsten Ärztenetze zu IV-Modellen. Hier wird nicht mehr mit der einzelnen Arztpraxis verhandelt, sondern mit dem professionellen Netzmanagement; auch hier also ein klarer BtB-Ansatz.

Die Entwicklung der *Medizinischen Versorgungszentren (MVZ)* verlief zunächst viel schleppender als von der Politik geplant, denn die Voraussetzungen sowohl von der berufsrechtlichen Seite als auch von der Betreiberschaft her waren zunächst unzureichend geregelt. Mit den jüngsten Reformgesetzen hat sich das geändert. Inzwischen boomt die Zahl der MVZs und die ersten MVZ-Ketten entstehen, so beispielsweise die Rhön-Kliniken®. Unter der Bezeichnung MVZ findet man z.b. drei Arztpraxen und einen Pflegedienst. Es gibt auch große MVZs mit mehr als 30 Ärzten aller Fachrichtungen, einer Einrichtung zum ambulanten Operieren sowie integrierten Pflegediensten und High-Tech-Homecare-Anbietern.

Modelle der integrierten Versorgung (IV-Modelle): Hier muss man zunächst zwischen indikationsorientierten und populationsorientierten IV-Modellen differenzieren. Die Mehrzahl der heute existierenden IV-Modelle weist einen eindeutigen Indikationsfokus auf. Allerdings gibt es bereits einige viel beachtete populationsbasierte IV-Modelle wie beispielsweise das „gesunde Kinzigtal" in Baden-Württemberg (vgl. Gesundes Kinzigtal 2008). Diese werden noch als die Königsklasse der IV-Modelle angesehen. Langfristig werden es aber genau diese Modelle sein, die durch die Kostenträger in große Größenordnungen gebracht werden.

Bereits heute werden mehr als 4.000.000 Patienten in IV-Modellen versorgt, die insgesamt ein Honorarvolumen von ca. 700 Mio. € verantworten. Bis zum Jahre 2012 werden sich dann für die unterschiedlichen neuen Versorgungsformen (Ärztenetze, MVZs, IV-Modelle und Hausarztverträge) ca. 15.000.000 Patienten entschieden haben. Die Einzelpraxis wird dann definitiv zu einem Problemfall oder gar zum Auslaufmodell. Die Arzneimittelversorgung in den neuen Verbundstrukturen wird nicht mehr mit dem einzelnen Arzt, sondern mit Netzmanagern, MVZ-Vorständen oder IV-Betreibern oder sogar mit Verantwortlichen von eigenen Management-Gesellschaften verhandelt werden müssen (vgl. Ecker/Preuß 2007).

Apothekenketten und Apotheken-Franchise-Systeme: Die Übernahme von Doc-Morris® durch Celesio® für ca. 200 Mio. € bei einem Umsatz von ca. 175 Mio. € und einem – durch Experten geschätzten Gewinn – von weniger als 1 Mio. € gibt zu denken. Parallel versucht das Apotheken-Franchise AVIE® mit finanzieller Unterstützung der Kohl Pharma AG® ebenso wie Doc Morris® bundesweit ca. 500 Teilnehmer für ihr Systemangebot zu gewinnen. Fast 8.000 weitere Apotheken haben sich bereits einem der fünf großen Apothekenverbünde (Linda®, Vivesco®,

Meine Apotheke®, Parmapharm®, Committment®) angeschlossen. Der EuGH
wird in den nächsten Jahren über den Fremd- und Mehrbesitz neu entscheiden und – nach dem präjudizierenden griechischen Optikerurteil – ist hier eine
weitgehende Liberalisierung sehr wahrscheinlich. Also wird die Hälfte der deutschen Apotheken in wenigen Jahren entweder einer Kette oder einer Koopera-
tive angehören. In Abhängigkeit von der Entscheidung des Europäischen Ge-
richtshofes (EuGH) ist mit dem Eintritt von Drogeriemarktketten wie Schlecker
und DM in den Apothekenmarkt zu rechnen. Dann ist ein professionelles BtB-
Marketing und Key Account Management die einzige Möglichkeit, um mit diesen Anbietern ins Geschäft zu kommen.

Zahn-Franchise-Systeme: Die Zahnärzte haben sich bereits seit längerer Zeit
auf eine weitestgehende Privatisierung ihres Versorgungssektors eingestellt. Die
Zahl der Zahnzusatzversicherungen steigt seit Jahren an. Zeitgleich werden die
GKV-Leistungen immer weiter zurückgefahren. Die Einführung von so genannten „befundorientierten Festzuschüssen" ist noch längst nicht der letzte Schritt.
Die Privatisierung schreckt die Zahnärzte allerdings weit weniger als die anderen Ärztegruppen, denn sie sind vergleichsweise besser aufgestellt. Auch deshalb
sind die Zahnärzte weit schwieriger in Verbundstrukturen zu bewegen. Mehrere
Franchise-Systeme versuchen seit einigen Jahren die horizontale Integration in
der zahnärztlichen Versorgung voranzutreiben. (MacDent®, Smile Care®, dental
networks®, MacZahn® und goDentis®). Doch nur der von der DKV® finanzierten
goDentis® ist es bisher gelungen, mit ca. 300 Mitgliedern eine relevante Grö-
ßenordnung zu erreichen. Hier trifft man bereits heute auf professionelle BtB-
Strukturen. Die Integration von Zahnarztpraxen in MVZs oder IV-Modelle ist
bisher allerdings die absolute Ausnahme geblieben.

Krankenhausketten und Arzneimittelkommissionen: Die horizontale Kettenbildung von Krankenhäusern, regional oder national, ist zurzeit das gängige strategische Prinzip. Durch die Anbindung von Ärztenetzen oder von MVZs auf dem
eigenen Klinikgelände sowie durch die Integration von Homecare- und Pflege-
Services wird die vertikale Integration entwickelt. Das durch die Gesundheitspolitik verordnete Diagnose Related Groups (DRG)-System zwingt die Kliniken
zu hoher Effizienz der Leistungserbringung; sonst können sie im Wettbewerb
nicht mehr bestehen. Die großen Krankenhausketten wie die Rhön-Kliniken®,
die Asklepios-Gruppe®, die Fresenius/Helios-Gruppe® oder die durch die PKV-
Versicherungen getragenen SANA Klinken® bewegen sich alle deutlich jenseits
der Milliarden-Euro-Schwelle. Hier hat die Konzentration bereits das Niveau
echter Großunternehmen erreicht. Der Branchenführer Rhön-Kliniken® beab-
sichtigt in einigen Jahren einen Marktanteil von 10 % zu erreichen, das wären
dann ca. 150 bis 200 Kliniken. Damit könnte eine bundesweite Versorgung eines

Großteils der Bevölkerung sichergestellt werden. Man plant entsprechend auch mit einer GKV-plus Versicherung.

Auch die wichtigsten Wettbewerber denken in ähnlichen Dimensionen. Die Privatisierung des Kliniksektors ist irreversibel auf den Weg gebracht. Bis 2012 wird darüber hinaus der Eintritt ausländischer Klinik-Betreiber, z.b. Capio®, Bupa®, HCM®, in Deutschland erwartet. Auch die Übernahme von Kliniken oder sogar Ketten durch Private Equity Gesellschaften wird als sehr wahrscheinlich angesehen. Mit einer derartigen Strukturveränderung geht eine Professionalisierung der Entscheidungswege parallel. BtB wird im Sektor der Klinikketten zum Regelfall. Arzneimittelkommissionen und Zentraleinkauf für die ganze Klinikgruppe sind dann der Normalfall.

6.2 Institutionen und Stakeholder

Neben den eigentlichen Kostenträgern und Leistungserbringern hat sich in den letzten zwei Jahrzehnten eine ganze Reihe und Kaskade von Regulierungs-istitution sowohl für die ambulante als auch für die stationäre Versorgung etabliert. Diese Stakeholder haben teilweise offiziellen und teilweise inoffiziellen Charakter. Dennoch haben sie insgesamt einen gravierenden Einfluss auf die Qualität und den Umfang der medizinischen Versorgung. Alle Institutionen und Regulierungsbehörden haben für sich eigene Bewertungs- oder Rating-Instrumente entwickelt. Man mag über die jeweiligen Instrumente und die dahinter stehenden Methoden trefflich diskutieren, aber soviel ist sicher, die evidenzbasierte Medizin bilden das gemeinsame Paradigma.

Der *Gemeinsame Bundesausschuss (G-BA)* ist heute nach dem Bundesministerium für Gesundheit die wichtigste Institution im Deutschen Gesundheitswesen. Man nennt ihn in Fachkreisen auch den „kleinen Gesetzgeber". Der G-BA entscheidet mit seinen Fach-Ressorts über den Umfang der Leistungen in der GKV. Zugleich kontrolliert der G-BA den Zugang von neuen Produkten und Verfahren in die Regelversorgung, beschleunigt die Elimination von obsoleten Produkten und Verfahren aus dem Leistungskatalog. Darüber hinaus setzt der G-BA die Richtlinien für die Arzneimittelversorgung und die Qualität in den unterschiedlichen Versorgungssektoren (vgl. Gemeinsamer Bundesausschuss 2008).

Der G-BA hat als verlängerten Arm das IQWiG an seiner Seite. An dieses vergibt der G-BA seine Aufträge zur Bewertung von Arzneimitteln, Medizin-Produkten oder neuen bzw. etablierten Therapieverfahren. Nach Abarbeitung der jeweiligen Aufträge entscheidet der G-BA dann auf der Grundlage der Empfehlungen des IQWiG (vgl. IQWiG 2008).

Obgleich erst seit wenigen Jahren existent, hat das *Institut für Qualität und Wirtschaftlichkeit im Gesundheitswesen (IQWiG)* für mehr Aufregung und Schlagzeilen gesorgt als jede andere Institution im Gesundheitswesen. Das liegt zum einen an den empfohlenen Entscheidungen und zum anderen an der Intransparenz des Bewertungsprozesses sowie der zugrunde liegenden Methoden. Der breiten Kritik hat das IQWiG inzwischen Rechnung getragen und einen modifizierten Methodenkatalog veröffentlicht. Auch die Berücksichtigung der Brancheninteressen soll zukünftig zu einem früheren Zeitpunkt möglich sein (vgl. IQWiG Methoden 2008).

Evidenzbasiertes Marketing wird beim IQWiG nur mit Material standhalten können, das nach den Prinzipien der evidenzbasierten Medizin gewonnen wurde. Umgekehrt kann auch eine große Chance darin liegen, dem IQWiG die qualitativ richtigen Belege für die professionelle Bewertung frühzeitig an die Hand zu geben. Mit einer „selektiven" Informationspolitik wird man hier nicht punkten können.

Jenseits des G-BAs und des IQWiGs gibt es eine ganze Kaskade von weiteren wichtigen Stakeholdern. Hier sollen nur die wichtigsten aufgeführt werden: Die *Kassenärztliche Bundesvereinigung (KBV)* in Berlin ist für die Sicherstellung der ärztlichen Versorgung zuständig. Die regionalen *Kassenärztlichen Vereinigungen (KVen)* sind für die Einhaltung des Arzneimittelbudgets die relevanten Funktionsträger, das *Deutsche Institut für Medizinische Dokumentation und Information (DIMDI)* ist für die *International Classification of Diseases and Related Health Problems (ICD-Klassifikation)* sowie für die Erstellung von HTA-Berichten die wesentliche Institution (vgl. DIMDI 2008), das *Bundesversicherungsamt (BVA)* akkreditiert die DMPs (vgl. BVA DMP 2008) und das *Institut für das Entgeltsystem im Krankenhaus (InEK)* ist für die Pflege und Erweiterung des DRG-Kataloges zuständig (vgl. InEK 2008).

Man sieht bereits bei den Aufgaben und Verantwortlichkeiten der oben genannten Stakeholder, wie essentiell sie sind. Nur durch eine Kommunikation, die auf der Basis von evidenzbasierten Daten beruht, wird man sich hier Gehör verschaffen können.

7. Organisation und Kompetenzanforderungen an ein evidenzbasiertes Marketing

Aus welchen Strukturen wird sich in den Pharmaunternehmen das evidenzbasierte Marketing entwickeln? Liegt die Wurzel in der Medizin bzw. der klinischen Forschungsabteilung oder werden die Experten der Med.-Wiss.-Abteilung als erste die neuen Chancen ergreifen? Vielleicht beginnt die Umsetzung aber auch in den Abteilungen für Gesundheitsökonomie und Healthcare Policy, denn hier ist bereits ein beträchtlicher Sachverstand für die neuen Konzepte und Instrumente gegeben. Oder wird es das „klassische" Marketing selbst sein, das unter dem Anpassungsdruck des Wettbewerbs zu einem innovativen evidenzbasierten Marketing mutiert?

Wie soll und wird sich das evidenzbasierte Marketing zukünftig aufstellen? Bisher gibt es noch kaum konkrete Beispiele. Statt der heute üblichen Junior-, Senior- und Group-Produktmanager werden eher Fachspezialisten für Health Technology Assessment oder Gesundheitsökonomie und Modellierungen gefragt sein sowie qualifizierte Manager mit Know how aus der Versorgungsforschung. Man kann sich auch die Integration der Med.-Wiss-Abteilung, des Produkt-Managements und der Abteilung für Gesundheitsökonomie sowie der von der Marktforschung zur Versorgungsforschung migrierenden Stabsfunktion unter dem gemeinsamen Dach eines evidenzbasierten Healthcare Marketings vorstellen.

Zweifelsfrei bedarf es neuer und zusätzlicher Kompetenzen, um ein evidenzbasiertes Marketing professionell umsetzen zu können. Qualifizierte EBM-Manager werden eine breite Wissenspalette benötigen. Die Kombination aus einem naturwissenschaftlichen Studium mit einer komplementären Marketing-Ausbildung oder die Kombination eines geisteswissenschaftlichen oder betriebs- oder volkswirtschaftlichen Studiums mit einer komplementären Ausbildung in Epidemiologie, Public Health oder Gesundheitsökonomie sind hierfür gute Voraussetzungen.

Neben diesen Voraussetzungen wird es aber vor allem die mentale Einstellung sein, die den EBM-Manager ausmacht. Ihn bewegen langfristige und nachhaltige Konzepte, weniger die schnelle, kurzlebige Umsatzwirkung. Zudem müssen die Unternehmensphilosophie und die herrschenden Geschäftsprinzipien den geeigneten Nährboden für die Entwicklung eines evidenzbasierten Marketings bereitstellen. Der EBM-Manager wird sehr viel qualifizierter mit der klinischen Forschung oder Entwicklungsabteilung eines Unternehmens kommunizieren.

Die vielen „klassischen" Außendienstmitarbeiter werden künftig durch eher wenige, aber entsprechend qualifizierte *Key Account Manager* ersetzt werden. Diese werden die Einkaufsmanager in den neuen Nachfragerstrukturen mit den relevanten Informationen versorgen und beraten, also die Mitglieder der Arzneimittelkommissionen, die Manager von Praxisnetzen oder die MVZ-Geschäftsführer, die Einkaufmanager von Apotheken-Franchisesystemen und anderen Leistungserbringer-Verbünden. Key Account Manager mit einem EBM-Instrumentarium werden längere und hochqualifizierte Gespräche mit ihren Business-Kunden führen. Sie werden im Rahmen von Ausschreibungen den entsprechenden Support vor Ort und direkt beim Kunden leisten.

Kosten-Nutzen-Erwägungen: Grundsätzlich sind die Instrumente des evidenz-basierten Marketings aufwendiger als klassische Instrumente. Jedes einzelne be-nötigt ein erhebliches Budget, denn die Erstellung eines qualifizierten HTA-Be-richts oder auch die Erarbeitung eines umfangreichen EBM-Dossier kann leicht einen sechsstelligen Euro-Betrag kosten. Auch gute Versorgungsstudien kosten ihr Geld. Allerdings verursachen die vielen fragwürdigen Phase-IV-Studien und Anwendungsbeobachtungen auch hohe Kosten.

Das Positive der neuen EBM-Instrumente liegt darin, dass man bei einem BtB-Geschäftsmodell die Marketing-Unterlagen und -Konzepte nicht für Hun-derte von Außendienstmitarbeitern replizieren muss. Darum ist der Aufwand für die Erstellung der EBM-Instrumente zwar bei der Erstellung etwas höher; das evidenzbasierte Marketing kann aber im Endeffekt sogar kostengünstiger sein, da es weniger, qualifiziertere und wirkungsmächtigere Maßnahmen umfasst.

Darüber hinaus ist der Einsatz der EBM-Instrumente nachhaltiger, d.h. sie wirken länger als die oftmals sehr kurzlebigen Instrumente des „klassischen" Marketings. Viele der EBM-Instrumente wie beispielsweise ein HTA-Bericht oder EBM-Dossier tragen auch zur Wissensbasis für das Produkt bei. Grund-sätzlich kann man sagen, dass ein evidenzbasiertes Marketing langsamer als das traditionelle Marketing ist, dafür aber nachhaltiger wirkt.

8. Zukünftige Ausrichtung

Die Verbreitung der neuen EBM-Instrumente wird sich nicht schlagartig voll-ziehen, sondern eher evolutionär. Mit der Geschwindigkeit des Entstehens von aggregierten Leistungsverbünden und Ketten auf allen Stufen der Wertkette steigt auch die Nachfrage nach EBM-Instrumenten und -Argumenten. In den nächsten Jahren werden wir noch in parallelen Welten leben. Innovative Unter-nehmen, die die Zeichen der Zeit zu deuten wissen, werden sich frühzeitig den Chancen und Möglichkeiten des evidenzbasierten Marketings zuwenden. Andere, eher traditionell ausgerichtete Firmen, werden hingegen noch viele Jahre an dem bestehenden klassischen Pharma-Marketing-Modell festhalten.

Mit der Ausrichtung auf ein strikt evidenzbasiertes Marketing und der Fokus-sierung auf die Business-Kunden, also ein vorwiegendes BtB-Marketing, wird sich die Kosten-Nutzen-Relation wieder in die gesellschaftlich gewünschten bzw. sozial akzeptierten Relationen verschieben, denn für ein evidenzbasiertes Mar-keting an eine begrenzte Anzahl von Entscheidern und Endkunden werden weit weniger Marketingmittel benötigt als für die flächendeckende Abdeckung von zahlreichen Einzelkunden (einzelnen Ärzten und Apothekern). Die Anzahl der anzusprechenden Mitglieder der relevanten Zielgruppen reduziert sich zukünftig von mehreren Zehntausend auf wenige Hundert.

Eignet sich das evidenzbasierte Marketing wirklich für alle pharmazeutischen Produkte und jeden medizinischen Leistungssektor? Wohl nicht, denn über ein Generikum wird man wenig Neues verbreiten können, allenfalls gute Ergebnisse der Versorgungsforschung im Rahmen der praktischen Anwendung. Auch für wenig wirksame Produkte und me-too-Kandidaten wird man im Rahmen des evidenzbasierten Marketings mit anderen Argumenten als der reinen Wirkung argumentieren müssen, z.B. mit einem günstigen Kosten-Nutzen-Verhältnis oder geringen Nebenwirkungen. Reine „over-the-counter" (OTC)-Anbieter, Unternehmen mit einem anthroposophischen Portfolio oder Hersteller von Homöopathika werden es schwer haben, sich evidenzbasiert Gehör zu verschaffen.

9. Zehn Regeln des evidenzbasierten Marketings

1. Das evidenzbasierte Marketing beruht auf der Synthese von Erkenntnissen aus klinischer und Versorgungsforschung. Die Methoden und Prinzipien der evidenzbasierten Medizin stehen gleichwertig neben den Instrumenten des Marketings.
2. Das evidenzbasierte Marketing ist auf Nachhaltigkeit bei der Vermarktung angelegt. Über den gesamten Lebenszyklus werden die adäquaten Strategien und Konzepte eingesetzt, um diese auch zu erzielen.
3. Die belegte Produktleistung und der klinische Benefit für den Patienten, und damit die Beseitigung oder Verbesserung eines bestehenden ‚medical need' steht im Fokus der Aktivitäten des EBM-Managers.
4. Präferenz in der Marketing-Kommunikation zu den Zielgruppen haben klinisch relevante Outcomes. Surrogat-Parameter werden nur in zweiter Linie genutzt.
5. Der Quality of Life für den Patienten wird ein hoher Stellenwert in der Patienten-Kommunikation eingeräumt.
6. Die integrale Kosten-Nutzen-Betrachtung wird bei der Vermarktung des Produktes Rechnung gezollt. Die Vorteilhaftigkeit zu Lasten Dritter ist kein EBM-Prinzip.
7. In der Kommunikation wird der Vergleich (head to head) gegenüber dem Therapie-Standard oder der Referenz-Behandlung in das Zentrum gestellt. Der Vergleich gegenüber Placebo wird erst in zweiter Linie genutzt. Wettbewerber werden nur durch evidenzbasierte Claims einem Vergleich unterzogen.

8. Für Aussagen, Empfehlungen und Schlussfolgerungen in der Marketing-Kommunikation werden gesicherte Belege mit möglichst hoher Evidenz genutzt. Alle Quellen werden ungekürzt und unverfälscht wiedergegeben.
9. Fortbildungsveranstaltungen für Ärzte, Apotheker und Patienten werden nach den Prinzipien der evidenzbasierten Medizin konzipiert.
10. Statt kurzfristig absatzfördernder AWBs bevorzugt der EBM-Manager die Ergebnisse von Versorgungsforschungsstudien, um die Anwendung unter realen Praxisbedingungen angemessen zu fördern.

Literatur

Busse, R./Schreyögg, J./Gericke, C. (Hrsg.) (2006): Management im Gesundheitswesen. Heidelberg: Springer Medizin Verlag
BVA DMP (2008): http://www.bundesversicherungsamt.de/cln_100/nn_1046648/sid_D574552B8FD9892C591ABF5B844BED06/nsc_true/DE/DMP/dmp__node.html?__nnn=true (abgerufen am 23. Juni 2008)
Cochrane (2008): http://www.cochrane.org/reviews/ (abgerufen am 23. Juni 2008)
DIMDI (2008): http://www.dimdi.de/dynamic/de/index.html (abgerufen am 23. Juni 2008)
Donabedian, A. (1980): The Definition of Quality and Approaches to its Assessment. Explorations in Quality Assessment and Monitoring. Ann Arbor: Health Administration Press
Ecker, T./Preuß, K.-J. (2007): Agenda 2012. Veränderung der Versorgungsstrukturen und Leistungserbringung (I). In: Pharma Marketing Journal 2007, 3, 78-83
Forum Versorgungsforschung (2008): http://www.forum-versorgungsforschung.de/ (abgerufen am 23. Juni 2008)
Gemeinsamer Bundesausschuss (2008): http://www.g-ba.de/institution/aufgaben-und-struktur/ueberblick/ (abgerufen am 23. Juni 2008)
Gesunde Zeitung (2007): http://www.die-gesundheitsreform.de/gesundheitssystem/publikationen/gesunde_zeitung/index.html (abgerufen am 23. Juni 2008)
Gesundes Kinzigtal (2008): http://www.gesundes-kinzigtal.de/ (abgerufen am 23. Juni 2008)
Harms, F./Gänshirt, D. (Hrsg.) (2005): Gesundheitsmarketing. Patientenempowerment als Kernkompetenz. Stuttgart: Lucius & Lucius
InEK (2008): http://www.g-drg.de/cms/ (abgerufen am 18. Juni 2008)
IQWiG (2008): http://www.IQWiG.de/ (abgerufen am 18. Juni 2008)
IQWiG Methoden (2008): http://www.IQWiG.de/methoden-werkzeuge.427.html (abgerufen am 18. Juni 2008)
Lonsert, M./Preuß, K.-J./Kucher, E. (Hrsg.) (1995): Handbuch Pharma-Management. Wiesbaden: Gabler Verlag
Lonsert, M./Harms, F. (2005): Weg in ein neues Geschäftsmodell der Pharmaindustrie. In: Harms, F./Gänshirt, D. (Hrsg.), 42 – 57
Porter, M. E./Olmsted Teisberg, E. (2006): Redefining Health Care. Creating Value-Based Competition on Results. Boston: Harvard Business School Press
Prognos (2007): Die Gesundheitsbranche: Dynamisches Wachstum im Spannungsfeld von Innovation und Intervention. In: http://www.prognos.com/fileadmin/pdf/1182341886.pdf (abgerufen am 23. Juni 2008)

Sackett D. L. (1981): How to read clinical journals. Why to read them and how to read them critically. Canadian Medical Association Journal, 1981, 124, 555-558

Sackett D. L./Straus, S. E./Richardson, W. S./Rosenberg, W./Haynes, R. B. (2000): Evidence-based Medicine. How to practice and teach EBM. 2.A. London: Churchill Livingstone

Schreyögg, J./Busse, R. (2006): Leistungsmanagement von Krankenversicherungen. In: Busse, R./ Schreyögg, J./Gericke (Hrsg.), 23 – 54

tagesschau.de (2006): Diskussionen über Mindestmitgliederzahl. Schrumpfkur für Krankenkassen? (Stand: 27.06.2006, 11:09 Uhr) In: http://www.tagesschau.de/inland/meldung110688.html (abgerufen am 23. Juni 2008)

Trilling, T. (2008): Pharmamarketing: Ein Leitfaden für die tägliche Praxis. 2. A. Heidelberg: Springer Verlag

Versorgungsleitlinien.de (2008): http://www.versorgungsleitlinien.de/themen (abgerufen am 20. Juni 2008)

Witzel, R. (2006): Relationship Marketing in der pharmazeutischen Industrie. Vertrauen und Commitment als Erfolgsfaktoren. Wiesbaden: Deutscher Universitätsverlag.

Strukturierte Qualitätsberichte von Krankenhäusern – Zwischen Transparenz und Verständlichkeit

Thomas Norgall

1. Einführung

Der deutsche Krankenhausmarkt stellt einen Wirtschaftsfaktor häufig unterschätzten Ausmaßes dar. Rund 64 Milliarden Euro mussten im Jahr 2006 allein für den stationären Sektor aufgewendet werden; 16,8 Millionen Behandlungsfälle waren zu verzeichnen. Die medizinischen und pflegerischen Leistungen, die in Anspruch genommen werden, sind komplex und – im Vergleich zu alltäglichen Kaufentscheidungen – hochpreisig. Mehr noch: Sie betreffen die Menschen, die ein Krankenhaus aufsuchen bzw. aufsuchen müssen, in der Regel in existenzieller Weise. Daraus resultiert zumindest im Vorfeld eines ambulanten oder stationären Eingriffs ein ausgeprägtes Informationsbedürfnis. Die Menschen wollen wissen, in welcher Einrichtung sie qualitativ hochwertig versorgt werden. Einerseits spiegelt dieser Wunsch ein neues Selbstverständnis der (potenziellen) Patienten wider, die sich zunehmend als Nutzer einer Dienstleistung begreifen und entsprechende Ansprüche formulieren. Andererseits offenbart sich hierin eine wachsende Verunsicherung hinsichtlich der Versorgungsqualität.

Bislang waren (potenzielle) Patienten bei der Suche nach einem für sie geeigneten Krankenhaus vor allem auf zwei Informationsquellen angewiesen: Zum einen auf die Empfehlungen niedergelassener Ärzte, zum anderen auf Erfahrungswerte innerhalb ihres sozialen Netzwerks. Hinzu kamen Rankings von Ärzten und Krankenhäusern in Zeitungen, Zeitschriften oder im Internet. Sie spielen bei der Auswahl eines Krankenhauses jedoch nur eine untergeordnete Rolle (vgl. Geraedts 2006, 159). Dem Wunsch der (potenziellen) Patienten nach grundlegender Information und Orientierung ist der Gesetzgeber bei der mehrstufigen Reformierung des Gesundheitssystems mit der Verpflichtung der Krankenhäuser begegnet, im Abstand von zwei Jahren einen strukturierten Qualitätsbericht im Rahmen der Qualitätssicherung zu veröffentlichen.[1] Zwei dieser obligatorischen Qualitätsberichte liegen inzwischen vor. Vor diesem Hintergrund erscheint eine Untersuchung hinsichtlich der Wirkung dieses noch relativ neuen Reportingmodells angezeigt. Der folgende Beitrag setzt sich mit der Frage auseinander, ob

---

1 Erstmals mussten die nach § 108 SGB V zugelassenen Krankenhäuser in Deutschland im Jahr 2005 einen strukturierten Qualitätsbericht gemäß § 137 Abs. 1 Satz 3 Nr. 6 SGB V erstellen. Im Herbst 2007 erschien der zweite strukturierte Qualitätsbericht. Nach dem Willen des Gemeinsamen Bundesausschusses (G-BA) soll der Report in einem Abstand von zwei Jahren den Spitzen- und Landesverbänden der Krankenkassen, den Verbänden der Ersatzkassen, dem Verband der privaten Krankenversicherung sowie der Deutschen Krankenhausgesellschaft und den Patientenvertretern nach § 140 f. SGB V in elektronischer Fassung übermittelt werden. Die Datengrundlage bezieht sich jeweils auf das vorangegangene Kalenderjahr.

der strukturierte Qualitätsbericht seine primäre Bestimmung als verständliches, niedrigschwelliges und nutzerfreundliches Kommunikationsinstrument tatsächlich erfüllt – oder ob er von professionellen Akteuren für professionelle Akteure konzipiert wurde und damit seine gesetzlich vorgesehene Aufgabe verfehlt.

In diesem Kontext ist zunächst eine nähere Betrachtung der gesetzlichen Rahmenbedingungen erforderlich, um zu klären, inwiefern sie eine nachhaltige Rezeption des Qualitätsberichts begünstigen. Erlaubt es beispielsweise die vorgegebene Systematik, die relevanten Informationen vollständig darzustellen, ohne dabei an Nachvollziehbarkeit für die im Rahmen dieses Beitrags fokussierte Zielgruppe, nämlich (potenzielle) Patienten, einzubüßen? Darüber hinaus gilt es, die praktische Ausgestaltung des Qualitätsberichts durch die Einrichtungen selbst zu überprüfen: Wird der Report von ihnen hinreichend ausgeschöpft, um Vertrauen und Akzeptanz zu schaffen? Anhand dieser untergeordneten Fragestellungen lässt sich schließlich beurteilen, in welchen Bereichen des strukturierten Qualitätsberichts es Verbesserungen bedarf und welche Maßnahmen sich anbieten, um (potenzielle) Patienten konsequent in das Zentrum der Aufmerksamkeit zu rücken und damit auch das Krankenhaus im zunehmenden Wettbewerb zu positionieren.

2. Qualitätstransparenz im Krankenhaus

In den zurückliegenden zehn Jahren versuchte der Gesetzgeber im Rahmen jeder größeren Gesundheitsreform, die Qualität der stationären Versorgung zu sichern und zu verbessern. Erstmals griff er mit dem Gesundheitsreformgesetz 1989 regulierend in die bis dahin freiwilligen Aktivitäten der Leistungserbringer im Bereich der medizinischen Qualitätssicherung ein.[2] In der Folge entstanden für die Krankenhäuser eine Reihe von Qualitätsanforderungen, unter anderem die Teilnahme an einer externen Qualitätssicherung, die Verpflichtung zu einem internen Qualitätsmanagement, die Erstellung eines strukturierten Qualitätsberichts und die Erfüllung definierter Mindestmengen. Seit dem Jahr 2005 sind nun alle nach § 108 SGB V zugelassenen Krankenhäuser in Deutschland verpflichtet, einen solchen Qualitätsbericht zu erstellen. Seine Struktur wurde zunächst zwischen der Deutschen Krankenhausgesellschaft und den Spitzenverbänden der Krankenkassen vereinbart. Mittlerweile liegt die Verantwortung für

---

2 Dem Gesundheitsreformgesetz 1989 folgten das Gesundheitsstrukturgesetz 1993, das GKV-Neuordnungsgesetz 1997, das GKV-Gesundheitsreformgesetz 2000, das Fallpauschalengesetz 2002 und das GKV-Modernisierungsgesetz 2004. Der Umfang regulierender Maßnahmen auf die Qualität der Versorgung wurde dabei kontinuierlich erweitert.

die Inhalte beim Gemeinsamen Bundesausschuss (G-BA).[3] Bundesgesundheits-
ministerin Ulla Schmidt führte das neue Instrument zur Schaffung von Transparenz im Krankenhaussektor mit folgenden Worten ein:

> „Die Spitzenverbände der Krankenkassen, der Verband der Privaten Krankenversicherung,
> die Deutsche Krankenhausgesellschaft, die Bundesärztekammer und der Deutsche Pflegerat
> haben sich vertraglich auf die Weiterentwicklung der Qualitätssicherung durch struktu-
> rierte Qualitätsberichte und Mindestmengenvereinbarungen festgelegt. Damit ist eine gute
> Grundlage geschaffen worden. Auf dieser Basis kann der seit 01.01.2004 zuständige Ge-
> meinsame Bundesausschuss die ihm im § 137 SGB V übertragenen Aufgaben fortführen."[4]

2.1 Grundlage und Intention des Qualitätsberichts

Die Grundlage für den Qualitätsbericht schuf das Gesetz zur Einführung des
diagnose-orientierten Fallpauschalensystems für Krankenhäuser (Fallpauschalengesetz) vom 23. April 2002. Darin geregelt sind unter anderem der „Inhalt und
Umfang eines im Abstand von zwei Jahren zu veröffentlichenden strukturierten
Qualitätsberichts der zugelassenen Krankenhäuser, in dem der Stand der Qualitätssicherung […] dargestellt wird. Der Bericht hat auch Art und Anzahl der
Leistungen des Krankenhauses auszuweisen. Er ist über den in der Vereinbarung
festgelegten Empfängerkreis hinaus von den Landesverbänden der Krankenkassen und den Verbänden der Ersatzkassen im Internet zu veröffentlichen. Der Bericht ist erstmals im Jahr 2005 für das Jahr 2004 zu erstellen."[5] Damit erhielt der
Qualitätsbericht nicht nur seine gesetzliche Grundlage, sondern zugleich wurde
der Öffentlichkeit ein Recht auf einrichtungsbezogene Qualitätsinformationen
eingeräumt (Leber 2004, 379).

Zuvor waren Qualitätsberichte vor allem in Form von Jahres- oder Geschäfts-
berichten veröffentlicht worden, daher uneinheitlich in ihrer Systematik und
Aussage. Die Zahl dieser Publikationen war überschaubar, nur wenige Krankenhäuser bzw. Krankenhausketten dokumentierten die Qualität ihrer medi-

---

3   Der Gemeinsame Bundesausschuss wurde am 1. Januar 2004 durch das Gesetz zur Modernisie-
    rung der Gesetzlichen Krankenversicherung (GMG) errichtet. Er übernahm die Aufgaben der
    bis dahin tätigen sektorenbezogenen Ausschüsse der gemeinsamen Selbstverwaltung.
4   http://www.die-gesundheitsreform.de/presse/pressemitteilung/dokumente/2004_1/pm_2004-
    02-04-33.html
5   In § 137 Abs. 1 Satz 3 Nr. 6 SGB V wurde die erstmalige Erstellung eines strukturierten
    Qualitätsberichts bis zum 31. August 2005 gesetzlich geregelt. Als Datengrundlage sollte das
    vorherige Jahr herangezogen werden, also der Zeitraum zwischen dem 1. Januar und dem 31.
    Dezember 2004.

zinischen und pflegerischen Leistungen und machten ihre Ergebnisse der Öffentlichkeit zugänglich. Noch heute publizieren nahezu alle Klinikketten in Deutschland jährlich einen Medizinischen Jahresbericht, der einen Überblick über ihr Leistungsspektrum sowie ihre Strukturen, Prozesse und Ergebnisse liefert und angereichert wird durch Themen aus dem Bereich der Spitzenmedizin. Die Krankenhäuser richten sich mit diesen herkömmlichen Berichtsformen allerdings vorwiegend an Kostenträger und Fachöffentlichkeit, wohingegen (potenzielle) Patienten weniger im Fokus stehen.

Nach Auffassung von Schrappe[6] ist ein Qualitätsbericht „ein systematisch erstellter Bericht, der der interessierten Öffentlichkeit in regelmäßigen Zeitabständen repräsentative und valide Daten zur Qualität der erbrachten Dienstleistung in verständlicher Form zur Verfügung stellt." Diese Definition deckt sich weitgehend mit den Zielen des Gemeinsamen Bundesausschusses. Sie umfassen:

- Information und Entscheidungshilfe für Versicherte und Patienten im Vorfeld einer Krankenhausbehandlung;
- Orientierungshilfe bei der Einweisung und Weiterbetreuung der Patienten, insbesondere für Vertragsärzte und Krankenkassen;
- Möglichkeit für die Krankenhäuser, ihre Leistungen nach Art, Anzahl und Qualität nach außen transparent und sichtbar darzustellen.[7]

Folglich dient der Qualitätsbericht zum einen der Information und Beratung derjenigen, die sich einem vorhersehbaren ambulanten oder stationären Eingriff unterziehen müssen; zum anderen lässt er sich in das Social Marketing der Leistungserbringer einbetten und ermöglicht es hier im Sinne eines modularen, zielgruppenorientierten Modells, zunächst auf die (potenziellen) Patienten zu fokussieren, aber auch Zusatzinformationen für Zuweiser und Kostenträger vorzuhalten. Laut ter Haseborg und Zastrau bedeutet er eine „quasi gesetzgeberisch sanktionierte Ermutigung, die bislang geübte werblich-kommunikative Zurückhaltung aufzugeben und die Black Box medizinischer Leistungsqualität öffentlich auszuleuchten." (Haseborg/Zastrau 2005, 152) Nach Auffassung von ter Haseborg und Zastrau ist der Qualitätsbericht ein deutlicher Ausdruck des Paradigmenwechsels von der „öffentlich beauftragten Versorgungsanstalt zum markt-

---

6 http://www.gqmg.de/Dokumente/GQMGkompaktIV-Schrappe.pdf
7 Bekanntmachung eines Beschlusses des Gemeinsamen Bundesausschusses nach § 91 Abs. 7 SGB V zur Neufassung der Vereinbarung gemäß § 137 Abs. 1 Satz 3 Nr. 6 SGB V über Inhalt und Umfang eines strukturierten Qualitätsberichts für nach § 108 SGB V zugelassene Krankenhäuser vom 17. Oktober 2006, BAnz. Nr. 233 (S. 7258) vom 12. Dezember 2006.

und kundenorientierten Dienstleistungsunternehmen" (ebd., 161). Zugleich bewegt er sich damit aber im Spannungsfeld zwischen angestrebter Transparenz und der Notwendigkeit, bürokratische Anforderungen an Ärzte, Pflegekräfte und Krankenhäuser abzubauen (Bundesministerium für Gesundheit 2006).

2.2 Zielgruppen des Qualitätsberichts

Der zunehmende Wettbewerb trägt dazu bei, dass Krankenhäuser ihre Position durch gezielte Marketingmaßnahmen und -strategien zu sichern bzw. auszubauen versuchen. Vornehmlich gilt es, Vertrauen aufzubauen und Akzeptanz zu schaffen. Dabei müssen unterschiedliche Zielgruppen[8] berücksichtigt werden: Neben den einem Krankenhaus unmittelbar zugehörigen Mitarbeitern finden sich in seinem externen Umfeld darüber hinaus Zuweiser, Kostenträger, Selbsthilfegruppen, Politik, Medien, allgemeine Öffentlichkeit und natürlich die Patienten sowie deren Angehörige. Im Fokus stehen aber vor allem vier Zielgruppen: Die Mitarbeiter als Leistungserbringer, die Patienten als Leistungsempfänger, die Zuweiser als „Lenker des Patientenstroms" (Borges 2003) und die Krankenkassen als Kostenträger (vgl. Ebsen et al. 2003). Folgt man der Zielgruppendefinition des Gesetzgebers, dann könnte der strukturierte Qualitätsbericht im Rahmen der aus dem wachsenden Konkurrenzdruck resultierenden Marketingstrategien eine zentrale Rolle spielen, da er grundsätzlich die Möglichkeit bietet, die Qualität von Strukturen, Prozessen und Ergebnissen innerhalb eines Krankenhauses glaubhaft und nachvollziehbar darzustellen.

Fraglich ist jedoch, ob der Report von Mitarbeitern, Patienten, Zuweisern und Kostenträgern gleichermaßen zufriedenstellend rezipiert werden kann. So werden die Zuweiser die Resultate der Qualitätssicherung zweifelsohne in ihre Einweisungs- bzw. Empfehlungspraxis einfließen lassen, während sie den Kostenträgern als Grundlage bei Vertragsverhandlungen dienen (vgl. Haseborg/Zastrau 2005, 160). Die Krankenhäuser selbst verwenden die gesammelten Daten für ihr internes Qualitätsmanagement sowie Vertragsverhandlungen. (Potenzielle) Patienten schließlich ziehen die zugänglich gemachten Informationen primär im Vorfeld eines ambulanten oder stationären Eingriffs als Entscheidungshilfe heran. Die Informationswünsche und -bedürfnisse der einzelnen Zielgruppen

---

8   Der Begriff Zielgruppe stammt aus dem Marketing, speziell der Werbewirtschaft: „Eine Zielgruppe im Marketing ist die Gesamtheit der Personen, an die planmäßig die marketingpolitischen Instrumente gerichtet werden und die durch Werbung angesprochen und beeinflusst werden sollen." (Koschnik 1996, 1037)

Abb. 1: Zielgruppen des strukturierten Qualitätsberichts (Quelle: Eigene Untersuchungsergebnisse)

sind also denkbar unterschiedlich. Da auf eine systematische Einbeziehung gerade der Versicherten bei der Erarbeitung der Inhalte des strukturierten Qualitätsberichts weitgehend verzichtet wurde, muss insbesondere untersucht werden, ob der Qualitätsbericht eine geeignete Basis darstellt, um (potenziellen) Patienten eine informierte und somit fundierte Entscheidung zu ermöglichen.

2.3 Veröffentlichung des Qualitätsberichts

Eine grundlegende Voraussetzung, damit der Qualitätsbericht überhaupt zur Orientierung genutzt werden kann, ist seine Verbreitung. Vor diesem Hintergrund hat der Gesetzgeber entschieden, den Qualitätsbericht im Internet zu veröffentlichen und ihm damit die vermeintlich größtmögliche Öffentlichkeit zu verschaffen.[9] Bei einer repräsentativen Umfrage im Rahmen des Gesundheitsmonitors 2006 (Geraedts 2006, 154 ff.) gaben aber nur 19 Prozent der Befragten an, vom strukturierten Qualitätsbericht schon einmal gehört zu haben. Bei rund 24 Prozent der Befragten, denen das neue Reportingmodell bekannt war, ging das Interesse immerhin so weit, dass sie sich die Publikationen tatsächlich angeschaut hatten. Bezogen auf die Bundesrepublik bedeutet dieses Ergebnis, dass nach der Veröffentlichung im September 2005 lediglich etwa vier Prozent der Bevölkerung das Angebot wahrgenommen hatten, sich anhand eines Qualitätsberichts über das medizinische Leistungsspektrum und die Ergebnisqualität eines Krankenhauses zu informieren. Rankings, wie sie immer wieder in Zeitungen,

---

9 Der strukturierte Qualitätsbericht muss seit dem Jahr 2005 als PDF-Dokument und seit dem Jahr 2007 zusätzlich in maschinenlesbarer Form als XML-Datei der Annahmestelle des Gemeinsamen Bundesausschusses übermittelt werden. Darüber hinaus kann das Krankenhaus eine gedruckte Fassung erstellen.

Zeitschriften und im Internet publiziert werden, nutzen sogar nur 0,5 bis 2,6 Prozent der Bevölkerung (ebd., 157 ff.).

Die insgesamt geringen Werte kontrastieren deutlich mit dem gleichzeitig geäußerten hohen Bedarf an Informationen über die Qualität von Ärzten, anderen medizinischen Professionen und Gesundheitseinrichtungen. Von Interesse sind für die Befragten vor allem (1) die Qualifikation der Ärzte, (2) die Sauberkeit der Klinik und Patientenzimmer, (3) die Qualifikation des Pflegepersonals, (4) die Behandlung nach den neuesten und derzeit besten medizinischen Verfahren, (5) die Freundlichkeit des Personals, (6) die Einbeziehung der Patienten in die Behandlung, (7) die Spezialkompetenzen der Klinik, (8) die Zufriedenheit der Patienten mit der Einrichtung, (9) die Behandlungserfolge und die Komplikationsraten sowie (10) die Empfehlung der Klinik durch Spezialisten. In den Qualitätsberichten, die im September 2005 und im November 2007 publiziert wurden, ist allerdings lediglich ein Teil dieser Kriterien aufzufinden (ebd., 168).

Anlass zu einer kritischen Beurteilung bieten ebenfalls Art, Zeitpunkt und Frequenz der Veröffentlichung. So vermutet Geraedts auf der Basis des Gesundheitsmonitors 2006 nicht nur einen eher geringen Bekanntheitsgrad (vgl. Geraedts 2007, 194), sondern darüber hinaus auch eine geringe Akzeptanz des strukturierten Qualitätsberichts als Entscheidungshilfe. Der Befragung zufolge hatten sich „in den ersten sieben Monaten nach der Publikation der Qualitätsberichte gerade einmal 2,6 von Tausend Bürgern im Vorfeld elektiver Krankenhausaufenthalte tatsächlich per Internet und Qualitätsbericht über die zur Wahl stehenden Krankenhäuser erkundigt" (Geraedts 2007, 195). Der Zeitpunkt der Veröffentlichung erweist sich mit einem Abstand von bis zu zwölf Monaten nach dem Berichtszeitraum[10] insofern als problematisch, als die Daten bei ihrer Publikation bereits veraltet sind. Eine zusätzliche Dimension ergibt sich durch den vom Gesetzgeber vorgeschriebenen Erscheinungsrhythmus; der strukturierte Qualitätsbericht muss nur alle zwei Jahre vorgelegt werden, und den Einrichtungen ist es freigestellt, die Lücke durch einen freiwilligen Report zu schließen. Hierzu kommentieren Lütticke und Schellschmidt: „Dem Bedarf an zeitnahen Qualitätsinformationen wird man sicherlich nie ganz gerecht werden können; aber mit einem verpflichtenden Aktualisierungsintervall von einem Jahr käme man diesem Bedürfnis deutlich näher." (Lütticke/Schellschmidt 2005, 203). Kann der strukturierte Qualitätsbericht für (potenzielle) Patienten in der Praxis also überhaupt von Relevanz sein?

---

10 Die Veröffentlichung des obligatorischen Qualitätsberichts 2006 erfolgte erst im November 2007, beim freiwilligen Qualitätsbericht lag die Verzögerung sogar bei zwölf Monaten.

3. Qualitätsbericht als Kommunikationsinstrument

„Alle reden von Qualität, aber jeder versteht etwas anderes darunter." (Ruhrland-klinik Essen 2006) Mit diesen Worten leitete die Ruhrlandklinik in Essen ihren Qualitätsbericht 2005 ein und beschrieb damit das bereits aufgezeigte Dilemma. Im Jahr 2006 war es den nach § 108 SGB V zugelassenen Krankenhäusern frei-gestellt, einen strukturierten Qualitätsbericht zu veröffentlichen – und nur vier Prozent der 2.137 stationären Einrichtungen[11] nutzten diese Möglichkeit. Bis zum Stichtag am 31. Dezember 2006 wurden auf einer gemeinsamen Internet-plattform[12] insgesamt 84 gültige Qualitätsberichte eingestellt.[13] Diese wurden unmittelbar nach ihrem Erscheinen im Rahmen einer quantitativen Studie unter den Aspekten Inhalt, Sprache und Gestaltung untersucht (vgl. Norgall 2007, 2095 f.). Im Januar 2008 folgte eine Analyse der strukturierten Qualitätsberichte für das Jahr 2006, die die Krankenhäuser bis zum 31. Oktober 2007 vorlegen mussten. Diesmal wurden auf der Grundlage einer Zufallsstichprobe 113 Qua-litätsberichte, differenziert nach Trägerschaft und Bettenzahl, ausgewertet. Die jeweils zugrunde liegende Frage lautete, ob der strukturierte Qualitätsbericht (potenziellen) Patienten, die sich einem vorhersehbaren ambulanten oder stati-onären Eingriff unterziehen müssen, als zuverlässige Entscheidungshilfe bei der Auswahl eines Krankenhauses dienen kann.

Das Untersuchungskonzept der Studie wurde für den Qualitätsbericht 2006 weiterentwickelt und insbesondere der Kriterienkatalog in der Kategorie Inhalt erweitert.[14] Denn im Vergleich zum ersten strukturierten Qualitätsbericht hatte der Gemeinsame Bundesausschuss den Detaillierungsgrad der inhaltlichen Anfor-derungen deutlich erhöht: Waren die Daten zum internen Krankenhausvergleich und zur Qualitätsverbesserung bislang anonym erhoben worden, mussten im Qualitätsbericht für das Berichtsjahr 2006 anhand von 27 ausgewählten Quali-tätsindikatoren erstmals konkrete Ergebnisse dokumentiert werden. Damit sol-

---

11 Statistisches Bundesamt 2006
12 http://www.g-qb.de
13 Von 87 Qualitätsberichten konnten nur 84 ausgewertet werden, da zwei doppelt eingestellt worden waren und sich ein Report mit seinen Daten auf das Jahr 2004 bezog.
14 Die Kategorien Inhalt, Sprache und Gestaltung umfassten bei den Qualitätsberichten 2005 insgesamt 126 Items. Die Analyse der Qualitätsberichte 2006 beruhte auf 132 Items. Alle Items waren mit einem zuvor definierten Punktwert zwischen 1 und 3 versehen worden; bei Nicht-erfüllung wurde kein Punkt vergeben. Aus den absoluten Werten aller untersuchten Kranken-häuser wurde schließlich der jeweilige Mittelwert errechnet. Die Darstellung innerhalb dieses Beitrags basiert auf der prozentualen Verteilung.

len (potenzielle) Patienten die Möglichkeit erhalten, sich vor der Auswahl eines Krankenhauses nicht nur über dessen Strukturen und Leistungsschwerpunkte zu informieren, sondern auch über die Behandlungsqualität. Ein weiteres Novum stellte die Verpflichtung dar, den Qualitätsbericht nicht nur als PDF-Dokument, sondern zusätzlich im XML-Format bei der Annahmestelle des Gemeinsamen Bundesausschusses einzureichen. Ziel war eine deutlich erleichterte Vergleichbarkeit der einzelnen Indikatoren, denn der Qualitätsbericht auf XML-Basis eröffnet eine gezielte Datenbank-Suche nach medizinischen, medizinisch-pflegerischen und nicht-medizinischen Kriterien oder den wesentlichen Diagnosen. Doch schafft eine neue Systematik allein auch mehr Transparenz?

3.1 Quantitative Analyse

3.1.1 Inhalt ohne klares Profil

Betrachtet man die Ergebnisse der aktuellen Studie, d.h. die Qualitätsberichte für das Berichtsjahr 2006, in der Kategorie Inhalt, ist das Fazit eher enttäuschend: Kaum ein Krankenhaus schöpft die Chancen, die sich im Rahmen des Social Marketings aus der Veröffentlichung des Qualitätsberichts ergeben, vollends aus. So nutzt beispielsweise weniger als die Hälfte der untersuchten Krankenhäuser (45 Prozent) die Möglichkeit der Eigendarstellung; diese erfolgt – wenn überhaupt – entweder im Kontext des Vorworts oder in den Struktur- und Leistungsdaten, zu selten aber in einem eigenständigen Kapitel. Auf die Philosophie des Hauses, das Leitbild und die Geschichte gehen ebenfalls nur wenige Krankenhäuser ein; auch fehlen Angaben zu Investitionen und zur Corporate Social Responsibility. Einen eigenständigen Titel[15] weist nur eine geringe Anzahl von Qualitätsberichten auf. Hier wird deutlich, dass sich die Krankenhäuser nahezu ausschließlich an den Vorgaben des Gemeinsamen Bundesausschusses orientieren, der derartige Informationen nicht fordert. Dennoch können gerade sie entscheidend dazu beitragen, ein differenziertes Bild zu zeichnen und sich im Wettbewerb zu profilieren.

Mit einem Mittelwert von 98 bzw. 93 Prozent erzielen die Kapitel „Struktur- und Leistungsdaten des Krankenhauses" (Pflichtteil A) und „Qualitätsmanagement" (Pflichtteil D) bei der inhaltlichen Auswertung die besten Ergebnisse. Während Teil A dabei nahezu vollständig standardisiert ist und sich auf allgemeine Daten beschränkt, erlaubt Teil D eine ausführliche Darlegung des Quali-

---

15 Gemeint ist ein Titel im Sinne einer Headline.

tätsmanagements mit seinen Strukturen, Prozessen, Projekten und Ergebnissen, so dass die erreichten 93 Prozent durchaus positiv zu bewerten sind. Bei den Struktur- und Leistungsdaten der Fachabteilungen (Pflichtteil B) treten allerdings Lücken auf, so dass sich hier nur ein Mittelwert von 75 Prozent ergibt. Gleiches gilt für das Kapitel „Qualitätssicherung" (Pflichtteil C) mit 78 Prozent. Aus der Sicht (potenzieller) Patienten weisen diese beiden Kapitel inhaltlich die größten Schwächen auf. Die Struktur- und Leistungsdaten der Fachabteilungen wirken durchgehend redundant und wenig zielgerichtet. Die Daten der externen Qualitätssicherung sind für den Laien kaum nachvollziehbar; sie lassen nur indirekt auf die Qualität der Behandlung schließen und erfordern darüber hinaus fundiertes Wissen, um sie beurteilen zu können.

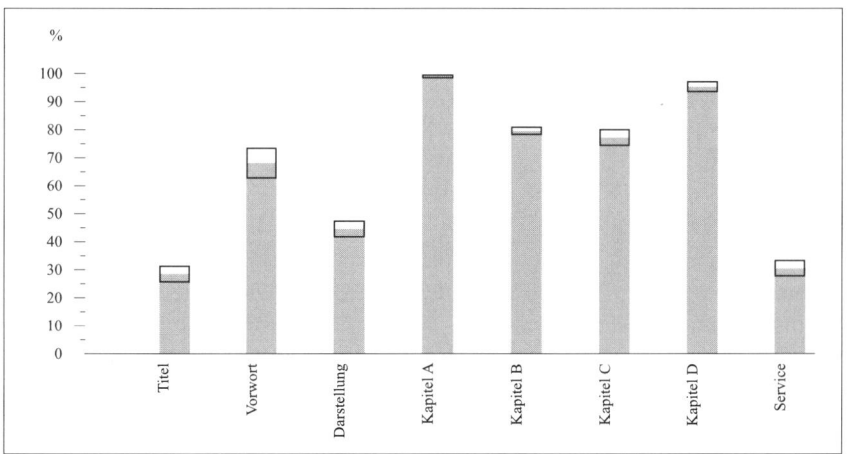

Abb. 2: Mittlerer erzielter Anteil [%] der erreichbaren Punktzahl mit 95 %-Konfidenzintervall in der Kategorie Inhalt[16]: Erfüllt wird vor allem der gesetzliche Anforderungskatalog in den Teilen A bis D. (Quelle: Eigene Untersuchungsergebnisse)

Zuletzt enttäuscht beim Inhalt die Veröffentlichung (freiwilliger) Service-Informationen mit gerade einmal 32 Prozent im Mittelwert. Wie schon bei der Eigendarstellung beobachtet, sind zusätzliche Informationen, etwa der Verweis auf weiterführende Quellen, Anfahrtskizzen etc., häufig kurz gefasst oder fehlen ganz. Auch der Pflichtteil A vermag dieses Defizit nicht aufzufangen, da seine

---

16 Das Balkendiagramm beschreibt den mittleren erzielten Anteil der erreichbaren Punktzahl in Prozent.

Daten das Profil des Krankenhauses nur unzureichend beschreiben. Zusätzliche
Angaben zum Service reflektieren zwar nicht die medizinische Leistungsqualität
eines Krankenhauses; im Hinblick auf das nicht-medizinische Portfolio haben
sie aber einen nicht zu unterschätzenden praktischen Wert für den (potenziellen)
Patienten und spielen bei seiner Krankenhauswahl daher eine wichtige Rolle.
Das gilt ebenso für Patienten- und Zuweiserbefragungen im Rahmen des Qualitätsmanagements (Teil D). Derartige empirische Erhebungen sind am ehesten
dazu geeignet, die Defizite innerhalb eines Krankenhauses aufzuzeigen – und das
nicht allein in Bezug auf die medizinische und pflegerische Versorgung, sondern
auch hinsichtlich der Kommunikation.

3.1.2 Gravierende sprachliche Defizite

Nach inhaltlichen Schwächen gerade in den freiwilligen und zur Differenzierung
geeigneten Teilen stellt sich die Frage, ob die Qualitätsberichte für medizinische
Laien zumindest sprachlich verständlich sind. Leider bleibt auch hier das Ergebnis weit hinter den Erwartungen zurück. Stattdessen bestätigt sich die These,
dass vielfach medizinische Fachbegriffe ohne hinreichende Erläuterung verwendet werden, wodurch sie weitgehend unverständlich bleiben und zudem den
Lesefluss beeinträchtigen. Umgangssprachliche Bezeichnungen bei den Versor-
gungsschwerpunkten, Diagnosen und Prozeduren mildern diese fachsprachige
Dominanz nur teilweise. Zwar wird das Bemühen deutlich, komplexe medizinische Sachverhalte zu erläutern, doch gelingt es den Autoren letztlich nicht, aus
dem fachlichen Kontext auszubrechen. Es liegt daher die Vermutung nahe, dass
die Verfasser der Qualitätsberichte ihre primäre Zielgruppe, nämlich die (potenziellen) Patienten, nicht im Blick hatten.

    Selbst Rechtschreibung und Interpunktion[17] überraschen negativ: Obwohl
bei beiden Kriterien angemessene Toleranzen berücksichtigt wurden, beträgt der
Mittelwert für Rechtschreibung nur 66 Prozent und liegt damit noch unter dem
Wert des Vorjahres (68 Prozent). So orientieren sich zwar alle Krankenhäuser an
den Regeln der neuen deutschen Rechtschreibung, doch bleibt nur ein Drittel
der untersuchten Qualitätsberichte weitgehend fehlerfrei. Bei der Interpunktion
ergibt sich ein sogar noch schlechteres Resultat. Die Grammatik ist dagegen bei
immerhin 77 Prozent der Qualitätsberichte korrekt, während Wortwahl und Le-
xik einen erneut geringen Wert von 59 Prozent erreichen.

---

17 Das Ergebnis aus der Analyse der Interpunktion ist im Rahmen des dreistufigen Kategoriensys-
tems in den Mittelwert der Rechtschreibung eingeflossen.

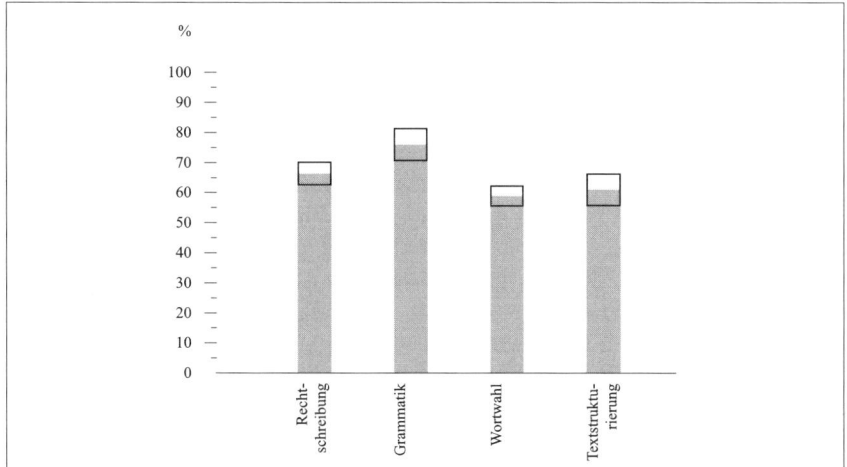

Abb. 3: Mittlerer erzielter Anteil [%] der erreichbaren Punktzahl mit 95 %-Konfidenzintervall in der Kategorie Sprache: Auf einem hohen sprachlichen Niveau bewegen sich die Qualitätsberichte nicht. (Quelle: Eigene Untersuchungsergebnisse)

Insgesamt bewegen sich die Qualitätsberichte damit auf keinem hohen sprachlichen Niveau. Zu groß sind die stilistischen Brüche zwischen einzelnen Abschnitten, zu schwach der allgemeine Sprachgebrauch. Die vom Gemeinsamen Bundesausschuss inzwischen veröffentlichte Leseanleitung[18] trägt zwar dazu bei, die Systematik des strukturierten Qualitätsberichts nachvollziehbar zu gestalten, das Verständnis komplexer medizinischer Ausführungen vermag sie aber nicht zu erleichtern.

3.1.3 Enttäuschender Gesamteindruck

Zuletzt enttäuscht die Gestaltung der Qualitätsberichte, da es auch hier weitgehend versäumt wurde, die Möglichkeiten für einen wirksamen und nachhaltigen Auftritt zu nutzen. So haben im Hinblick auf den Gesamteindruck lediglich 51 Prozent der untersuchten Krankenhäuser den Qualitätsbericht in ihr Corporate Design integriert und damit das Qualitätsmanagement als Teil ihrer Corporate Identity erkennbar gemacht. Auch die Philosophie oder Identität eines Krankenhauses gelangt nur in wenigen Fällen gestalterisch zum Ausdruck.

---

18 Vgl. 3.2.

Ebenso selten finden sich visuell getragene inhaltliche Ideen oder eigenständige Headlines, etwa auf dem Titel.

Geringfügig bessere Ergebnisse erzielt das Layout mit einem Mittelwert von 67 Prozent. Zwar werden die Informationen in Anlehnung an die Systematik des Gemeinsamen Bundesausschusses übersichtlich gegliedert; doch würden gestalterische Elemente den Gesamteindruck auch hier noch deutlich verbessern, da sie eine zusätzliche optische Einteilung vornehmen und so zu einer ermüdungsfreien Leseatmosphäre beitragen. Fotos und Illustrationen fehlen weitgehend oder scheinen willkürlich gesetzt. Ähnliches gilt für Informationsgrafiken: Anstatt signifikante Entwicklungen – etwa steigende Geburtenzahlen in der Gynäkologie und Geburtshilfe – durch Informationsgrafiken hervorzuheben, bleibt ihre Verwendung auf die allgemeinen Daten des Krankenhauses (Teil A) und das Qualitätsmanagement (Teil D) begrenzt. Insgesamt wirkt die Gestaltung der Qualitätsberichte daher eher unprofessionell und erneut nicht an der Zielgruppe der (potenziellen) Patienten orientiert.

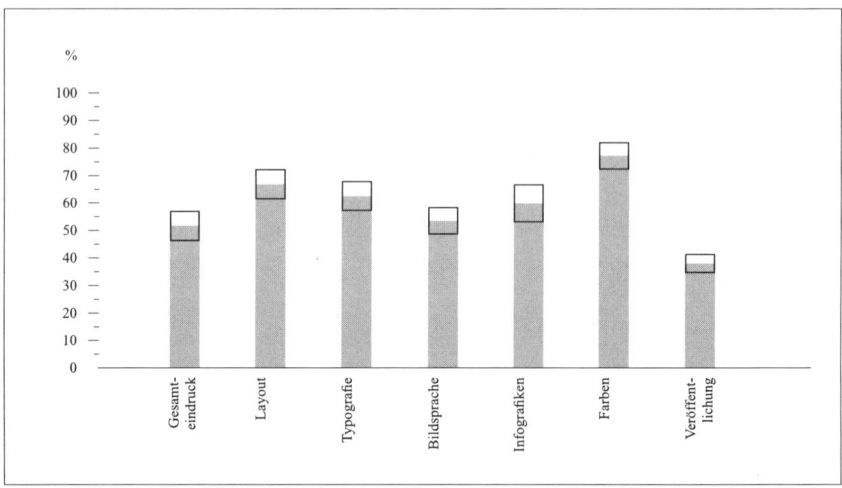

Abb. 4: Mittlerer erzielter Anteil [%] der erreichbaren Punktzahl mit 95 %-Konfidenzintervall in der Kategorie Gestaltung: Bei der Hälfte der untersuchten Krankenhäuser überzeugt der Gesamteindruck nicht. (Quelle: Eigene Untersuchungsergebnisse)

3.2 Informationsbedürfnis (potenzieller) Patienten

Vergleicht man die Untersuchungsergebnisse der freiwilligen Qualitätsberichte 2005 und der strukturierten Qualitätsberichte 2006 miteinander, werden nur geringfügige prozentuale Unterschiede sichtbar. Anders als im Vorjahr nehmen weder Trägerschaft noch Größe einen statistisch nachweisbaren Einfluss auf die inhaltliche, sprachliche und gestalterische Qualität. Diese Angleichung darf allerdings nicht darüber hinwegtäuschen, dass sich die überwiegende Mehrheit der Krankenhäuser weiterhin auf die Erfüllung des gesetzlichen Pflichtkatalogs beschränkt. Sowohl die verbesserungswürdige sprachliche als auch gestalterische Ausarbeitung der Qualitätsberichte zeigt, dass dabei die Binnensicht dominiert. Anders als vom Gemeinsamen Bundesausschuss in § 1 der Vereinbarung über Inhalt und Umfang des Qualitätsberichts formuliert, rücken (potenzielle) Patienten bei der Erstellung des Reports nicht in den Blickpunkt.

Auf die Defizite in der Verständlichkeit und Nachvollziehbarkeit hat der Gemeinsame Bundesausschuss im Dezember 2007, also kurz nach der Veröffentlichung des strukturierten Qualitätsberichts 2006, mit der bereits erwähnten Leseanleitung reagiert. Unter dem Titel „Die gesetzlichen Qualitätsberichte der Krankenhäuser lesen und verstehen" gewährt diese Lesehilfe auf mehr als 30 Seiten einen detaillierten Einblick in Struktur und Inhalte eines Qualitätsberichts. Die Broschüre wurde im Gemeinsamen Bundesausschuss „von Patienten für Patienten entwickelt und ist ein weiterer wichtiger Schritt in Richtung Transparenz".[19] Sie weist allerdings indirekt auch auf das grundlegende Dilemma des strukturierten Qualitätsberichts hin, der zwar Transparenz für Mitarbeiter, Ärzte und Kostenträger schafft, dessen Inhalte für (potenzielle) Patienten bei der Auswahl eines Krankenhauses aber nur bedingt geeignet zu sein scheinen.

Dabei ist davon auszugehen, dass (potenzielle) Patienten die Güte eines Krankenhauses nicht allein aufgrund der Aussagen von Haus- oder Facharzt, Selbsthilfegruppen, Empfehlungen innerhalb ihres sozialen Umfelds oder aufgrund eigener Erlebnisse beurteilen wollen. Vielmehr möchten sie für ihre Entscheidung öffentlich zugängliche, objektive Daten nutzen. Nach Auffassung von Herrmann und Heintze existiert ein „Bedürfnis vieler Patienten nach umfassender Auskunft zu eigenen Krankheits- oder Beschwerdebildern in Verbindung mit der Fragestellung, welches Krankenhaus in der Lage ist, die jeweiligen Beschwerden effektiv lindern bzw. heilen zu können" (Herrmann/Heintze 2005, S. 184). Dieses ausgeprägte Informationsbedürfnis spiegelt die Tatsache, dass sich die Rolle des Patienten innerhalb des Gesundheitssystems in den zurückliegenden Jahren grund-

---

19 http://www.g-ba.de/informationen/aktuell/pressemitteilungen/213/

legend verändert hat. Die Nutzer gesundheitlicher Leistungen begreifen sich zum einen immer mehr als Bürger, die die Gewährleistung funktionierender Versorgungsstrukturen und gesundheitsförderlicher Lebensbedingungen einfordern und sich dabei ihrer Rolle als Kunde bewusst werden; zum anderen sehen sie sich als Versicherte, die sich gegen das Risiko von Krankheit und die damit verbundenen finanziellen Aufwendungen absichern wollen (vgl. Dierks/Schwarz 2001).

Der gesetzlich vorgeschriebene strukturierte Qualitätsbericht kommt mit seiner Darstellung der medizinischen Leistungen und apparativen Ausstattung, der Diagnosen und Prozeduren in Tabellenform hingegen nicht einmal über die Gewährung von Einblicken hinaus. Eine wirkliche Transparenz schafft er für den medizinischen Laien nicht. Es bedarf also sowohl seitens der Verfasser als auch des Gesetzgebers deutlicher Verbesserungsmaßnahmen, damit der strukturierte Qualitätsbericht seine Aufgabe als Informations- und Auswahlinstrument für (potenzielle) Patienten erfüllen und im Rahmen des Social Marketings wirkungsvoll eingesetzt werden kann.

4. Ausblick

Die insgesamt enttäuschenden Untersuchungsergebnisse und aufgezeigten problematischen Rahmenbedingungen des strukturierten Qualitätsberichts bestätigen die eingangs aufgestellte These, dass ein Report nicht ausreicht, um vier unterschiedlichen Zielgruppen gerecht zu werden. Schon im „Krankenhaus-Report 2004" plädierten Lütticke und Schellschmidt daher für eine Differenzierung und schlugen einen Klinikbericht zur Unterstützung des hausinternen Qualitätsmanagements sowie einen Transparenzbericht für Patienten, Angehörige, Zuweiser und Kostenträger vor. Ein – unter den Aspekten Effizienz und Effektivität, verstanden im Sinne einer schlanken Verwaltung und einer konsequenten Zielgruppenorientierung, sinnvolleres – Modell der Bundesärztekammer aus dem Mai 2006 sah dagegen vor, den Schwerpunkt des Qualitätsberichts allein auf Patienten, Angehörige und Bevölkerung zu legen und auf einen obligatorischen Qualitätsbericht für Zuweiser, Kostenträger und Organisationen des Gesundheitssystems aufgrund des damit verbundenen Aufwands zu verzichten. Wie könnte eine konkrete Weiterentwicklung des strukturierten Qualitätsberichts also in der Praxis aussehen?

Für die in diesem Beitrag fokussierte Zielgruppe der (potenziellen) Patienten sollte der strukturierte Qualitätsbericht in seiner Komplexität deutlich reduziert werden, um so an Verständlichkeit und Nachvollziehbarkeit und damit letztlich an der erforderlichen Transparenz zu gewinnen. Denn wie bereits erwähnt, ist der

Faktor Vertrauen für (potenzielle) Patienten bei der Krankenhauswahl von herausragender Bedeutung. Er speist sich vor allem aus der Qualität der medizinischen Dienstleistung und der menschlichen Zuwendung, der Konsistenz zwischen Anspruch und Wirklichkeit sowie der Authentizität der handelnden Personen (vgl. Haseborg/Zastrau 2005, 158). Unter Berücksichtigung der aufgezeigten Differenzierungs- und Verbesserungsmaßnahmen kann der Qualitätsbericht eine angemessene Folie bieten, auf der sich diese Merkmale weitgehend abbilden lassen. Dabei läuft das Krankenhaus keineswegs Gefahr, in seiner Darstellung beliebig zu werden. Im Gegenteil, eingebunden in die Corporate Communications kann der Qualitätsbericht nicht nur die Philosophie der Einrichtung transportieren, sondern auch die Stärken in Medizin, Pflege und Service herausstellen.

Darüber hinaus sollten die (potenziellen) Patienten den Qualitätsbericht in die Hand nehmen können. Der Download eines PDF-Dokuments von den gemeinsamen Plattformen im Internet erscheint gerade für ältere Menschen nicht sinnvoll, trägt also nicht zu einer Erhöhung der gewünschten Transparenz bei. Selbst gebildete und webaffine Menschen, so das Ergebnis einer Studie[20] der Rheinischen Fachhochschule Köln (RFH) aus dem Fachbereich Medizin-Ökonomie, sind kaum in der Lage, anhand der online publizierten strukturierten Qualitätsberichte die verschiedenen Krankenhäuser und ihre Leistungen zu vergleichen.[21]

Für die Mitarbeiter des Krankenhauses hingegen bedarf es eines internen Kommunikationskonzepts, das die Inhalte des Qualitätsmanagements für Ärzte, Pflegekräfte und Verwaltungsangestellte verständlich aufbereitet und einen Raum für Best Practices[22] bietet. Ein gesonderter Qualitätsbericht für Kostenträger und Zuweiser ist aufgrund ihres rein fachspezifischen Interesses und moderner Informationstechnologien nicht erforderlich: Den Kostenträgern genügen Datensätze, die zur Auswertung und Aufbereitung eigener Recherchetools oder im Rahmen des Vertragsmanagements herangezogen werden können; die niedergelassenen Ärzte wiederum lassen sich mittels einer webbasierten Zuweiserkommunikation erreichen.[23] Damit bietet sich die Möglichkeit, sich im Rahmen des strukturierten Qualitätsberichts ausschließlich auf die (potenziellen) Patienten und ihr Informationsbedürfnis zu konzentrieren.

---

20 Als Grundlage der Untersuchung dienten die strukturierten Qualitätsberichte 2004.

21 http://www.rfh-koeln.de/de/aktuelles/Qualitaetsreport_Krankenhaus_-_V3_-_geschuetzt.pdf

22 Eine Best Practice definiert Eiff als „solche vorzugswürdigen unternehmerischen Leistungen, durch die Qualität (Struktur-, Prozess-, Sozial-, Ergebnisqualität) erhöht wird, Kosten gesenkt werden und Kundenorientierung innerhalb und außerhalb des Krankenhauses ausgeprägter bzw. deutlicher erlebbar wird." (Eiff 2007, 324)

23 Ein solches Portal wurde z. B. gerade von den Helios-Kliniken konzernweit realisiert.

Im Brennpunkt der zukünftigen Diskussion darf also nicht vorrangig die Frage stehen, welche Funktion der Qualitätsbericht für das jeweilige Krankenhaus übernimmt. Vielmehr muss in erster Linie erörtert werden, wie (potenzielle) Patienten, Zuweiser, Kostenträger, Mitarbeiter und andere Bezugsgruppen den Kommunikationsvorgang erleben und wie sie ihn bestmöglich rezipieren können (vgl. Kirchner 2001, 112). Vor diesem Hintergrund bedarf das Qualitätsmanagement einer Differenzierung seiner Kommunikationsinstrumente, die sich zwingend an den Erwartungen, Haltungen und auch Vorkenntnissen der unterschiedlichen Zielgruppen ausrichten müssen. Dann, und nur dann lassen sich die Ergebnisse der Qualitätssicherung verständlich aufbereiten und erfolgreich den einzelnen Bezugsgruppen vermitteln. Mehr noch: Eingebunden in das Social Marketing des Krankenhauses kann eine derart differenzierte Qualitätsberichterstattung insbesondere bei (potenziellen) Patienten eine nachhaltige Wirkung entfalten, Vertrauen aufbauen und die Reputation der Einrichtung zu ihrem eigenen Vorteil stärken.

Literatur

Borges, Peter (2003): Zusammenarbeit mit niedergelassenen Ärzten: Kommunikation ist der Erfolgsfaktor Nr. 1. In: f&w 3/2003

Dierks, Marie-Luise/Schwartz, Friedrich Wilhelm (2001): Rollenveränderungen durch New Public Health. Vom Patienten zum Konsumenten und Bewerter von Gesundheitsdienstleistungen. In: Bundesgesundheitsblatt, Jg. 44/2001, H. 8. 796-803

Ebsen, Ingwer/Greß, Stefan/Jacobs, Klaus/Szecsenyi, Joachim/Wasem, Jürgen (2003): Vertragswettbewerb in der gesetzlichen Krankenversicherung zur Verbesserung von Qualität und Wirtschaftlichkeit der Gesundheitsversorgung. Gutachten im Auftrag des AOK-Bundesverbandes. Endbericht 6. März 2003. In: AOK-Bundesverband (Hrsg.): Vertragswettbewerb in der GKV zur Verbesserung der Qualität und Wirtschaftlichkeit der Versorgung. AOK im Dialog, Band 13. 2003. 145-307

Eiff, Wilfried von (2007): Die Benchmarking-Kultur: Best-in-class-Leistungen als Innovationsmotor und nicht als Kopieren von Patentrezepten. In: Eiff, Wilfried von/Stachel, Kerstin (Hrsg.): Unternehmenskultur im Krankenhaus. Gütersloh: Verlag Bertelsmann Stiftung. 324-333

Geraedts, Max (2006): Qualitätsberichte deutscher Krankenhäuser und Qualitätsvergleiche von Einrichtungen des Gesundheitswesens aus Versichertensicht. In: Böcken, Jan/Braun, Bernard/Amhof, Robert/Schnee, Melanie (Hrsg.): Gesundheitsmonitor 2006. Gesundheitsversorgung und Gestaltungsoptionen aus der Perspektive von Bevölkerung und Ärzten. Gütersloh: Verlag Bertelsmann Stiftung. 154-170

Geraedts, Max (2007): Auswirkungen von Qualitätsregulierungen auf das Angebot von Krankenhausleistungen. In: Klauber, Jürgen/Robra, Bernt-Peter/Schellschmidt, Henner (Hrsg.): Krankenhaus Report 2006. Stuttgart: Schattauer. 187-203

Haseborg, Fokko ter/Zastrau, Ralf (2005): Qualität, Markenbildung und Krankenhauswahlentscheidung – Implikationen der neuen Qualitätstransparenz für das Krankenhaus-Marketing. In: Klauber, Jürgen/Robra, Bernt-Peter/Schellschmidt, Henner (Hrsg.): Krankenhaus Report 2004. Stuttgart: Schattauer. 151-162

Herrmann, Markus/Heintze, Christoph (2005): Integration von Qualitätsdarlegung in die Arzt-Patienten-Beziehung an der Schnittstelle zwischen ambulanter und stationärer Versorgung. In: Klauber, Jürgen/Robra, Bernt-Peter/Schellschmidt, Henner (Hrsg.): Krankenhaus Report 2004. Stuttgart: Schattauer. 179-196

Leber, Wulf-Dietrich (2004): Qualitätsberichte ohne Ergebnisqualität. Zur Bedeutung des Qualitätsberichts aus Sicht der Krankenkassen. In: Krankenhaus Umschau 2004, H. 5. 378-380

Lütticke, Jürgen/Schellschmidt, Henner (2005): Qualitätsberichte nach § 137 SGB V – Bewertung und Vorschläge zur Erweiterung. In: Klauber, Jürgen/Robra, Bernt-Peter/Schellschmidt, Henner (Hrsg.): Krankenhaus Report 2004. Stuttgart: Schattauer. 197-211

Kirchner, Karin (2001): Integrierte Unternehmenskommunikation. Theoretische und empirische Bestandsaufnahme und eine Analyse amerikanischer Großunternehmen. Wiesbaden: Westdeutscher Verlag

Koschnik, Wolfgang (1996): Standard-Lexikon für Werbung, Verkaufsförderung, Öffentlichkeitsarbeit. Band 2: L-Z. München: Saur

Norgall, Thomas (2007): Eine vertane Chance. Die freiwilligen Qualitätsberichte der Krankenhäuser enttäuschen. In: Deutsches Ärzteblatt 2007, H. 34/35. B2095-2096

Ruhrlandklinik Essen (2006): Strukturierter Qualitätsbericht gemäß § 137 Abs.1 Satz 3 Nr. 6 SGB V für nach § 108 SGB V zugelassene Krankenhäuser. Berichtsjahr 2005.

Stärkung von Empowerment durch Gesundheitsbildung – Die Patientenuniversität an der Medizinischen Hochschule Hannover

Marie-Luise Dierks und Gabriele Seidel

1. Empowerment und Gesundheitsbildung –
Theoretische Überlegungen und aktuelle Entwicklungen

Gesundheit ist ein hochgeschätztes Gut. In der Werteskala der deutschen Bürgerinnen und Bürger werden Gesundheit und eine gute Gesundheitsversorgung an einer der oberen Stellen genannt (vgl. Stiftung für Zukunftsfragen 2007). Auch der Gesundheitsmarkt wächst: Informationen, Produkte und Dienstleistungen sind in immer größerer Zahl verfügbar. Gleichzeitig hat sich das Rollenverständnis der Menschen im Gesundheitswesen gewandelt – Patienten sollen und wollen heute als gleichberechtigte Partner in der Arzt-Patienten-Beziehung auftreten (vgl. Härter, Loh und Spies 2005), ihre Bedürfnisse und Erwartungen formulieren (vgl. Coulter und Magee 2003; Dierks et al 2006, S. 13 ff.), angesichts der Informationsflut zwischen adäquaten und inadäquaten Informationen unterscheiden, die „richtige" Behandlungseinrichtung finden, über Finanzierungsfragen und damit zusammenhängende Rechte und Pflichten informiert sein (vgl. Sachverständigenrat für die Konzertierte Aktion im Gesundheitswesen 2002, S. 257 ff.), ihre Rechte als Patienten kennen und individuell und kollektiv aktiv vertreten (vgl. Hart 2003, 330 ff.) und sich in einem zunehmend marktwirtschaftlich organisierten System zurechtfinden.

Die umrissenen neuen Rollenzuschreibungen und Rollenübernahmen (vgl. Dierks und Schwartz 2002, S. 137 ff.) basieren auf der Befähigung von Individuen und sozialen Gruppen zum selbstbestimmten Handeln und zur Kontrolle über Entscheidungen, die die eigene Gesundheit und die Gesundheit anderer Menschen betreffen (vgl. Wallerstein 1992, S. 197 ff.; Zimmermann 2000, S. 43 ff.) – Fähigkeiten, die als Gesundheitskompetenz beschrieben werden können. Da die so skizzierte Gesundheitskompetenz aufgrund sozialer und gesellschaftlicher Bedingungen nicht bei allen Menschen gleichermaßen vorhanden ist, kann und sollte sie durch Maßnahmen der Gesundheitsbildung weiterentwickelt werden.

Eine innovative Einrichtung zur Vermittlung von Gesundheitskompetenz ist die im Jahr 2006 gegründete Patientenuniversität an der Medizinischen Hochschule Hannover, die vor dem Hintergrund der speziellen Expertise einer medizinischen und bevölkerungsmedizinischen Fakultät diverse Kursreihen, Seminare und Informationsveranstaltungen für unterschiedliche Zielgruppen anbietet.

1.1 Das Konzept des Empowerment

Empowerment steht einerseits für einen Zustand, in dem Betroffene sich ihrer eigenen Fähigkeiten bewußt werden, eigene Kräfte entwickeln und soziale Ressourcen nutzen (vgl. Rappaport 1995, S. 258), andererseits für die Prozesse, die darauf ausgerichtet sind, diesen Zustand und damit individuelle Kompetenzen zu entwickeln. Empowerment setzt also auf unterschiedlichen Ebenen an:

1. Der *gesellschaftlichen Ebene* mit dem Ziel der Veränderung von Machtstrukturen (Bürgerrechtsbewegungen, Emanzipationsbewegungen) sowie der Beeinflussung gesellschaftlicher Rahmenbedingungen, die Empowerment ermöglichen bzw. vorantreiben.
2. Der *individuellen Ebene* mit dem Ziel, dass Menschen ihre Kompetenzen wahrnehmen und ihr Leben soweit wie möglich in die eigenen Hände nehmen (psychological empowerment) (vgl. Kurtz und Dierks 2007, S. 165 ff.). Dazu gehören ein aktives und positives Gefühl des „In der Welt Seins" (vgl. Stark 2004, S. 540 ff.) und die Fähigkeit, gemeinsam mit anderen an der Verwirklichung von Zielen zu arbeiten.
3. Der *Ebene der Vermittlungsinstanzen,* die auf der Vorstellung beruht, dass Menschen in marginalen Positionen von anderen „empowert" werden, d.h. dass Rahmenbedingungen geschaffen und Ressourcen bereitgestellt werden, die Empowerment unterstützen (z.B. „empowering organisation") (vgl. Wallerstein 1992, S. 200 f.).

Die skizzierten Ebenen sind selbstverständlich nicht unabhängig voneinander zu sehen, politisches Engagement und Teilhabe an Entscheidungen sind geknüpft an individuelle Voraussetzungen, die wiederum durch ein gegebenes Umfeld gefördert, aber auch behindert werden können. So gesehen ist das Empowerment-Konzept individuenbezogen und gesellschaftsbezogen zugleich und bedeutet in der praktischen Umsetzung, dass die skizzierten Ebenen reflektiert und bei der Gestaltung von Empowermentprozessen berücksichtigt werden müssen.

1.1.1 Die gesellschaftliche Ebene

Betrachten wir in einem ersten Schritt die gesellschaftliche Ebene und die Rahmenbedingungen für den Umgang mit Gesundheit und Krankheit, die Empowerment hemmen oder fördern. Zunächst sind die gesetzlichen Regelungen zu nennen, die die Rechte von Bürgern in diesem Bereich betreffen. Die *individuellen Patientenrechte* in Deutschland, die relativ gut entwickelt sind, beruhen auf grundgesetzlichen Regelungen, die konkrete Ausgestaltung wird im Sozialgesetzbuch (SGB) geregelt. Dabei sind Autonomierechte (Gewährleistung der Selbstbestimmung durch Information, Aufklärung und Beratung), Qualitätsrechte (Gewährleistung guter Versorgungsqualität), Einsichtsrechte (Gewährleistung der Einsicht in Dokumentationen der medizinischen Behandlung, Vertraulichkeit von Patientendaten) und Organisationsrechte (Gewährleistung der guten Organisation der Behandlung in den Einrichtungen der Versorgung) festgeschrieben. Allerdings sind die Hürden zur Durchsetzung der Rechte unterschiedlich hoch (vgl. Hart und Francke 2002). So ist beispielsweise im Bereich der Behandlungsfehler die Beweislastumkehr vom Patienten auf den Arzt bzw. die behandelnde Einrichtung lediglich dann gegeben, wenn ein sogenannter grober Behandlungsfehler vorliegt. Der Kenntnisstand über die Rechte ist zudem in der Bevölkerung nicht durchgängig vorhanden. Hinzu kommt, dass die entsprechenden Regelungen in unterschiedlichen Rechtsgebieten verstreut sind (u.a. im Verfassungs-, Zivil-, Sozialversicherungs-, Arzneimittel-, Wettbewerbs-, Straf- und Berufsrecht). Eine Patientencharta „Patientenrechte in Deutschland" liegt zwar vor, ein von Experten und Patientenvertretern gefordertes Patientenrechtegesetz, in dem alle Rechtsnormen zusammenfassend festgeschrieben sind, ist aber noch nicht realisiert.

In Bezug auf die *kollektiven Patientenrechte* wurden im Jahr 2004 erstmals neue Wege der Beteiligung gesetzlich verankert (§ 140 f. (2) SGB V). Patientenvertreter sind in den Gemeinsamen Bundesausschuss (§ 91 SGB V) und diverse andere Ausschüsse integriert, in denen sie ein Antrags- und Mitberatungsrecht, allerdings kein Stimmrecht haben[1]. In der Praxis, so ein Fazit nach drei Jahren, zeigen sich Probleme vor allem darin, dass die Patientenorganisationen weder personell noch finanziell ausreichend für die Ausschussarbeit ausgestattet sind, mit daraus im Vergleich zu den anderen Akteuren resultierenden schlechteren Vorbereitungsmöglichkeiten und schlechteren Beteiligungsbedingungen (vgl. Stötzner 2007). Zur Unterstützung der Patientenvertreter/innen wurde deshalb Ende 2007 eine eigenständige Organisationseinheit nach § 140 f. Abs. 6 SGB V geschaffen, die an die Geschäftsstelle des Gemeinsamen Bundesausschusses angegliedert ist. Insgesamt hat die Beteiligungsverordnung eine neue und für die Vertretung von Patienteninteressen hilfreiche Struktur generiert. Zudem trägt sie zur Transparenz von Entscheidungsprozessen bei. Aus den neuen Beteiligungs-

---

1   Die Verordnung zur Beteiligung von Patientinnen und Patienten in der Gesetzlichen Krankenversicherung vom 19. Dezember 2003 regelt, welche Verbände und Organisationen als Sprachrohr für die Patienten und Bürger fungieren sollen.

formen resultiert ein Qualifizierungsbedarf bei den geschätzten 1.000 Personen, die die Vertretungsrechte in diversen Gremien wahrnehmen. Kenntnisse über die Strukturen des Gesundheitswesens, Finanzierungsfragen und rechtliche Grundlagen sind ebenso gefragt wie Verhandlungsgeschick. Dieser Bedarf wird, wie im weiteren noch ausgeführt wird, unter anderem durch Schulungsangebote der Patientenuniversität an der Medizinischen Hochschule Hannover aufgegriffen.

1.1.2 Die individuelle Ebene

Der individuelle Ansatzpunkt von Empowerment beschreibt, welche Fähigkeiten Menschen brauchen, um selbstbewusst ihr Leben zu gestalten. Für den Umgang mit Gesundheit und Krankheit sind die folgenden Kompetenzen, Haltungen und Fähigkeiten besonders relevant:

- Kognitive Kompetenzen – Lese-, Schreib- und Rechenfähigkeiten, um Informationen zu verstehen und umzusetzen,
- Kommunikative Kompetenzen – um sich selbst mitzuteilen und erfolgreiche Gespräche zu führen,
- die Fähigkeit, eigene Interessen zu artikulieren und gegebenenfalls durchzusetzen,
- Selbstwirksamkeitserwartungen – das Vertrauen und den Glauben daran, mit Gesundheitsfragen umgehen zu können,
- Wissen bzw. die Fähigkeit, sich neues Wissen anzueignen – z.B. über den menschlichen Körper, Gesundheit, gesundheitsförderlichen Lebensstil, Informationsquellen, die Institutionen des Gesundheitswesens, Patientenrechte,
- Transferfähigkeit – Fähigkeit, Wissen in adäquates Handeln umzusetzen.

Nicht zuletzt angesichts der zunehmenden Marktorientierung im Gesundheitswesen – man denke nur an die Zunahme der angebotenen IGeL-Leistungen und die damit verbundenen Irritationen und finanziellen Auswirkungen (vgl. Etgeton 2004, S. 64 ff.), die verwirrende Vielfalt von Informationsangeboten, die Ausdifferenzierung von Krankenversicherungstarifen, die Vielfalt der Zuzahlungsmodalitäten bei Leistungen des Gesundheitswesens – sind diese Fähigkeiten mehr denn je gefordert (vgl. Dierks und Schwartz 2003, S. 314 ff.).

Die skizzierten individuellen Voraussetzungen für selbstbewußtes und selbstbestimmtes Handeln können unter den Begriff „Gesundheitskompetenz" subsumiert werden, der im deutschsprachigen Raum inzwischen gebräuchlichen Übersetzung von „Health Literacy", also der Gesamtheit der kognitiven und sozialen Fertigkeiten, die Menschen im Umgang mit Gesundheit und Krankheit benötigen (vgl. Duetz und Abel 2004, S. 33 f.; Nutbeam 2000, S. 259 ff.; World Health Organization 1998).

Bislang existiert keine einheitliche Definition von Gesundheitskompetenz bzw. Health Literacy, es liegen auch noch keine Studien vor, die alle oben genannten Kompetenzen gleichermaßen und in ihrer Interdependenz erfassen. Im amerikanischen Raum konzentriert sich die wissenschaftliche Analyse auf die Befähigung der Menschen, Basisgesundheitsinformationen und Gesundheitsangebote zu verstehen (vgl. Institute of Medicine 2004). So überprüfte die erste U.S.-weite Repräsentativerhebung „The Health Literacy of America's Adults", in die knapp 19.000 erwachsene Amerikaner integriert waren, deren Leseverständnis auf der Basis ausgewählter gesundheitsbezogener Texte, Tabellen, Formulare oder Beipackzettel (vgl. Kutner 2006). 14 % der befragten US-Amerikaner verfügen demnach über eine deutlich unterdurchschnittliche, weitere 22 % nur über eine Basis-Gesundheitskompetenz, 52 % fallen in die Kategorie „durchschnittlich" und nur 12 % in die Kategorie „geübt". Bürger aus unteren Sozialschichten mit niedrigem Einkommen weisen ein deutlich niedrigeres Health-Literacy-Niveau auf als Menschen privilegierter Bevölkerungsgruppen. Zudem hängen geringe Gesundheitskompetenzen mit einem schlechten Gesundheitszustand zusammen. Zu vergleichbaren Ergebnissen kommt eine niederländische Studie (vgl. Groot und Maasen van den Brink 2006).

Für Deutschland existieren ungefähre Angaben über „funktionale Analphabeten", d.h. über Menschen, die unfähig sind, die Schrift im Alltag – und dann auch im Zusammenhang mit Gesundheit und Krankheit –, so verwenden zu können, wie es gemeinhin im sozialen Kontext als selbstverständlich gilt. Die Angaben sind mit den amerikanischen Daten vergleichbar: 14,4 % der Befragten über 15 Jahre erreichten lediglich das niedrigste Niveau der Lesekompetenz und konnten entsprechend nur die einfachsten Fragen im Umgang mit Prosatexten beantworten (vgl. OECD and Statistics Canada 1995).

Die Zahlen zeigen bildungspolitisch relevante Defizite und deren Einfluß auf Gesundheit und Krankheit. Es ist zu vermuten, dass Personen mit einem niedrigen Health-Literacy-Level bei bestimmten Beschwerden gar nicht oder zu spät zum Arzt gehen, Einnahmevorschriften für Medikamente nicht verstehen und bei chronischen Erkrankungen nicht imstande sind, eine Kontrolle von Funktionswerten selbständig und zuverlässig durchzuführen (vgl. Wrede 2008, S. 25).

Auch für andere oben skizzierte Bereiche der Gesundheitskompetenz zeigen sich deutliche schichtspezifische Einflußfaktoren. So ist die Fähigkeit, eigene Interessen im Zusammenhang mit Gesundheit und Krankheit zu vertreten, wiederum vom Bildungsstand abhängig, auch Altersaspekte spielen eine Rolle.

Eine deutliche Mehrheit der Bevölkerung in Deutschland wünscht beispielsweise in der Kommunikation mit Ärzten einen partnerschaftlichen Entscheidungsstil, niedrige Schulbildung korreliert mit tendenziell eher arztbezogenen Entscheidungspräferenzen, hohe Schulbildung mit autonomen Entscheidungsansprüchen (vgl. Dierks und Seidel 2005, S. 40 f.). Diese Tendenz bilden auch diverse internationale Studien ab (vgl. Coulter und Magee 2003; Wang und Schmid 2007).

Interessant ist die Frage, was Menschen über den menschlichen Körper, Krankheitszeichen und präventive Verhaltensweisen wissen und wie dieses Wissen wiederum mit Verhalten im Krankheitsfall oder im Rahmen der Prävention zusammenhängt. Erste Untersuchungen zeigen, dass beispielsweise weder die Risikofaktoren für wichtige Volkskrankheiten noch die Symptome, bei deren Auftreten dringend medizinische Hilfe in Anspruch genommen werden sollte, in der Bevölkerung bekannt sind (vgl. Bachmann und Gutzwiller 2007).

1.1.3 Die Vermittlungsebene – Erhöhung von Gesundheitskompetenz durch Unterstützung, Beratung und Gesundheitsbildung

Es gibt also zahlreiche gute Gründe, die Gesundheitskompetenz der Bevölkerung zu analysieren und Strategien zu entwickeln, diese Kompetenz zu verbessern, insbesondere unter der Vorstellung, dass Gesundheitskompetenz vor dem Hintergrund sich verändernder sozialer und technischer Entwicklungen lebenslanges Lernen und eine kontinuierliche Entwicklung der oben skizzierten Fähigkeiten voraussetzt (vgl. Coulter und Ellins 2006). So wurde auch bei der Formulierung der nationalen Gesundheitsziele für Deutschland die Gesundheitsbildung explizit als eines der prioritären Ziele und als Querschnittsaufgabe bei der Umsetzung weiterer Gesundheitsziele (z.B. Reduktion von Diabetes, Depression, Rauchverhalten) festgeschrieben (vgl. Gesellschaft für Versicherungswissenschaft und -gestaltung e.V. (GVG) 2002). Dabei sind Bildungs- und Unterstützungsinstanzen auf unterschiedlichen Ebenen und für unterschiedliche Zielgruppen gefordert (vgl. Kickbusch/Wait/Maag 2006) – angefangen von der Elementarbildung bis hin zu universitärer Bildung, von Massenmedien zu leicht zugänglichen und verständlichen Informationsmaterialien, von niedrigschwelligen Unterstützungsinstanzen bis zu qualitätsgesicherten Internetportalen, von Alphabetisierungs-Initiativen zu Angeboten der allgemeinen Bildung, von Patienten- und Angehörigenschulungen zur Multiplikatorenschulung und Weiterbildung von Professionellen – um nur einige wichtige Bereiche zu nennen (vgl. Dierks et al 2006, S. 16 ff.).

Besonders entwickelt hat sich in den letzten Jahren – nicht zuletzt angesichts der zunehmenden Relevanz des Internets – der Informationsbereich, wobei Qualität und Reichweite durchaus unterschiedlich sind. Es fehlen allgemein bekannte und akzeptierte Gütesiegel oder Akkreditierungsverfahren, die es auch Laien ermöglichen, gute von schlechten Informationen zu unterscheiden. Kenntnisse über eine Unterscheidung von evidenz-basierten, eminenz-basierten und schließlich monetär-basierten Information sind kaum vorhanden. Zu Recht ist deshalb mit der Etablierung des Instituts für Qualität und Wirtschaftlichkeit im Gesundheitswesen (IQWiG) der Auftrag verbunden worden, hier qualitativ hochwerte und verständliche Informationen zur Qualität und Effizienz in der Gesundheitsversorgung bereitzustellen.

Auch im Beratungssektor sind diverse Angebote entstanden. So entdeckten unterschiedliche Träger der Gesundheitsversorgung das Potenzial der Aufklärung, Information und Beratung für ihre Interessen (vgl. Schaeffer und Dierks 2006, S. 67 ff.). Generell lassen sich in diesem Zusammenhang vier unterschiedliche Anbieterorganisationen unterscheiden:

1. So genannte abhängige Beratungseinrichtungen, die von Instanzen oder Akteuren unterhalten werden, die zugleich Leistungsanbieter oder Kostenträger sind und daher als nicht frei von Eigeninteressen gelten (z.B. Krankenkassen, Ärztekammern, Apotheken).
2. Der sich daneben etablierende Bereich der „unabhängigen" Beratung, der organisatorisch, finanziell und ideell nicht mit den leistungserbringenden Instanzen verwoben ist (Verbraucherzentralen, Patientenstellen).
3. Die staatlichen Einrichtungen, besonders der Öffentliche Gesundheitsdienst, dem auch Aufgaben der Gesundheitsberatung obliegen (Kontrolle und Beratung zur Vorbeugung von Infektionskrankheiten, Mütterberatung, Beratung bei Suchterkrankungen oder psychischen Krankheiten).
4. Private Informations- und Beratungsanbieter, nicht zuletzt die pharmazeutische Industrie, die den Service nutzen, um auf ihre Produkte aufmerksam zu machen oder finanziell zu profitieren (vgl. Dierks et al 2006, S. 67 ff.).

Die Beratungs- und Unterstützungsangebote sind durch Pluralität und Zersplitterung gekennzeichnet, hinzu kommt, dass sie in vielen Fällen geradezu unsichtbar für Ratsuchende, Bürger und Patienten zu sein scheinen (vgl. Seidel 2007, S. 114 ff.). Das mangelnde Wissen der (potentiellen) Nutzer über die Angebote kann auf unprofessionelle Öffentlichkeitsarbeit und/oder fehlende Ressourcen der Beratungseinrichtungen zurückgeführt werden.

Deshalb sind im übrigen auch Anstrengungen erforderlich, Informations- und Beratungsangebote in den Versorgungseinrichtungen selbst anzusiedeln – eine Idee, die beispielsweise in den USA und Großbritannien bereits Eingang in den Krankenhausalltag gefunden hat (vgl. Ose/Hurrelmann/Schaeffer 2004).

Gesundheitsinformationen und Beratungsaktivitäten werden in der Regel von den Betroffenen dann nachgefragt, wenn der Wissens- und Unterstützungsbedarf aufgrund eigener Betroffenheit hoch ist. Eher allgemeine Angebote zur Erhöhung der Gesundheitskompetenz sind im Bereich der Massenmedien angesiedelt. Dies gilt auch für Fragen der gesunden Lebensführung und der Prävention. Angebote von Krankenkassen, aber auch von Verbänden und nicht zuletzt von den Volkshochschulen – jährlich 140.000 Kurse und 2 Millionen Teilnehmende (vgl. Arbeitskreis Gesundheit der vhs-Landesverbände 2001) greifen mit ihren Kursangeboten entsprechende Interessen der Bevölkerung auf (vgl. Wrede 2008, S. 15 ff.).

Gemeinsam ist allen Angeboten, dass ihre Nutzung von Sozialschicht und Bildungsgrad der Nutzer abhängig ist (vgl. Seidel 2007). Personen aus niedrigen sozialen Schichten werden eher nicht erreicht. Traditionell sind es vor allem die Frauen, die entsprechende Kurse besuchen (vgl. Kolip und Koppelin 2002, S. 491 ff.; Medizinischer Dienst der Spitzenverbände der Krankenkassen e.V. (MDS) 2008, S. 60 ff.; Sonntag und Blättner 1998, S. 157 ff.).

2. Die Patientenuniversität an der Medizinischen Hochschule Hannover

Eine neue Form zur Förderung von Gesundheitskompetenzen entwickelt und praktiziert die im Jahr 2006 gegründete, unabhängige Patientenuniversität an der Medizinischen Hochschule Hannover, die sich mit unterschiedlichen Angeboten an gesunde Bürger, an Patienten und ihre Angehörigen und an Patientenvertreter wendet, aber auch Professionelle in unterschiedlichen Institutionen und schließlich (zukünftige) Mediziner im Blick hat (vgl. Dierks et al 2007, S. 34 ff.).

Sie versteht sich als unabhängige Universität im traditionellen Sinn, in der Lehrkörper und Lernende in Gemeinschaft die Vermittlung des Wissens gestalten. Neben der wissenschaftlichen Leitung[2] ist ein Patientenvertreterbeirat

---

2   Die Patientenuniversität wird geleitet von Prof. Dr. Marie-Luise Dierks, Leiterin des Arbeitsschwerpunkts Patienten und Konsumenten an der Abteilung Epidemiologie, Sozialmedizin und Gesundheitssystemforschung und Prof. Dr. Friedrich Wilhelm Schwartz, Leiter der Abteilung Epidemiologie, Sozialmedizin und Gesundheitssystemforschung.

aktiv; in diesen sind Repräsentanten der Verbraucherzentralen, der Selbsthilfe und der Patientenberatung eingebunden. Ebenfalls konzeptionell einbezogen sind nationale und internationale Wissenschaftler und Praktiker (vgl. ebd.).

2.1 Das Konzept der Patientenuniversität

Über die Angebote in der Patientenuniversität soll das medizinische und gesundheitssystembezogene Grundlagenwissen, das an einer medizinischen Fakultät auf hohem Niveau vorhanden ist, in verständlicher Form vermittelt und so die Gesundheitskompetenz der Bevölkerung erhöht werden. Gleichzeitig werden angehende Mediziner geschult, Informationen laiengerecht zu formulieren und nicht nur ihr Wissen an die Teilnehmer in den diversen Kursen weiterzugeben, sondern auch im Umgang mit den Menschen zu lernen, welche Fragen diese bewegen, was diese lernen wollen und welche Kompetenzen sie als Betroffene bereits mitbringen.

Eine universitäre Einrichtung, die gleichzeitig ein Krankenhaus der Maximalversorgung ist, erreicht – so die Vorstellung – ihre Patienten und deren Angehörige sowie die Menschen aus der Region und damit möglicherweise auch Personen, die sich auf „traditionelle" Bildungsangebote nicht einlassen. Betrachtet man beispielsweise krankheitsspezifische Informationsabende, stadtteilbezogene Gesundheitsforen unter Mitwirkung von Ärztinnen und Ärzten oder „Tage der offenen Tür" stationärer Einrichtungen, so werden diese nicht nur von sehr vielen Personen genutzt, sondern auch von Menschen, die aus bildungsfernen Bevölkerungsgruppen kommen[3]. Allerdings werden diese Informationsveranstaltungen nur punktuell angeboten, ein systematischer Aufbau von Wissen kann auf diese Weise nur eingeschränkt stattfinden.

Hier setzt nun die Patientenuniversität an. Ihre Angebote lassen sich in vier Bereiche gliedern: „Erhöhung von Gesundheitskompetenz", „Stärkung von Bewältigungskompetenz", „Vermittlung von Systemkompetenz" und „Erhöhung von Vermittlungskompetenz" (Tabelle 1).

---

3 Leider gibt es dazu (noch) keine systematischen Erhebungen. Die oben gemachten Aussagen basieren auf Gesprächen mit zahlreichen Ärztinnen und Ärzten in Deutschland und eigenen Beobachtungen in diversen Krankenhäusern in Niedersachsen.

Tab. 1: Ziele, Zielgruppen und Kursinhalte an der Patientenuniversität

Bildungsziel	Erhöhung von Gesundheitskompetenz	Stärkung von Bewältigungskompetenz	Vermittlung von Systemkompetenz	Erhöhung von Vermittlungskompetenz
Zielgruppe	- Gesunde Bürger - Patienten - Studierende, Schüler - Professionelle aus div. Institutionen des Gesundheitswesens	- Patienten - Angehörige - Selbsthilfegruppenmitglieder	- Patientenvertreter - Mitglieder aus Selbsthilfegruppen - Patientenberater	- Studierende der Humanmedizin
Schwerpunkte	- Grundlagen der Humanmedizin - Prävention - Rechte - Das Gesundheitssystem	- Spezielle Krankheitsbilder - Konsolidierte und neue Therapien - Bewältigungsstrategien	- Gesundheitssysteme – Aufbau, Strukturen, Finanzierung, Steuerung - Evidenzbasierte Medizin - Kommunikation - Verhandlung	- Vermittlung medizinischen Wissens an Laien - Kommunikation
Kurse (Auswahl)	- Gesundheitsbildung für Jedermann - I – Das Organsystem des Menschen - II – Die Sinnesorgane - Informationen finden und bewerten - Patientenrechte und Patientenschutz	- Depression - Neue Konzepte in der Strahlentherapie - Asthma und COPD - Kommunikation mit Ärzten und Pflegepersonal	- Management des Gesundheitswesens - Gesundheitspolitik - Neue Versorgungsformen - Gesundheitsökonomie - Qualitätsmanagement - Umgang mit Daten und Datenquellen	- Medizinische Informationen laiengerecht vermitteln - Patientenorientierung im Gesundheitswesen

Die Konzeption und Reichweite der einzelnen Kurse variiert vor dem Hintergrund der Kursinhalte und der didaktischen Überlegungen. Konnten für die Reihe „Gesundheitsbildung für Jedermann", die im weiteren noch detailliert beschrieben wird, 300 Personen aufgenommen werden, richten sich krankheitsspezifische Informationstage an eine Gruppe von ca. 100 Personen, Kurse zur Vermittlung von Kommunikationskompetenzen oder zur Informationssuche und Informationsbewertung haben Seminarcharakter und sind auf 20 Teilnehmer begrenzt.

Gleiches gilt für die Kurse, die im Bereich der Vermittlung von Systemkompetenz offeriert werden. Die Medizinische Hochschule Hannover öffnet
für die Patientenvertreter die etablierten Kurse im Grundstudium des zulas-
sungsbeschränkten (20 reguläre Studienplätze jährlich) Ergänzungsstudiengangs
Bevölkerungsmedizin und Gesundheitswesen (Public Health). Die Patientenvertreter erhalten einen Gasthörerstatus und studieren gemeinsam mit zukünftigen
Entscheidungsträgern des deutschen Gesundheitswesens. Die bislang über die
Patientenuniversität integrierten Teilnehmer schätzen besonders, gemeinsam mit
zukünftigen Führungskräften des Gesundheitswesens lernen und diskutieren zu
können.

Im ersten Semester waren alle Kursangebote kostenfrei, aktuell wird ein geringer Unkostenbeitrag erhoben, beispielsweise für die zehnteilige Reihe „Gesundheitsbildung für Jedermann" ein Gesamtbetrag von 85,00 €. Eine Reduzierung kann bei Vorliegen bestimmter Voraussetzungen beantragt werden. Ein
zukunftsweisendes Signal hat die AOK Niedersachsen gesetzt – ihre Versicherten
bekommen 80 % der Teilnehmergebühren erstattet.

Die Schulung der Vermittlungskompetenzen bei Studierenden der Human-
medizin erfolgt im Rahmen eines Wahlpflichtkurses „Medizinische Informationen laiengerecht vermitteln", der die Teilnehmer auf eine Tutorentätigkeit in
der Patientenuniversität vorbereitet. Im ersten Semester waren hier 10 Studierende eingeschrieben.

Im Folgenden wird eine von der Zielgruppe besonders gut frequentierte und
in Struktur und Durchführung bislang nur an der Patientenuniversität erprobte
Bildungsreihe zur Erhöhung von Gesundheitskompetenzen vorgestellt – die Reihe
„Gesundheitsbildung für Jedermann".

2.2 Gesundheitsbildung für Jedermann

Wie Tabelle 1 zeigt, richtet sich diese Bildungsreihe an alle interessierten Bürgerinnen und Bürger mit dem Ziel, das Wissen der Teilnehmer über den Aufbau des menschlichen Körpers, die Funktion der Organe, die Entstehung von
Erkrankungen und therapeutische Möglichkeiten[4] ebenso zu erhöhen wie das
Wissen über Prävention, Patientenrechte, Finanzierungsfragen oder Anlaufstel-

---

4   Angeregt wurden wir durch das Konzept der MiniMed-Schools aus den USA (vgl. Cohen
     2003), das dort seit mehr als 10 Jahren erfolgreich erprobt und inzwischen auch in einigen europä-
     ischen Ländern adaptiert wurde (http://www.uchsc.edu/minimed/minimed_howto.htm).

len im Gesundheitswesen. Eine Reihe, die die Interessenten als Komplettangebot belegen, umfaßt in der Regel 10 Abendveranstaltungen à 3 Stunden. Sie wird mit einem Zertifikat abgeschlossen, vorausgesetzt, dass die „Studierenden" an mindestens acht Terminen anwesend waren.

Das Vermittlungskonzept umfaßt eine Kombination von Expertenvorträgen und interaktiven Vertiefungsangeboten an so genannten „Lernstationen". Die Expertenvorträge werden von Professoren der Medizinischen Hochschule Hannover übernommen, an den Lernstationen sind Kollegen aus unterschiedlichen Abteilungen sowie studentische Tutoren aktiv. Die Lernstationen basieren auf didaktischen Theorien und Erfahrungen mit der Vorstellung, dass Informationen nur in einer individualisierten Nachbereitung tatsächlich in Wissen übergehen.

Tab. 2: Lernstationen und die dort vorgehaltenen Lerninhalte

Lernstation Mikroskopie	Hier lernen die Teilnehmer, wie spezifische Zellen aussehen, welche Struktur Zotten und Krypten oder Muskeln haben oder wie Knochen, Sehnen und Knorpelzellen aufgebaut sind.
Lernstation Makroskopie	Anhand von Tierorganen können die Teilnehmer den Aufbau und die Funktion eines Organs untersuchen.
Lernstation Modelle	An Modellen z.B. des menschlichen Skeletts, des Herzens oder anderer Organe kann der Aufbau des Körpers beobachtet und die Lage der Organe gelernt werden.
Lernstation – der Blick in den Körper I	Mithilfe diagnostischer Verfahren (Röntgenbilder, Ultraschall) wird ein Blick in den Körper und ein vertieftes Verständnis der komplexen Vorgänge ermöglicht.
Lernstation – der Blick in den Körper II	Spezielle Filme oder Simulationsprogramme (auch aus dem Internet) verdeutlichen Funktionen und Abläufe im Körper.
Lernstation Medikamente	Spezielle Informationen über die Art und Wirkung von Medikamenten, die bei Erkrankungen im jeweiligen Organbereich eingesetzt werden, Hinweis auf kritische Publikationen, Hinweise auf Arzneimittelinformationsdienste.
Lernstation Experimente	Anhand von Experimenten können die Teilnehmer Körpervorgänge leichter nachvollziehen. Hier haben sie die Möglichkeit, z.B. die Menge des Blutes, die das Herz pro Minute pumpt, abzumessen oder am Modell auszuprobieren, wie sich durch verengte Gefäße der Blutdruck verändert.
Lernstation Prävention	Die Teilnehmer lernen, auch durch praktische Übungen, was sie präventiv für ihre Gesunderhaltung tun können, erhalten z.B. Ernährungstipps oder erproben Entspannungs- und Bewegungsübungen.
Lernstation Empowerment	Lernstationen mit der Intention „Empowerment" informieren z.B. über IGeL-Leistungen, Zuzahlungsmodalitäten bei Verordnungen, Nutzen und Risiken von Screening-Untersuchungen oder vermitteln Tipps zum Umgang mit Professionellen im Gesundheitswesen.

In kleineren Gruppen unter Anleitung der Experten und Tutoren können die Teilnehmer beispielsweise Fragen stellen, Modelle betrachten, an praktischen Vorführungen teilnehmen sowie mit anderen Teilnehmern diskutieren und so den Lernstoff vertiefen.

Die Lernstationen – in der Regel 12 bis 15 verschiedene Stationen pro Themenabend – werden für jeden Termin unter der Überschrift „Medizin zum Anfassen" speziell konzipiert. Sie basieren auf einer Systematik, die zu jedem Organsystem bzw. Thema die folgenden Bereiche abdeckt.

Die Teilnehmer erhalten ergänzend schriftliche Materialien, z.B. Vortragsskripte, Merkblätter, relevante Adressen und Literaturhinweise sowie Internetinformationen zum Thema. Die Plenarvorträge und weitere schriftliche Patienteninformationen können zudem im Intranet abgerufen werden.

2.3 Die erste Veranstaltungsreihe in der Umsetzung

Die ersten Vorlesungsreihen „Das Organsystem des Menschen" mit insgesamt 10 dreistündigen Abendterminen fanden im Frühjahr und im Herbst 2007 statt, sie behandelten folgende Themen:

- Das Herz-Kreislauf-System und der Blutdruck
- Das Herz – Was treibt den Körper an?
- Der Bewegungsapparat – Wieso kann der Mensch laufen?
- Die Lunge – Wie entstehen Atemprobleme?
- Das Gehirn und das Nervensystem – Wie denkt und fühlt der Mensch?
- Medikamente – Wirkungen und Nebenwirkungen
- Das Verdauungs- und Ausscheidungssystem
- Psyche und Schmerz
- Die Niere – Entgiftung und Regulation
- Diagnostische Verfahren – Kennenlernen und Verstehen

Eine neue Themenreihe „Die Sinnesorgane, das Immunsystem und das hormonelle System" wird im Frühjahr und im Herbst 2008 als Aufbaukurs angeboten, kann aber auch von „Neueinsteigern" belegt werden.

Akzeptanz, Teilnehmerstruktur und Bewertung durch die Teilnehmer

Für die erste Vorlesungsreihe mit insgesamt zehn dreistündigen Abendterminen im Frühjahr 2007 hatten sich mehr als 400 Menschen registrieren lassen, aus Platzgründen konnten nur 295 Studierende aufgenommen werden. Auch die Herbstreihe 2007 war kurz nach der Bekanntgabe mit 300 Personen belegt, knapp 200 Interessenten ließen sich dann auf der Warteliste registrieren. Die für 2008 konzipierte neue Reihe „Die Sinnesorgane" ist bereits Ende Dezember 2007 komplett ausgebucht, wieder existiert eine lange Warteliste.

Die Information über das neue Bildungsangebot wurde zuerst über einen Artikel in der regionalen Tageszeitung veröffentlicht, parallel ging eine Internetseite ans Netz (www.patientenuniversität.de). Mehr als 70 % der registrierten Teilnehmer hatten über den Presseartikel von der Kursreihe erfahren, 16,8 % über das soziale Umfeld, 10 % war über das Internet auf die Kurse aufmerksam geworden. Vergleichbar war die Situation für die Wiederholungsreihe im Herbst 2007.

Zwei Drittel der Teilnehmer waren Frauen, das mittlere Alter lag bei knapp 60 Jahren. 12,6 % der Teilnehmer hatte einen Hauptschulabschluß, 25,1 % einen Realschulabschluss, 28,3 % Fachschule bzw. Abitur, 31,2 % einen Hochschulabschluß. Wie für ein Pilotangebot zu erwarten, waren die ersten Teilnehmer Personen, die im Vergleich zum Bildungsniveau der Bevölkerung insgesamt einen deutlich höheren Bildungsstand aufweisen. Frauen waren häufiger vertreten als Männer. Interessant ist, dass knapp 20 % der Teilnehmer aus beruflichem Interesse teilgenommen haben. Ähnliche Erfahrungen berichten auch die Kollegen aus Dublin, die dort am Royal College for Surgeons alle 2 Jahre eine 8-teilige, allerdings nur auf Vorträgen basierende Reihe als MiniMed-Studium anbieten (http://www.rcsi.ie/index.jsp?1nID=93&pID=94&nID=620)[5].

Die Teilnahmemotivation, so das Ergebnis einer anonymen Befragung zu Beginn der Frühjahrsreihe, war unterschiedlich: 42,8 Prozent der Teilnehmer besuchten die Veranstaltungen aus allgemeinem Interesse an medizinischen Themen, 26,1 Prozent wollten mehr über die Funktionsweise des menschlichen Körpers erfahren, 14,9 Prozent waren an Prävention interessiert (Mehrfachnennungen waren möglich). Jeder zehnte Teilnehmer hatte das Ziel, die Kommunikation mit Ärzten zu verbessern, ebenfalls jeder zehnte erwartete eine stärkere Autonomie und Entscheidungsfähigkeit. 16,8 Prozent kamen, weil sie selbst oder Angehörige krank sind und sie sich hilfreiche Informationen erhofften.

---

5   Persönliche Mitteilung der Programmverantwortlichen Marie Morgan bei einem Besuch in Hannover.

Mehr als 80 % der eingeschriebenen Teilnehmer erhielten das Abschlusszertifikat, das bedeutet, dass sie mindestens an acht von zehn Veranstaltungen teilgenommen haben. Die „Programmtreue" ist erfreulich hoch.

Die Lernenden haben auch jeden der zehn Veranstaltungstage anonym bewertet. Die Gesamtnote über alle zehn Termine lag bei 1,6 (1 = sehr gut; 6 = ungenügend). Besonders positiv war aus Sicht der Teilnehmer, dass die Themen interaktiv in der Mischung aus Expertenvorträgen und Lernstationen vermittelt wurden. Mehr als die Hälfte der Teilnehmer hatte in den 6 Monaten nach Abschluss der ersten Reihe explizit Gelegenheit, das neue Wissen in der Praxis anzuwenden, insbesondere bei Gesprächen im sozialen Umfeld, mit Ärztinnen und Ärzten und bei der Einschätzung eigener Erkrankungen (vgl. Wrede 2008, S. 60 ff.).

Mit den oben dargestellten, am Interesse der Menschen in Bezug auf den menschlichen Körper, seine Funktion und seine Erkrankungen ansetzenden Themen konnten sehr viele Personen erreicht und informiert werden. Dabei ist es auch gelungen, weitere, aus Sicht der Programmgestalter relevante Inhalte zu plazieren – z.B. an den Lernstationen, die unter der Überschrift Prävention oder Empowerment angeboten wurden. Es ist zu vermuten, dass über den Umweg „Körper und Krankheit" Themen transportiert werden konnten, deren Relevanz die Teilnehmer erst im Kontakt mit den Inhalten einschätzen konnten – auf eine Bildungsreihe, die unter diesen Überschriften angeboten worden wäre, hätten vermutlich deutlich weniger Menschen reagiert.

2.4 Ein erstes Fazit nach 12 Monaten Erfahrungen mit der Patientenuniversität

Alle bislang entwickelten Angebote wurden von den Menschen in der Region Hannover, zum Teil auch darüber hinaus, gut bzw. sehr gut frequentiert. Zahlreiche Anfragen aus anderen Teilen Deutschlands erreichten die Geschäftsstelle, verbunden mit dem Wunsch, auch außerhalb von Hannover vergleichbare Angebote besuchen zu können. Unter dem Aspekt, erfolgreiche Gesundheitsbildungsprogramme in der Fläche verfügbar zu machen, wären solche Aktivitäten sehr wünschenswert. Unsere Erfahrungen, didaktischen Entwicklungen und Evaluationsinstrumente können als Modelle für den Aufbau ähnlicher Einrichtungen in anderen Regionen dienen. Die Etablierung und Weiterführung einer Patientenuniversität ist jedoch nur dann möglich, wenn sich zahlreiche Kollegen vor Ort engagieren – so haben in Hannover bei der Reihe „Gesundheitsbildung für jedermann" beispielsweise ca. 100 Kolleginnen und Kollegen ehrenamtlich mitgearbeitet.

Zukünftige Anstrengungen werden vor allem darauf abzielen, zusammen mit Teilnehmern, potentiellen Teilnehmern und Experten, aber auch mit niedergelassenen Ärzten, die Inhalte, Strukturen und didaktischen Konzepte weiterzuentwickeln.

Zudem gilt es, Strategien zu entwickeln, wie auch Teilnehmer mit niedrigem Bildungsniveau gewonnen und erfolgreich unterrichtet werden können, weil besonders für diese Gruppe die Förderung von Gesundheitskompetenzen und damit auch die Förderung von Gesundheit insgesamt ein bevölkerungsmedizinisch relevantes Ziel darstellt.

Literatur

Arbeitskreis Gesundheit der vhs-Landesverbände (2001): Bundesweites Leitbild für Gesundheitsbildung an Volkshochschulen. http://www.berlin.de/vhs/kurs/gesundheit/leitbild/html. [20-11-2007]

Bachmann, Lucas M./Gutzwiller, Florian S. (2007): Do citizens have minimum medical knowledge? A survey. BMC Medicine. 5. 14

Cohen, John (2003): How to start and conduct a Mini-Med-School. http://www.uchsc.edu/minimed/minimed_howto.htm. [30-3-2007]

Coulter, Angela/Ellins, Jo (2006): Patient-focused interventions. A review of the evidence. Oxford: Picker Institute Europe

Coulter, Angela/Magee, Helen (Hrsg.) (2003): The European Patient of the Future. Maidenhead, Philadelphia: Open University Press

Dierks, Marie-Luise/Seidel, Gabriele (2005): Gleichberechtigte Beziehungsgestaltung zwischen Ärzten und Patienten – wollen Patienten wirklich Partner sein? In: Härter et al (Hrsg). Gemeinsam entscheiden – erfolgreich behandeln. Neue Wege für Ärzte und Patienten im Gesundheitswesen. Köln: Deutscher Ärzteverlag. (2005): 35-44

Dierks, Marie-Luise/Schwartz, Friedrich Wilhelm (2003): Patienten, Versicherte, Bürger – die Nutzer des Gesundheitswesen. In: Schwartz et al (Hrsg). Das Public Health Buch. München: Urban & Fischer. (2003): 314-321

Dierks, Marie-Luise/Schwartz, Friedrich Wilhelm (2002): Public Health und die Diskussion um neue Rollen des Patienten im Gesundheitswesen. In: Flick, Uwe (Hrsg). Innovation und Public Health. Göttingen: Hogrefe Verlag. (2002): 137-153

Dierks, Marie-Luise/Seidel, Gabriele/Lingner, Heidrun/Schneider, Nils/Schwartz, Friedrich Wilhelm (2007): Die Patientenuniversität an der Medizinischen Hochschule Hannover. Zeitschrift Managed Care. 7/8. 34-40

Dierks, Marie-Luise/Seidel, Gabriele/Schwartz, Friedrich Wilhelm/Horch, Kerstin (Hrsg.) (2006): Bürger- und Patientenorientierung in Deutschland. Gesundheitsbericht für Deutschland. Berlin: Robert-Koch-Institut

Duetz, Margret/Abel, Thomas (2004): Health Literacy. Förderung und Nutzung von Gesundheitskompetenzen in der Praxis. Managed Care 5. 33-35

Etgeton, Stefan (2004): Individuelle Gestaltungsoptionen der Verbraucher im Gesundheitswesen. In: Böcken et al (Hrsg). Gesundheitsmonitor 2004. Die ambulante Versorgung aus Sicht von Bevölkerung und Ärzteschaft. Gütersloh: Bertelsmann Stiftung. (2004): 64-74

Gesellschaft für Versicherungswissenschaft und -gestaltung e.v. (GVG) (2002): Gesundheitsziele für Deutschland: Entwicklung, Ausrichtung, Konzepte. Berlin: Akademische Verlagsgesellschaft Aka GmbH

Groot, Wim/Maasen van den Brink, Henriette (2006): Stil vermogen, een onderzoek naar de maatschappelijke van laaggeletterdheid. http://www.lezenenschrijven.nl/files/publicaties/stil%20vermogen.pdf. [10-9-2007]

Hart, Dieter (2003): Einbeziehung des Patienten in das Gesundheitssystem: Patientenrechte und Bürgerbeteiligung – Bestand und Perspektiven. In: Schwartz et al (Hrsg). Das Public Health Buch. Gesundheit und Gesundheitswesen. München, Jena: Urban & Fischer. (2003): 330-339

Hart, Dieter/Francke, Robert (2002): Patientenrechte und Bürgerbeteiligung. Bestand und Perspektiven. Bundesgesundheitsblatt 45. 13-20

Härter, Michael/Loh, Andreas/Spies, Cornelia (Hrsg) (2005): Gemeinsam entscheiden, erfolgreich behandeln – Neue Wege für Ärzte und Patienten im Gesundheitswesen. Köln: Deutscher Ärzteverlag

Institute of Medicine (2004): Health Literacy. A Prescription to End Confusion. Washington: The National Academies Press

Kickbusch, Ilona/Wait, Suzanne/Maag, Daniela (2006): Navigating Health. The role of Health Literacy. http://www.ilcuk.org.uk/files/pdf_pdf_3.pdf . [22-12-2007]

Kolip, Petra/Koppelin, Frauke (2002): Geschlechtsspezifische Inanspruchnahme von Prävention und Krankheitsfrüherkennung. In: Hurrelmann et al (Hrsg). Geschlecht, Gesundheit und Krankheit: Männer und Frauen im Vergleich. Bern, Göttingen, Toronto, Seattle: Hans Huber, 491-504

Kurtz, Vivien/Dierks, Marie-Luise (2007): Empowerment im Gesundheitsversorgungssystem. Umsetzungen auf individueller und organisatorisch-gesellschaftlicher Ebene im deutschen Gesundheitswesen. In: von Lengerke et al (Hrsg). Public Health Psychologie. Individuum und Bevölkerung zwischen Verhältnissen und Verhalten. Weinheim und München: Juventa, 160-170

Kutner, Mark (2006): Literacy in Everyday Life. Results From the 2003 National Assessment of Adult Literacy. http://nces.ed.gov/pubs2006/2006483.pdf. [13-10-2007]

Medizinischer Dienst der Spitzenverbände der Krankenkassen e.V. (MDS) (2008): Präventionsbericht 2007. Dokumentation von Leistungen der gesetzlichen Krankenversicherung in der Primärprävention und Gesundheitsförderung. Essen: Medizinischer Dienst der Spitzenverbände der Krankenkassen e.V. (MDS)

Nutbeam, Don (2000): Health literacy as a public health goal: a challenge for contemporary health education and communication strategies into the 21st century. Health Promotion International 15(3). 259-267

OECD and Statistics Canada (1995): Grundqualifikationen, Wirtschaft und Gesellschaft. Ergebnisse der ersten internationalen Untersuchung von Grundqualifikationen Erwachsener. Paris: OECD

Ose, Dominik/Hurrelman, Klaus/Schaeffer, Doris (2004): Gesundheits- und Informationszentren in Krankenhäusern. Das Krankenhaus. 495 – 500

Rappaport, Julian (1995): Ein Plädoyer für die Widersprüchlichkeit. Ein sozialpolitisches Konzept des "empowerment" anstelle präventiver Ansätze. In: Verhaltenstherapie und Psychosoziale Praxis 17. 257-278

Sachverständigenrat für die Konzertierte Aktion im Gesundheitswesen (2002): Bedarfsgerechtigkeit und Wirtschaftlichkeit. Bd. I Zielbildung, Prävention, Nutzerorientierung und Partizipation. Gutachten 2000/2001. Baden-Baden: Nomos Verlag

Schaeffer, Doris/Dierks, Marie-Luise (2006): Patientenberatung in Deutschland. In: Schaeffer et al (Hrsg). Lehrbuch Patientenberatung. Bern: Huber. 67 – 90

Seidel, Gabriele (2007): Patientenberatung in Deutschland – Bestandsaufnahme und Inanspruch-
nahme unabhängiger Patientenberatungsstellen. Dissertation an der Medizinischen Hochschule
Hannover
Sonntag, Ute/Blättner, Beate (1998): Gesundheitshandeln von Frauen und von Männern. Eine Li-
teraturrecherche. In: Gesundheitsakademie Landesinstitut für Schule und Weiterbildung NRW
(Hrsg). Die Gesundheit der Männer ist das Glück der Frauen? Frankfurt am Main: Mabuse
Verlag, 149-237
Stark, Wolfgang (2004): Beratung und Empowerment – empowerment-orientierte Beratung? In:
Nestmann et al (Hrsg). Das Handbuch der Beratung. Band 1: Disziplinen und Zugänge. Tübin-
gen: dgvt-Verlag. 535 – 546
Stiftung für Zukunftsfragen (2007): Globalisierung. Zwischen Aufbruchstimmung und Globalisie-
rung. http://www.bat.de/ [15-1-2008]
Stötzner, Karin (2007): Erwartungen von Patienten an ihre Beteiligung bei der Qualitätssicherung
der Versorgung. http://www.dag-selbsthilfegruppen.de/site/data/BMG_2007_Qualitaet_Sto-
etzner.pdf. [15-9-2007]
Wallerstein, Nina B. (1992): Powerlessness, empowerment, and health: Implications for health promotion programs. In: American Journal of Health Promotion 6(3). 197-205
Wang, Jen/Schmid, Margrit (2007): Gesundheitskompetente Bürger in der Schweiz: Wunsch oder
Wirklichkeit? Erste Ergebnisse einer Studie decken Bedarf auf. Zürich. http://www.gesund-
heitskompetenz.ch/UserFiles/File/Text_PR_060925_de_mit%20Grafiken.pdf. [4-1-2008]
World Health Organization (1998): Health Promotion Glossary (Glossar Gesundheitsförderung).
http://www.who.int/hpr/NPH/docs/hp_glossary_en.pdf. [14-12-2007]
Wrede, Jennifer (2008): Förderung von Gesundheitskompetenzen (Health Literacy) durch Gesundheitsbildung. Magisterarbeit im Ergänzungsstudiengang Public Health. Medizinische Hochschule Hannover
Zimmermann, Marc A. (2000): Empowerment Theory. Psychological, organizational and commu-
nity levels of analysis. In: Rappaport, Julian/Seidman, Edward (Hrsg). Handbook of Commu-
nity Psychology. New York: Kluwer Academic/Plenum Publishers. (2000): 43-63.

Aktuelle Altersbilder in der Werbung – Herausforderung für die Wirtschaftskommunikation

Susanne Femers

1. Alter in der Wirtschaftskommunikation – Thesen und Trends

Die Themen Alter und Altern sind in der Wirtschaftskommunikation lange Zeit vernachlässigt worden – zu unrecht, denn „König Kunde trägt inzwischen immer mehr graue Strähnen im Haar" wie Haimann (2005, 10) konstatiert. Nun macht Alter derzeit eine Themenkarriere ohne Gleichen, man spricht vom *„Boom-Thema"* *Alter* (vgl. Pontzen 2004, 1) oder auch vom *„Megatrend Alter"* (vgl. Reidl 2006, 201). Als korrespondierende Kernfrage des Seniorenmarketings formuliert Michael von der Werbeagentur Grey (2005, 2) für die Kommunikation blumig und unverhohlen zugleich: „Wie weckt man die ‚neue Lust in reifer Schale' zur Abschöpfung der Kaufkraft?" In dieser absatzorientierten Perspektive werden alte Menschen zu Beginn des neuen Jahrtausends als „die" neue Zielgruppe entdeckt und zum Gegenstand werbestrategischer Überlegungen.

1.1 Thesen zum Seniorenmarketing

Für die verstärkte Auseinandersetzung mit Alten als Konsument und Werbeträger gibt es eine ganze Reihe von Gründen, die hier in Form von fünf Thesen zum Seniorenmarketing ausgeführt werden sollen:

1. Es gibt immer *mehr alte Menschen.* Zu Beginn des neuen Jahrtausends ist jeder fünfte Deutsche über 60 Jahre alt und in einem Vierteljahrhundert wird es nach Schätzungen von Experten sogar jeder dritte sein (vgl. Tenbrock 2003, 1). Über 29 Millionen Menschen lebten 2006 in Deutschland, die mehr als 50 Jahre alt waren (vgl. König 2006, 1).
2. Diesen alten Menschen wird eine *hohe Kaufkraft* unterstellt, wie Tenbrock (2003, 2) ausführt: „Keine andere Altersgruppe hat in Deutschland im Durchschnitt ein höheres verfügbares Einkommen als die über 50-Jährigen. Das durchschnittliche Alter eines deutschen Erben liegt bei 55, das durchschnittliche Erbe bei 150.000 Euro." Nach Berechnungen des Statistischen Bundesamtes geben die Haushalte der 55- bis 65-Jährigen monatlich 2.537 Euro aus (König 2006, 1). Werbeagenturen sehen in der so genannten 50plus-Generation heute die reichste Generation aller Zeiten (vgl. Michael 2006, 89).
3. Bislang sind alte Menschen allerdings als *Werbeträger und Konsument nur in Einzelfällen* spezifisch adressiert worden. Dies muss sich ändern, denn die heute noch als wichtigste betrachtete Werbezielgruppe der 14-49-Jährigen wird kleiner, wie eine Untersuchung in Media Perspektiven 1/2006 nach-

gewiesen hat. Die Werbemotive, die für diese Gruppe gedacht sind, können Alte als Zielgruppe nicht mehr erreichen. 68 Prozent der älteren Menschen können sich nach Gassmann/Reepmeyer (2006, 145) nicht mit den Werbemotiven identifizieren, die sie heute umgeben.

4. Mit der Entdeckung der Alten in der Werbung werden ihnen zugleich eigene Bedürfnisse zugesprochen, auf die sich Produkt- und Kommunikationsgestaltung einstellen müssen. Zeitgleich muss sich die Wirtschaftskommunikation mit Blick auf diese Zielgruppe von lieblosen *Klischees über diese Alten* verabschieden. In diesem Zusammenhang stellt Etrillard vom Management Institut SECS (zitiert nach König 2006, 2) klar: „Best Ager – auch nicht die über 60 – sind keine alten Greise, die sich für Corega-Tabs interessieren oder sich auf Butterfahrten überteuerte Kochtöpfe und Heizdecken andrehen lassen."

5. Jenseits dieser abwertenden Stereotypisierungen sind alte Menschen vielmehr als eine selbstbewusste, heterogene, kritische und zugleich experimentierfreudige Zielgruppe zu betrachten, die die Organisationskommunikation vor ganz neue Herausforderungen stellt (vgl. Haimann 2005, 115; König 2006, 1; Gassmann/Reepmeyer 2006, 143). Ihre Konsumerfahrungen und ihr Anspruchsverhalten machen sie zu interessierten Kunden, auf die es sich mit einer *individuellen Ansprache* einzustellen gilt.

1.2 Trends in der Hinwendung zum Alten

Vor dem Hintergrund dieser Situation wird eine *Trendwende zum Alter* in der Werbung sichtbar, die sich in *vier Entwicklungen* beschreiben lässt:

1. Alte haben sich in der Werbung emanzipiert, sie sind *nicht mehr tabu,* sondern werden zur Absatzförderung aller denkbaren Produkte mit strategischem Kalkül in Szene gesetzt. Umgekehrt könnte man auch sagen: Das Alter schützt Alte vor der Werbung nicht mehr.

2. Nachdem nun Alte als glückliche Produktnutzer, Testimonials und Akzeptanzbeschaffer im Zugriff der Werbung sind, werden ihre Eigenschaften kritisch betrachtet und auf die *Ausstrahlungswirkung auf das Image* des zu bewerbenden Produktes oder der zu bewerbenden Dienstleistung hin kritisch analysiert.

3. In der Folge zeigt sich in Anzeigen, Plakaten und Spots, dass nur ein *positives Bild von Alten* gesellschaftsfähig ist. Ihre Gesundheit, (Kauf)kraft und Konsumfreudigkeit wird ungebrochen propagiert. Ein Beispiel für eine solche In-

szenierung zeigt Abbildung 1 mit einem Plakatmotiv der Marke Schweppes, mit dem Krombacher im Sommer 2007 die neu erworbene Marke revitalisieren wollte. Die unkonventionell agierende Seniorin soll Witz und Frische verkörpern, die wiederum dem prickelnden Getränk zuträglich sein sollte.

4. Alte Menschen sind zunehmend kritisch, was ihre *Instrumentalisierung* für die Werbung angeht. Sie akzeptieren die fehlende realistische Repräsentation ihrer Altersgruppe in der Werbung nicht einfach. Auch üben sie offen Kritik an Darstellungen von Alten für die Absatzförderung. Sie sind sensibel und aufmerksam, beobachten die Werbetreibenden minutiös und machen ihrem Ärger über die Nutzung von Klischees öffentlich Luft. Auf Internetseiten wie zum Beispiel der des Büros gegen Altersdiskriminierung e.V., Köln, unter www.altersdiskriminierung.de kann man die begleitenden, oft hoch emotionalen Debatten verfolgen. Werbemotive, die sozialen Sprengstoff darstellen, sind derzeit aber durchaus beliebt. Ein illustrierendes Kampagnenmotiv ist in Abbildung 2 wiedergegeben, hier wird das Klischee der Trümmerfrau für die Zielgruppenerweiterung der Baumarktkette Hornbach genutzt.

Abb. 1: Anzeigenmotiv von Schweppes 2007 (Quelle: http://www.stroeer.de/markt_news.1049.0.html?newsid=2393, Zugriff 04.09.2007)

Als weiterer Trend in der Werbung hat sich bei der Beschäftigung mit der neuen Zielgruppe der Alten eine regelrechte *Benennungseuphorie* für diese Konsumentengruppe entwickelt. Man bezeichnet Senioren oder die Generation 50plus zum
Beispiel als Junge Alte (versus Alte Alte), Best Agers, Wollies (well income old
leasure people), Selpies (second life people), Golden Oldies, Greys, Recycled
teenagers, Second beginners, Senior citizens, Turbosenioren, Third Ager, Busy
Fit Oldies oder Grey Gamer (vgl. Femers 2007, 22). Am Sinn solcher Seg-
mentierungslabel wird allerdings Zweifel laut: „So kreativ die Bezeichnungen
ausfallen, so einfältig sind die Attribute, mit denen die Lebensumstände und
das Konsumverhalten der Älteren beschrieben werden. Immer sind sie in be-
ster gesundheitlicher Verfassung, immer verfügen sie über reichlich Vermögen
und immer scheinen sie wild entbrannt darauf zu sein, das Bruttosozialprodukt
durch eifrige Käufe in die Höhe zu treiben. Der gedankliche Unsinn gipfelt in
der Bezeichnung ‚Master Consumers'. (…) Was die Werber ausgebrütet haben,
klingt wunderbar, hat jedoch mit der Realität wenig zu tun." (Haimann 2005,
116).

Abb. 2: Anzeigenmotiv von Hornbach 2007 (Quelle: http://www.hornbach.com/home/de/html/
index.phtml, Zugriff 04.09.2007)

In der Folge dieser Etikettierungsbestrebungen sind außerdem unterschiedlichste *psychologische Typologien von Alten* mit der Differenzierung von Lebensstilen, Produktwünschen und Konsumgewohnheiten theoretisch entwickelt und empirisch analysiert worden. Der Zentralverband der deutschen Werbewirtschaft (ZAW) unterscheidet in der Generation 50plus beispielsweise fünf verschiedene Lebensstile mit Relevanz für die Werbetreibenden (vgl. Schindlbeck 2006, 1): a) „Clevere Kosmopoliten", b) „Illiquide Traditionalisten", c) „Gemäßigte Fremdenfeinde", d) „Apathische Alte" und e) „Vergnügungssüchtige". Von besonderem Interesse für die Werbewirtschaft sind solche Typologien von Alten, die nicht nur unterschiedliche Werte und Interessen der Alten zum Gegenstand der Betrachtung machen, sondern auch empirisch belastbare Zielgruppensegmentierungen liefern, die in den Subzielgruppen vorherrschende differierenden Produktpräferenzen beinhalten. Als ein in diesem Sinne fortschrittlicher Ansatz kann der Segmentierungsversuch von TNS Infratest mit einer semiometrischen Orientierung gelten (vgl. Pétras 2006).

2. Zielgruppe „Grau": Herausforderung für die Kommunikation

Als eine besondere Herausforderung für das Marketing geht mit dieser Zielgruppensegmentierung nach Auffassung von Michael (2006, 95) eine Art *Paradox bei der Ansprache dieser Zielgruppe* und ihren Unterzielgruppen einher: „Für jede gilt es, sensibel und präzise Produkte und Dienstleistungen auszurichten und sie werblich maßgeschneidert so anzusprechen, dass sie sich auf keinen Fall speziell behandelt oder sogar ausgegrenzt fühlen." Die Alten, egal ob 50, 60, 70 oder 80 Jahre alt, wollen nämlich gar nicht als alt gelten oder anders gesagt, sie wollen auf ganz natürliche Weise zur Gesellschaft (der Konsumenten) gehören und authentisch repräsentiert sein. Als Schlussfolgerung ergibt sich daraus: „Es gilt, die Generation 50plus aus ihrer Isolation zu befreien und in Interaktion mit anderen Altersgruppen zu zeigen. Wichtig ist dann vor allem eine selbstbewusste Ausstrahlung und eine Betonung der Stärken wie Eigenständigkeit, Vitalität und Lebensfreude." (Michael 2006, 98).

Die damit einhergehende *strategische Inszenierung von Alter* geht aber an der *Realität der Alten* häufig vorbei. So bleibt die Darstellung von Alten in der Werbung bis heute recht eindimensional und ist immer noch in ihrer Jugendfixierung und in ihrem fehlenden sozialkritischen Anspruch zu bemängeln. Parallel zu der oben dargestellten soziodemographischen Klassifizierung der Zielgruppe Alte und der Differenzierung von Lebensstilen und Produktpräferenzen hat man sich in der Werbeforschung in jüngster Zeit auch mit der *Visualisierung der Ziel-*

gruppe beschäftigt und verschiedene *Bildstereotype in der Werbung* untersucht. In der „Ikonographie des Alters" sind Alte, so Thimm (1998, 121), mit Bedacht in Szene gesetzt: „,Alter' wird bisher in der Werbung vor allem als visuell kodifizierbare Kategorie angesehen, die über ,old age cues' symbolisiert wird. Als ,old age cues' lassen sich sowohl äußerliche Merkmale der bildlichen Darstellung (graue Haare, Falten, Gebrechlichkeit), aber auch kontextuelle Merkmale in Form von Altersrollen (Opa, Oma) anführen.". Alte sind in der Regel gesund und rüstig visualisiert, auf jeden Fall nicht leidend (Thimm 1998, 122). Als stereotype Altersinszenierungen haben in dieser Forschungslinie Willems/Kautt (2002, 643 ff.) insbesondere zwei Inszenierungsvarianten in der Werbung herausgearbeitet:

1. Alter als Glück: in Partnerschaftsidyllen und Szenen der „Gemütlichkeitspoesie" der Werbealten sowie mit Wohlstand im Ruhestand oder
2. Alter(n) als Problem und Stigma: d.h. als Krankheit und Beschädigung, wobei insbesondere Frauen für Altern als ästhetischen Verfallsprozess funktionalisiert werden.

In der Werbung mit und für Alte wird außerdem bis heute nach Koll-Stobbe (2005, 250) häufig Alter als *soziales Leitbild* mit spezifischen intergenerational und intergender akzeptierbaren inneren Werten in Szene gesetzt wie Humor, Gelassenheit, Authentizität, Selbstironie und Lebensfreude. Für die frühe Untersuchung der Bildstereotype von Alten ist die Arbeit von Lohmann aus dem Jahre 1997 als repräsentativ zu werten. In seiner Analyse deutscher und amerikanischer Altersdarstellungen in der Printwerbung resultierten neun gut differenzierbare Bildmotive: der Clown, der Aristokrat, der Exzentriker, der ältere, noch berufstätige Mann, der ältere Mann als Autorität bzw. Experte, der Großvater, die traditionelle Frau, die glamouröse Mittfünfzigerin und die Großmutter. In einer Untersuchung von Horn (2006) konnte diese Inszenierungstypologie für deutsche Printmedien durch sieben neue Prototypen aktualisiert werden: das jung gebliebene Paar, das gut abgesicherte Paar, der Serenity Dad, die lustige Witwe, die Expertin, die Natürlich-Schöne sowie Ältere in der Inszenierung ihrer Mitmenschlichkeit. Trotz dieser Ausdifferenzierung bleibt der *Vorwurf der Realitätsverkennung von Alten in der Zielgruppenansprache* der Werbung.

Diesem Vorwurf muss die Wirtschaftskommunikation begegnen. Denn diese erschöpft sich nicht nur in der Werbung, also der Marktkommunikation, sondern muss sich im Rahmen ihrer Public Relations-Bemühungen stärker als bisher mit der Zielgruppensegmentierung auseinandersetzen und realistische Akzentsetzungen forcieren, um Vertrauen und Glaubwürdigkeit für die kommunizierende Organisation durch die Art der Zielgruppenansprache in der Gesamtkommunikation nicht zu verspielen. In der Rezipientenperspektive wird nämlich nicht unbedingt zwischen Werbung und Public Relations eines Kommunikators differenziert. Fühlen sich alte Menschen durch eine realitätsverzerrende oder stereotypisierende Darstellung ihrer Generation irritiert, unverstanden oder sogar verletzt, kann der resultierende Imageschaden für die Organisation groß sein. Organisationen verfügen hier bislang nicht über genügend empirisch abgesichertes Orientierungswissen, um ihre Kommunikation vor dem Hintergrund der sich verändernden soziodemografischen Situation und der Trendwende zum Alter zu steuern. Dies war Anlass, aktuellen Altersbildern in der zeitgenössischen Werbung in einer Untersuchung genauer nachzugehen, um aufbauend auf den Ergebnissen zu den derzeit kommunizierten Altersleitbildern Leitlinien für die Kommunikation zu entwickeln.

3. Alter und Altern in der werblichen Inszenierung: Eine empirische Untersuchung

3.1 Aufbau der Untersuchung: Leitfragen und Untersuchungsansatz

Für die Untersuchung der werblichen Inszenierung von Alten und Alter waren folgende Kernfragen für die Analyse leitend:

- Wie wird Alter und Altern in aktuellen Werbeanzeigen in Bild und Text dargestellt?
- Welche Stereotypisierungen lassen sich in der Printwerbung aufzeigen?
- Wie wird Alter in solchen Darstellungen konnotiert?
- Welche kulturellen Leitbilder sind dabei erkennbar?

Da Alter in aktuellen Anzeigen für alle möglichen Produkte und Dienstleistungen gerne gezeigt und funktionalisiert wird (vgl. König 2006; Löffler 2006), sollte in der Studie keine Einschränkung bei der Branchenauswahl erfolgen. Gewünscht war daher der Einbezug sowohl altersexklusiver als auch altersinklusiver Produkte (vgl. Thimm 1998, 123; Jäckel/Kochhan/Rick 2002, 684). Unter der Maßgabe des Einbezugs altersexklusiver Produkten wurden alle Produktwerbungen in die Untersuchung einbezogen, die Produkte zeigen, die ausschließlich für alte Menschen gemacht sind (wie ein Treppenlift für Senioren beispielsweise). Unter der Kategorie altersinklusive Produkte wurden Produktgruppen einbezogen, die ohne Alterseinschränkung für Konsumenten angeboten werden (wie Orangensaft oder Waschmittel beispielsweise). Die identische Kategorisierung galt auch für Dienstleistungen.

Die Studie wurde im Winter 2006/2007 an der FHTW Berlin im Rahmen eines Forschungsprojektes der Autorin durchgeführt. Der Untersuchungstypus ist als explorativ und qualitativ zu klassifizieren. Die Untersuchung war als theorie-geleitete und materialorientierte Inhaltsanalyse zur Generierung von Prototypen der werblichen Inszenierung von Alter und Altern in der deutschen Printwerbung angelegt (vgl. Femers 2007). Die *Selektion von Werbeanzeigen* erfolgte anhand von insgesamt fünf Kriterien:

- Die Anzeigen sollten *aktuell* sein. Das bedeutet, dass nur Anzeigen aus dem Publikationszeitraum 2005 und 2006 in die Analyse aufgenommen wurden.
- Die Branchenauswahl orientierte sich sowohl an *altersexklusiven als auch an altersinklusiven Produkten und Dienstleistungen* (s.o.).
- Der Altersbezug der Anzeigen sollte *im Text und/oder im Bild* rekonstruierbar sein, wobei *sowohl explizite als auch implizite Altersthematisierungen* einbe-zogen wurden. Unter einer expliziten bildlichen Thematisierung kann eine Darstellung der oben ausgeführten old age cues verstanden werden. Die Nen-nung eines hohen Lebensalters als Terminus oder in Lebensjahren galt als explizite textliche Thematisierung. Implizite Bezüge hingegen ergaben sich durch verbale Ausdrücke wie „Reife" beispielsweise. Eine implizite bildliche Thematisierung zeigte sich schließlich durch Alterssymbole in den Anzeigen (wie eine Geburtstagstorte mit 100 Kerzen).
- Für die Alterscodierung wurden *keine Einschränkungen nach Lebensjahren* als Kategorie vorgenommen, da Alter je nach Branche sehr unterschiedlich ein-gegrenzt wird.
- Als Medientyp wurden Publikumszeitungen und -zeitschriften bestimmt, da anzunehmen war, dass sich hier die größte Bandbreite von Darstellungen zur Prototypenbildung finden lassen würden.

3.2 Charakterisierung des Untersuchungssamples

Die nachfolgende Tabelle 1 zeigt die Anzeigenauswahl der Studie im Überblick. Es wurden insgesamt 440 Anzeigen mit und für alte(n) Menschen in die Analyse einbezogen. Die Mehrzahl resultiert aus dem Jahr 2006 (264 Anzeigen versus 176 aus 2005). Bei den repräsentierten Branchen dominiert Gesundheit mit 152 An-zeigen vor Kosmetik und Körperpflege mit 116 Anzeigen sowie Versicherungen mit 86 Exemplaren und der Restkategorie „Andere" mit ebenfalls 86 Anzeigen, die eine weitere Kategorisierung wegen der geringen Anzahl von Unterkategorien überflüssig machte. Das Untersuchungssample zeigt, dass sehr viele Anzeigen Alter bildlich *und* verbal thematisieren. Die in den Anzeigen beworbenen Produkte und Dienstleistungen waren in der Mehrzahl (299) altersexklusiv. Deutlich weniger, nämlich 141 Anzeigen, wurden altersinklusiv codiert. Bei den Medienarten erwiesen sich Frauenzeitschriften (mit 159 Anzeigen) vor Gesundheitszeitschriften (81 Anzeigen) und Wochenzeitschriften (96 Anzeigen) als dominant.

Tab. 1: Werbung für und mit alte(n) Menschen: Das Untersuchungssample

| | Branchenkategorien | | | | |
	Gesundheit	Kosmetik	Versiche-rungen	Andere	Summe
Summe	152	116	86	86	**440**
Jahr 2005	52	48	42	34	**176**
Jahr 2006	100	68	44	52	**264**
Altersthema-tisierung[a]					
Bildlich	128	57	53	73	**311**
Verbal	98	107	66	23	**294**
Produkt					
Altersinklusiv	21	15	30	75	**141**
Altersexklusiv	131	101	56	11	**299**
Medienart					
Frauenzeit-schrift	20	102	10	27	**159**
Gesundheits-zeitschrift	70	2	9	0	**81**
Wochenzeit-schrift	21	5	24	46	**96**
Andere	41	7	43	13	**104**
Summe	152	116	86	86	**440**

[a] Bei der Altersthematisierung waren Mehrfachnennungen möglich.

3.3 Ausgewählte Ergebnisse der Analyse: Branchenspezifische Alterskonzepte

Für die weiter oben dargestellten Anzeigenkategorien soll nachfolgend ausgeführt werden, zu welchen Ergebnissen die durchgeführte Inhaltsanalyse in Bezug auf die *Strategien der werblichen Inszenierung von Alten* führte und welche branchenspezifischen *Stereotypen von Alten und Alter* korrespondierend kommuniziert wurden. Anhand einzelner Text- und Bildbeispiele soll für zwei ausgewählte Branchen – Gesundheit und Versicherungen – auf weitere Details der branchenspezifischen Darstellung eingegangen werden. Die ausführlichen Befunde der Inhaltsanalyse können der Ergebnisdokumentation zum Projekt entnommen werden (vgl. Femers 2007).

3.3.1 Alterskonzepte in der Branche Gesundheit

In der *Kategorie Gesundheit* kristallisierten sich zwei recht unterschiedliche Inszenierungsstrategien heraus:

- Die am häufigsten eingesetzte erste Strategie verharmlost Gesundheitsprobleme im Alter, manche Anzeigentexte und -bilder negieren sie sogar. Damit verknüpft ist eine *Bagatellisierung* der körperlichen Einschränkungen und gesundheitlichen Beschwerden, mit denen Menschen im höheren Lebensalter vielfach zu rechnen haben. In Text und Bild der Anzeigen wird in der Regel auf das Thematisieren von Gebrechlichkeit im Alter völlig verzichtet. Produkte der Gesundheitsfürsorge werden in diesen Anzeigen als schnelle und effektive Problemlöser positioniert.
- Die zweite, eher selten eingesetzte Strategie setzt auf die – manchmal auch drastische – *Dramatisierung* von Gesundheitsproblemen im Alter, die im krassen Gegensatz zu den harmlosen Problemlöserprodukten steht, die es ohne großen Aufwand einzusetzen gilt, um die sonst drohenden Schäden zu vermeiden.

Als branchenspezifisches Leitbild vom Alter werden in den Gesundheitsanzeigen *zwei Stereotype vom Alter* transportiert: Es gibt danach zum einen die *„Neuen Alten"*, die dank der Aufklärung der Gesundheitsbranche lernen „richtig" zu altern, d.h. aktiv zu sein und die freiverkäuflichen Arzneimittel, die beworben werden, zu nutzen und somit Alter und Krankheit zu verhindern. Zum anderen treten in den Anzeigen die *„Alten Alten"* auf, die friedlich und recht passiv sind, aber nicht krank, die dank der pharmazeutischen Produkte, der Heil- und Hilfsmittel, ihren Ruhestand gelassen erleben.

Fraglich ist selbstverständlich, ob solche Anzeigen dem Konsumenten das Gefühl geben, er werde mit seinen Sorgen, Ängsten und realen Beschwerden ernst genommen. Ein Textbeispiel einer Anzeige für das Produkt Molicare Mobile Slip (Apothekenumschau 2005) soll diese Gefahr für die kommunikative Wirkung nachvollziehbar machen:

Inkontinenz muss nicht Ihr Leben ändern. Nur Ihren Slip.
Einfach anziehen, einfach wohlfühlen: Molicare Mobile Slips.

Molicare Mobile Inkontinenz-Slips sind besonders sicher und dabei so einfach
anzuwenden wie herkömmliche Unterwäsche. Sie ermöglichen ein normales
Leben – auch mit Inkontinenz. Feuchtigkeit und Gerüche werden zuverlässig
eingeschlossen, die perfekte Passform gibt zusätzlich Schutz. Auch der Haut-
komfort ist außergewöhnlich: Die Oberfläche bleibt trocken und das Vlies ist
angenehm weich. Molicare Mobile gibt es in zwei Saugstärken – für die indi-
viduelle Versorgung Ihrer Inkontinenz. Überzeugen Sie sich am besten gleich
selbst. Einfach unten stehenden Coupon ausfüllen und abschicken.

Die direkte persönliche Ansprache ist kennzeichnend für diesen Text („Ihr Leben",
„Ihren Slip", „individuelle Versorgung Ihrer Inkontinenz", „Überzeugen Sie
sich"). Die Überschrift ist tröstlich und macht Hoffnung, dass das Problem
Inkontinenz nicht das ganze Leben dominieren muss. Im zweiten Teil der Headline reduziert sich das Gesundheitsproblem nochmals: Nur der Slip ändert sich,
sonst nichts. Diese Problemreduktion findet ihre Parallele in der sprachlichen
Form, in der der Text gefasst ist. Es handelt sich um eine Ellipse, also einen un-
vollständigen Satz: „Nur Ihren Slip.". Auch in der Subline wird die Einfachheit
der Lösung des Gesundheitsproblems durch die Sprachwahl unterstrichen. Die
Subline ist auch als Ellipse geformt. Dieser unvollständige Satz ist außerdem
durch die Anapher, die zweimalige Wiederholung des Wortes „einfach" verstärkt.
Die Satzstruktur mit der Handlungssequenz Aktion „anziehen" und Folge „wohl
fühlen" betont mit dem Parallelismus noch einmal die Schlichtheit, mit der sich
helfen kann, wer denn will.

Auch der Produktname ist für die Analyse der werbesprachlichen Inszenie-
rungsstrategie aufschlussreich. Molicare Mobile Slip als Produktname wird in der
Subline als Problemlöser eingeführt. Durch die Alliteration ist er wohlklingend
und weist – nomen est omen – schon selbst auf die Produktvorteile des medizinischen Hilfsmittels hin. Niemand muss sich aufgrund seiner Inkontinenz passiv
verhalten und Zuhause zurückziehen, mit dem Slip kann man vielmehr aktiv
und unterwegs sein. Der Text wirkt insgesamt recht euphemistisch, denn in dem
kurzen Absatz findet sich viermal das Adverb „einfach". Sprachliche Wendungen wie
„besonders sicher", „ermöglichen", „zuverlässig", „perfekt", „zusätzlich Schutz",
„außergewöhnlich" und „angenehm" verstärken diesen Eindruck, der durchaus
beim Rezipienten Reaktanzeffekte auslösen könnte.

3.3.2 Alterskonzepte in der Branche Kosmetik

Ganz anders als im Gesundheitsbereich behandelt die *Kosmetikbranche* das Alterskonzept nach Anzahl der Lebensjahre. Hier wird bereits ab dem 25. Lebensjahr über Alterserscheinungen kommuniziert. Frühe Anzeichen des Alters verlangen nach frühzeitiger Intervention. Zwei strategische, inhaltliche Botschaften bestimmen hier den Altersdiskurs:

- Es gibt eigentlich gar kein Alter. In der Visualisierung wird das Alter in der Regel negiert. Old age cues sind die Ausnahme, vielmehr bringen potente Produkte solche Altersanzeichen zum Verschwinden. Falten sind bis zur Unsichtbarkeit geglättet und graues Haar ist perfekt gefärbt.
- Diese *Negierung des Alters* im Bild geht mit der branchenspezifischen Orientierung am *jugendlichen Schönheitsideal* einher, das ungebrochen propagiert wird. Schön ist man ohne den Makel des Alters, den es zu bekämpfen gilt. Die Sprache der Anzeigen ist durch eine deutliche Kampfmetaphorik charakterisiert.

Stereotypisierend verbreiten die Anzeigen über das Alter die Botschaft, dass es eigentlich gar kein Alter geben muss, denn wer alt ist bzw. aussieht, ist eben selber schuld. Alt zu sein ist akzeptabel, wenn man sich vital und aktiv verhält, gegen Altersanzeichen entschlossen vorgeht und im Resultat der Produktanwendung schließlich überzeugend positiv – und das bedeutet jung – aussieht. Auch diese werbliche Inszenierung liegt fernab von der Altersrealität der Rezipienten.

3.3.3 Alterskonzepte in der Branche Versicherungen

Für die Kategorie Versicherungen typisch erweist sich auf der Grundlage der Text-Bild-Analyse, dass Alte hier alt sein dürfen:

- Die Visualisierungsstrategie verbietet keineswegs die Anzeichen des Alters. *Old age cues* werden häufig eingesetzt, man sieht Korpulenz, graues Haar und durchaus viele Falten. Das Alter wird greifbar und ohne Scheu gezeigt.
- In diesem Kontext werden auch *Altersklischees* schonungslos funktionalisiert und *Altersängste* thematisiert, um frühzeitig im Leben den Absatz der entsprechenden Vorsorgeprodukte sicherzustellen.
- Eine Inszenierung von würdevollem Alter mit ästhetischer Umgebung für den Lebensabend findet sich zumeist nur in Abhängigkeit von der richtigen

Produktnutzung. Anders gewendet: Ohne Versicherung kann das Alter nicht glücklich sein, sondern zeigt seine Schrecken.

Das Leitbild vom Alter, das diese Branche in ihren Anzeigen kolportiert, unterscheidet sich deutlich von dem der anderen Branchen. Das Alter ist durchaus eine schwierige Zeit im Leben, sogar sehr schwierig für den, der nicht vorgesorgt hat. Das *Bild des armen, einsamen, isolierten und auch bemitleidenswerten Alten* dominiert viele Darstellungen. Daneben findet man aber auch humorvolle Inszenierungen, in denen sich der Alte oder die Alte zeigt, die man nicht so recht ernst nehmen kann. Als Verstärkung dieser Aussage gibt es auch Anzeigen, die das Bild des alten Dummen thematisieren, der belehrt werden muss und als Negativvorbild für die Jugend dient.

Allerdings gibt es auch von diesen Stereotypisierungen abweichende Varianten der Darstellung, die jenseits der Schreckensszenarien über das Alter einzuordnen sind, mit denen Versicherer gerne vor dem Alter warnen. Ein solches Bespiel ist in Abbildung 3 zur Illustration wiedergegeben. Es handelt sich um eine recht ausgefallene und kreative Variante der Inszenierung eines Dialogs, den man sich über typische Sorgen und Ängste vor dem Verlust der Gesundheit im Alter und eventueller fehlender Absicherung als recht realistisch vorstellen kann. In einer Kampagne der PKV (Privaten Krankenversicherungen) sind 2006 in verschiedenen Zeitungen bzw. Zeitschriften innere Dialoge der Kunden dargestellt worden. Das Besondere der Kampagne liegt auch darin, dass sie alte und junge Kunden in gleicher Weise einbezieht. Sie werden alle im identischen Inszenierungsschema gezeigt.

Das Alter wird in der hier abgebildeten Anzeige deutlich und realistisch ins Bild gesetzt: Man sieht die grauen Haare, die schlaffe Haut und die für viele alte Menschen typische Korpulenz. Thematisiert werden in der Anzeige charakteristische Krankheiten des fortgeschrittenen Lebensalters. Die Protagonisten der Anzeigen sorgen sich um Bandscheibenvorfälle oder Herzprobleme. Der Dialog vollzieht sich jeweils zwischen einem unsicheren Nichtwisser, der sich Sorgen macht, und einem Experten, der beruhigt und Bescheid weiß.

Das Ungewöhnliche der Kampagne liegt darin, dass diese Rollen von betroffenen Organen übernommen werden, die eine Personalisierung erfahren. Die dargestellten Individuen bleiben dagegen anonym, sie zeigen kein Gesicht, weisen aber die typischen Alterssorgen auf, die durch die „Sorgenzentralen" im Körper zum Thema gemacht werden. Alte sind hier nicht als besonders kranke oder bedürftige Menschen in Szene gesetzt, sondern als normale Personen. Für alle Protagonisten der Anzeigenserie, ob alt oder jung, gilt: Sie können, so wie im Slogan gesagt, auf die PKV vertrauen, die „Für eine gesunde Zukunft" bürgen.

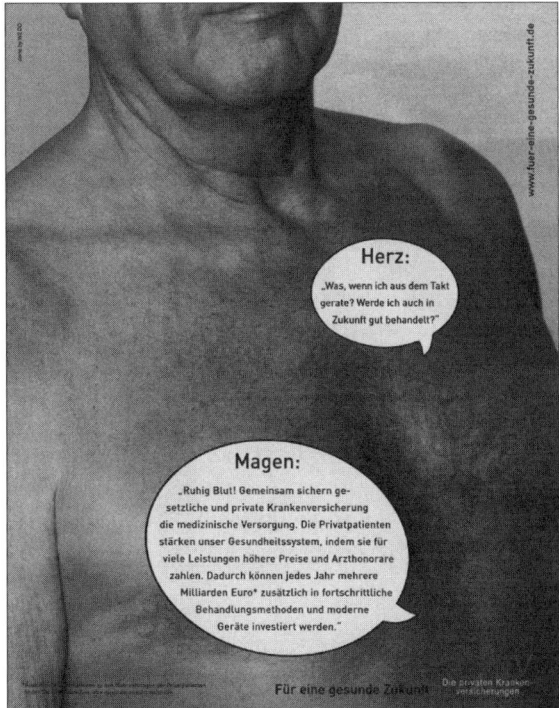

Abb. 3: Anzeigenmotiv Private Krankenversicherung PKV 2006
(Quelle: ADAC Reisemagazin 2006)

So kann man mit alten Menschen für Versicherungen werben, ohne deren Ängste in besonderer Weise zu funktionalisieren. Alte Menschen sind anderen Mitgliedern der Solidargemeinschaft in dieser Kampagne gleichgestellt. Mit einer solchen Botschaft sind die PKV einzigartig im untersuchten Anzeigensample, denn sie zeigen das Alter nicht als abschreckenden Versorgungsnotstand.

3.3.4 Alterskonzepte in anderen Branchen

Weitaus vielfältiger als bei den Branchen Gesundheit, Kosmetik und Versicherungen sind die Inszenierungen und die korrespondierenden Altersbilder, die man in aktuellen Anzeigen anderer Branchen findet:

- Die Altersleitbilder sind heterogen und auch häufig klischeebehaftet, aber niemals sind es -lei*d*bilder.
- In vielgestaltigen Inszenierungen wird Alter als blühendes Leben im zweiten Frühling gezeigt, es ist die Rede von ausgefüllten Tagen im Alter, das Lust am Leben, Genuss und Luxus ermöglicht. Das Alter als reicher Herbst mit vielen Früchten erweist sich allerdings in der Regel als einer, den man sich verdient haben muss.

Die Stereotype vom Alter werden in vielfältigen Rollen gefasst. Alte begegnen dem Betrachter der Anzeigen als Experten, Weise, Großeltern, Heroen, erfolgreiche Berufsmenschen und schätzenswerte Mitglieder einer Gemeinschaft. Diese Rollen haben allerdings gemeinsam, dass es sich um aktive Rollen handelt. Alte erscheinen gesund, erfolgreich und immer funktional. Bei aller Heterogenität sind die Bilder vom Alter unrealistisch positiv konnotiert. Die Instrumentalisierung von Alten für altersinklusive Produkte oder Dienstleistungen wie Möbel, Wein, Bücher oder den Deutschen Anwaltsverein macht deutlich, dass das positive Bild vom Alter den positiven Imagetransfer auf das Produkt oder die Dienstleistung strategisch sicherstellen soll.

4. Schlussfolgerungen für die Kommunikation im Gesundheitswesen

Die vorgestellte Studie zur werblichen Inszenierung von Alten und Alter zeigt, wie die neu entdeckte Zielgruppe 50plus in der werblichen Kommunikation derzeit repräsentiert wird. Als Hauptergebnis kann festgehalten werden, dass Werbung heute ein beachtliches Spektrum von Altersbildern und Altersrollen aufweist. Alte sind in der Werbung tatsächlich präsent – sie werden nicht (mehr) versteckt, wie manche Kritiker behaupten. Werbung ist also „grauer" geworden. Gleichzeitig sind die in der Werbung kommunizierten Altersbilder ausgesprochen facettenreich, so dass Werbung mit Alten und für Alte heute als grau und bunt zugleich gelten kann.

Da bislang aussagekräftige, d.h. repräsentative Studien fehlen, die etwas über die Akzeptabilität der Darstellungsvarianten bei der Zielgruppe aussagen, bleibt für das Kommunikationsmanagement die Frage offen, wie sie ihre Kommunikationsmittel für Alte und mit Alten gestalten soll. Die durchgeführte Analyse zur werblichen Inszenierung von Alter und Alten in der Printwerbung lässt zu dieser Frage eine Reihe von Hinweisen zu:

- Eine erste Orientierung für die Darstellung ist der *Realitätsbezug*. Alte sollten möglichst realistisch dargestellt werden. Die in der Studie analysierten Euphemisierungsstrategien dürften in vielen Fällen Reaktanz auslösen. Ein zu positives Altersbild in der Kommunikation kann darüber hinaus als anmaßendes Diktat zum aktiven, positiven und funktionalen Altern verstanden werden, das die individuellen Freiräume der Lebensgestaltung einschränkt.

- Im Hinblick auf die Heterogenität von Altersbildern und -rollen hat sich in der Analyse der Branchen Gesundheit, Kosmetik und Versicherungen herauskristallisiert, dass hier ein sehr restriktives Spektrum von Altersrollen repräsentiert wird. Die *Vielfalt von Rollen* einer heute lebendigen Seniorengeneration sollte sich aber in den werblichen Darstellungen derselben wiederfinden, um die Akzeptabilität der kommunizierten Leitbilder zu sichern.

- Eine Vielfalt von präsentierten Altersrollen kann als Voraussetzung dafür angesehen werden, dass Alte sich mit solchen Rollen identifizieren können. Die gelungene *persönliche Ansprache und die Identifikationsmöglichkeit der Zielgruppe* schafft die Voraussetzung für eine intensive Beschäftigung mit den Kommunikationsbotschaften.

- Bei aller *Vielfalt und Realitätsorientierung* verbietet sich aber die abschreckende Darstellung von Alter im Klischee des „Alters als Drama". Alte dürfen aus Pietäts- und Akzeptabilitätsgründen nicht als Negativvorbild für die Jugend missbraucht werden, um den Absatz für Vorsorgeprodukte mit Schreckensbildern von Armut, Not, Schmerz oder Einsamkeit sowie entsprechenden Angstappellen zu fördern. Die jungen Kundengruppen solcher Produkte oder Dienstleistungen können dadurch genauso negativ berührt werden wie die alten Rezipienten, für die die Werbung ja grundsätzlich in gleicher Weise zugänglich ist.

- Eine weitere, wie die Werbepraxis der letzten Jahre beweist, leider nicht selbstverständliche Empfehlung lautet, *Alte nicht lächerlich zu machen,* auch wenn humorvolle Darstellungen durchaus sinnvoll sein können. Werbliche Akzentuierungen ihrer Dummheit (weil sie nicht vorgesorgt haben), ihrer Vergesslichkeit, die sie in vermeintlich witzige Situationen bringt, ihrer körperlichen Erscheinung, die ob der old age cues als ironisches Gegenbild zu dem Diktat von Jugend und Schönheit bemüht wird, sind in vielen schon gezeigten Werbevarianten einfach nur entwürdigend und in einer immer älter werdenden Gesellschaft nicht mehr ungestraft kommunizierbar.

- Für den *Umgang mit Tabus* fehlt – auch das zeigt die Kritik an einigen Kampagnen der letzten Jahre – häufig das notwendige Fingerspitzengefühl in der werblichen Instrumentalisierung des Themas. Sexualität im Alter ist lange

Zeit ein solches Tabu für die Darstellung gewesen. Jüngste Versuche, gegen das Thematisierungsverbot zu verstoßen, haben sich als wenig erfolgreich erwiesen. Alte als Protagonisten sexualisierter Handlungen im kommunikativen Verkaufsansinnen für Möbel oder Rasenmäher beispielsweise haben mehr Empörung und Aufregungsschäden verursacht als Imagepluspunkte. Für solche Themen ist besonders viel Empathie in der Inszenierung gefragt. Verboten ist der Tabubruch für eine emanzipierte Seniorengeneration allerdings grundsätzlich nicht, denn mit dem Wandel der vielen Neuen Alten in der Gesellschaft verblassen auch die kulturellen Normen und überleben sich die Klischees, die lange Zeit als Altersleitbilder Orientierungsfunktion hatten. Die Werbung als Spiegel oder zumindest Indikator und Deutungsmuster der Gesellschaft und ihrer Kultur (Willems/Kautt 2002, 633) kann diese Wandlungsprozesse durchaus reflektieren.

Die bislang abgeleiteten Orientierungshinweise gelten für die Kommunikation mit Alten und für Alte im Allgemeinen. Abschließend stellt sich allerdings noch die Frage, ob es für die Gesundheitsbranche im Speziellen weitere Empfehlungen geben muss, die die angemessene Ansprache älterer Zielgruppen verlangt. Im Hinblick auf diese Frage ist das Leitbild des modernen Gesundheitswesens und die besondere Aufgabe, der sich Gesundheitskommunikation zu stellen hat, zu beachten:
Als *Leitbild des Gesundheitswesen*s gilt heute der souveräne Patient, auch als „empowered patient", Konsument oder Verbraucher im Unterschied zu früheren Zeiten begriffen (vgl. Thompson 2001, 75 f.; Hautzinger 2003, 138 f.), dem eine aktive Mitwirkung, hohe Compliancebereitschaft und Entscheidungskompetenz attribuiert wird. Er soll mitverantwortlich für gesunde Lebensführung und aktive Krankheitsvorsorge und -bewältigung sein. Vielfach muss er sich auch zum Quasiexperten für seine Krankheit in einer hoch spezialisierten Medizin erweisen. Diesem Bild zuträglich sind selbstverständlich Kommunikationsszenarien, in denen aktive und nicht passive, positiv und nicht negativ denkende und handelnde Leitfiguren auftreten. Die Realität des hohen Lebensalters bringt aber auch Leid*figuren hervor, die als „Koproduzenten" ihrer eigenen Gesundheit überfordert sind und an der Bürde der Krankheit im Alter schwer zu tragen haben. Das in der modernen Gesundheitskommunikation propagierte Leitbild darf diese Patienten nicht gänzlich verdrängen. Auch für sie gilt es angemessene Identifikationsmöglichkeiten in der Kommunikation bereitzustellen. Keinesfalls sollte das Leitbild souveräner Patient zu einer Tabuisierung von Alter und Krankheit beitragen. Gesundheitskommunikation kann so ihre Aufgabe nicht erfüllen. Sie stellt sich damit vielmehr selbst in Frage.

Die damit verbundenen *Kommunikationsaufgaben* sind allerdings nicht der Werbung bzw. der Marktkommunikation, die in der vorgestellten Studie analysiert wurde, als zusätzliches „Pflichtenheft" zu verordnen, sondern als Public Relations Aufgabe für die Organisationskommunikation zu verstehen und zu realisieren (vgl. hierzu auch Bonfadelli/Friemel 2006, 15 f.). Public Relations muss dabei durchaus eine sozialkritische Korrektur der Realitätsverzerrung leisten, mit der Werbung den alten Rezipienten zum Teil verprellt. Die originäre Leistung der Public Relations liegt daneben in der Initiierung von Sozialkampagnen im Verständnis von Röttger (2006, 9) als „dramatisch angelegte, thematisch begrenzte, zeitlich befristete kommunikative Strategien zur Erzeugung öffentlicher Aufmerksamkeit (...), die auf ein Set unterschiedlicher kommunikativer Instrumente und Techniken – werbliche Mittel, marketingspezifische Instrumente und klassische PR-Maßnahmen – zurückgreifen". Ziel sollte dabei die Aufmerksamkeitsschaffung für die Präsenz und die Probleme der vielen Alten Alten in der Gesellschaft sein. Damit würden gesellschaftliche Realitäten gespiegelt, denen man sich derzeit (noch) nicht gerne stellt. Jenseits von resoluter „Klementine", jung gebliebener „Iglo-Oma" und selbstironisch-zufriedenem „Fielmann-Opa" oder „Wahrer Schönheit" der Dove-Inszenierung, treten dann Alte ins Bild, die noch ungewohnt in der Visualisierung des realen Alters und der Verbalisierung ihrer (sozialen) Bedürftigkeit sind. Aber auch sie beanspruchen ihren Platz in der Gesellschaft und der Kommunikation, die diese angemessen repräsentieren sollte. Der Anspruch von und an Public Relations und Organisationskommunikation im modernen Gesundheitswesen in Bezug auf die wachsende „graue" Zielgruppe lässt sich damit in *drei Aufgabenbereiche* fassen:

1. *Agendasetting*, das bedeutet Alter als Thema da zu platzieren, wo es seine Eigenständigkeit als relevante Betrachtungsebene noch nicht gewonnen hat.
2. *Issuemanagement*, d.h. an der Vermittlung realistischer Bilder vom Alter mitzuwirken und verzerrende Altersbilder zu problematisieren, sowie
3. *Dialogkommunikation*, um Junge und Alte zugleich in einer „alten" Gesellschaft zu würdigen und ihnen in der Gesundheitskommunikation eine ihnen angemessene Rolle als verantwortliche Patienten zuzugestehen.

Literatur

Bonfadelli, Heinz/Friemel, Thomas (2006): Kommunikationskampagnen im Gesundheitsbereich. Grundlagen und Anwendungen. Konstanz: UVK Verlagsgesellschaft

Femers, Susanne (2007): Die ergrauende Werbung. Altersbilder und werbesprachliche Inszenierungen von Alter und Altern. Wiesbaden: VS Verlag für Sozialwissenschaften

Gassmann, Oliver/Reepmeyer, Gerrit (2006): Wachstumsmarkt Alter. Innovationen für die Zielgruppe 50+. München: Hanser Verlag

Haimann, Richard (2005): Alt! Wie die wichtigste Konsumentengruppe der Zukunft die Wirtschaft verändert. Frankfurt am Main: Redline Wirtschaft

Hartung, Heike (2005): Alter und Geschlecht. Repräsentationen, Geschichten und Theorien des Alter(n)s. Bielefeld: transcript Verlag

Hautzinger, Nina (2003): Pharmakommunikation im Internetzeitalter. Theorie und Praxis eines patientenorientierten Kommunikationsmanagements am Beispiel der Pharmabranche Schweiz. München: Verlag Reinhard Fischer

Horn, Lydia (2006): Generation 50+ in der Werbung. Visuelle Stereotypen in der Printwerbung. Saarbrücken: VDM Verlag Dr. Müller

Hunke, Reinhard/Gerstner, Guido (Hrsg.) (2006): 55plus Marketing. Zukunftsmarkt Senioren. Wiesbaden: Gabler-Verlag

Hurrelmann, Klaus/Leppin, Anja (Hrsg.) (2001): Moderne Gesundheitskommunikation. Vom Aufklärungsgespräch zur E-Health. Bern: Verlag Hans Huber

Jäckel, Michael (Hrsg.) (1998): Die umworbene Gesellschaft. Analysen zur Entwicklung der Werbekommunikation. Wiesbaden: Westdeutscher Verlag

Jäckel, Michael/Kochnan, Christoph/Rick, Natalie (2002): Ist die Werbung aktuell? Ältere Menschen als Werbeträger. In: Willems (2002): 675-710

Koll-Stobbe, Amei (2005): Forever young? Sprachliche Kodierungen von Jugend und Alter. In: Hartung (2005): 237-253

König, Ulrich (2006): Über Heizdecken-Werbung hinaus. http://marketingsales.de/7927_de_p1.asp, Zugriff 19.02.2006

Lohmann, Robin (1997): Images of Old Age in German and American Print Media. Empirical Investigations into Defining Principles and Patterns of Visual Representation. Aachen: Shaker Verlag

Löffler, Horst (2006): Wo sind sie denn? Auf der Suche nach Senioren in der Anzeigenwerbung. In: Meyer-Hentschel et. al. (2006): 121-133

Meyer-Hentschel, Hanne/Meyer-Hentschel, Gundolf (Hrsg.) (2006): Jahrbuch Seniorenmarketing 2006/2007. Edition Horizont. Frankfurt am Main: Deutscher Fachverlag

Michael, Bernd M. (2005): M – Werkbuch M wie Marke. Modul 6. Warum ignoriert das Marketing die reichste Generation aller Zeiten? Düsseldorf: Grey Global Group

Michael, Bernd M. (2006): Warum ignoriert das Marketing die reichste Generation aller Zeiten? In: Meyer-Hentschel (2006): 87-120

Petras, Andre (2006): Best Ager – Heterogene Zielgruppe 50plus! Trends und Erkenntnisse aus der Marktforschung. Semiotrie – Best Ager-Typologie 2005. Vortrag auf der Fachtagung „Zielgruppe: Zukunft". Veranstaltung „Deutscher Preis für Wirtschaftskommunikation", Berlin, 01.06.2006

Pontzen, Alexandra (2004): Ein Traum vom Schreiben. Hannelore Schlaffers Essay über „Das Alter". In: literaturkritik.de, Nr. 9, September 2004, Kulturgeschichte und Kulturwissenschaft, http//.www.literaturkritik.de/public/rezensionen.php?rez_id=7247, Zugriff 19.02.2006

Reidl, Andreas (2006): Megatrend Alter – grau, rüstig, kaufkräftig. In: Hunke et. al. (2006): 199-216

Röttger, Ulrike (2006): Campaigns (f)or a better world. In: Röttger (2006): 9-24
Röttger, Ulrike (Hrsg.) (2006): PR-Kampagnen. Über die Inszenierung von Öffentlichkeit. Wiesbaden: VS Verlag für Sozialwissenschaften
Schindelbeck, Birgit (2006): Zielgruppe Best-Ager. Werbung der Zukunft. http://www.br-online.de/leben2020/artikel/0412/21-werbung-der-zukunft/index. xml, Zugriff 19.02.2006
Tenbrock, Christian (2003): Manchmal subtil, manchmal brutal. Kein Job, kein Kredit und von der Werbung verhöhnt: Wie die alternden Deutschen ihre Alten diskriminieren. Die Zeit, Nr. 51, 11.12.2003, http//:zeus.zeit.de/text/2003/51/Diskriminierung, Zugriff 19.02.2006
Thimm, Caja (1998): Sprachliche Symbolisierung des Alters in der Werbung. In: Jäckel (1998): 113-140
Thompson, Theresa L. (2001): Die Beziehung zwischen Patienten und professionellen Dienstleistern des Gesundheitswesens. In: Hurrelmann et. al. (2001): 73-93
Willems, Herbert (Hrsg.) (2002): Die Gesellschaft der Werbung. Kontexte und Texte. Produktionen und Rezeptionen. Entwicklungen und Perspektiven. Wiesbaden: Westdeutscher Verlag
Willems, Herbert/Kautt, Yorck (2002): Werbung als kulturelles Forum: Das Beispiel der Konstruktion des Alter(n)s. In: Willems (2002): 633-657.

Verzeichnis der Autorinnen und Autoren

Hilda Bastian, Leiterin des Ressorts Gesundheitsinformation im Institut für Qualität und Wirtschaftlichkeit im Gesundheitswesen (IQWiG) in Köln, Chefredakteurin der IQWiG-Website „www.gesundheitsinformation.de". Gründerin des Konsumentennetzwerks der Cochrane Collaboration, Verfasserin zahlreicher evidenzbasierter Patienteninformationen. Redakteurin der ersten Patientenwebsite der Cochrane Collaboration sowie der Website „Informed Health Online", Mitglied des Redaktionsbeirates der Zeitschrift „Controlled Trials", Mitglied in der Ethik-Kommission und der „Patient Advisory Group" des „British Medical Journal". Kontakt: hilda.bastian@iqwig.de

Dipl.-Soz.wiss. Christian Bock, Studium der Sozialwissenschaften mit Schwerpunkt empirische Sozialforschung. Sachgebietsleiter „Analysen und Marktforschung" bei der BARMER Ersatzkasse, Hauptverwaltung in Wuppertal. Nach dem Studium tätig an der Universität Wuppertal und bei einer großen Wohnungsbaugesellschaft. Seit 1998 betriebliche Marktforschung bei der BARMER Ersatzkasse. Seit 2002 verantwortlich für Marketingcontrolling, Marktforschung und Kundensegmentierung. Kontakt: christian.bock@barmer.de

Dr. med. Diedrich Bühler, in der Abteilung Medizin des Spitzenverbandes Bund der GKV zuständig für die Methodenbewertung der GKV beim Gemeinsamen Bundesausschuss (G-BA). Arzt für Innere Medizin. Zuvor stellvertretender Leiter des Ressorts Gesundheitsinformation des IQWiG; davor Mitaufbau eines medizinischen Callcenters gesetzlicher und privater Krankenversicherungen zur Information von Patienten und Versicherten zu medizinisch-inhaltlichen Fragen; langjährige Tätigkeit als Oberarzt in einem Krankenhaus der Grundversorgung. Kontakt: diedrich.buehler@gkv-spitzenverband.de

Dipl.-Soz. Susan Borch, Wissenschaftliche Mitarbeit in Forschungsprojekten am Robert Koch-Institut und an der Fachhochschule für Technik und Wirtschaft Berlin. Arbeitsschwerpunkte: Gesundheitskommunikation und Social Marketing, Gesundheits- und Migrationsforschung sowie quantitative Methoden der empirischen Sozialforschung, insbesondere bei telefonischen Befragungen. Tätigkeit im Sozialmanagement und in der Gesundheitsberatung für Migranten. Kontakt: susan.borch@gmx.de

Dipl.-Kffr. (FH) Sandra Braun-Grüneberg, Forschungsassistenz und freie wissenschaftliche Mitarbeiterin am Kompetenzzentrum „Internationale Innovations- und Mittelstandsforschung" der FHTW Berlin. Forschungsschwerpunkte: Logistik-und Krankenhausmanagement. Kontakt: braun-grueneberg@email.de

Prof. Dr. Marie-Luise Dierks, Leitung der Patientenuniversität an der Medizinischen Hochschule Hannover. Leitung des Ergänzungsstudiengangs Bevölkerungsmedizin und Gesundheitswesen (Public Health). Arbeitsschwerpunkte: Patientenorientierung, Gesundheitsbildung, Prävention, Qualitätsmanagement. Kontakt: dierks.marie-luise@mh-hannover.de

Dr. Thomas Ecker, Gesundheitsökonom, Gründungspartner und Geschäftsführer von EPC Healthcare. Aufbau des Studiengangs Gesundheitsökonomie an der Universität Bayreuth bei Prof. Dr. Oberender. Leitung der gesundheitsökonomischen Abteilung/IGES, Berlin, Aufbau eines HCM-Teams für einen Medizinprodukthersteller, Koordination von HTA-Projekten und Begleitung von Herstellern bei der Nutzenbewertung durch das IQWiG, Entwicklung gesundheitsökonomischer Strategien. Kontakt: t.ecker@epc-healthcare.de

Werner Felder, Vorstandsvorsitzender der AOK Berlin, dort seit 2002 stv. Vorstandsvorsitzender; zuvor in div. Führungspositionen der AOK Rheinland, u.a. stv. Geschäftsführer der AOK Köln, Leiter der Bereiche Finanzen/Verträge, Personalmanagement. 1994 bis 2001 Leiter der Regionaldirektionen Duisburg und Rhein-Sieg-Kreis. Kontakt: werner.felder@bln.aok.de

Prof. Dr. Susanne Femers, Studium der Psychologie an der Technischen Universität Berlin und Promotion am Forschungszentrum Jülich. Acht Jahre Tätigkeit in der Kommunikationsberatung Kohtes & Klewes, Bonn, und Medical Relations, Langenfeld. 1998 bis 2002 Professur für „Kommunikation und Wirtschaftspsychologie" an der Fachhochschule Bonn-Rhein-Sieg. Seit 2002 Professorin für „Text, Rhetorik und das Management internationaler Kommunikationsprozesse" im Studiengang Wirtschaftskommunikation der FHTW Berlin. Kontakt: femers@fhtw-berlin.de

Günter Meyer M.A., Geschäftsführer der Pflegestation Meyer & Kratzsch GmbH & Co. KG in Berlin, Krankenpfleger, Studium der Kunstgeschichte. Vorstandsmitglied im AnbieterVerband qualitätsorientierter Gesundheitspflegeeinrichtungen (AVG) e.V. sowie bei der Bundesinitiative Ambulante Psychiatrische Pflege (BAPP) e.V., außerdem Qualitätsbeauftragter der Pflegedienst Schönholzer Heide GmbH in Berlin. Kontakt: g.meyer@meyer-und-kratzsch.de

Dipl.-Sozialwirt Thomas Norgall, Key Account Manager bei der Kuhn, Kammann & Kuhn AG, Agentur für Wirtschaftskommunikation in Köln. Strategische Beratung und Realisierung von Kommunikationskonzepten für Unternehmen, Institutionen und Verbände, auch im Healthcare-Bereich. Autor der Studie „Strukturierte Qualitätsberichte", die in den Jahren 2007 und 2008 durchgeführt wurde. Kontakt: t.norgall@kkk-ag.de

Prof. Dr. Elisabeth Pott, Direktorin der Bundeszentrale für gesundheitliche Aufklärung (BZgA) in Köln. Medizinstudium (Bonn und Kiel) und Promotion, ab 1976 Tätigkeit als Chirurgin, ab 1978 Referentin für Gesundheitsvorsorge und Früherkennung in der GKV zum Bundesministerium für Arbeit, ab 1981 Referatsleiterin im Niedersächsischen Sozialministerium. Seit 2007 Honorarprofessur an der Medizinischen Hochschule Hannover am Institut für Epidemiologie, Sozialmedizin und Gesundheitssystemforschung. Kontakt: elisabeth.pott@bzga.de

Dr. med. Klaus-Jürgen Preuß, Arzt, Gründungspartner und Geschäftsführer von EPC Healthcare. 15 Jahre praktische Erfahrung in der Pharmabranche, Managementpraxis in der Medizintechnikindustrie (Hörgeräte) und Aufbau des strategischen Gesundheitsmanagements für die größte private Krankenversicherung Deutschlands. Kenntnisse des Marketings von Ethischen, Generika- und OTC-Präparaten sowie des Vertriebes von Medizin- und Consumer-Produkten aus erster Hand. Kompetenzgebiete: Strategische Unternehmensführung und Entwicklung innovativer Marketing- und Sales-Strategien. U.a. Mitherausgeber des Buches Managed Care, Evaluation und Benchmarking im Gesundheitswesen und des Handbuches Pharmamanagement. Kontakt: kj.preuss@epc-healthcare.de

Prof. Dr. Jutta Räbiger, Professorin für Gesundheitsökonomie und –politik und Leiterin der Gesundheitsstudiengänge an der Alice-Salomon-Hochschule Berlin, Redaktionsmitglied der Zeitschrift „Public Health Forum"; Forschungsschwerpunkte: Verbraucherinformation, Qualitätstransparenz, Integrierte Versorgung, Kosten-Nutzenanalysen im Gesundheits- und Pflegewesen. Kontakt: raebiger@asfh-berlin.de

Prof. Dr. Reinhold Roski, Diplom-Mathematiker, Professor für Wirtschaftskommunikation an der Fachhochschule für Technik und Wirtschaft Berlin (FHTW Berlin). Studium der Mathematik wirtschaftswissenschaftlicher Richtung mit Hauptfach Statistik sowie Promotion in Betriebswirtschaftslehre an der Universität Göttingen. Zwölf Jahre lang Leitung des Programmbereiches Wissenschaft eines Fachverlags der Bertelsmann Gruppe. Veranstaltungsreihe „Medien Dialog

Berlin". Organisation von Tagungen zur Qualität im Gesundheitswesen „Qualitätsforum Gesundheit". Durchführung und Moderation von Veranstaltungen zum Pflegemanagement „Deutsches PflegeForum". Forschungen zum Informations-, Medien- und Entscheidungsverhalten der Beteiligten im Gesundheitswesen. Herausgeber von „Monitor Versorgungsforschung – Fachzeitschrift zu Realität, Qualität und Innovation der Gesundheitsversorgung". Kompetenzgebiete: Marketing, Medienmanagement, Gesundheitskommunikation. Kontakt: reinhold.roski@fhtw-berlin.de

Prof. Dr. med. Peter T. Sawicki, Leiter des Instituts für Qualität und Wirtschaftlichkeit im Gesundheitswesen (IQWiG) in Köln. Facharzt für Innere Medizin, Diabetologe. Davor Direktor der Abteilung für Innere Medizin des St. Franziskus Hospitals in Köln; davor leitender Oberarzt an der Klinik für Stoffwechselkrankheiten der Heinrich-Heine Universität Düsseldorf (sowie WHO Collaborating Centre for Diabetes Treatment and Prevention und Cochrane Metabolic and Endocrine Disorders Group). Kontakt: iqwig@iqwig.de

Dipl.-Soz. Stephan Schikorra MPH, Studium der Soziologie und Psychologie an der Philipps Universität Marburg und Gesundheitswissenschaften an der Technischen Universität Berlin. Verschiedene wissenschaftliche Tätigkeiten am Institut für Gesundheitswissenschaften der Technischen Universität Berlin und der Fachhochschule für Technik und Wirtschaft Berlin. Unternehmensberater und freier Mitarbeiter verschiedener Beratungsunternehmen. Kompetenzgebiete: Social Marketing und Gesundheitskommunikation. Kontakt: stephan.schikorra@web.de

Prof. Dr. Peter-Ernst Schnabel, Fakultät für Gesundheitswissenschaften der Universität Bielefeld, Arbeitsgruppe 4 „Prävention und Gesundheitsförderung", Leitung des Bachelor-Studiengangs „Health Communication". Kontakt: peter-ernst.schnabel@uni-bielefeld.de

Dr. Michael Scholl, Geschäftsführer/Partner von Prof. Homburg & Partner, Beratungsunternehmen in Fragestellungen des Strategischen Marketing/Vertrieb für Kunden aus verschiedenen Branchen. Leiter des Kompetenzzentrums Healthcare, in dem alle internationalen Aktivitäten in der Pharma-, Medizintechnik- und Biotechnologie-Branche von Prof. Homburg & Partner konzentriert werden. Kontakt: michael.scholl@homburg-partner.com

Dipl.-Volksw. Anja Schweitzer, Studium der Volkswirtschaftslehre, Schwerpunkt Wirtschafts- und Sozialpsychologie. Seit 1996 beim Marktforschungs- und Beratungsinstitut psychonomics AG, 2001 bis 2004 veranwortlich für Zielgruppenforschung, seit 2005 Leitung Gesundheitsmarktforschung. Mitglied des Senior Managements der psychonomics AG, Leiterin des Standorts Berlin. Kontakt: anja.schweitzer@psychonomics.de

Dr. Gabriele Seidel, Wissenschaftlerin am Institut für Epidemiologie, Sozialmedizin und Gesundheitssystemforschung der Medizinischen Hochschule Hannover, Projektleitung Patientenuniversität. Arbeitsschwerpunkte: Gesundheitsbildung, Patientenorientierung, Gesundheit und Versorgung bei älteren Patienten. Kontakt: seidel.gabriele@mh-hannover.de

Prof. Dr. Karin Wagner, Professorin für Wirtschaftswissenschaften an der FHTW Berlin. Mitglied des Kompetenzzentrums „Internationale Innovations- und Mittelstandsforschung" und des International Editorial Board der Zeitschrift „Industry and Innovations". Forschungsschwerpunkte: Vergleichende Studien zur Wettbewerbsfähigkeit und zum Humankapital sowie zum Krankenhausmanagement, insbesondere zur Integrierten Versorgung. Kontakt: k.wagner@fhtw-berlin.de

Dr. Sandra J. Wagner, Diplom-Sozialwissenschaftlerin. Lehrtätigkeit an der Humboldt-Universität und der Fachhochschule für Wirtschaft, Berlin. Arbeits- und Forschungsschwerpunkte: Bildungssoziologie, Soziologie des Arbeitsmarktes, Sozialstrukturanalyse; Organisationsforschung; quantitative Methoden der empirischen Sozialforschung, Längsschnitt- und Panelstudien. Kontakt: post@wagner-soziologie.de